处世心理学全集

人生三术

洞察术 操纵术 调节术

王志刚 编著

成都地图出版社

图书在版编目（CIP）数据

人生三术:洞察术操纵术调节术／王志刚编著. -- 成都：
成都地图出版社，2019.3（2019.5 重印）
（处世心理学全集；2）
ISBN 978-7-5557-1109-4

Ⅰ.①人… Ⅱ.①王… Ⅲ.①人际关系学 – 社会心理
学 – 通俗读物 Ⅳ.①C912.11 – 49

中国版本图书馆 CIP 数据核字（2018）第 287764 号

编　　著：王志刚
责任编辑：游世龙
封面设计：松　雪
出版发行：成都地图出版社
地　　址：成都市龙泉驿区建设路 2 号
邮政编码：610100
电　　话：028 – 84884827　028 – 84884826（营销部）
传　　真：028 – 84884820
印　　刷：永清县晔盛亚胶印有限公司
开　　本：880mm × 1270mm　1/32
印　　张：30
字　　数：600 千字
版　　次：2019 年 3 月第 1 版
印　　次：2019 年 5 月第 3 次印刷
定　　价：150.00 元（全五册）
书　　号：ISBN 978-7-5557-1109-4

前　言

　　人与人交往，往往是心理的较量。 不是你影响别人，就是被别人影响。 而我们，想要达到自己的目的，就一定要培养自己的影响力。 你的影响力越大，你就越强。

　　洞察术，可以使一个人变得从容、睿智，洞察力的敏锐程度决定着一个人获得信息的多寡。 敏锐的洞察力不仅可以让我们获得更多的信息，而且可以使我们不被表面现象所迷惑，看到事物的本质及其发展趋势。 洞察术属于心理学，它可以使你了解他人行为的秘密，从而看透其心理——你可以据此推断其修养和人生态度等。 俗话说：画龙画虎难画骨，知人知面不知心。 而掌握了洞察术，你就可以在"知人心"方面游刃有余。

　　操纵术，可以使一个人变得高深莫测。 它是你处理人际关系的一种武器，可使你永远占据主动，掌握人心，控制全局。

　　调节术，可以使一个人变得乐观、豁达。 它要求人们适度表达和控制自己的情绪，而这是谋大事者必须具备的素质。 你必须处变不惊，临危不乱，随时保持良好的心态，这样才能成就非凡的事业。

这些都是重聚心理能量的法则。 社会纷繁复杂，每个人有其气质秉性，但你只要掌握了这些法则，你就能够在人际交往中察言观色、运筹帷幄、胸有成竹。

希望广大读者可以从本书中汲取心理能量，不断培养自己的交际素质，在日常生活中做到深谙心理洞察术、心理操纵术、心理调节术，以获取更大的成功。

2018 年 8 月

目 录
CONTENTS

1

第二篇

心理操纵术

第三篇

心理调节术

第一篇

心理洞察术

神情透露内心情感

　　19 世纪时期，著名的乡土作家埃尔伯特·哈伯德曾说过这样一句话："人的面孔是上帝的杰作，眼睛是灵魂的窗口，嘴是肉欲的标记，下巴代表着决心，鼻子象征着意志；但在这一切之上又埋藏在之后的，是我们称之为某种瞬间的'表情'。"现代心理学对于表情的定义是：表情是情绪的外部表现，是由躯体神经系统支配的骨骼肌运动，是情绪的外露行为。其实，表情是心理活动的反映，一个人或许不在意自己一个瞬间的表情，但是最了解一个人心理的就是这一瞬间的表情。

　　每个人的面容都是独特的，即使双胞胎也不例外。因此人们相见时，给人印象最深的就是脸。从这张脸上，能读出此人的年龄、性别及种族，而且通过表情也可能流露出一个人当时情绪的变化状态。1912 年法国生理学家、诺贝尔奖获得者科瑞尔在他的《人，神秘莫测者》一书中论述道："我们会与许多陌生的面孔打交道，这些面孔反映出了人们的心态状态，而且年纪越大反映得也就越清晰。 脸就像一台展示我们人的感情、欲望、希望等一切内心活动的显示器。"

表情是一种无声的语言。 在人际交往中，无论是否面对面，都会下意识地表达各自的情绪，与此同时也会留意对方的各种表情。 而在几乎所有的生物中，人的表情又是最丰富、也是最复杂的。 据统计，人的面部表情就有 25 万种之多。 正因为如此，才使得人们的社会交往变得复杂、细腻而深刻。

通常情况下，我们可以通过对人脸的某个部位的具体观察来识别对方。 美国心理学家拜亚曾经做过一项实验：让部分人分别做出愤怒、恐怖、诱惑、无动于衷、幸福、悲伤 6 种表情，再将录制后的录制带播放给观众看，请观众猜出各种表情背后的感情。 其结果是，观看录制带的这些观众，对此 6 种表情，猜对的还不到两种。 表演者即使有意摆出愤怒的表情，也会让观众误认为是悲伤的感情。

上述实验反映出，虽然表情在很大程度上对揭示性格有一定的可取性，表情相对于语言更能表达人的内心，但要想在瞬间识别人心，看似简单，实属不易。

人们在长期的生活实践中，逐渐掌握了掩饰内心想法的手段，这种手段在现代商业谈判中屡见不鲜。 比如在洽谈业务时，一方明明对对方的陈述表现出很乐意听的样子，且不时点头示意，似乎很想与对方交易，对方也因此对这笔生意能够取得成功信心百倍。 但没想到最后对方却表示："我明白了，谢谢你，容我再考虑一下。"这无疑给陈述方当头浇了一盆凉水。

有些时候，人们通常会用"面无表情"来掩饰真实的自己。这样做的原因通常有三种：一种是敢怒而不敢言，另一种是漠不关心，还有一种是根本没放在心上。当然也可能是非常关心他人，只是不愿让人轻易地看出来而已。

还有一种脸上的表情跟内心的情绪截然相反，因为人在潜意识里都不想让别人看出自己心理的变化，所以会以某种表情来阻止自己真实情感和喜怒哀乐的外泄。

而有些时候，人们直接显露的愤怒、憎恨、悲哀等感情很容易成为阻碍正常社交活动的因素。所以，人们都竭力控制这种负面的感情，尽量表露出喜欢或笑容满面的正面表情。在现实生活中，最能体现这种现象的就是夫妻之间的争吵。当彼此间的关系到了无法协调的地步时，不快乐的表情反而会逐渐消失，往往展现出高兴的神情，态度也显得谦恭而亲切，但实际却并非如此。

在大多数情况下，人们没有经过深层次地对人内心活动的研究，是不太容易探视出人的真面目的。其实，对于精明的观察者而言，每个人的脸上都挂着一张反映自己生理和精神状态的"海报"。在狄德罗的《绘画论》中有这样一句话："一个人……心灵的每一个活动都表现在他的脸上，刻画得很清晰、很明显。"

尽管如此，真正的高手还是仅从某人的表情就能洞悉别人的内心世界。春秋时期的淳于髡无疑就是这样的一位"高手"。

起初的梁惠王雄心勃勃，广揽天下有识之士。有人多次向梁惠王推荐淳于髡，因此，梁惠王连连召见他，每一次都倾心与他私谈。但前两次淳于髡都沉默不语，弄得梁惠王很难堪。事后梁惠王责问推荐人："你说淳于髡有管仲、晏婴之才，我怎么没看出来，要不就是我在他眼里是一个不足与言的人。"

推荐人拿此番话转问淳于髡，他听后只是笑笑，回答道："确实如此，我也很想与梁惠王倾心交谈。但第一次，梁惠王脸上有驱驰之色，想着的都是驱驰奔跑之类的娱乐事，所以我就没说话。第二次，我见他脸上有享乐之色，想着的是声色之类的娱乐事，所以我还是没说话。"

那人将此番话陈述于梁惠王，梁惠王回忆当时情景，果然如淳于髡所言，他不禁佩服起淳于髡的识人之能。

能够从别人的面部表情读透别人内心所蕴藏的玄机，是识人高手厚积一世而薄发于一时的秘技。其中最经典的是三国时期诸葛亮和司马懿所唱的"空城计"。

当诸葛亮带着一批老弱残兵在阴平这座空城坐守时，兵强马壮的司马懿父子率领 20 万大军兵临城下。在城墙之上，诸葛亮面色平静，坦然地打开城门。自己却端坐在城楼上，手挥五弦，目送飞鸿，飘飘然令人有出尘之想。一场叹绝千古的双簧戏，由此上演。

诸葛亮和司马懿，这对谋略上势均力敌的高手一个在城墙之上，一个在城墙之下，用心机对峙着。诸葛亮深知司马懿一眼就能瞧出他虚张声势的空架势，但诸葛亮更明白司马家族和曹氏家族的冲突。倘若司马懿拿下了诸葛亮，三国鼎立之势转眼消逝。而司马家族的羽翼目前尚未丰满，最后也是落个兔死狗烹的下场。熟谙兵法的司马懿也知道韩信的下场，而诸葛亮的存在，则会让司马懿有了喘息时机。对付诸葛亮，曹丕还必须倚仗司马懿。若是诸葛亮一倒，曹丕没了后顾之忧，安内则是必然之举。到那时，司马家族必会灭亡。

因此，在平静表面的背后，两人心中则是波涛汹涌。 也正是因为诸葛亮一生谨慎，判断司马懿不会下手，才敢出这招险棋。 当司马懿的儿子提醒说，诸葛亮在使诈，城中必无伏兵时，心知肚明的司马懿，立即打断儿子的话，以诸葛亮一生谨慎的说词搪塞过去了。 机智的司马懿，从诸葛亮平静的表情上早已获悉，这是诸葛亮用谋略与他合唱的双簧。 这出戏，必有大智慧，否则不可能唱得如此完美。

从眉毛动态看心境变化

通常在人的面目表情中眉毛的变化起着画龙点睛的作用。 眉毛最多可以有20多常见动态，而不同的动态可以表示不同的情绪。 与眉毛动态相关的心境变化大致主要有：

1. 眉毛正常表示"不发表意见"。

2. 皱起眉头，表示此人陷入困境或拒绝、不赞成某事。

3. 单眉上扬，表示此人对某事有疑问。

4. 双眉上扬，表示此人高兴到了极点。

5. 眉毛倒竖、眉角下拉，是极度恼怒的表情。

6. 眉毛迅速上下活动，暗示着心情愉快，内心赞同或是亲切的表现。

7. 眉毛半放表示"充满疑惑"。

8. 眉毛全部降下是怒不可遏的表示。

9. 眉毛半抬高显示着大吃一惊。

10. 眉毛全部抬高显示"难以置信"。

11. 眉梢上扬，显示此人正遇到什么高兴之事。

12. 眉头紧锁，表示此人正为某事而忧虑或犹豫不决。

13. 眉心舒展，是一个人心情舒畅的写照。

当我们的心情变化时，眉毛也会跟着改变其形态，从而发出信号，下面我们从 5 个方面来做进一步的分析。

扬眉：通常来说，一个人的某种冤仇得以公正对待之时，经常会扬眉吐气。一个眉毛高挑的人，正是想逃离庸俗世故之人，通常有自炫高深的傲慢表现。同时上扬双眉，表示非常欣喜或极度惊讶；单眉上扬，表示对别人所言或所做的事情不理解。扬眉还可以表示危机减弱时，重新审视周围的环境。

要是两条眉毛一上一下，它所传达给别人的信息则介于扬眉与低眉之间，一边脸显得激昂，而另一边脸却显得恐惧。尾毛斜挑的人，心情通常处于怀疑状态，扬起的那条眉毛就像是在提出疑问。

皱眉：生活中，皱眉往往出现在一个人受到侵犯、心感恐惧之时。这种上下压挤的形式，是面临外界攻击时典型的退避反应，眼睛突然被强光照射时也会这样。当人们有强烈的情绪反应，如大哭大笑或感到极度恶心时，眉毛边会皱起。

通常人们把皱眉的脸视为凶猛，而不会想到那其实和自卫有关。而真正侵略性的、毫无畏怯的脸，反而是瞪眼直视、毫不皱眉。

那种深皱眉头忧虑的人，基本上是想从目前的处境中逃离出来，却因某些原因不能如此做。一个大笑而皱眉的人，其实心中也有轻微的惊讶成分。皱眉还是诧异、怀疑、否定等情绪的表现。

眉毛打结：眉毛打结是指同时上扬眉毛及相互趋近，和斜挑眉毛一样。此种表情通常用来表示严重的烦恼和忧郁，然而那些慢性疼痛的患者也会这样。急性的剧痛产生的是低眉而面孔扭曲的反应，较和缓的慢性疼痛才易出现眉毛打结的情况。

在某些情况下，眉毛的内侧端会比外侧端高，而形成吊梢眉似的夸张表情，如果一个人心中不是极悲痛的话，是很难做到的。

闪眉：眉毛闪动，是指先扬眉，接着迅速下降，这是一种友善的行为。当两位久别的老朋友相见的一刹那，往往这种闪眉会出现，与此同时还常会伴随着扬头和微笑。但在握手、亲吻和拥抱等亲密接触的时候一般很少出现。

耸眉：耸眉指的是先扬眉，停留片刻，之后再下降，通常还伴随着嘴角迅速往下一撇，而脸上其他部位却没有什么明显的动作。这时表示忧伤，有时表示的是一种不愉快的惊奇，有时则表示无可奈何。此外，人们耸眉还会出现在他们想强调某些话语时。

在识人的时候眉毛的这几种动态对你会有很大帮助。

透过眼神看人心

两千多年前，孟子说过："观其眸子，人焉廋哉！"这句话的意思是说：观察一个人，就应该看此人的眼睛。 一个人的想法常常会从眼神中流露出来，人们心里在想些什么，都能从他们的眼睛中反映出来。 譬如那些天真无邪的孩子目光通常都是清澈明亮的；而利欲熏心的人，则很难掩盖其眼中的浑浊。

眼神流露不屑的这类人，是敌意或拒绝的表示。 眼神冷峻的这类人，说明他们对人并不信任，存有戒备之心。 没有表情的眼神，说明这类人心中愤愤不平或内心有所不满。 和异性视线相遇时会故意躲避对方眼神的人，表示关切对方或对对方有意。 眼睛滴溜溜地转个不停的人，意志力薄弱，容易被人引诱而见利忘义。 交谈时对方根本不注视你，是对方根本不看重你或不愿与你亲近的表示。 在交谈的过程中，如果对方不时地把目光移向近处，则表示你的谈话对他没有吸引力，而他正在计划另一件事情。 相反的，如果对方的眼神上下左右不停地转动，无法安定下来时，有可能是心存顾忌，通常都有难言之隐，也许是为了不失去朋友的信任，而对朋友隐瞒了某些事情的真相。

因此，要对一个人充分了解，首先要做的就是看透他的心。只有这样才能分清身边哪些人是值得亲近的，哪些人是该避而远之或采取相应的方法来对付的。

通常，淳朴善良之人，眼神大都坦荡、安详；狭隘自私的这类人，眼神一般都狡猾、昏暗；不贪图荣华富贵、不畏权势之人，眼神一般都刚直、坚强；见异思迁、见风使舵的这类人，眼神大都飘忽不定、到处游移。

瞳孔的大小与情绪也有很大关系。当人情绪不好、态度消极时，瞳孔就会缩小；而当一个人情绪高涨、态度积极时，瞳孔就会放大。有材料证明，一个人在极度恐惧或兴奋时，他的瞳孔会比正常状态下的瞳孔大3倍。

两个初次见面的人，首先注意到的是对方的面容，而脸上第一个被注意的目标则是眼睛。眼睛的神采如何，眼光是否坦荡、端正等，都能看出对方的德行、人品和情绪。如果对方的眼睛滴溜溜地乱转，这个时候你就得注意了。

生活中，不敢正视他人眼光之人，通常都是缺乏足够的信心，不仅怀有自卑感，而且性格软弱的人。他们遇到陌生人时，不会主动打招呼，即使打招呼也是避开别人的眼睛，这样的人一般比较拘谨，在处理问题时不仅缺乏自信，还没有主见。当然，如果是一对恋人，躲闪对方的目光就应该另当别论了，那表示紧张或羞涩。

通过眼神的变化，我们可以将一个人的心理了解个

大概:

1. 初次见面先移开视线者，多想争强好胜，使自己处于主导地位。

2. 注视着对方说话，表示其说话内容为自己所强调，希望听者能及时做出回应。

3. 在谈话时，如果目光突然向下，说明此人已陷入沉思。

4. 盯着对方眼睛不放，心中定是另有隐情。

5. 当被一方注视时，便立即移开目光者，这是自卑的一种表现。

6. 看异性一眼后，便故意把目光移开，这表示对对方有着强烈的兴趣。

7. 抬眼看人，表示对人的尊敬和信赖。

8. 俯视对方，是一种威严的显现。

9. 喜欢斜眼看对方者，表示对对方感兴趣，却又不想让对方识破。

10. 眼珠子来回转个不停，表示此人正在苦思冥想。

11. 视线不在对方身上，目光转移迅速者，这种人性格内向。

12. 尽管视线在不停地移动，但若出现有频率的眨眼时，表现思考已有了头绪。

13. 视界大幅度扩大，视线方向剧烈变化，是不安或害怕的表现。

言语风格中显现出来的个人性格

鉴定一个人品性的重要依据是此人平时说话的风格。因为人的思想及情感都是通过语言表达出来的。同时，语言上的风格也会显示在个人品格修养上，一个人的品格修养会在其或俗或雅的语言风格中不经意地流露出来。

幽默风趣型：说话风趣幽默的这类人，拥有丰富的想象力和创造力，而且看重自由自在的生活，崇尚快乐自由的个性。在很多场合下，适当的玩笑可以缓解压力，活跃现场气氛。因此，他们经常运用幽默来改变紧张的氛围，从而成为备受大家瞩目之人。他们总是顽皮、爱开玩笑的一类人。他们已发觉幽默在生活中的力量，而且希望把这股力量带给真正需要它的人，同时也使自己的生活充满欢乐。

旁征博引型：这类人拥有广阔的知识面，随意漫谈也能旁征博引，从古到今、天文地理都能指点一二，显得无所不通、学问高深。然而由于脑子有太多东西存在，导致系统性差，从而往往是知其然而不知其所以然，思想和深度都不够，评说问题就像蜻蜓点水，不得要领。他们做某件事情时，可以产生几十个方案，但可能都说不到问题的关键所在。所以，他们如果能增强分析问题的能力，做到驳杂而精深，直接把握实质，他们就会成为优秀的全才。否则，就会变成看似懂得一切、实际什么也不懂的一类人。

高谈阔论型：这类人通常认为办大事者应不拘小节，因此常常忽视细节，琐屑小事从不挂在心上。他们考虑问题时宏博广远，善于把握全局。他们的思想富于创见和启迪性，即使不是"绝后"的，也往往有"空前"的意味。不足就是理论没有条理，论述问题不够系统也不能细致深入。由于不拘小节造成的过失，很可能会给后来的事情埋下隐患。所以，"千里之堤，溃于蚁穴"是他们最应该注意的道理。

锋锐犀利型：这类人的言辞犀利，善于攻击对方弱点，不给对方丝毫回旋的机会。他们往往能够抓住问题要害，而且一步到位，常用问题专家的眼光去对待对方。所以他们有可能会从整体上忽略问题的实质，从而舍本逐末甚至断章取义。

自我嘲讽型：这类人的心胸较为开阔，善于像鲁迅一样嘲讽自己，这也可能是他们维持平安幸福的秘诀之一。被自己嘲笑，是改掉自身缺点的方法之一。先别人一步嘲讽自己，无形中排除了外来的某些可能的诽谤，博得他人的同情或怜爱。事实上，这也是他们自我保护的一种方式。

挖苦损人型：这类人大都是文学爱好者，总爱话中有话。在许多方面，他们和自嘲型的人有着同样的心理，不过他们往往是指桑骂槐，更为隐蔽。他们的理念是先下手为强，不过，他们的矛头是指向那些令自己紧张和恐惧的人与事。要是他们觉得不如意，就开始嘲弄别人的成就，他们的挖苦兼嘲笑就像一剂毒药，令人痛不欲生。其实，这也从中反映了他们的消极思想，以及对自我的否定。通过对比，他们希望抬高自己否定他人。但事与愿违，无论他们多么擅长挖苦，多么精于刻薄他人，却永远无法将自己放开。

辛辣讽刺型：这类人的知识丰富、言辞刻薄而尖酸，对人情事理理解得深刻而透彻。他们天生懂得嘲弄而且对生活的观察十分细致，视角独特。他们有能力把弥漫在社会和生活中的弊端活灵活现地表现出来。但更重要的是，这么做是他们内心深处道德愤慨的表现。作为一个理想主义者，他们宁愿通过重点式的夸大和讽刺为改变而战，也不愿闷着怨天尤人。通常这类人接受新生事物的反应和能力都极佳。针对他人的能力，他们往往都能居高临下，做一个批判者。

添油加醋型：这类人能够很快接受新生事物，就像要给生活增加作料一样，捡到新鲜言辞就能在日常生活中运用。因此，他们总是跃跃欲试、不吐不快，把捡到的精彩话语，很快地加以模拟应用，并推陈出新。缺点是不能对这些言论进行更深的研究，遇到问题时也缺乏主见，不能独立承担困难，性格软弱。

标新立异型：这类人往往思维独立，有强烈的好奇心，对于普遍的说法常持否定的态度。他们"标新"是为了"立异"，做事常常独出心裁。他们很容易接受新生事物，敢于向权威与传统挑战。他们的优点是不被礼法束缚，精于谋略，有很强的开拓性。缺点是不能冷静思考，容易偏激因而不被世人理解，往往孤立无援，最终毁于一旦。 最适合他们的是用奇思妙想做一些有开创性的事。

哗众取宠型：这类人喜欢模仿古怪的动作，到处扮小丑，哗众取宠、引人注目是他们行为的原始动机。 他们也十分善解人意，懂得体贴与关怀他人，也比较会享受生活。

温柔平顺型：这类人的性格温顺，不争强好胜，权力欲淡，与世无争，万事讲究以"和"为贵。 优点是为人处世讲求平和顺畅，易与人相处；缺点是意志薄弱、胆小怕事、原则性欠缺、常常屈从于权威等，对人、待事往往选择逃避。这类人如能磨炼胆气、迎难而上，就会成为一个外显宽厚、内存坚毅的刚柔并济之人。

从容平和型：这类人的性格大多优雅平和，为人宽厚仁慈，说话做事不仅严谨还从容不迫，绝不会轻易得罪某个人。 他们为人处世豁达、周密细致、有规范，反应敏捷果断，属于细心思考型人才，但也有传统和保守的一面。 如果他们能对新生事物持公正、包容，而非偏见、排斥的态度，就会变得更加从容不迫，拥有长者的风范。

说话语速传达性格密码

一般来说，一个心理健康、感情丰富的人会因环境的不同而产生不同的语速。 同时，语言作为一套很复杂的音义结合系统，是一个特别的装置，也是用于思想交流的工具。 人在说话的过程中，心理、感情和态度也蕴含其中。

在日常工作生活中，每个人的说话方式、语言速度都带有自己的特色。 有些人天生属于慢性子，讲话慢条斯理，再急的事情，都带有自己的特色来叙述给别人听。 有些人是急脾气，说话就像打机关枪，嘟嘟地说个不停，容不得旁人有插嘴的机会。 然而大多数人却处于两者之间，说话语速属于中速。 这些性格特征，是客观存在而且具有长期性。

现实的工作生活中，我们可以更微妙地领略语速中各种复杂心理的多变性的形成。 我们可以在交谈时，从一个人的语速快慢对这些人当时的心理状态有一个很好的判断。

就大多数情况而言，讲话速度非常快的人，比较精明，性格偏外向，多为张扬型。 这类人口若悬河，善于采用多变化的声音顿挫，且能说善道，想到什么就说什么。 当对方与别人交往时，他们就会随声附和地说： "就是这样……就是这样……"

跟这类人表达和他们相同的意见时，只要彼此交谈，他们的性格便会显得更加鲜明。 因此，话说到投机处，就会越发滔滔不绝地继续下个话题，好像有取之不尽的"话源"似的。 有时话题变得零零碎碎，没有关联性，他们仍会说个不停。

一般来说，为人厚道、性格内向的人讲话时速度会很慢。 这类人常会无意识地与对方保持一定的距离，而且还会用封闭式的姿势，那意味着"我不希望对方知道我的心事"以及"不想初次相见就被看穿我心中所想"，当然，也就会有所保留地说话。

内向型的人对他人怀有强烈的警戒心，而且认为让对方了解自己过多是没必要的。 但是他们的内心却很温和，害怕自己的话会伤害到别人，总是经过慎重的考虑之后才开口说话，同时还担心自己的话会引起别人的敌意。

因为胆怯又容易受到伤害，而且过分担心出错或承受失败，唯有使语速变慢下来以不断地调整思维、心态，也许他们觉得这是最安全的说话方式。 会议上的发言也是如此，因为他们就像自言自语，甚至会欲言又止，不会积极主动地提出自己的建议，声音很小，而且语速缓慢。 说话时，往往不是直言不讳，总是喜欢绕圈子，听的人也会感到焦躁不安。这类人即便是被问到也不会有确切的回应，态度优柔寡断，让人觉得索然无味。

同时，语速还是一个人说话时心理状况的微妙反应。只要平时我们对别人的语速稍加留意一下，对方内心的变化就会很容易被发现。如果一个人平时伶牙俐齿、口若悬河，而当他面对某个人时，却突然变得吞吞吐吐、反应迟钝，则他很有可能有事情没有和对方讲，或者做了亏心事，显得很没底气。

然而，当有些人遇到言语犀利、见解独到、语气咄咄逼人的人时，或缄口沉默，或支吾其词，一副笨嘴拙舌、口讷语迟的样子，很可能这个人心里感到自卑和害怕，对自己没有信心，也可能被对方一语击中，一时难以反驳。出现此类窘境，会对自身能力的发挥有阻碍，也使对方气焰大增。

实际生活中，大家或许通过各种方式观看过辩论赛，或许当过辩手感受过辩论中的紧张气氛。从中我们不难发现，每个辩手的语速都超快，尽可能快速且流利地表达自己的观点。如果能够在语速上胜过对手，不仅可以使对手锐气大减，也能使自己信心倍增。

另外，控制语速可以调节心气。美国经营心理学家欧廉·尤里斯教授曾提出过令人心境平和的原则是："首先降低声音，继而放慢语速，最后向前挺直胸。"要降低声音，因为声音是自身的感情的催化剂，从而冲动时会表现得更加强烈，造成不应有的后果。要放慢语速，因为个人感情被掺入进来，语速就会随之变快，说话音调变高，容易引起冲动。情绪激动、语调激烈的人通常都是胸前倾，一旦胸部挺直，紧张的气氛也被淡化；而当身体前倾时，把自己的脸向对方靠近，这种讲话姿势为他人营造的是紧张的氛围，这样只会徒增愤怒。

用打招呼时的特征分析他人心理

如果你在大街上走着，忽然看到前方出现一位自己的老熟人，你接下来会做什么？你选择上前和他打招呼，还是避开他，换一条道走开。

其实，生活中与人交往，打招呼给人留的印象，直接影响他人对你的评判。有时候，即使是看上去简单的打招呼，也是我们了解别人内心的大好时机。

见面握手时体现的心理特征：用力与对方握手的这类人，性格具有主动性。握手的时候，无力地握住对方的手，表示此人有气无力，性格比较软弱。无论是舞会还是公共场合，频频与生人握手打招呼者，即表示此人有非常旺盛的自我表现欲。握手的时候，掌心出汗的人，大多数是因为情绪激动，内心失去平衡。握手的时候，如果视线一直不离开对方，其目的是要使对方心里有挫败感。

和对方面对面也总是不打招呼的人：面对面也不打招呼的人，如果面对的是同学或同事，他们仍不打招呼问好，说明他们非常孤僻，而且极为清高。 这类人在工作与学习当中经常是孤军奋战，虽然勤奋，可往往收到的结果并不是很好。 还有一种情况是他们非常繁忙，连走路也在思考。 有时候遇到熟人，仓促间忘记对方的名字了，只好把头一低继续赶路。

喜欢转移目光的人：这类人胆小怕事，害怕见到陌生人和进入陌生的环境，且自卑感很强，为人处世没有自信，优柔寡断。 他们喜欢轻松、诙谐的打招呼方式，这样恐惧、紧张和防备的心理也就会消失，以便继续顺利交往下去。

喜欢与对方目光正面相对的人：喜欢直视对方的人在与人相处时常带有攻击性，想通过打招呼来探对方虚实，并暗自思量如何让对方落下风，使自己的气势胜过对方。 同时，也表示对别人的戒心和防卫之心。 与这类人打交道要讲究策略，首要的是把自己保护好，不轻易暴露自己的劣势，否则将被对方看轻。 随后，伺机而动。

女孩喜欢放"烟幕弹"：女孩子对异性产生好感的时候，常不会直视对方，即使与对方撞在一起，她们也会迅速转移自己的视线。 这时她们其实只是放了一种烟幕弹，是在用反其道而行之的方法。

喜欢后退的人：打招呼时，会故意向后退步的人，或许自以为是礼貌或是谦让。 但别人却会认为他们是有意拒绝自己，刻意保持距离。 之所以出现有意识地后退的现象，也许是由于他们的防卫和警戒心理，与人相处的顾忌、恐惧等；也或者想通过这种方式表达谦虚，进而促进或加深交往关系。

喜欢另辟蹊径的人：这类人在很远的距离遇见熟人时，不但不上前去打招呼，反而向左或向右走去，甚至转身往回走。 出现这种情况是因为心虚，他们肯定有事瞒着对方。还有一种原因是那个熟人令他厌恶透顶，一点也不想搭理对方，甚至对方从旁经过也如此。

谈话特征告诉你他人心理

大多数情况下，一个人的谈话特征是这个人本性的反映。

出口没有多余的话：这类人虽然句句出口成章，但句句无赘词，交谈中总占据话题中心。 这种人并不多见，他们一般不会胡乱批评别人，出口的废话很少。 通常情况下，这类人头脑灵活，具有较强的工作能力。

经常边说边笑：喜欢边说边笑的这类人性格通常多开朗大方，对生活并没有苛刻的要求，很注意"知足常乐"。 而且，他们极有人情味，有极好的人缘，这是他们开拓自己的事业具有的极好条件。 可惜这类人大多喜好平静的生活，缺少积极向上的精神，否则他们可以得到世界上更多的东西。 感情专一是他们的另一特点，非常珍惜爱情和婚姻，对自己最心爱的人他们会牺牲所有。

讲话不正视别人：相对而坐时，不看着对方的眼睛，低着头听对方讲，偶尔抬起眼睛看一下对方，但是很快又低下了头，会发生这种情况的人大多数都是女性。这类人一般比较胆小，做事缺少魄力，没有持久力，没有活力。这类人还有一种明显的特征，那就是意志不坚定，容易随波逐流。

频繁转移视线：与别人交谈时，表面上看起来不重视对方，但很有可能是他在暗暗地观察对方，盘算如何还击。假设这种移开视线的动作是在交谈的过程中发生的，那就表示听者觉得疲惫，没有继续听下去的想法。如若遇到这种情况，你应趁早终止谈话，定好时间再聊。而且双方在交谈时，视线难免会相遇，如果对方在此时急忙躲闪，那就该做下面的判断：听者的心里有难言之隐，或是有意隐瞒什么；急急避开视线，表示害怕你察觉到他的心事；或者是听者的性格懦弱，不敢直视对方等。当双方的视线相碰的时候，勇敢注视对方的这类人大多是刚强正直的人，以诚待人，不会要弄诡计，意志和自尊心很强。

说话时一直盯着对方：这类人大多有较强的支配欲望，而多数情况下他们确实有自己的优势。因此，只要有机会，他们便会向别人展示自己。通常这类人具有良好的人际关系，而且只要定下目标就一定会努力去完成它。

说话时喜欢摸鼻子：这种做法很常见，可能是由捂嘴巴的动作转变而来。有些人会无意识地轻轻刮一下鼻子下方，也有些人用非常不明显的动作快速地碰一下鼻子。有这类动作的人通常是为了掩饰内心的慌乱，或是想要对方的注意力有所转移。

谈话时情绪低落、身体疲惫、精神萎靡不振：一看就知道面色不好，说起话来唉声叹气，好像快要遇到世界末日一样，希望都失去了。 这类人外在特点为：沮丧疲累、精神不振。 拥有这种表现的人，可能对自己早就失去了信心。 这类人常常是自寻苦恼，尽都是为一些烦琐的小事而每天忧心忡忡。 并且由于对自己失去了信心，并缺乏理智的判断力，工作生活混乱不堪。 上面交代好的事情，总是无法如期完成，即使如期完成，也会有很多的缺陷，还必须要大部分地修改。

频繁眨眼：交谈中不断地眨眼，一般都是有同情心的人，能认真听别人说话，尽其所能地去帮助别人。 如果在谈话中，眼珠滴溜溜地转动不停，而且成为一种习惯，这类人不能够集中精神听讲，而且他们的心情明暗不定，听不出对方话中的意思。 如果在交谈的时候，目不转睛地盯住对方，这类人是想让他的主张、意见得到他人的赞同，而且对自己信心十足，对所谈之事寄予厚望。

说话时腿脚晃动：有些人总喜欢用腿或者脚尖让整个腿部颤动起来，有时候还用脚尖磕打脚尖或者以脚掌去拍打地面。 但习惯者总是不以为意。 这类人最明显的表现是自私，很少为他人着想，凡事从利己出发，尤其是对自己的另一半的占有欲超强，经常会无缘无故地制造一些"醋海风波"，从这点来看说他们有"神经质"并不为过。 他们对别人很吝啬，对自己却很知足。

自己暴露优点和缺点：一般人都不会把自己的长短之处暴露在外，并唠叨个不停。 可是，世上就有冲着别人猛说自己长短的人。 从心理学上来讲，大多数诚实的人，绝不会动不动就掀开自己的"底牌"，让别人瞧个够。 而轻易地就把自己的长处和短处公之于众，一般人都不屑这样做。 这类人一般做事向来没有原则，很容易见异思迁。 也要留心他们对上司、公司的忠诚度。 而且这类人的心胸狭窄，常因一些小事与他人吵得不可开交。

下巴朝上：一般人谈话时极少"下巴朝上"，因为这个动作代表侮蔑、轻视人。 下巴缩紧，给人的印象是坚毅不屈。 交谈中下巴经常朝上，就表明会出现以下的可能性：情绪不宁，没有定力，是有意表示自己和对方应平等对待；全然瞧不起对方，这类人通常能力一般；如果有时会有这样的动作，可以称为"热衷于交谈"。

到处炫耀：只是完成了一件小事他们却以为功劳奇大，逢人便说。 或是拿它来压人，摆出不可一世的傲态——这类人一般喜欢受到他人的奉承，难以成大器。 再加上具有极强的虚荣心，毫无责任意识。

多种称呼，亲疏有别

日常生活中，人们的称呼方式有许多种。比如说，已婚妇女会称自己的丈夫"我们家那口子""我丈夫""我先生""孩子他爸""××（名字）"等等。从这些称呼可得知夫妇间的亲密程度，而日常的人与人相处过程中，通过人们对彼此的称呼也可以揣测出双方心理之间的距离。

称呼"您"：在演讲或其他场合里，听讲的人往往会记住讲师的名字，称之为"××先生"。而讲师对听众的面孔短时间内并不能认清，通常用"那位先生""您"等称呼。"您"固然表达自己对对方的尊敬，但是用语冷淡，使人觉得很疏远。如果仅是初次见面还没记住名字时可以这样称呼，如果认识很久了依然如此，则表明了此人没有进一步与对方要发展下去的意图，并试图在心理上和对方保持距离，希望与对方井水不犯河水，与对方各干各的。

称呼"××先生"或"××科长"等："××先生"以及"科长""部长"的称呼，在上下级关系的交往中很常见。 称呼对方时加上头衔，使对方的地位得到了重视，也表达赞许之意，因为这样会让对方觉得很高兴。 也有人想以此证明自己难以抗拒的权力和权威。

可大多数情况下，虽然当面以"科长""处长""主任"等官衔称呼，背后同事、部下之间却更多叫上司的"外号"。 本来很可怕的上司，一旦给起了动物或卡通人物的名字，瞬时显得可爱一些，这比称"××科长"更显得亲近。同事或同等关系的人们在交往中，若仍用"先生"称呼彼此，在公司外面见到的时候仍用敬语，就表示他们心中仍有隔阂。

用"那个"等指示代词称呼对方名字：有的男人会常这样称呼与自己长年相伴的妻子。 这些男人大多为腼腆性格，不善于表达情感。 此外，有人提及自己家人的时候，不说"我先生""我的小女儿"，而是叫"孩子他爸""妹妹"，即与在家时采用相同称谓，这种女人做任何事都把家庭放在首位，乐于充当贤妻良母的角色。 称呼也是人与人关系的反映。 如果某人想亲近对方，常会将称呼有所改变，以便使亲近感加深。 因此由称呼的改变，我们可以了解对方心理的改变。

直呼其名：有些女性称自己恋人为"××（名字）先生"，由女性心理可知，这表明两人关系介于朋友和恋人之间。 伴随两人的关系逐步加深，最开始称作"××先生"的人，可改称为"小×"，之后关系更深厚时，就直呼名字。不仅恋人之间这样，在日常生活中，其他关系的人之间也是如此。 比如说，对第一次到店的顾客，店员会称之为"顾客先生"，而如果顾客对商店满意，常光顾的话，店员也渐渐熟悉了客人的情况，就会将他们的名字记下。"顾客先生"和"程立先生"相比，后者在心理上的距离更小，话题也更加向私人化的内容靠拢，亲近感逐步加深。初次见面就会叫对方姓名的人，有不单单拿对方当成交往对象，而想当成特定的个人来认识交往的心理，可以看作有好感的体现。

称呼"小×"：姓前面加"小"字是很普遍的叫法。关系密切的人会称呼"小李""小王"什么的。人与人越亲密，说话也就越随便，由开始的"××先生"慢慢变为"小×"，最终变为爱称。虽然不再是年轻时的样子了，但还被人叫作"小×"的人，是由于他身上具有很强的亲和力。

此外，还有用姓名取代对对方的官称，是有和对方保持亲密的关系的目的。谈话之中突然叫对方名字的人，是想和对方接近、缩小心理上的距离。由对姓的称呼改为对名的称呼是为了和对方变得更亲密。

称高于自己身份地位的人为"你""××先生"的人，心里实际是想和对方一样受到平等的待遇。称对方为"你小子"或"你这家伙"的人，是想进一步发展与对方的友谊或是潜意识里想要和对方建立保护与被保护关系。

另外，在交际场合中，我们还能通过别人的自我称呼来了解他们的品性。在工作场合中，使用"敝人"称呼自己很恰当。但是在个人谈话中也刻意这样使用，就显得过于迂腐。有这样的自我称呼的人是希望别人看重自己，但是弄巧成拙，反而让人觉得很幼稚。

男性以"我"自称，以及女性以"人家"自称，让人感觉有些孩子气。 这类人既有稳重而亲切温和的一面，也有精明过人、心情浮躁的一面。 通常用到"本人"这个称谓词的人，大多为军人和运动员，给人"硬派"的印象。 出人意料的是，他们本质上是胆小或害羞的，非常在意上下级关系，能够温和谦逊地对待别人。

网聊小细节，揭露潜在本性

当今社会，网络聊天成了大众交流沟通的重要方式。网聊虽然相互间看不到对方、听不见声音，然而网络语言的独特魅力却依然能将人们种种曲折的深层心理不知不觉地挖掘出来。在网上聊天的人虽然形形色色，但只要我们善于运用恰当方式加以揣摩，就能把网络的帘幕拉开，也就会清楚地了解对方的年龄、性格、气质、想法。

对常见语气词的分析：

呵呵：一般温和成熟的人会这样笑，当他们赞许或无法回答你的时候就常用"呵呵"来回应。

哈：喜欢用"哈"的是聪明冷漠型的人。这种笑的象声词表达中立的意思。

哈哈：这样笑的人大多性格开朗、豪爽。

哈哈哈哈：这类人豪爽，乐观，和这类人相处会很愉快。但有时连用"哈"也表示恶作剧成功后的开怀大笑。

嘻嘻：喜欢用这种语气词的人俏皮活泼、古灵精怪，常以捉弄人为乐。

嗯：温顺的人大多会用这个语气词。

呀：讲话中常使用"呀"字说明此人比较孩子气。"呀"这个语气词颇为年龄小的人所喜爱。

对说话内容进行分析：

（1）刚刚认识，聊几句便说"我爱你"之类的暧昧语的这类人，要不就是年纪小，要不就是极度虚空无聊的人。

（2）认识时间较长，彼此都有很深厚的了解后才说"我爱你"，这类人知道克制，比较能掌握分寸。

（3）无论网上聊得多投机，从来不说"我爱你"的人很有心机，网络和生活能分开。这类人一般都是上了年纪的成熟智慧型人物。

由打字速度可知：

（1）如果这个人打字速度非常快，却连篇累牍，这样的错误大都为年轻人所犯。他们表现欲较强，过于急切证明自己的实力。

（2）如果一向打字快的人速度变得很慢，并感觉好像在敷衍你，那说明他不只和你一个人在聊天，或是他的主要注意力集中在自己玩的游戏里。对于这类人应该尽量不要放在心上，顺其自然就好。

（3）如果这个人打字不是很快，但是谈吐幽默却很有哲理性，则表明这些话都是经过思考的，这样的人一般都是有修养、成熟、稳重的人。

对标点符号的分析：

（1）句子多用逗号。这类人做事急脾气，性情比较刚烈。　如果是女孩子，多为率真的个性，很像男孩子。

（2）使用大量符号修饰言语。　喜欢用一些符号增添气氛，表达自己强烈情感的人比较浪漫，讲究情调，大多都是年轻人。　这样使用的女生人数比男生多。

（3）有整齐的标点。　标点符号用得非常规范，小的标点也不错过，说明此人很细心，做事十分严谨，似乎是成熟人士。

（4）不使用标点。　网聊时从来不打标点符号的人很值得我们留心，他们一般都工于心计，善于耍小聪明。　同时他们血气方刚，做事不留余地，难以控制。

拇指动作要留心

在日常生活中,一个人竖大拇指的动作很常见。 大拇指是权威的象征,代表力量和自我,所以与大拇指有关的肢体语言常是寓意强势和超强的自信以及带有侵略色彩的勃勃野心。 关于拇指最常见的手势就是向上或向下竖立。

向上竖大拇指大多是表示自己对某人的话或某件事表示认同和赞赏,或者是表示对他人的感谢,或者表示已经把事办妥。 比如,篮球比赛场中裁判一手拿球一手竖大拇指就表达的是一切准备好之后可以开始比赛了。 准备就绪的含义来源于飞机驾驶员,因为在飞机升空待发时,引擎发出的巨大声响使得驾驶员无法和地勤人员交流,于是他们用竖起大拇指的方式表达:我已经准备好了。

向下竖大拇指,世界上许多国家和地区都常用这种手势,但含义不一样。 在中国一般意味着"向下""下面",是一种很没教养的动作,表达的含义是鄙视、看不起。 在英美国家大拇指朝下则表示"不能接受""不同意""结束"

等。 墨西哥和法国等欧洲国家则用来表示"没用""死了"或"运气差"。 在缅甸、泰国、马来西亚、菲律宾、印度尼西亚等国家，大拇指向下是"失败"的表示。 澳大利亚人则用来表示讥笑和嘲讽。 简言之，这个手势含有贬义色彩，在生活中一般不能轻易使用，使用者含有对对方的敌视心理，须小心谨慎。

众多的肢体语言之中，拇指动作属于二级语言，通常以配合其他动作的方式来表达含义。 有自信心的人常常爱使用这种手势来展示自己的独特。 向自己感兴趣的人伸大拇指表示乐意进一步交往。

有的时候，人们把手插在口袋里时，大拇指会露在外面。 这种动作表面上看是要把自己的优势或权利隐藏起来，实际上体现出来的恰恰是自己信心十足。 无论男女，很多人都会不经意间做出这样的举动。 除了一些崇尚流行的年轻人喜欢这样表示自己的随意和自信之外，大部分人尝试此动作是想彰显自己一种异于常人的自信和优越。

双臂交叉抱于胸前也是常见的姿势。 双手放在腋下，双手拇指却露在外面，这个动作通常包含了两层含义：抱臂交叉表明自己的戒备心理很强或对事物持否定态度，外露拇指则能体现自己的优越心理。 保持这种姿势的人常会在说话时不断地摇动手指，虽然采用的是防御性的姿态，但他的内心在晃动的手指中体现得很清晰——我非常自信，我很优秀。如果是站立的话，这种人往往还会把脚跟做轴心，摆动身体。

除了这些，人们有时还会拿拇指指向某人，这表示的是嘲讽或者奚落的不敬做法。 例如，一个男人向朋友诉苦，如果用拇指指着自己的妻子，然后说出自己的抱怨，那表示的就是对妻子的一种不满和牢骚。 如果在指向别人的同时晃动自己的拇指，大多是想发泄自己的不满情绪。 这种手势男性比女性更常用，但有些时候，女性也用拇指来对自己讨厌的人指指点点。

手指小动作反映大问题

　　除了上面提到的大拇指之外，也应留意其他的手指动作。

　　（1）向上伸食指。 中国人向上伸食指，并没有特别的含义，大都代表数目，也就是"一"的意思。 在吃饭的时候，伸出食指大体上是有要再添菜之类的请求。 用食指指着别人的时候只是想要对自己特别强调一下。

　　（2）伸出弯曲的食指。 英美人常以此手势招呼别人向自己这边来，这在非正式的场合下被经常用到。 正式场合下应避免这种动作的使用，因为这很不尊重对方。

　　（3）向上伸中指。 罗马人以为"轻浮的手指"为中指，事实上也是如此，单独伸出中指的手势多指不好的意思，甚至是一种侮辱，被大多数人看作是一种下流的行为。如果一个人向你伸出了中指，表明此人非常不满意你的言行举止，并含有挑衅的意味。

　　（4）向上伸小指。 孩子之间常用此手势示意对方弱小，很差劲，是倒数第一，含有"轻蔑"的意思。 在日常生活中，如果一个人用这个手势表达对别人的看法，通常可以说明这个人对对方的行为看不惯，并抱有成见。

（5）大拇指和食指搭成圆圈之后，再将中指、无名指和小指伸直。 美英等西方国家常用这种手势，表示"同意""赞扬"，是"OK"之意。 做这种手势表达对别人的赞同。

（6）伸出食指和中指，呈 V 字形。 人们常会在日常生活中使用此手势，表示"胜利"的意思，喜欢做这个手势的人生性乐观、活力十足，诚实地表达自己对事物的看法。

与人交谈时，手指的动作常是一个人内心的反映。 有些伸指的姿势最容易引发听话人的反感。 将其他手指合拢，一根手指突出在外，这根手指似乎积聚了全手掌的力量，在指向对方的时候，给人胁迫之感。 如果一个人总是喜欢用这样的姿势指着别人说话，那就说明他攻击性很强，在为人处世上处于强势，和这类人交往要避免发生冲突。

如果自己有这样的习惯，并且暂时无法适应其他手势的话，可以尝试对这种令人生厌的手势进行改良。 可以在握拳后使伸向上方的手指弯曲，然后顶住大拇指指尖，做类似于一个"OK"的手势。 这种手势给人亲切温和的感觉，显得文雅有礼，而且不会给人"咄咄逼人"的感觉。

揉搓拇指和食指指尖通常是人们表示钱的动作，是为了索取或跟人借钱之意。 一些在商场或大街上叫卖的销售人员常会这样做。 还有的人向朋友借钱，也会做同样的动作。

手指这种小动作，多数人根本不放在心上，如此细微的举动，谁会留意到呢？ 但实际上，越细微的东西越能反映大的问题。 也许，当你伸出手指的时候，已经被别人发现了你内心的想法。 你的人格以及习惯性的思维会在无意间的小动作上体现出来，所以，一定不能忽视手指的细微动作，因为手指一经伸出，心思已被别人看穿了。

手部动作流露真情实感

双手真能将一个人的感情表现出来吗？ 事实的确如此，双手如何摆放体现了某人当时的情感状态。 我们在与人交往的时候，一定要对细节稍加留意，透过手部的现象得知人格的本质。

藏起来的双手：当一个男人把双手插在裤兜时，他不是在摆酷，他想对对方说，我不想再和你交谈下去了，请终止这次谈话。 如果在说话的时候将双手藏好，放在身体后方或者是口袋里，那也很有可能是他想将重要的信息隐藏起来，或者是有一些不想告诉别人的事情。 在一些推销活动中，顾客的一举一动都是他购买欲望的体现，如果愿意购买的话，他的双手就会暴露在推销员的视线之内。 如果他一边谈话，一边将自己的手掌亮出就表明赞同对方，并有意购买。 如果不太想购买，只是想找借口搪塞销售人员，那他就绝对会把双手藏起来，故意躲避销售人员的目光。

愤怒的双手：双手紧握成拳头，这种手势的含义是自己不愿表达内心的情感。 无论何时，看到某人在说话的时候紧握拳头，那么这个人此时一定是在生气或难过，最好不要招惹他。 如果大拇指藏在拳头里，通常代表这个人十分害怕或担心。 握拳的时候拇指相扣，好像怀抱那样，那就说明他有很强的保护意识，可能预感到了危险。 在说话的时候食指朝外指，或者不停地快速动来动去，那就说明此人心里抱有很大的怒火。

撒谎的双手：一般情况下，撒谎者常表现为手部少力。说话的时候，双手不是握着拳头，就是合拢在一起，要不就是放在口袋里。 值得一提的是，某些人讲话时，手握得很紧，其实越紧就意味着越紧张。 表面看上去是紧紧握住不撒手，实质上他们真正想控制的是其他一些东西。 想要控制自己情绪的人往往表现得很紧张，缺乏一种安全感，要控制自己，他们可能就会撒谎，或者是尽力避免强烈的情感爆发。在一些诈骗高手看来，这些方法都是微不足道的，要想识破这些受过专业训练的撒谎者，只是看有限的手部动作远远不够，还要留意他们其他肢体动作和言行的一致性。

诚实的双手：多数人在诚实的状况下会摊开自己的手掌，体现自己的坦诚与对他人的兴趣。 摊开双手是一种接受他人的手势，代表迎合他人的意见。 但一个手背向外的人通常不善接纳别人，间接说明此人不够坦诚，甚至孤僻保守。事实上，很多撒谎者都学会了这种摊开手掌的方式，所以我们要有敏锐的判断力。

固执的双手：如果一个人大拇指僵硬，而其他手指却伸直或握拳，这说明这个人非常固执，坚持己见不放弃。 要让这类人接受你的观点，非常困难。

不耐烦的双手：多数情况下，你会发现某些人会用手指轻叩或重敲桌子，这就代表他的不耐烦与紧张。 还有些人，在说话的时候手里不停地摆弄东西，这都是缺乏安全感、紧张不安的表现。 至少也能表现这人现在的不耐烦，需要冷静下来好好想一想。 这样的人通常没有自信，在听到他认为实际的东西后才会安心。

有压迫感的双手：撕指甲、啃撕手上的死皮、双手交织在一起，或不安地玩弄一些小物品，这些可能都是烦躁不安的表现。 虽然人们内心的骚动在谈话中表现得并不突出，但是一些无意识的动作却出卖了自己，那些小动作是人们在压迫感强烈的时候经常做的。 不过有时候，这些动作也代表着愤怒或沮丧。

感到很舒适的双手：双手可以反映出舒服的感觉。 沉稳有力、流畅自然的手部动作，毫无机械之感；双手交叉置于脑后，或者双手叉腰，这些动作都是自己安全感的体现，表示他觉得很舒服自在。

自信的双手：一个自信的人常会用许多手部动作来表达自信。 例如，十指交叉拱成塔状就代表自信。 这是教师、政治家、律师以及一些从事传播信息工作者的常用手势。 另外，人们在谈判的时候常用此手势，以示自信。

不同手势展示不同寓意

不同的手势寓意也不同，通过这些特定的手势能看出不同的人格特征来。 我们在人际交往中留意这些手势会对别人了解得更加深入。 不同的手势代表着不同的心情和内心想法。 看懂这些手势之后其手势背后的真实内心独白也就随之揭开了。 接下来我们从几个手势来分析一下，看看人们内心的心理活动是什么。

紧握双手：紧握双手的三种常见姿势：

（1）双手举到头部之后，握紧。

（2）双臂置于桌子或膝盖上面，手肘支撑，握紧双手。

（3）站立后在小腹前握紧双手。

这三种姿势反映了不同的心理内容。 双手位置的高低与人的心理挫败感密切相关。 例如，某人将双手放在身体的中部位置，或双手抬得很高并紧握，这时要想与他有进一步的沟通是非常困难的。 而双手放在身体的下部，也就是上面提及的第三种姿势，这种姿势交流起来会容易一些，在此状态下，彼此间需要用一些小动作来化解紧张的气氛。

伊丽莎白女王接受皇室访问时或者是公众活动时最经常使用的手势是握紧双手，优雅地放在膝盖上。由于名人的影响，人们往往觉得这个动作意味着自信从容。其实这个手势大多数时候体现的心理是拘谨、焦虑。谈判专家尼伦博格和卡莱罗曾研究调查过这个手势，他们发现如果一个人在谈判中使用了这个手势，那表明这个人受到了挫败，他心中各种消极的情绪已开始蔓延。因此通常情况来说，人们觉察出自己讲话中缺少说服力或者是认为自己已经处于下风的时候便常做出双手紧握的动作。紧握的双手和交叉的双臂一样，都会表达一种拒绝的态度。

托盘式姿势：当谈话对象是女孩时，你常会看到她们自觉不自觉地把一只手搭在另一只手的上面，然后双手撑住下巴，微微抬头，将脸迎向前方。这种姿势好似把自己的脸看作精美工艺品一样，摆放在对方面前，希望对方能够细细品味。这种姿势表达了她的倾慕之情，说明她很喜欢你，目的是要以这样的方式引起你的关注，有讨好和恭维之意。

尖塔形手势：尖塔形手势，也就是一只手的指尖来轻触另一只手的指尖，形成一个尖塔形的手势，通过指尖黏合在一起的双手向内压或向外张，也是同样的含义。这种手势有两种：举起的尖塔和放下的尖塔。大多数情况下，人们在表达自己的意见或讲话时会使用举起的尖塔，而在聆听别人讲话时会用放下的尖塔。

这种手势在上下级间的谈话中出现，代表着自信，这种手势表明他们胸有成竹、自信满满。上级对下级进行指导或提建议时大都采用这种手势，会计、律师或管理工作者常以此体现他们的身份和自信的态度。

虽然这种手势很多时候是一种积极向上的正面态度的反映，但在一些场合中也容易引起别人的误解。 比如，一个人跟地位同等的人交谈，一边使用这个姿势一边微微后仰，那么这个人可能是自负，令人感觉傲慢自大。 还有一种情况值得注意，当你正在向别人陈述自己的观点的时候，多数人由一只手掌摊开、身体前倾、点头等动作表达对你的肯定，但是突然有人摆出了尖塔形手势，这时你就应该小心谨慎地进行处理，因为此时他可能正在考虑你语言中的某些错误之处。 在观察别人的手势的时候，不要单单只去分析对方的内心，还应当结合当时的环境和说话人的语气、表情等各种要素，这些细节往往是决定成败的关键。

把手放在背后：如果你仔细观察就会发现，大街上巡逻的警察、在操场上巡视的校长、检阅部队的高级军官以及位高权重人士通常习惯将手放在背后。 无论从前面看还是后面看，都会让人觉得权威至高无上，彰显着他的自信、力量和显赫的权力。 做这种姿势的人通常会将身体较为脆弱、易受攻击的部位如心脏、胃部、咽喉等暴露在外，以炫耀自己过人的胆识和勇气。 这些人大部分会将自己的身板挺直，使自己在别人眼中留下高大的形象，以突出自己的自信和权威。

有时，一个人背在身后的双手并未紧握在一起，而是一只手将另一只手的腕部抓住，那表达的意思和双手握在一起便有很大的不同了。 做这种手势的人内心大多充满了挫败感，希望能通过这样的动作控制自我。 弯曲的手臂表达了自己想要防御和阻挡外界的进攻。 握住手臂的手位置越高，就说明这个人心中有越强的挫败感和愤怒情绪。 还有一些医生或者是销售人员也常用此姿势，目的是要通过这样的姿势使内心的紧张情绪得到缓解，提高自制力。

撒谎者的几个经典小动作

用手触摸脸部可以看成是一种下意识的动作，也可能是撒谎者的本能反应。当听到别人撒谎或自己说谎的时候，大多数人会把嘴巴或耳朵捂住，"非礼勿听、非礼勿视、非礼勿言"是这种动作最好的解释。

孩子们撒谎的时候，通常会用一只手把嘴捂住，试图让谎话不再脱口而出。如果不想听到父母的训斥，就会用手把耳朵捂住，阻止责骂声钻进耳朵。如果看到了可怕之事，就会用手遮住自己的眼睛。当孩子慢慢长大以后，这些手势就会变得越来越熟练并且隐蔽。于是，为了掩盖谎言，难免会习惯性做出下意识的手势。

在掩饰谎言的时候，脸部的作用很大。我们可以通过微笑、点头或眨眼睛来掩饰自己，但是肢体语言却和面部表情无法维持同一步调，总是在不经意间泄露真相。下面向大家介绍几种常见的撒谎手势，有助于你对撒谎者内心的真实想法有所了解。

用手遮住嘴巴：下意识地用手捂住嘴巴，表示做此动作者正在控制自己的意识，在为自己说出的谎话后悔。有时候人们会用几根手指或者整个拳头捂嘴。但表达的意思相同。有的人还会以假装咳嗽的方式以掩饰自己捂嘴的动作。

如果一个人在说话时遮嘴，这很有可能表明他在说谎。如果在你说话的时候，其他人却遮着自己的嘴，那就表示他们可能你向其隐瞒了某事。对于正在会议上发言的人来说，听众捂嘴这一动作毫无疑问是一种令他感到不安的手势。这种情况发生时，应中断发言或向听众询问自己是否有地方做得不对。

用手把嘴巴捂住和把食指竖立在嘴唇前说"嘘"的手势均表示非礼勿言，这个手势提醒他人不要随意袒露内心。可更为重要的是，你必须明白这个手势代表别人有事隐瞒你。

触摸鼻子：这种手势一般是在鼻子下沿用手快速地摩擦几下，甚至只是略微触摸一下，不细心的人是很难察觉的。美国科学家的研究表明，人们撒谎时，会释放出一种叫作儿茶酚胺的化学物质，能够使鼻腔内部细胞肿胀。也就是表明撒谎时鼻子会因为血液流量的上升而增大，科学家们称这种现象为"皮诺基奥效应"。鼻子膨胀，鼻腔的神经末梢会有刺痒感产生，于是人们便会用手摩擦鼻子以舒缓发痒症状。同样，不安、焦虑或者愤怒的情绪也会造成鼻腔血管的膨胀。所以，由触摸鼻子的小小手势便会使我们了解到一些人内心的真实想法。当然，也会有对花粉过敏或者感冒情况的发生，这便需要联系到其他的身体语言进行解读了。

摩擦眼睛：一个小孩看到自己不想看到的东西时就会有

用手遮住眼睛的反应。 一个成年人如果不想看到某些已经发生的事情，则很可能做出摩擦眼睛的动作。 通过摩擦眼睛的手势试图阻止眼睛看到的欺骗、怀疑和不愉快，或者是避免面对撒谎者。 男人做此手势时常会用力揉揉眼睛，相比而言，女人很少做出这样的手势，她们一般只是在眼睛下方温柔地一碰。 这样做既可以很好地维持自己的淑女形象，还可以避免把妆容弄花。

抓挠耳朵："非礼勿听"代表的手势是抓挠耳朵，用手盖住耳朵或拉扯耳垂抗拒不愿听到的言语。 抓挠耳朵的动作，包括摩擦耳郭后面、指尖伸进耳道去掏耳朵、拉扯耳垂、拿整个耳郭把耳洞盖住等。

和触摸鼻子的手势一样，抓挠耳朵也代表着焦虑和不安。 一些人在进入宾客满堂的房间或者穿越时，常常做抓挠耳朵的手势。 这些动作通常都代表他们内心的紧张和自信心不足。

抓挠脖子：这个手势是用食指抓挠脖子侧面且是位于耳垂下方的区域。 经过观察发现，人们做这个手势时食指常出现的抓挠次数为 5 次，这是疑惑和不确定的表现，相当于不确定是否认同别人的意见。 当话语和手势不一致时，矛盾就会更加显而易见。 比如某人说"我非常理解你的苦衷"，可他却在说话过程中抓挠自己的脖子，那么，你就可以断定这是他的敷衍而非真话。

拉拽衣领：人在撒谎的时候，面部和颈部的神经组织常会有刺痒之感产生，摩擦或者抓挠可以把这种不适感消除。撒谎者一旦感觉别人对自己有所怀疑，脖子就会因为血压的升高而不断冒汗，会因为担心谎言被识破而频频拉拽衣领。所以，人们在面临疑惑的时候便会抓挠脖子。当一个人感觉愤怒或遇到挫败，也会做出这样的手势，以便让凉爽的空气进入衣服，使火气渐渐冷却。

手指放在嘴唇之间：这种手势与婴儿时代吸吮母亲的乳头密切相关，是潜意识下对母亲怀有的渴望，是渴望安全感的表现。人们常会在压力很大的情况下做出此种手势。具体表现为将手指放在嘴唇之间，或者吸烟、衔钢笔、咬眼镜框、嚼口香糖等。这种手势是内心缺乏安全感的外在表现，所以遇见做此手势的人，不妨给他承诺和保证，可能会立刻得到他很积极的回应。

以握手示人内心

两人初次相识一般会对对方微笑，握手便是最常用来表达自己的诚意和"初次见面请多关照"之意。经过细致观察，从握手中可以了解到一个人的处事特点和性格特征。我们通过下面几个不同的握手方式来分析怎样从握手看对方的内心状态。

用力握住对方的手并且持续时间很长：这种人总喜欢当面毫无顾忌地对别人加以批评，并且有很强的辩论能力，分析事物具有条理性，在朋友眼中是一个难缠的批评高手。这种人有很强的主观意识。长时间握别人的手，从某种意义上来说是一种较量，也是一种对支配力的推测方法。假如他抽手在你之前，那就说明你的耐力比他强，与他交涉时的胜算比较大。

只握手指头的部分：这种人平时一般会说个不停，喜欢说话且说的通常都是不满的话语。

因为这种人从小就觉得自己有一种天生的优越感，瞧不起人，而且他们多半属于感性思考者，因此，只要某人给他的第一印象是负分，那么，就算那个人付出多么巨大的努力，也永远赢得不了他的信任。

以两只手握住对方：这动作表示此刻对方特别高兴。用双手握住对方的人，大部分不受传统风俗和社交礼仪的束缚，无论对方是男性还是女性，他们都会率性而为甚至去亲吻、拥抱对方。这种人通常不会背后说人坏话或者"打小报告"，是属于喜欢朋友的一类型人。在他们的认知中，朋友的错误一定要当面直接提出来，是个有话直说型的人。

不停地上下摇动手：这种人通常发现朋友犯错时，自己反而很痛苦。就他们来说，如果朋友有错不去提醒的话，是不讲道义之举。可是若要当面将朋友的过错指正，又害怕使对方的自尊心受到伤害，所以在左右为难的情况下，他们心里会觉得很痛苦。

握手无力：我们很难判断此类人是否在乎谁。对他们而言，生活就像榨汁机，似乎要把他的身心活力通通榨干。他们性格的最大特点是软弱和爱犹豫，所以，人们常在与他们相识之后便将他们很快忘记。

握一下而已：虽然开始会握对方的手很紧，但是紧握一下便松开了。在社交场合中，这种人往往表现得轻松自在，但内心却很多疑。这种人不会轻易上别人的当，即使别人对他很友好，他也会保持警觉。

手掌微湿：冷漠、平静、泰然自若是此类人的外在表现，但在他们的内心深处却是紧张感十足的。不过，这种人通常从小就受到一种隐藏自己的教育，任何时候都不会把自己的缺点或心中的恐惧暴露出来。 当有危机发生时，人们常求救于这类人，但实际他们并不知道这种人比他们更恐惧。

不握手的人：这种人常会避免与他人有过多的身体接触，就像害怕别人会将瘟疫传染给他们似的。 如果他们避免和一位同性握手，那表示他们可能担心对方有同性恋倾向。同样，如果他们不和异性握手，则可能暗示着他们对性有恐惧的心理。 总而言之，这种人偏好自己生活，自己睡一张床，不愿意和别人有太多的纠葛。

世界上最常见的一种礼仪就是握手，握手的具体动作也会揭示人的性格特征和某些心理活动。 因此，掌握与握手有关的知识，不但对人际交往非常有用，而且还有利于我们观察和体验生活。

握手时通过对对方拇指和食指张开距离的观察，也能看出一些问题：

（1）拇指和食指约成30°角张开的人，一般比较小心谨慎、保守自私，不喜欢改变自己，也不喜欢融入周围环境。

（2）拇指和食指约成45°角张开的人，一般处事比较灵活，适应能力较强，慷慨，喜欢和人接触，喜欢自由自在的生活，独立能力强，富有同情心。

（3）拇指和食指张开约成90°的人，大都比较活泼开朗，好行侠仗义、打抱不平，独立意识极强，不易受环境的束缚。 但也非常粗心大意，好铺张浪费，喜欢以自我为中心。

总的来说，拇指张开的角度越大，人就越大方、越开朗，对新鲜事物的接受程度也就越强，但有一个缺点就是容易独裁。　拇指张开的角度越小，人就越保守，生活也总是小心翼翼、胆小怕事，不容易接受新鲜事物，而且极易想入非非。

从领带把握他人内心

社会经验丰富的人往往能够通过领带来了解一个人的心理特征。 下面是通过领带结与领带的颜色透视一个人的内心世界的方法。

打领带结反映一个人的内心：又小又紧的领带结：如果一个男人很矮小很瘦，并且打的领带结又小又紧，那就表明他想让自己在他人眼中显得高大一些。 如果这个人并不是很瘦小，体形方面也没有困扰，这可能是在暗示别人不要惹他。 打这种领带结的人对自己的权威充满自信，绝不允许人挑衅自己的自尊。 他们对哪怕一丁点的轻视和怠慢都会表现得异常敏感。 在工作和生活中，他们常常小心谨慎、敏感多疑，逐渐形成一种孤僻的性格。 这类人一般对金钱充满渴望，并且心胸狭隘、十分吝啬，是一毛不拔的人。 他们十分自私，凡事只为自己着想，不会考虑他人的感受，且追求物质的享受。 这类人的人际关系通常较差，几乎无人愿与之交往，他们也拒绝他人的加入，喜欢孤军奋战。

不大不小的领带结：这种领带结往往能让一个男人看起来容光焕发，精神抖擞。这种领带结既不会有过紧的压迫感，也不会有过松的邋遢感，能让自己和他人都感到放松和舒适。在交往过程中，打这种领带结的人十分注重自己的行为和仪表。不管他们性格如何，总是表现得彬彬有礼，让人感觉十分舒服。他们一般表现得很稳重，不会随便在他人心中留下负面影响。他们是真正认识到领带的作用的人，对人生持一丝不苟的谨慎态度。他们习惯给人以好感，安分刻苦。这类人在工作和生活中通常会表现得脚踏实地、勤勉努力。

又大又松的领带结：打这种领带结的人一般属于浪漫主义者。领带能使男人看起来彬彬有礼、高贵优雅，具有潇洒英俊的天然气质。这类人不喜欢被拘束，追求自由，待人热情主动，交往技巧掌握得游刃有余。他们常常备受女人关注，能得到她们的欢心。

不会打领带的人：一个连领带都不会打、常常需要别人代劳的人，为人大都不拘小节。他们也许是领导，因为工作繁忙而几乎没时间学习如何打领带，或者打领带不是他们的强项，他们不屑为之。一般而言，这类人性格和蔼，富有爱心和同情心。他们交际广阔，朋友众多。

领带的颜色代表人的价值取向。

绿色领带和黄色衬衫搭配：绿色代表生命，充满勃勃生机，是大自然最具生机的颜色；黄色是黄金的颜色，它象征财富与权力。通常这种搭配的男人不但朝气蓬勃充满活力，而且对事业和生活都充满了信心和勇气。他们想到就能做到，十分干脆利落。他们讨厌拖拖拉拉，主张"今日事今日毕"。由于精力旺盛和性格急躁，他们有时候会表现得十分鲁莽和冲动。

深蓝色领带和白色衬衫搭配：这种搭配取长补短、相互融合，能够产生相得益彰的效果。蓝领带的优点加上白领的长处，使职工阶层的干练与管理阶层的精明在这里得到融合，表现出老成稳重的气度，又兼少年潇洒的风度。有这种搭配的人一般对薪水非常在意，并且有强烈的事业心和进取心，但在奋斗过程中常常表现得急功近利。

多色领带和浅蓝色衬衫搭配：缤纷的色彩总是给人以美好的感觉，五彩缤纷的领带会使人产生梦幻迷离的感觉。一般而言，普通人和勤奋的人都不会选择这种搭配，这种搭配所展现的是一种张狂的市井气。这种人更喜欢在名利场中周旋，较随性。在爱情方面，他们常常不能善始善终，见异思迁是这类人的习惯。他们会渴望得到世界上一切的东西，尽管这一切都是幻想。他们往往缺少责任感，内心总是燃烧着欲望之火。

白衬衫搭配黑领带：这一搭配很好地诠释了黑白分明的内涵，体现了人生阅历中的是非爱憎。这种打扮往往是稳重老成的男士的选择，他们的人生经历丰富，感慨良多，知道真正的人生追求是什么；他们相信"善有善报"，相信"因果报应"，相信人间有正义。

白衬衫搭配红领带：红色是火的颜色，代表了如烈火般奔放的热情，在人生的意义上则表现为一种积极主动的态度。选择红色领带，通常表现了这个人有渴望成为太阳的思想，他心中希望自己成为万众瞩目的大人物，他们野心勃勃，但白色的低调让人又回归到一种安定的心态。这种搭配的人有奔放的热情和纯洁的心灵，因此，他们的内心是平和而稳定的。

绿衬衫搭配黄领带：黄色是收获，意在辛勤的耕耘。说明这类人常常会在理想中规划自己的人生和未来；绿色又表现了勇于实践的信心，因此，常常能看出他们具有诗人的气质以及艺术家一样的风采。他们不会杞人忧天，相信只要有付出就会有回报。他们怡然可亲，与世无争。

灰衬衫搭配黑领带：这种搭配常常会让人产生非常不舒服的感觉。这类人通常有忧郁的特点，他们的忧郁来自自身狭隘的胸怀。他们总是想掩饰自己的缺点，然而他们的领带搭配却暴露了他们的内心。由于他们的情绪问题和性格缺陷常常影响其他人，让人烦恼和反感，所以他们常常"被跳槽"。

人配衣服马配鞍，以衣识人有总结

"衣服是文化的表征，衣服是思想的形象。"这是大文豪郭沫若说过的话，意思是人想向外界来展示自己，可以通过衣着打扮这一方法。 一种人，在某一个时间，以某一种衣着出现在我们面前，我们经常会产生不一样的反应。 其实我们也可以通过他的衣着看出其性格。

从一个人的衣着上，可以看出一个人很多的东西，尤其在生活水平迅速提高的今天，它不仅能很好地体现一个人的审美观点与心理情况，更可以展现出一个人的性格。 这时你的"心眼"一定要活一点，一定要仔细地观察。

通常状况下，衣服的选择应该是通过自己自由选择决定的。 但在实际生活中，一些人能够接受这种观点，而另一些人接受起来就有一定困难。

俗话说："人配衣服马配鞍。"美国前总统卡特很喜欢穿牛仔装，即使是出席白宫的会议他也一样穿着。

下面是有关穿衣的经验总结：

（1）内心有优越感的人，喜欢身着超越社会时代的服饰。

（2）有个人显示欲望的人更爱穿宽大的衣服。

（3）暗含自信和自傲意识的人都喜欢打纯色和华丽色调的领带。

（4）顺应社会的人都喜欢身着朴素的衣服，但是比较缺乏个性。

（5）喜欢整体朴素，但某一部分比较讲究，这是内心有自己的看法但是表面顺应的体现。

（6）大多比较正直、刚强的人喜欢穿单一色调的衣服，理性思维要优于感性思维。

（7）喜欢穿浅色衣服的人，喜欢结交朋友而且比较健谈、活泼。

（8）喜欢穿深色衣服的人，性格比较稳重，显得城府很深，不太爱多说话，对任何事都有很深远的计划与考虑；意外之举也是经常会有的，让人捉摸不定。

（9）喜欢穿样式繁杂、五颜六色、花里胡哨衣服的人，多虚荣心比较强，不仅乐于炫耀自己，而且还非常喜欢表现自己，他们任性甚至还有些飞扬跋扈。

（10）喜欢穿过于华丽的衣服的人，虚荣心一般很强，而且还有十分强烈的金钱欲与自我显示欲。

（11）喜欢穿流行时装的人，最大的特点就是没有自己的主见，也没有属于自己的审美观点，他们无法安分守己而且大多情绪都不稳定。

（12）喜欢根据自己的嗜好选择服装而不跟着流行走的

人，大多都具有果断的决策力和很强的独立性。

（13）明明知道服装不适合自己，内心孤独的人一般仍会拼命追求。

（14）一点都不关心流行服饰的人个性强，可是非常缺乏灵活性，而且也伴有自卑感。

（15）情绪不稳定的人的服装是"一天一个样"，这种人会有逃避现实的倾向。

（16）穿衣风格突然改变，这一般意味着更大的转变发生在心理层面。

不同妆容，异同内心

女人的化妆与装扮风格往往体现了她们的内心世界、内在性格和价值取向。

爱好时髦妆的人：通常她们心思较浅，能很快地接受新鲜事物，也敢于去尝试，对于流行时尚具有很好的敏感度。她们希望表现自己的美丽，希望得到他人的关注。她们不喜欢与深沉的人交往，因为深沉的人会让她们感到不自在。这类女性通常个性不强，不善理财。

爱好浓妆的人：她们大多代表着前卫。强烈的自我表现欲，使她们采用浓妆来吸引别人的注意。她们有很前卫的思想，所以她们往往采取极端的方式来打扮自己。而在其他方面，她们也常常具有大胆的做法。她们对别人比较突兀的做法不会表现出反感，反而会产生重视与赞同的态度。

爱好自然妆的人：她们大多是一群单纯的女子。她们的思想比较传统，行为上有保守倾向。她们想法单纯可爱，为人真诚。这类女性选择相信他人，认为世界上充满了美好的事物。她们非常富有同情心和正义感。但这类女性不够坚强，受到打击或遭受挫折后，她们表现得非常软弱。她们会给人一种肤浅的感觉。

长期习惯同一装扮的人：从一开始化妆起，就一直重复一种装扮或很少改变的女人，有典型的怀旧情结。她们通常是比较容易满足的现实主义者，极有可能因墨守成规而落后于时代。

花长时间化妆的人：如果有一个女人愿意花上几个小时甚至更长的时间去化一个妆，那么这个女人一般拥有顶级的毅力。这类女性是完美主义自卑派的代表者，她们做任何事情都在尽力追求完美，为了达到尽善尽美的目标，她们不惜付出高昂的代价。她们对自己的外表缺乏足够的自信，所以花费大量的时间和精力去化妆。她们不仅注重自己的外表，还经常对别人的外表评头论足，有时甚至过于刻薄，让人难以忍受。

爱好异国彩妆的人：这类女性大多热爱追求浪漫而多情的异国情调，有渴望自由的性格。她们具有丰富的想象力，常常会有独特的想法。眼界甚高的她们是自傲派的完美主义代表。

每时每刻都化妆的人：这类女性往往都是不自信的。她们也许有某部分的缺点，期望借化妆来掩饰。她们喜欢把真实的自我掩藏起来，若是想了解她们的真心是很困难的。

在化妆中特别重视某一部分的人：这类女性往往是自信的。她们能够全面地了解自己，知道自己哪里有缺点、哪里有优点，她们做人很真实，想法也很现实，从不花时间去幻想虚无缥缈的事情。 这类女性有主见，为人处世沉稳果断，内心冷静沉着。

爱好淡妆的人：这类女性往往富有智慧。 她们常常能获得一定的成就，这些都源于她们有着聪明的头脑和智慧。 她们希望有自己的空间和隐私，这种空间和隐私对她们来说是绝对私密的。 她们希望得到理解，获得他人的尊重。

从来不化妆的人：这类女性一般具有自信以及独特的追求。 她们不肤浅，崇尚自然，相信自然的美，有"清水出芙蓉，天然去雕饰"的审美观念。

第二篇

心理操纵术

知道别人隐私时要忍住炫耀之心

每个人都有自己的隐私，但遗憾的是，大多数人都对别人的隐私感兴趣。 但对别人的隐私抱有兴趣的人，可能会长期处在烦恼之中无法自拔，所以，最恰当的做法是把别人的私事当成过眼烟云，不要放在心上。

人天生具有好奇心，因此总好奇于别人的隐私，与之对应的是，人们又不愿自己的隐私被别人知道，于是矛盾便产生了。 如果你知道了别人的隐私，你是将它公开，还是独自憋在心里不让人知道？ 选择权在你手里，最后得到的却是迥然不同的结果。 公开别人的隐私固然能得到分享的一些快感，但得到的结果往往是引起被公开隐私人的盛怒，严重的可能会将你告上法庭。 如果你知道了别人的隐私并不公开，你们彼此心照不宣，这样你们或许还会成为好朋友。

入职仅仅 3 天的 Cathy 万万没有想到这个刚休假回来、在自己对面坐着的 Monica 竟然是与自己住在同一小区的吴小莎。她清楚地记得半个月前她曾被几个人打得遍体鳞伤，从一个气势汹汹的女人的叫骂声中她知道吴小莎是所谓的"小三"。

Monica 也认出了 Cathy，她脸上的惊讶与不快一闪而过，这使 Cathy 心里有一丝异样的感觉。果然，这位作为邻居的女同事不仅不施予她帮助，反而处处刁难。比如，经常是在快下班的时候，让 Cathy 帮她整理文件；在周末做报表时她故意拖到很晚才把有关数据告诉 Cathy，从而使 Cathy 每次都是紧张地交报表；她在工作中会故意弄出一些差错，然后向经理解释说是 Cathy 不好好配合她；她更是盯住那些与 Cathy 说话的人，然后拐弯抹角地套出她们说了什么。因为 Cathy 与别人工作上的协调也很多，她便有意无意地警告她少管闲事。

Cathy 看出了 Monica 想在试用期的时候赶走她，只要 Cathy 在公司，Monica 的隐私就可能被泄露，她就一天也不踏实。

Cathy 是聪明人，但她不愿与 Monica 发生正面冲突。然而当 Monica 又一次让自己承担她犯的错误时，Cathy 终于忍不住在下班后拦住了她。

两人面对面坐着，心怀鬼胎的 Monica 几乎不敢正视 Cathy 的眼睛，而 Cathy 则平静地对她说："我感到你似乎对我总有一些敌意，如果不是那件事，或许我们之间会相处得很好。"Monica 一时面露尴尬，Cathy 相信这些话已向她点明了她总是刁难自己的原因。Cathy 接着说："我今天只想对你说明一件事，我是来这里工作的，我对工作以外的其他事情毫无兴趣，那些我无意中知道的隐私已经忘记了。"看到 Monica 松了一口气的样子，Cathy 换了一种很轻松的口吻继续说道："就像路边的野花，即使我看到了，我也绝不去采下它，因为我不喜欢那样。"

Monica 没有说一句话，但最后她轻轻地对 Cathy 说："我们一块去吃饭吧？"

显然，矛盾已经没有了，她们以后成了一对很好的搭档和无话不谈的朋友。

尊重别人，更要尊重别人的隐私，中国很早就有"静坐常思己过、闲谈莫论人非"之说，可见老祖宗早就已经知道了不要谈论别人的是非，我们现代人当然也要学习这种精神了。

点到为止，说话做事留余地

当我们给别人忠告或指责别人时，要留些"心眼"，话语中切记要留一些余地，让别人自己来思考，这会比直截了当表达收到更好的效果。

忠言逆耳，你的忠言可能获得他的欣赏，也可能为自己带来不幸。因此，在提出忠告时要注意策略，小心谨慎，点到为止，给对方留点余地。有一位高僧写了一个教人待人接物的处世药方，写得很有意思，其中有：热心肠一副、温柔二片、说理三分等等。有人可能会疑问：奇怪，为什么"说理三分"呢？

"说理三分"，是一种讲话技巧。你若有理，碰到聪明人，不用十分，三分就足够了，多说无益；碰到蠢人（或钻牛角尖的人），你再多费口舌也无用，不妨让他自己慢慢领悟；至于蛮横汉，他本不讲理，即使你讲上十二分，也是对牛弹琴，无济于事。

"说理三分"，讲的也是宽容。每个人都不是完美的，或多或少总有不周全的地方，碰到他不明白的地方，你巧妙地说上几句，点到为止，就能帮助人做好事。若是穷追猛打，非得让人颜面无存，只怕会两败俱伤。

做人不能太张扬。含蓄是一种大气、一种风度，真正会做人的人总是含蓄的，总是懂得理应说三分，总是记得"得理也让人"。

不过，这点确实很难做到。人性的弱点之一是"一吐为快"，尤其是在说理时，常常会不由自主地"理直气壮"起来。所以，即使许多人有高僧所说的"热心肠一副"，也不乏"温柔二片"等等，却仍成不了气候——失误就在多说的七分理。

"说理三分"，实在是一种大智慧。

有时，人难免一时糊涂做一些糊涂事。遇到这种情况，就需要把握住指责人的分寸：既能让对方意识到错误，又不让对方丢面子。如果分寸把握得不适当，一旦使对方难堪，破坏了交往的气氛和基础，就可能给双方都带来不良后果；倘若让对方占"便宜"的愿望得逞，也会造成不必要的损失。

心理学的研究表明，人都不想曝出自己的错误及隐私，一旦被人曝光，就会感到难堪或恼怒。因此，在交际中，倘若不是必需的，一般应尽量避免触及对方所避讳的敏感区，避免使对方丢面子。必要时可委婉地暗示对方的错处或隐私，也能给他压力。但不可过分，只需"点到为止"。

英国前首相丘吉尔也碰到过类似的事情。

一次，英国前首相丘吉尔和夫人克莱曼蒂娜一起出席一个重要的晚宴。席间，一位著名的外国外交官偷偷地将一只自己很喜欢的小银盘塞入怀中，但他这个小小的举动被细心的女主人发现了，她很着急，因为那只小银盘是她心爱的一套古董中的一部分，她不想失去重要的一部分。怎么办？女主人灵机一动，于是她把这件事告诉了克莱曼蒂娜，求她帮忙。丘吉尔夫人略加思索，便向丘吉尔耳语一番。只见丘吉尔微笑着点点头，随即用餐巾做掩护，也"窃取"了一只同样的小银盘，然后走到那位外交官身边，偷偷掏出口袋里的小银盘说："我也拿了一只同样的小银盘，不过它们弄脏了我们的衣服，所以应该把它放回去。"外交官对此语表示完全赞同，于是两人同时将小银盘放回桌上。

即使是手下人犯了错误，你不得不批评他（她），也要注意批评的言语。既要坚持原则性，又要以理服人，切不可口出恶言，挖苦讽刺，使他人人格受辱。同时要做到情理结合、情真理切，特别是对落后者的批评，更要注意亲近他们，满怀热情地帮助他们，才能收到好的效果。下面是在帮人改正错误时应注意的几个问题：

1. 不怒发冲冠，允许申辩

不要把批评和发脾气混为一谈。发脾气有时不但无助于批评的效果，还会让事情越弄越糟。员工做了错事，或说了错话，你难免生气，但生气归生气，你要有上级的气度和涵养，要能够把握自己的情绪，切记不可歇斯底里。

2. 实事求是，不恶语相向

批评应以理服人，摆事实，讲道理。你一味地挖苦污蔑，或者笑话对方的缺点，过分地伤害人的自尊，往往不会有好的效果。对方一旦产生抵触情绪，很可能越搞越糟。

3. 轻重有度，不一棍子打死

批评应就事论事，一就是一，二就是二，而不能夸大其词，伺机整人。不要因一时一事的失误，就全盘否定人过去的成绩，或形成否定印象，觉得此人"朽木不可雕也"，更不要轻易断定此人不可救药。

4. 讲求方法，不仗势欺人

个别上级如果和下属发生口角，气头上的口头语是："该听谁的？""在这儿谁说了算？"他们不是心平气和地批评指责，而是用扣奖金、扣工资、调离岗位相威胁，不是以理服人，而是仗着自己的权势压人。这样做的结果，常常是压而不服，双方不欢而散。

忠言不逆耳，道出需水准

"忠言逆耳"是大家所熟知的一个道理，一个能说会道且敢于仗义执言的人不会只顾自己的利益而不说忠言，但是他们会讲究一定的方式和策略。

在生活和工作中，我们或许会碰到领导或者朋友因为认识问题不足，或者本身就自恃位高权重、盲目自大而做出错误决策，可能使个人、企业甚至国家即将蒙受经济和信誉上的损失，这时，应当阐明利害关系，说服其做出正确决策。

战国时期，名将赵奢原先只是一个负责征收田租的田部官吏。当时，四公子之一的平原君赵胜家不肯按规定缴纳田租，赵奢依法施罚。平原君大怒，打算杀赵奢以示报复。

于是赵奢说："您是赵国的贵公子，今天您放纵家臣不守法律规范，国家法令的尊严就会受损；法令受损，将会削弱国势；国势削弱，则诸侯可能会伺机反对，赵国的危亡就在旦夕了。到那时，您还怎能安然享受这安逸生活呢？反之，以您的富贵之家带头奉公守法，领导全国人民一心维护，国家就会富强，自然稳固赵国地位，而您呢，贵为国戚，怎么还会有人轻视？"

平原君认为赵奢是一个有远见且有智慧的人，于是就把他推荐给赵王。

赵奢在这里并不是直接指责平原君放纵家臣的行为，而是从国家社稷的角度出发，毕竟平原君是赵国的贵族王子，国家在其心中当然是居于首位的，所以他能采纳赵奢的意见。同时，也发现了赵奢这一忠臣。

在现代社会中，有很多的企业家不仔细调查，只是凭空想象，就仓促做出决定，因此导致了很多不良后果。对于这些情况，不能听之任之，应当仗义执言，否则一旦出现问题，领导依然会振振有词地说："怎么没有人提反对建议？"虽然是大家共同的责任，但损失一旦形成将难以弥补。

领导往往都比较自信，因此也常独断专行。所以，如果你仅就目前情况诉说，有时就不能获取他的认同，说不定有些领导还以为你不理解他，甚至产生误解，认为你是在有意逃避责任。怎样才能获得领导谅解呢？一定要记住：在必要的时候，对这一类的领导，你可以采用推导可能产生不良后果的方式，从领导做出的决定出发，合乎逻辑地推导出最可能产生的后果，让领导跟着你的思路走，从而达到劝说的目的。

小常在一家私立学校就职，由于学校的宣传很到位，学校刚开始开办就有很好的生源，这样一来，倒是授课的老师有些难以承受了。但领导认为"宁缺毋滥"，决定不增加教师数量，而是增加教师每周的课时，并承诺给老师们提高工资。可小常却与学校看法不同：因为他是一个有责任感的老师，又特别看重自己的名声，如果这样每天超负荷工作，势必身心疲惫，从而影响教学质量，不仅有损自己的名誉，而且对学校长远发展不利。于是他决定向领导说一下自己的想法。他从未来学校的发展入手，指出教学质量和精益求精的重要性，从而推导出如果这样下去，在教学上难免会出现敷衍的现象，这是一个不可忽视的问题。他的劝说自然而然地引起了领导的高度重视。

仗义执言也要领会领导的真实意图，有时领导并不是真的希望下属提出见解，而是一种向下属炫耀自己水平的行为，这时更要多点"心机"，否则会弄巧成拙，反而不利于自身发展。同时提意见也要利用正确的方式，诸如先扬后抑，采用请教的方法能起到一定作用。

小麦曾任职于一家广告公司。她工作上能吃苦，且待人热情、聪明能干，自然得到老板的赏识。但有一天，老板找到她，想让她给自己订的公司经营规划提点意见，小麦就轻易地把她直率的个性显露出来了，提出了不少批评建议，而且有的地方还批评得异常尖刻。当然，她提出了很多建设性建议，照理说应该得到老板的赏识。但不久，她就被解雇了。因为虽然大多数老板表面上会摆出一副虚心采纳下属意见的姿态，可却很少有老板能真正做到这点。小麦错就错在自己说话太直率了，明显地不把领导放在眼里，让老板的尊严有所损害。

我们都知道要想得到别人的尊重，就必须先尊重别人，针对老板和领导也应该这样。尊重老板的具体表现就是你的言谈举止，特别是老板说让你给点建议时，你的语言技巧就显得格外重要。比如，您可以欲抑先扬，先对老板的计划赞美一番："老板，你的计划真的很棒，假如付诸实施的话，公司的业绩一定能大幅度提升。不过，我想到一个问题，您看这边能不能稍微改一下……"采用这种方式提出自己的意见，既没损害老板尊严，还能够让他采纳你的意见，岂不两全其美？

说前要过脑，口不择言有代价

我们大多时候不是故意想在言语上伤害他人，有时我们以为没什么的话听在别人耳里却常常被认为是你的真心话。

口不择言可能不是出于你的本心，却很容易对你造成不良影响。不过要人们的每一句话都经过细心斟酌再说出来也是不可能的，只有通过在平常说话中的总结，我们才能慢慢改善自己的言语。

"你会说话吗？"这样问你，你肯定不自觉就笑了，只要是正常人，谁不会说话？实际上，问题并没有那么简单。谁都会说话，但总有些人说话欠考虑，口不择言，像机关枪扫人，狂说一阵，只顾自己快活，不管别人感受。

我们先来看这样几个笑话：

一剃头师傅家被盗。第二天，剃头师傅愁容满面地到顾主家剃头。顾主问他为何发愁，师傅答道："昨夜家被盗，盗贼劫走我一年积蓄，仔细想来，只当替强盗剃了一年的头。"主人听后怒而逐之，另换一剃头师傅。这师傅问："为什么要换剃头师傅呢？"主人就把前面发生的事细说了一遍。这师傅听了，点头道："这剃头人真是不会说话，这不是砸自己的饭碗嘛。"

在寿宴上，大家约定一起说有关"寿"字的祝酒令。一人说"寿星高照"，一人说"寿比南山"，一人说"受福如受罪"。众客道："这话不但不吉利，而且也不是我们要说的'寿'字，该罚酒三杯。"大家都同意，这人喝了酒，又说道："寿夭莫非命。"众人生气地说："生日寿宴，怎么说这么不吉利的话？"这人自悔道："真是该死，真是该死。"

有一人请客，四位客人有三位先到。主人很是着急，自言自语道："咳，怎么这该来的还没来。"一客人听了，心中不快："这么说，我们都是不该来的了？"于是先告辞走了。主人着急，说："不该走的又走了。"另一客人也不高兴了："难道我是硬要赖在这儿？"一生气，站起身也走了。主人苦笑着对剩下的一位客人说："他们误解我的意思了，其实我不是说他们……"最后一位客人想："主人意思不是他们应该是我了。"主人的话未完，最后一位客人也走了。

虽然是笑话，但现实中却经常能看到这种场景，如果我们说话时不加注意，就可能伤人败兴，引起误解，惹怨招忧。所以在说话时一定要注意，不要口不择言、随口即来。

像有些人去菜市场，问卖肉的："师傅，你的肉多少钱一斤？"或饭店服务员报菜，说："先生，这是你的肠子。"我们要尽量避免生活中出现这类可笑的场景。

明代人吕坤认为，说话是人生第一难事。不过只要注意语言修养，我们就能逐渐改善自己的言语。说话难，但最要命的还是说真话、说实话。

大家都知道中央电视台办的《实话实说》节目，有一次主持人崔永元谈到了办节目时遇到的一些事。他说，现在世道变了，"文字狱"时代已成往事，但"说实话免遭迫害，可不能免遭伤害"。《实话实说》栏目曾请过几百人来谈自身真实感受，结果呢？一位座上客因此评不上职称，原因是领导认为他喜欢出风头而不钻研业务。另一位是研究所副所长人选，因做节目耽误了前程，理由是他在节目中的表现说明他的世界观有问题。一报社记者参加的节目一经播出，立刻感到人言可畏，人们说他出风头，说他说话不经大脑，言语恶心。另一电台记者回去后被领导审查，认为他一定是收受贿赂才会那么说。还有一位老年女性在节目中真诚表达了自己对人生的感悟，结果好多人打听她是不是有病……

崔永元苦恼地说："所以连我们自己有时都怀疑，这节目到底能支撑多久。"他也体会到了"人生唯有说话是第一难事"。

现在社会上把"见人说人话、见鬼说鬼话"的厚黑学问当作最高明的说话技巧。明明是这么回事，有人偏要说不是这样。刚才还这样讲，一转身又变了。这样见风使舵，看人下菜，自欺欺人，他们该活得多累。俄国作家契诃夫笔下的"变色龙"，就是一个这样说话的角色，我们做人可不能这样。

说话虽然难，但我们也不能闭口不言，因此，**掌握怎么**说话是件重要的事。

我们要学习说话技巧，但这并不意味着我们可以放弃原则，指鹿为马，曲意逢迎。如果我们说的话都违背心意，那技巧就变成了虚伪。崔永元说得好："也许有一天我们会讨论技巧，当我们用酒精泡出了经验，我们得意地欣赏属于自己的一份娴熟时，我们会发现自己丢了很多重要的东西。"

说话不坚持原则，我们的人格都被自己丢掉了。

说话这事，孩子从来不会考虑，只有在大人看来是件难事。在人们知道左顾右盼、思前想后，知道掂量和玩味时，孩子却还不会想到这些。那么，如果有些话我们实在想说，如鲠在喉，不吐不快，又不知道该怎么说时，我们该如何做？崔永元出了个主意：那就不妨大胆说出、一吐为快吧，就如德国的教练施拉普纳对中国足球运动员说的，当你不知道该把球踢往哪个方向时，就往对方球门里踢！

逢人只说三分话

常言道：祸从口出。 坦率不是错，但是毫无保留的坦率就显得有点笨了。

俗话说："逢人只说三分话。"还有七分话，大可不必说，你也许疑惑：大丈夫光明磊落，没什么不可说的秘密，何必只说三分话呢？

通达世故的人，的确只说三分话，你或许会认为他们圆滑，待人不诚。 其实说话须看对方是什么人，倘若对方只是一般人，你说三分真话，已不为少。 孔子曰："不得其人而言，谓之失言。"对方倘不是相知的人，你也畅所欲言，对方会有怎样的反应呢？ 你说的话，是属于你自己的事，对方会耐心倾听吗？ 你说的话，是属于对方的，但你们不是诤友关系，忠言逆耳，反而显得你冒昧；你说的话，是属于国家的，你根本不明白对方的立场主张，你偏高谈阔论，轻言更易招忧啊！ 所以"逢人只说三分话"，不是不可说，而是不必说、不该说，也不会与"事无不可对人言"发生冲突。

"事无不可对人言"，是指你所做的事，并不是一定要将你做的事尽快宣布。 老于世故的人，是否事事可以对人言，是另一问题，他的只说三分话，是不必说、不该说，不应该被认为是圆滑、不真诚。 说话本来有三种限制：一是人，二是时，三是地。 非其人不必说；非其时，虽得其人，也不必说；得其人，得其时，而非其地，仍是不必说。 非其人，三分真话已足够多；得其人，而非其时，你说三分话，正好是对他稍加暗示，看看他的反应；得其人，得其时，而非其地，你说三分话，正可以引起他的注意。

换位思考，不在失意人面前"摆阔"

人有悲欢离合，当你身边的朋友遇到一些失意的事情时，你的第一反应肯定是去安慰一下，甚至是给他出谋划策，殊不知，这有时却是种不明智的行为。

台湾著名作家刘墉曾关于这点写过相关文章，大意是：某部门的王经理、小张、小王、小邱等一起炒股。起初两个礼拜王经理都是每猜必中，于是其他人都十分崇拜他，大家都向他看齐，跟着他买股。王经理因此故弄玄虚起来，说自己炒股获利完全是自己的"第六感"显灵了。

可是，上帝却给他开了一个巨大的玩笑，王经理在那次"演说"之后，每炒必亏，这引起了众人对其"第六感"的质疑。最后，众人成立了炒股"自救会"，再也不听从王经理的意见，而是集众人智慧集体炒股，甚至还拉着王经理听从他们的。

这个时候，唯独小邱依然跟着王经理。当炒股"自救会"举行庆功宴时，小邱却独与王经理吃便当。最后呢，当王经理因炒股"血本无归、债台高筑"而辞职时，他推举小邱做下任经理。

小邱的成功在于他正确地运用了一条处世之道：当着瘸子不说短话，失意人面前勿提得意事。试想：众人举行庆功会，不正是揭王经理的短？在王经理看来，这就是当着他这个股市失意人谈得意事，他怎么能不记在心里？

而小邱则正好相反，他懂得如何安慰一个失意的人，即使他私下不再跟着王经理买股票了，但在表面上却从不显露出来。较好的安慰方式就是你站在他的角度去安慰他，让一切发生如水润物悄无声息，绝不能以一个得意人的身份去指导他。

部门主任因为工作绩效不好而被降职，新领导很快上任。由于原来领导的群众根基比较深，整个部门的同事都显得与新领导格格不入，只有张伟一个人主动接触新领导，经常和他一起抽烟、喝酒、吃饭。在谈话中，张伟经常有意无意地向新领导透露他不受原来领导喜欢等信息。这让新领导打心眼里认为，他和张伟"同是天涯沦落人"。

后来，新领导由于工作出色升职。他自然没有忘记张伟这位"落难"时的兄弟的陪伴，在上任的第二天就提拔张伟做了他的助理。

"世事洞明皆学问，人情练达即文章。"生活中，我们往往出于"好心"处理一些事情，而更为重要的是好心还要采用"好方法"。

比如，你的闺蜜向你诉说婚后的种种不幸，这时与其教她夫妻相处之道，不如告诉她"家家都有一本难念的经"，这样的困惑你也碰到过等等。

朋友失业，跟你诉苦。与其以成功者的姿态告诉他反裁员妙招，不如设身处地说，你也在为公司裁员担心呢？

我们不妨换位思考一下，当你遇到失意之事，别人在你面前大肆宣扬自己的得意时，你会有怎样的感受？

等人焦躁也要笑迎对方

　　等人是件让人焦躁的事情，但我们又不可避免会遇到要等人的情况。 在这种情况下，一定不要立刻大发雷霆。 即便你等了对方很久，也要笑迎对方。

　　对方迟到的原因有很多，除了一些不可控因素，还有一些特定的人群是习惯性迟到，甚至是故意迟到。 当见到你的时候，他们也会有不同的心态。 由于堵车或是不熟悉路况而迟到的人，大多已经是心怀歉意，见到你时他们也会说明情况的，希望得到你的理解。 习惯性迟到的人大多是和你关系较好的人，他们可能会不好意思地笑笑或是加上一句："我又迟到了，嘿嘿！"之所以这样轻描淡写，不过是由于他们认为和你相当熟，不必见外。 当你见到他们这样的表现时，怒气也应该消失大半了吧，诸如用"子曰：迟到乃强者之表现也"的话来打趣他。

　　当然故意迟到是最令人讨厌的，他们往往是故意显示自己尊贵的身份，给你个下马威。 当然，这点你是很容易看出来的，而且还会因为他的这种行为十分生气，但这样的想法是极其不明智的，你自己可能反受其害。

　　小谢是一家跨国纸业公司的项目经理，他的公司刚刚接手了一个可能会有丰厚利润的业务——为一家家具公司提供纸包装。然而设计方案却在家具厂的提议下反复修改，一直没能定稿。那些修改建议在小谢看来，完全忽视了纸箱的特性。

　　在几次电话沟通无效后，小谢决定带着设计师约对方面谈。但他万万没想到，对方厂长在约定的时间竟然外出应酬了。两小时后，厂长吃饱喝足回来，小谢已是满腹怨气。

　　开会时，当对方又提出一处结构需要较大的改动时，小谢再也按捺不住自己的怒火……

　　当然订单最后没有签到，而这把火却一直烧到了小谢的公司总部，最后小谢不得不辞职走人。

如果小谢能够及时将怒意转化为笑意，结局也许大有不同。但是他选择了一种最糟糕的方法。

人的情绪是可以传染的。美国洛杉矶大学医学院的心理学家加利·斯梅尔将一个乐观开朗的人和一个整天愁眉苦脸、抑郁难解的人放在一起，那个乐观的人在20分钟后也变得郁闷起来。可见，只要20分钟，就可以使一个人情绪转变。

　　某通信运营商的用户服务人员邵佳斌去一家企业维修

设备，问题处理好后，他拿着维修情况反馈单找该公司的相关负责人签字，那人示意他等会儿，因为她正在接电话。可当她的这个电话打完后，又一个电话打过来了，于是，邵佳斌只好仍旧在旁边等着。半个小时过去了，负责人还没有挂断电话，而且还聊得十分火热。最可气的是，她偶尔还会用余光扫一眼旁边的邵佳斌。虽然邵佳斌的心里充满愤怒，但还是客客气气地用微笑来回应她。

一个多小时后，负责人终于挂掉电话。邵佳斌赶紧向她说明了设备的维修情况并递上了反馈单。在这个过程中，他始终是笑着的。于是负责人很爽快地签了字。后来，当邵佳斌再来这家公司维修时，他再也没等待过。

耐心等上一个多小时，并且始终保持着笑容，如果你也能做到这一点，你就一定能让这个让你等待的人信服。无论是对于恋人、朋友还是客户、同事，这都是一个笼络人心的高招。迟到的人，看到你时当然会说"对不起""抱歉""不好意思"等等来表达歉意。对他的道歉，笑着接受就好了。对方则会因为从来没有人因为自己迟到了还展现喜悦而对你心生感激。这一点，宠物狗是值得我们学习的。狗儿令人佩服的地方，就是明明被摆在那边很久了，还是不会生气，一看到主人来了，便高兴地扑过去。所以，即使你已经等了很久，当对方出现了，也应高兴地面对。当然，如果你觉得等人浪费时间，可以学习著名亚洲电视节目创作人、音乐制作人林夕的做法——随身带着一本书，这不失为一个好方法。

换个角度，缺点亦可成优点

众所周知，爱听赞美是人的天性。如果你在人际关系中善于赞美他人，善于夸奖他人的长处，将会增加对方对你的信任，而更有效的赞美方式就是，赞美他自认为是"缺点"的地方。

人是很难完全了解自己的，美国心理学家乔瑟夫·勒夫和哈里·英格拉姆在"乔哈里窗"模型中把人的内心世界比做一个窗子，该窗子分成四个部分：

公开区：展示的是某人自己知道，别人也知道的信息。比如：一些大家都知道的事实。

隐藏区：展示的是某人自己知道，别人不知道的秘密。比如：心底的梦想，隐私的事件等。

盲区：展示的是某人自己不知道，别人却知道的盲点。比如：别人对我们的印象等。

封闭区：任何人都不知道的神秘处。比如：某人潜在的能量。

按照这种理论，如果你能找出连对方自己都没有注意到的长处来对他赞美或是将对方自认为是缺点的地方赞美成一个了不起的优点，那么，你一定能快速获得对方信任。

一次联谊活动上，A君看到独自坐在角落里的一个女孩，好像比较拘谨，很放不开。于是他走过去对她说："你看起来内向，但是和朋友在一起的时候，你非常主动和热心。我想，你的朋友也是这样认为的吧？"

"是呀，对熟悉的人，我都很热心。"

"果然是这样啊！"

女孩很快被A君吸引，眼神也没那么敌视了。在很短暂的时间里，A君通过"赞美她的另一面"这种技巧，获得了对方的好感。

我们看到，在联谊活动中A君从女孩"独自坐在一个角落，好像比较拘谨，很放不开"，就看出了她是属于内向型的。然后他主动出击，一开始就赞美女孩性格的另一面——主动和热心，当女孩听到这样别出心裁的赞美时，当然会对他产生好感。

人们总想拥有自己得不到的，这是人的天性所在。所以，打动人心的最佳方式是跟他谈论他最期待的东西，即他的另一面。这样会使对方感受到自己内心深处的需求被你知道并理解，很自然地就会对你产生好感与信任。因此，在人际交往中，隐藏自己强烈的表现欲望和利益诉求，寻找对方性格的另一面，加以巧妙的赞美，更能让对方信任我们。

很多人都只会就第一次见面的表面印象去赞美对方，比如，对方长得漂亮就说："××，你比张曼玉都漂亮。"但是，这种赞美方式并不会起到太大作用，因为与别人说的一样。再说，对方老是听到同样的赞美，心里已经不在意了，自然不会留下很深的印象。

要想让赞美取得良好的效果，就得让对方觉得你跟其他人有不同的看人角度。诀窍就是反过来称赞对方不为人知的一面。

比如，长得漂亮的人一般都让人感觉她很高傲，那么，我们只要对高傲的另一面给予赞美，对方一定会很高兴，认为你很了解她，因此你也获得了她的信任。

"××，原来你这么随和啊。"

"据说美女都是高傲的公主，没想到你这么亲切。"

对于人来说，我们都不愿承认缺点，也正因为如此，当他的缺点被赞美为优点时，一定是十分开心的。其结果是，对方会因你独特的赞美方式而对你另眼相看。当然，你要注意你的说话方式，不要适得其反。

人的缺点也可能是长处或优点，这也是我们笼络人心的方式；只要你能换个角度，对方的缺点就可能变成优点。

多重赞美，赢得人心

笼络人心的方法有很多，当然赞美是比较简单有效的方法，并且这种赞美永不嫌多，最好是赞美之后再赞美。多重的赞美，可以迅速打开对方的心门。

有人说赞美不过是说一些虚假的话，但美国著名心理学家威廉·詹姆斯研究发现："赞美是人类本性中最深刻的渴求。"一个名叫洛斯的狱长发现，对于犯人们的勤劳，如果加以适度的夸奖，要比严厉的惩罚、责备更能获得他们配合，更能促进他们恢复人格。你看，即使对监狱里的凶狠犯人，赞赏他最小的进步也能收到很大效果。

大家都喜欢被赞美，并且大多数人会期待着别人的赞美。以讽刺幽默小说而闻名于世的美国文豪马克·吐温曾透露，他会因为别人赞美他而开心两个月。即便是极其讨厌他人阿谀奉承的法国革命英雄拿破仑，也会因为他的臣子一句高明的称赞"陛下不喜欢甜言蜜语"而面露喜色。

与人交往过程中，如果他的品质令你感动，你就要由衷地赞美他。 美国钢铁大王卡内基选拔的第一任总裁查尔斯·史考伯说："我认为，我能鼓舞员工的能力，是我所拥有的最大资产。 能使一个人挖掘最大潜力的办法，是赞赏和鼓励。 再也没有比上司的批评更能抹杀一个人雄心的了……我赞成鼓励别人工作。 因此我喜欢赞美，讨厌错误。 如果我喜欢什么的话，我就会诚心夸奖。 我在世界各地见到过许多大人物，还没有发现任何人——无论他是多么伟大的人，有多么崇高的地位——无一不是在被赞许的情况下，比在被批评的情况下更卖力，工作成绩更好。"史考伯的信条同卡内基如出一辙。 正是因为两人都善于激励和赞赏自己的员工，才建立起他们稳固的钢铁王国。

赞美有这么大的力量，由此我们便可以推测赞美之后再加赞美的效力了。 即使含着一点虚假，被说多了也会让人感觉到真实。 这就是语言的力量，我们为什么要弃之不用呢？

即便对方一开始觉得你只是随口说的赞美，但久而久之也就相信那是真的了。 并且在你不断增加的赞美中，他也会增加对你的好印象。

这是为什么呢？ 从心理学的角度看，人们在交往过程中放在第一位的是自我价值。 每个人都要保护自我价值。 这种自我价值保护从静态的角度分析体现在人际交往的交互性原则，即人们喜欢的是喜欢自己的人，而讨厌的是讨厌自己的人。 如果从动态的角度来分析就是：体现在人际吸引水平的增减原则，即人们最喜欢的是不断喜欢自己的人，而最厌恶的是不断厌恶自己的人。 赞美之后再赞美，给人的印象就是你对对方有很多好感，对方又怎么会不喜欢呢？

请求强者帮小忙

本杰明·富兰克林是美国著名的作家、政治家、外交家、科学家、出版人、哲学家及发明家。

作为政治家，他起草了《美国独立宣言》；作为外交家，他得到了法国在美国独立战争期间给予的支持；作为科学家，他对电学的发现与理论更是无人可及；作为发明家，他创造出了双焦距眼镜、里程表和避雷针。然而，以上种种发明或贡献，都比不上他发现能够利用"麻烦"赢得对手的尊重重要。

当时的富兰克林还很年轻，在州议会的复选中，他被推举为宾夕法尼亚议会下院的书记员。

可就在这紧要关头，危机产生了。一个新当选的议员在正式选举之前刁难他，那位议员公开发表了一篇反对他的文章，篇幅很长，措辞尖锐，在那位议员眼里，富兰克林丝毫没有价值。

面对这让人意外的事件，富兰克林真的有点手足无措了。他该怎么做呢？

富兰克林觉得要想扭转这种局面，就要让对方对自己有好感。

富兰克林听说那位议员有很多罕见和名贵的书，于是，富兰克林就给那位议员写了一封短信，表示他十分想读一读这些珍贵的书籍，希望议员能答应。

那位议员一接到富兰克林的信，就把书借给了他。没过多久，富兰克林准时送还了那些书籍，还附了一封十分热情的信，表达了他对那位议员的衷心感谢。

"之后，见面时，他竟主动向我问好（以前他根本不和我说话），而且十分客气。临别之时，他说会尽全力帮我。于是，我们成了很好的朋友，直到他去世的那一天。"富兰克林后来在自己的回忆录中说道。

那位议员改变观点的原因是什么呢？ 是什么东西促使他迅速平息了愤怒，进而培养起与富兰克林的情谊呢？ 答案非常简单。 富兰克林向这位议员借书这一小小的行为，实际上是在向他暗示自己十分推崇他，主动把自己置于一个较低的位置，从而抬高了对方。 这样做会让那位议员觉得自己好比高高在上的施主，而富兰克林则是在向他索求帮助的人。 这个举动让那位议员感觉到富兰克林很敬重自己。 这就意味着，富兰克林通过这个策略激发了那位议员对他的好感。

而维护自尊心的欲望是人类所有欲望中最强烈的欲望，帮别人巩固自尊心是可以获得他人的好感的。 所以，向人求助、请求对方帮个小忙，恰恰可以激发一个人的自尊心和自豪感。 他不以为烦反以为傲，这就是反手正用的策略在处世中的应用。

美国曾有两兄弟同时参加州长的竞选。 哥哥给民众赠送礼物，如扇子、月历，或在小孩脸上亲吻，以博得选民的好感，树立极富人情味的候选人形象。 弟弟却不同。 每当他发表政见前，老是会摸下衣兜，然后问在场的人："谁愿意给我一支烟？"结果，弟弟反而在竞选中旗开得胜。 就选民的心态而言，可以将自己的物品送给这么伟大的人，是何等荣耀的事。 所以，弟弟得到了狂热的支持。

相对高阶层的人来说，低阶层的人总是怀着卑贱的地位意识。 那位弟弟的请求含有把高阶层的人降到低阶层的意味。 这种关系的转变能够让人深受感动。

我们还可将此做法用于与他人的日常交往中。 例如，对属下员工分派任务时，先说一句"我需要你的帮助"，然后再将具体内容说出。 非常简单的言语，但若经常使用，便能使懒惰的员工发愤图强。

又比如，作为妻子的你要进电梯间前，可以放慢脚步让丈夫去按电梯。 等到他把门打开，你再进去，并向他道谢。如此丈夫便有了机会为你服务，而亲爱的他对此也是乐此不疲的。

从以下这个由一名谈判专家讲述的小故事中也能发现这一方式的巧妙。

有一次，我与一位同事去纽约出差，因为离会面时间还有一些距离，我们可以从容地吃顿早餐。点完菜之后，我的同事去买晨报。

不想过了5分钟,他两手空空而归。他摇着脑袋,含糊不清地小声骂街。

"发生什么事啦?"我连忙问。

他答道:"我走到对面那个报亭,拿了一份报纸,给那人一张整钱。他不是找钱,而是从我腋下抽走了报纸。我感到很奇怪,想追问他为什么这么做,他却开始教训我说,他的生意绝不是在这个高峰期给人换零钱的。"

我们一边吃饭,一边讨论这一插曲,我的同事觉得那个人很没礼貌,是"品质恶劣的家伙"。之后对我说,即使是我也会受到同样的待遇。我有点不服,于是接受了这一挑战,让我的同事在饭店门口盯着,我穿过了马路。

当报亭主人转向我时,我微笑着说:"先生,您是否能帮我个忙。我是个外地人,需要一份《纽约时报》。但我没有零钱,我该怎么办呢?"他毫不犹豫地把一份报纸递给我道:"我帮你找开!"

我兴高采烈地拿了"胜利品"凯旋。我的同伴把这件事称为"华尔街上的奇迹"。

我顺口道:"这次出差任务我们又多得了一分,所有事情都有解决的方式方法。"

请求对方帮一个忙,不仅可以让对方觉得自己被重视,而且也能使你赢得友谊与合作。

还要注意,这种帮忙最好是小忙,是对方容易或能够做到的。 如果是对方无能为力的请求,最好不要在此时提出来,否则不但起不到预期的效果,还可能会让对方觉得你是在故意刁难他,这样就难办了。

推诿法让你巧妙拒绝他人

推诿法可以说是在拒绝他人的诸多妙招中，比较艺术的了。

所谓推诿法，就是以别人的身份表示拒绝。此方法虽然很像是在推卸责任，可是又极容易被他人理解：如果真是爱莫能助，当然不能强求。

有个女孩子是个集邮爱好者，她的几个好朋友也是集邮迷。一天，她的几个好朋友提出交换邮票，可是她不同意，但又怕好朋友不高兴，便对好朋友说："我妈不让我换，尽管我特别想和你们交换。"其实她妈妈从没干涉过她换邮票的事，她只不过是以此为借口，但好朋友听她这样一说，也就放弃了。

有时为了拒绝别人，可以含糊其辞地推托："真不好意思，这确实不是我能决定的事，我必须去问问我的父母。"或者是："我想和孩子好好商量一下再答复你怎么样。"

假装请一个人做"后台老板"，表明并非本人可以抉择或起作用，这是一个绝好的办法，既不伤害朋友的感情，又可以使朋友体谅你的难处。

在一个大的社会背景下，人其实是被许多因素互相制约着，为什么不选择一个盾牌来挡一挡呢？ 如：有人求你办事，假如你是领导成员之一，你可以说，我们单位是集体领导，这类的事情，需要大家互相讨论一下才能决定。 不过，这件事恐怕很难通过，最好还是别抱什么希望，假如你要坚持到底的话，只能等我们大家讨论后才能给你答复，我一个人说了不算。 这就是推托其辞，把矛盾引向了另外的地方，意思是我不是不给你办，而是我决定不了。 这样的回答，请托者听到后一般都会打退堂鼓。

一个年轻的物资销售员经常与客户在酒桌上打交道，长此以往，他觉得自己已经不能再像以前那样喝酒了，因为身体已经每况愈下。 可应酬中又免不了要喝酒，怎么办呢？后来他想到一个妙计。 每次当他被客户劝说多喝点时，他便诙谐地说："诸位仁兄还不知道吧，我家里那位可是一个母老虎，我这样酒气熏天地回去，又要惹她冲我大嚷大叫了，我肯定逃不掉要跪搓衣板呀！"

客户被他这么一说，又看他诚恳可爱，自然就不再多劝了。

逐客有法宝，让你轻松避之

有朋来访，促膝长谈，交流思想，友情的增进不仅是生活中的一大乐事，也是人生道路上一大益事。宋朝著名词人张孝祥在跟友人夜谈后，不禁发出感叹："谁知对床语，胜读十年书。"然而，现实中也会有与此截然相反的情形。下班吃过饭后，你本想趁心静做点事或看点书，可是那些扰得你心烦意乱的"好聊"分子总会不请自来。他唠唠叨叨，没完没了，一再重复你毫无兴趣的话题，还越说越劲。你勉强敷衍，焦急万分，考虑到怕伤了感情又不敢对人家下逐客令，因此非常不好开口。

但是，若你"舍命陪君子"，就将无法做自己的事，因为别人正在白白占有、使用着你最宝贵的时间。鲁迅先生说："无端地空耗别人的时间，无异于谋财害命。"只要是一个珍惜时间的人，都不想任别人"谋财害命"。

那要怎样对付这种说起来没完没了的常客呢？运用高超的言语技巧，将"逐客令"下得动听而美妙才是最好的对付办法，做到两全其美，既不挫伤好说者的自尊心，又使其变得知趣。 想让"逐客令"变得更富有人情味，可以参考以下方法：

以婉代直：用婉言柔语来提醒、暗示滔滔不绝的客人：主人并没有多余的时间跟他闲聊胡扯。 这种方法与冷酷无情的逐客令相比被对方接受的可能性更大。

例一："今天晚上我有空，咱们可以好好畅谈一番。 但是，从明天起职评小结是我全力以赴要做的事，争取能够评上工程师。"这句话的含意是：请您从明天起就别再打扰我了。

例二："最近我妻子身体不好，吃过晚饭后就想睡觉。 咱们是不是说话声音低一点？"这句话口气显得十分商量，但信息却表达得十分明确：你的高谈阔论有碍女主人的休息，以后你最好还是不要来了。

以写代说：有些"嘴贫"（北京方言，指爱乱侃）的人对婉转的逐客令可能会意识不到。 对付这样的人，有一种方法是用张贴字样的形式代替言语，让对方很明了地知道意思。 有一位著名的科学家，在自家客厅里的墙上贴上了"闲谈不得超过三分钟"的字样，以提醒来客：闲聊者请注意，主人在搞科研方面正在争分夺秒。 看到这张字样，纯属"闲谈"的人，还有谁会一直喋喋不休地说话呢？

根据具体实际情况，我们可以贴一些诸如"请勿大声喧哗，我家孩子马上要参加高考""请客人多多关照，主人现在在学习英语"等字样，制造出一种惜时如金的氛围，使爱闲聊者理解和注意。 一般情况下，所有来客均会看到这个字样，而并不是只针对某一位，所以不会令某位来客有多大难堪。

以热代冷：用热情的语言、周到的招待代替冷若冰霜的表情，通过主人的"非常热情"的款待使好闲聊者感到以后不好意思总去拜访。 爱闲聊者一到，你就笑脸相迎，沏好香茗一杯，捧出瓜子、糖果、水果，很有可能把他吓得下次不敢贸然再来。 接待他要与接待贵宾的规格一样，但是以"贵客"自居的他也会不好意思的。

过分热情的实质无异于冷淡，这就是生活辩证法。 可是用热去替代冷，不仅不失礼节，而且"逐客"的目的也巧妙达成，效果之佳，不言自明。

以攻代守：用主动出击的姿态堵住好闲聊者登门来访之路。 先要知道他每次拜访的时间，而后你可以在他来访前的一段时间先去他们家做客。 于是，你由主人变成了客人，他则由客人变成了主人。 你因而可以掌握交谈时间的主动权，想何时回家，就由你自己安排了。 你去他家拜访的次数一多起来，他就被你黏在了自己家中，原先每晚必上你家的习惯很快会改变。 一段时间后，他很可能不再"重蹈覆辙"。这也是一种特殊形式的逐客令：先发制人，以攻代守。

以疏代堵：闲聊者用如此无聊的嚼舌消磨时间，只因为他们一无高雅的兴趣爱好，二无长远的志向。 如果改用疏导之法，使他有计划要完成、有感兴趣的事可做，他就无暇光顾你家了。 自然，要从根本上解除闲聊者上门打扰之苦，以疏代堵才是最可行的办法。

那么，我们该怎样进行疏导呢？ 如果他是青年，你可以激励他："人生一世，总应该去多学习一些东西，要过上好的生活就要靠真才实学，我们可以多学习学习，充实充实自己。"如果他是中老年，可以按照他现有的一些条件，教导培养他的某些兴趣爱好，或种花，或读书，或练书法，或跳舞。"老张，您的毛笔字可真有功底，如果再上一层楼，完全可以在全县书法大奖赛中获奖！"这话肯定会使他信心大增、欣喜万分，迫不及待地要去多加练习。 一旦有了兴趣爱好，你请他来做客也不一定能请到呢！

"欲抑先扬"，让你自然地拒绝他人

人们对于他人的话总会做出一些情感反应。 如果先说让人高兴的话，即使马上接着说些使人生气的话，对方也能以欣然的表情继续听下去。 如果想拒绝不喜欢的对象，这是一个可以利用的好方法。

有一个乐手，被熟人邀请到某夜总会乐队工作。乐手本想以薪水问题为由立即拒绝，可是又想起对方以前对自己照顾有加，不便断然拒绝。他心生一计，先说些笑话，然后一本正经地说："为了让夜总会生意兴隆，让我奉献生命，我也愿意并且心甘情愿。"

此时夜总会老板自然还是一副笑脸，乐手抓住机会立刻板起面孔说："我说的有什么好笑的吗？你是在笑我对吧。你看扁我、不尊重我，这次协议不用再提，再见！"

这样，乐手假装生气，转身便走。老板一时不知该如何是好，即使心里非常悔恨，可是一切都太晚了。

因此，面对不喜欢的对象，要出其不意地敲他一下，以便拒绝对方。如果觉得欠缺机会，不如仿照上边的例子，主动制造机会，先使对方兴高采烈，然后趁对方缺乏心理准备时，及时找到借口退出，将拒绝的目的轻松达成。

一位名叫金六郎的青年去拜访本田宗一郎，想让他去买一块地。

金六郎讲话时，本田宗一郎一直认真地听，只是暂时没有发言。

本田宗一郎听完金六郎的陈述后，并没有做出"买"或者"不买"的直接回答，而是给金六郎看起了桌上的一些类似纤维的东西，并说："你知道这是什么东西吗？"

"不知道。"金六郎回答。

"这是一种新发现的材料，我想用它来做本田宗一郎汽车的外壳。"于是，金六郎详详细细地听本田宗一郎讲述了一遍。

本田宗一郎共讲了 15 分钟之久。他对金六郎讲述了这种新型汽车材料的好处与来历，又用十分诚恳的态度将明年他拟采取的新计划说了一遍。这些内容使得金六郎摸不着头脑，但感到十分愉快。在本田宗一郎送走金六郎时，他不想买他的那块地的意思才被顺便提及。

如果本田宗一郎一开始就将自己的想法告诉金六郎，金六郎一定不会放弃，在问个究竟的同时仍要想尽办法劝说本田宗一郎，让他买下这块地。本田宗一郎不直接言明的理由正是如此，与金六郎发生争辩是他所不愿意的。

拒绝对方的提议时，使用毫不触及话题具体内容的抽象说法是十分必要的。

日本成功学大师多湖辉说的这个故事发生在 20 世纪 60 年代末的学生运动中。当一群学生运动激进分子闯进正在上课的教室时，正在上课的教授手足无措。当着班上学生的面，教授想显示一点宽容和善解人意的风度，就想在说服之前先听一下学生们在说些什么。

结果与他的善良想法完全相反，学生们乘势向他提出许许多多的问题，将课堂搞得十分混乱，以至于再也没能上成课。并且这之后，只要他上课就有激进派的学生出现在课堂上，这种无安宁的日子过了将近一年。

从这一教训中，教授悟到一条法则，如果你不想去接受，那么也一定不要去想法说服，对方一开口就应该阻止他："你们这是妨碍教学，赶快从教室里出去，我们下课后再来做与课堂无关的事！"

假如再发生一次同样的事，教授能否应付？就算他表明自己拒绝的态度，受到攻击也是不可避免的！如果一点也不去听学生的质问，一开始就踩住话头，至少对方没有那么多的可乘之机，一年时间上不好课的事情可能也就不会发生！

用身体和语言向他人暗示"不"

很多时候，我们不得不拒绝别人，但是怎样将这个难说的"不"字说出口呢？ 有一个不错的选择，那就是暗示。

当美国出版家赫斯托在旧金山创办第一张报纸的时候，著名漫画大师纳斯特为该报创作了一幅漫画，内容是为了唤起公众来迫使电车公司在电车前面装上保险栏杆，防止意外伤人。但是，纳斯特创作的这幅漫画纯属失败的作品。发表这幅漫画会有损报纸质量，可是倘若这幅漫画不刊登，又如何向纳斯特交代呢？

当天晚上，赫斯托邀请纳斯特共进晚餐，先对这幅漫画大加赞赏，随后自己一边喝酒的同时一边唠叨不休地说："唉，这里的电车已经伤了好多孩子，多可怜的孩子，这些电车，这些司机简直不像话……这些司机简直就是魔鬼，将眼睛瞪得老大，只为寻找在街上玩耍的小孩，一见到孩子们就不顾一切地冲上去……"听到这里，纳斯特从座椅上弹跳起来，大声喊道："我的天啊，您说的这才是一幅出色的漫画，亲爱的赫斯托先生！谢谢！我原来寄给你的那幅漫画，请扔入纸篓。"

赫斯托就是通过自言自语的方式，向纳斯特暗示了漫画不可以发表，而纳斯特也因此欣然接受了这个意见。

另外，通过身体动作也可以把自己拒绝的意图传递给对方。当做出用手帕拭眼睛、转动脖子、按眉毛下部以及按太阳穴这些漫不经心的小动作时，表明一个人想要拒绝与对方继续交谈。这些动作意味着一种信号：我较为疲劳，身体不适，希望早一点停止谈话。这明显是一种暗示的拒绝方式。此外，微笑的中断、较长时间的沉默、目光旁视等也是对谈话不感兴趣、内心为难等心理的表现。

一天，为了配合下午的访问行程，小王想在中午以前结束对甲公司的访问，而后按计划对乙公司进行拜访。但是，甲公司的科长提出了邀请：

"到中午了，咱们一起吃午饭，你看如何？"

小王与甲公司这位科长平常交情不错，甲公司又是非常重要的客户，不能轻易拒绝。可是这位科长极爱聊天，与他吃饭，下午1点能走已经是最快的了。小王怎样才能不伤和气地拒绝呢？

答案就是在对方表示"要不要一起吃饭"之前，在不经意间，小王就要运用身体的语言，表现出匆忙的样子，像加快说话语速或自然地看表等等。 但记住：这种坐立不安的神情不要过早地表露，特别是在这种时候更是万万不可，否则会让人怀疑你合作的诚意。

拖延法拒绝对方不合理的请求

一般人都不太好意思拒绝别人，但在很多情况下，为了使我们避免一些不必要的困扰，有必要去拒绝一些不合自己心意或不合理的事，但怎样才能既不伤害对方自尊心，又能达到拒绝的目的呢？当对方提出请求后，不必当场拒绝，你可以说："让我再考虑一下，明天答复你。"这么做，你既为你考虑如何回答赢得了时间，也会让对方觉得你对待这个请求的态度很认真。

某单位一名职工找到上级要求调换工种。虽然领导明知调不了，可是他没有立刻做出"能"或"不能"的答复，而是说："这个问题涉及好几个人，我个人决定不了。你的要求我会帮你向上级传达，等厂部讨论出结果后我再答复你，行吗？"

这样回答可让对方明白调工种不是件简单的事，这里面两种可能都存在，也让对方心理上有个准备，效果肯定比当面回绝要好。

一家汽车公司的销售主管在跟一个大买主谈生意时，这位买主突然要求看该汽车公司的成本分析数字，但这些数据是公司的绝密资料，是不能给外人看的。但倘若真的不让这位买主看，两家的和气必会大受影响，甚至会失掉这位买主。这位销售主管并没有说"不，这不可能"之类的话，但他的话中婉转地说出了"不"。"这个……好吧，下次有机会我给你带来吧。"如果这位买主知趣的话，听后就不会再去纠缠他了。

某位作家接到老朋友打来的电话，邀请他到某大学演讲，作家如此答复："你能想到我，我非常开心，在我查看我的日程安排后，我会给你打电话。"

这样，即使作家表示不能到场的话，他的某些可能的内疚感也有了充分的时间去化解，并让对方也坦然地接受。

陈涛夫妻俩下岗后，自谋职业，利用政府的优惠贷款开了一家日用品商店，这个店因为两人起早贪黑的经营而办得红红火火，收入颇丰，生活自然有了起色。

陈涛的舅舅是个游手好闲的赌棍，经常把钱扔在麻将桌上，这段日子，也许是由于手气原因，输了很多，他很不服，想将本钱捞回来，又苦于没钱了，就把眼睛瞄准了外甥的店铺。一日，这位舅舅来到了店里对陈涛说："最近我看上了一部摩托车，手头尚缺5000块钱，想在你这借点儿周转，过段时间就还。"——他也知道不好意思，语言很是模糊。

舅舅的嗜好陈涛非常了解，借给他钱，就像是肉包子打狗——一去不复返。何况店里用钱也紧，就敷衍着说："好！再过一段时间，等我有钱把银行到期的贷款支付了，就给你，银行的钱可是拖不起的。"

听外甥这么对自己说，知趣的舅舅没有办法，只好走了。

陈涛不说不借，也不说马上就借，而是说过一段时间，等支付了银行贷款后再借。这句话有三层意思：第一层是我现在不能借，因为我真的没有；二是我也不富有；三是过一段时间不是确指，到时借不借再说。舅舅听后已经很明白了，但他并不心生怨恨，毕竟陈涛没有完全拒绝借钱给他，只是说等过段时间而已，让他也有了希望。

第三篇

心理调节术

幸福定义，全凭自己掌握

很多时候，我们扪心自问，也问别人："你觉得自己幸福吗？"大多数人的回答都是"一般"，很少有人非常满意自己的现状，总觉得生活缺少点什么，不如想象中的完满。当然，正是有了人类的不满足心理，我们的社会才有了进步，但那种不满足是对社会发展的不满足、是人类进步的根基。而这种天天怨天尤人，自认不足的人结果是自寻烦恼。

每天我们忙于追逐幸福，却不知幸福就在身边，只是需要一双能发现幸福的眼睛。人人拥有幸福，因为上帝是公平的：有的人视力不好可是听觉很灵敏，有的人腿脚不方便但是头脑聪明，赚钱不多的人未必没有一个幸福家庭……

塞翁失马，焉知非福。每个人都对这个寓言耳熟能详，好的事情发生了不代表事事顺利，不好的事情发生也许还隐藏着些许幸运。

D·史华兹作为美国著名管理心理学家，曾提出一个著名论断，也就是"史华兹论断"，即所有的坏事情，成为不幸事件的前提，只有在我们认同之下才可以。

这是生活中得出的论断，从全球来看，不定期地发生着政治、经济、自然环境等各种灾难，人在社会自然中，难免有诸多困惑，这时很多人的事业和人生开始向不好的状况发展，在此时人会进行两极分化：一种是悲观失望的人，一种是乐观向上的人。自暴自弃的人也许再也翻不了身，而自信欢心之人往往可以从头再来，这就是我们自身的思想对自己本身的影响，仔细想想，确实如此。命运是由我们自己掌握的，想以后怎样发展，都是靠自己的努力实现的，换言之，一切仅靠自己说的来决定。如果能够时刻保持乐观的心态，哪怕失败也只当是一次教训而已，留得青山在，不怕没柴烧，跌倒了再爬起来就是。

怎样在情况糟糕时还能看到一丝光明呢？这要靠我们自己去寻觅，虽然道途极其艰难，可一旦找到希望，就很有可能成功。

玛丽·玛特琳在生下18个月后便双耳失聪且口不能言，然而她却获得了第59届奥斯卡金像奖的最佳女主角的奖项，这达到了正常人都难以企及的高度。

玛丽·玛特琳虽然从小自知异于常人，但痴迷于演戏，在她8岁时，母亲将她送入了聋哑儿童剧院去学习，她9岁便可登台献艺。虽然只能出演一些聋哑角色，但她加倍刻苦地训练着自己的演技。在她19岁时，一次演出的机遇让她从此走上了银幕，一位导演想将此搬上银幕，拍成同名电影《小神的女儿》，且仍然邀请她出演女主角。虽然玛丽的角色自始至终没有只言片语，都是靠极有表现力的眼神、表情和动作来完成的，但却恰如其分地刻画了人物的内心世界。

就这样玛丽成为第一个获得奥斯卡奖的聋哑人。玛丽在获奖后这样说："我的成功，对正常人也好，对残疾人也好，我想都是一种鼓励。"

这让我们明白幸福需要自己去寻找。玛丽没有因为自己人生的不完整而放弃自己，她为了自身梦想而付出了常人难以想象之苦。

我们从诞生时，就注定公平地站在同一平台，只是后来个人的付出不一样，人与人才有了分化。若要成功，必须时刻付出更多。努力不是要剥夺你的休息时间，而是你自己要安排好自己的奋斗时间，给自己梳理头绪，做一个或长或短的计划，并在奋斗的过程中不断修正它，这样坚持下来，就能到达梦的彼岸。

若整日幻想、空空期待，那就像买彩票一样，中头奖的概率渺茫，人生要靠自己来把握，幸福需要付出。有一句激励青年的话："现在的学习是为 40 岁做准备。"如果想在人生顶峰达到辉煌，就一定要在青年时努力奋进。

调节自我心理，更好享受生活

　　每个人都想要梦想成真，实现自己的理想，但有的人常常做出计划却三天打鱼两天晒网，实行计划的时候遇到麻烦，而这个麻烦的起源就是自己。把握自己实属不易，人性不能改变，太多时候我们幻想自由，可是没有条条框框的约束、没有秩序和纪律，每个人都无法自由地生存。人们期待天上掉馅饼，但不流汗便有回报实在为难，所以要克服自己的惰性，才能真正做成一件事情。

　　著名的心理学家蔡格尼在1927年做了一项实验：他将受试者分成两个小组，让这两个组同时做相同的数学题。其中顺利让第一组完成，而打断第二组的测试。最后让两组人员同时回忆刚刚做的题目，第二组的打断后回忆效果远远强于第一组。由于第二组成员被打断了做题思路，致使一种不开心的心态一直残留在脑海，而第一组因为完成了题目，心里留下的是完成的满足感，因而不再去关注具体题目是什么。

　　这种解答自己未完成任务并将这些任务深刻留存在记忆

中的现象叫作"蔡格尼效应"。

例如写到一半的信，却没了信纸，我们大都会放下笔去买信纸回来接着写，或者如果有一本小说让你爱不释手，你会不会继续读完哪怕熬夜？之所以会有这样的现象，正因有种力量一直驱使着我们。再如，给你一张图画，画面上有一个带有小缺口的正圆，旁边有一支笔，大多数人有一种想拿起笔补全这个圆的冲动，这也就是蔡格尼效应的具体表现。

关于这种心理现象，曾有这样一个故事：

有一位爱睡懒觉的大作曲家，妻子为叫他起床忧愁，想了很多办法都不奏效。突然有一天，妻子想出了一个方法打算尝试好坏。她起床后在丈夫的钢琴上弹出了一首曲谱的头三个和弦，然后戛然而止，作曲家出于职业原因听了几个和弦后，辗转反侧，再也睡不下去，最终爬起来，将这首曲子弹完，而这时他也清醒了。这种驱使他完成整支乐曲的心理让他难以入眠。

我们心中都有一种潜在的欲望，如果一件可以完成的事半途而废，就可能心有不甘、难以割舍。这种蔡格尼效应容易让人产生两极分化：一是当一件事未完成时，有些人会出现类似强迫症的心理问题，时刻逼迫自己一定要将这件事完成，不然就什么都做不下去；还有一种人是驱动力不足，事情不能不中止，有些人会很快放弃，致使这件事情半途而废，这样的人常常一事无成。

这两种人都需要进行一定的调整来满足自身需求。

驱动力太强的人常常给自己太大的压力，这会使自己的精神紧张，越紧张越不能轻松地完成任务。 这类人应该好好休息、放松心情，找到一个相应的平衡点，这样慢慢进行调整，渐渐懂得合理安排。

　　对于驱动力太弱的人来说，他们常常半途而废，这也许是因为他们信心不足，也许是因为他们没有耐心。 若要改变，就要做出一件事，让这类人感受到完成的喜悦。 有位心理医生为这样的人提出过一个建议，先将精神集中 10 分钟，然后休息休息，再集中精力工作下一个 10 分钟，直到把工作做完为止。

　　不会玩的人就不会学习，工作起来不休息的工作狂最终也坚持不到最后，只有懂得合理安排作息时间的人，才是最高效、最成功的人。 我们要学会在生活中寻找平衡点，一旦发现这个平衡点，即便我们面临着众多的生存压力，也可以生活得游刃有余。 这就要求我们能够自己把握自己的生活。想要生活得如鱼得水，我们可以先找寻生活的平衡点，当生活的重担摆在眼前，不要给自己太多压力，也不要急功近利。 要知道罗马城不是一天就建成的，什么事情都需要一步一步去做。 只有学会调节自己的心理，才能更好地享受生活。

心怀梦想才有希望

有梦想才有希望，没有梦想的人生活形同行尸走肉，不知道每天要做些什么，不知道每天的生活为了什么，而心中有梦的人对生活极为热情，这种生活热情是一种生活的动力，让每个人调动最大激情去完成自己的事。

人有了希望和梦想，生活便会充满阳光，他就会朝着自己期望的方向发展。

有一个故事可以给我们很多的启发：

　　一对夫妇掌管着公司业务，突然有一天，丈夫悲伤地回到家里，妻子问他究竟发生了什么事，他伤心地回答道："最悲哀的事情，公司破产了，家里所有的财产就会被查封。你会离我而去吗？我什么都没了。"然后就抱头痛哭。

　　妻子温柔缓和地对丈夫说："亲爱的，你的身体也被查封了吗？"丈夫不解地回答："没有。"

"我怎会弃你而去？我不会被宣告查封吧。"妻子幽默地说。

丈夫抬起头说道："当然不会……"

"还有我们的孩子啊！"妻子又问道。

丈夫站起来说："他们更与此事无关，我会让孩子生活得更好。"

"既然如此，你怎么就能说家里什么都没有了呢？跟随你并不是只为了一起分担欢喜，也是要和你同舟共济的。至少我们还在，还有可爱的孩子，还有你自己的头脑和双手，我们可以从头再来，有了从商的经验，我们会更棒，过去的只是教训而已，我们要重新点燃希望，才能生活得更好。"

丈夫听了妻子的话，心中兴奋不已，不出几年，便又开创了新的公司，而这一切，都是因为妻子的话给了他新的希望。

人最大的敌人不是逆境，也不是摆在面前的困苦磨难，更不是最强劲的对手，而是我们自己的心理。只有固守自己的梦想和希望，才能披荆斩棘。面对生活中的所有不幸，我们都要一直拥有不变的激情和坚定的意识，去拼搏去奋斗。美好的生活只能由我们自己来创造，假使自己放纵便会一无所有。

我们每日的生活大多是平淡的，有梦想才有生活的希望，没有梦想的人即便在最高的岗位上也不会过得幸福。心有梦想之人，哪怕身处社会底层也会很快乐，也会生活得很幸福。 所以说，幸福的定义不在金钱多少、赢得多少掌声，而在于我们是否拥有梦想并为之奋斗，每次的汗水都是为了自己心中的理想，每次成功都使我们离梦想更近一步，而当我们最终实现梦想的时候，新的梦想又会浮现，人生便是这样不断追求的过程。 每当我们实现自己的小小梦想，我们心中的幸福感不言而喻，这就是我们生活的意义所在。

这是一个最简单的道理，任何人都明白梦想对自身的重要性，而最难的就是寻找梦想，确定好自己要为什么而奋斗。 正视自己，寻找属于自己的梦，寻找属于自己的希望，然后开始为之而奋斗吧。 寻梦之路固然布满刺棘，但人生若是一帆风顺，不是也缺少了许多生趣吗？ 拼搏的过程也许很长，但只要是为着一个有梦的希望，你就一定能坚持到底。

得势不得意，失势不失态

人在得意的时候往往会喜形于色、春风满面，而不知这种得意在他人看来却是对对方的讽刺；失意时心中失落忧伤，此时又容易成为别人攻击的软肋。因此，做到得意不忘形，失意不失态，才是真正能够把握情绪的高人。

可以满意，不能得意："满意"和"得意"这两个词都表示人们心中一种得意的状态，但两者有程度上的区别。如同一杯水，只要仍存在杯中，多满都可以，一旦溢出，后果便有所不同了。"得意"多少有点贬义色彩，含有讥讽之意。自鸣得意、洋洋得意皆属此类。

人们为什么会得意呢？人生顺路太多，也许他得到了满足，或者取得一些小小的成功。然而，最为根本的是他浅薄，自认为无所不知、无所不能。曾经有一位俄国青年，写了几首诗，竟忘乎所以地视普希金如无物，居然当众问普希金："太阳和我有什么区别？"普希金轻蔑地回答道："无论是看你还是看太阳，都不得不皱眉头。"

浅薄的人受不得赞许，哪怕是一点点，就会自我满足、心理膨胀。 有一位画家画好了一张画后，拿到邻居家去征询意见，邻居鞋匠出于职业，指出鞋上少了纽扣。 画家很感激，马上改正了自己这一疏忽。 不料，鞋匠却因此自鸣得意、目中无人，进而横加指责，弄得这位画家哭笑不得。

　　自满和得意二者并无关联，但在浅薄的人看来，只要我比你有那么一点所谓的尊贵，那也能成为我得意的资本。

　　正确看待失势：由低势到高位，面对鲜花、掌声，显赫的权势，你自然感觉不到因为环境巨变而带来的不适应感。然而，时势相变，由高势到低势，奉承没了、笑容没了、优势没了，往日那些所谓的朋友突然也都不再是朋友了，此刻你才看清人间真情，感到无所适从。 这些突然的变化或许会让你招架不住，轰然倒塌。

　　失势只是社会位置降低的表现，这种社会位置的降低往往会带动心理高度的降低。 一旦心理高度降低了，很可能会带来不良情绪，比如，没有自信、忧郁等，这些不良情绪将很大程度上影响一个人今后的发展。 失势所带来的失落心情加重了失势的程度，进一步的失势导致了更消极，这样无限的恶性循环会让人措手不及。

　　我们该看清人生中的高谷低潮，争取正确看待这种失势现象。 人生不可能是一条一成不变的直线，相反它是一条上下波动的曲线，忽高忽低。 我们虽然一直在追求高势，也钟情于高势给我们带来的快感，每人都希望一直处于人生顶峰，但任何一个人也不可能永远高高在上。 淡然接纳人生波形图的改变，淡然处之，坦然地面对失势或得势，才是一个心智成熟的人的表现。

失势并不可怕，可怕的是失势后的作为。 有人因失势忧郁终日，完全丧失了斗志，或者成了一个"盲人"。 很多人看不到现实的落寞，仅仅是幻想着昨日的繁荣重新回来，却不愿付出一丝一毫的努力。 回看智者的做法，不因失势而忧伤，能够坚强地接受冷漠，同时他们也在发动一切力量来改变现在的面貌，争取在最短的时间内扭转自己的弱势，重新回到往日的辉煌中去。

有时候，失势反而让你更加深刻地看到事情的本质，看透世间冷暖、察尽人性善恶。 失势让你重新认识到哪些人才是真正的朋友，哪些应该从头再来，哪些该制止，哪些优点你应该加以利用。 如此说来，失势可以让自己认清自我，直视困苦。 虽然说高势美好，可是当失势真的到来的时候，我们无力阻止，只能淡然接受，或许它的真实面目也是上帝赐予我们的一个礼物。

懂得知足的人，才会真的满足

传说，上帝创造蜈蚣时没有给它安脚，但它可以像蛇那样迅速爬行。

一天，蜈蚣看到羚羊在草上飞快地奔跑，它很羡慕地问道："你怎么跑得那么快啊？"

羚羊自豪地说："因为我的两只脚强而有力，无论怎么奔跑都不会累。"

"原来拥有脚便可以跑得如此迅速！"蜈蚣因此开始幻想自己拥有多得数不清的脚。

随后，它对上帝祈祷说："仁慈的上帝，我希望拥有更多的脚，多于任何动物。"

上帝应允蜈蚣的要求，把不计其数的脚放在蜈蚣面前，任凭它随便取用。蜈蚣心急如焚地拿起这些脚，一只一只地往身上贴，从头一直贴到尾，直到身上再也没有空余的地方可以粘贴，才不舍地停下，还满是不情愿。

蜈蚣满足地打量着一身百足的自己，心中自足且兴奋，暗暗地高兴，幻想着自己可以似箭般飞奔而去！

　　但是，在它迈开步子准备飞奔时，却发觉每只脚都在走自己的频率，完全不受自身大脑控制。

　　之后，它每走一步都必须走得一心一意，因为只有这样，它才能控制好步伐，让一大堆脚互不干扰、互不牵绊。但是如此一来，它的速度比以前更慢了，为了平衡只能每天聚精会神地走路，它渐渐开始怀念曾经没有脚的岁月。

　　贪婪之人，总会被欲望牵引，受欲望控制，最终坠入无尽的深渊。虽然人性中的欲望是天生伴随而至，但永久沉湎于欲望而难以自拔则称之为贪婪。欲望是毒药，迷人心智，慢慢地吞噬着你的理智，直到你为之付出沉重的代价时，梦醒时分回头已晚，实为不值。

　　欲望是个无尽深渊，你永远不会使之满足。当你得到一些东西的同时，也幻想着拥有更多的东西，只有你得到了，你才会安心、才会安定、才会满足。贫穷的人只要一点一点地获得便会有满足感，贪婪的人需要不计其数的物品来填满内心的空虚，但是被欲望掌控的人却需要所想的一切才能满足，所以他们总是贪得无厌，时时不满，每日活在不知足的心痛之中，难以自拔。

　　每人心中都深藏欲望，而欲望有时也可以化为人生的前进动力，它会让你的生活变得丰富多彩、温馨舒适。但是，我们有必要把欲望禁锢在一定范围内，欲望可以不停前行，但绝不能越界，在合适的时机，我们有必要对欲望进行修剪。

　　曼谷的西郊坐落着一家寺院，因为地处偏远，香火一直非常冷清。

　　这天，寺院来了一个不速之客，来人衣衫整洁，气度不凡，一看便非等闲之辈。主持陪来客四下散心，于院中漫步，行走间，客人向主持请教了一个问题："人如何才能摆脱自己的欲望？"

　　主持淡然一笑，引来客至寺外山坡之上，来客见遍山灌木，未解主持深意。主持把剪子交给客人，说道："只需您反复对一棵树进行修整即可让欲望消却。"

　　来客不解地接过剪子，迟疑地走向一丛灌木，埋头奋力地修剪起来。

　　一天又一天，客人每天不懈地来到寺院，按着主持的告诫，直到把那棵树修成一只可爱的小鸟的形状，主持对他说："施主，知道为何当初给你出了修剪树木这个主意吗？我只是希望你每次修剪前都能发现，原来剪去的部分会重新长出来。这仿佛是我们的欲望，你不可彻底消除。我们能做的，就是尽量把它修剪得更美观。放纵欲望置之不理，只会像眼前这片无休止生长的灌木，极尽丑陋。但是，经常修剪，就能成为一道悦目的风景。对于名利地位，以平常之心对待，取之有道，用于正途有助于人，便不会成为心灵的牵绊。"

　　客人恍然大悟。

　　主持不知道，来客是曼谷地区最有影响力的娱乐教父。自此，寺院香火不断，寺院周围的灌木也一棵棵被修剪成各种形状。

我们用大把时间去换取财富，但却没有余下时间来享乐；我们的房子越来越大，住在家里的人却越来越少；我们有很多食物，却无营养可言；我们赢得了天下，却对自己的内心渐渐陌生。欲望的驱使，我们得到了想要的却迷失了重要的。

任何人都需要进行自我反省，梳理心中可怕的欲望，明确正确与罪恶的渴求，这样才能正视自己，并有效地进行自我调控，对贪婪修剪，从容生活。

人生在世，来去无牵挂，净身而来，净身而去。你费尽心机得到一次，自己所能拥有也不过一处避风挡雨的住所，一身缊衣，一顿饱饭，仅此而已。

若想生活得美好，必先清空杂念，抛却内心欲望，要懂得知足常乐、无私奉献和保持一颗平常之心。

发现自己的优点，走出自卑的深渊

英国有一位少年，天生呆头呆脑，行事为人木讷迟钝，是同学们戏谑的对象。他常常把课堂搅成一锅粥，老师很厌烦这个学生，认为他一无是处，没有一丝耀眼的光辉，甚至他的父亲也认定他脑子有问题，从来不跟他讲话。

步入社会后，这位少年也因为天生的笨拙而无人接纳，极度自卑的他四处碰壁，心情苦闷，每日每夜在屋中自酌。

但是母亲是一直支持他的，她将儿子带到花园漫步，指着各种各样的花草说："每种花都有开放的机会，那些还没有开放的，只是未到季节。每个人都有成功的机会，只是时间未到，要慢慢等。但是，花草在绽放最美丽之前，要养足最好的精神，万事俱备，以等待真正属于自己的时刻。所以，你现在也要储蓄足够的能量，那就是学习更多的知识、经历诸多的挫折、积攒更多的智慧。

人生中的阅历很重要，静静等待属于自己的时刻来临，自然会绽放出美丽的人生之花。"

少年在母亲的鼓励下渐渐有了自信，对自己有了肯定，开始寻找自己身上的优点，他发现自己的表演才能无人能及，他所演的喜剧搞笑之极，常令师生大笑不止。

终于有一天，一位著名导演很偶然地看到少年的表演，为之捧腹大笑，赞许少年是百年不遇的喜剧天才，有着独特的表演天赋，立即邀请少年和他合作。

这位少年就是艾金森，如今，他的本名已被人淡忘，而世人熟悉的只是那个名叫憨豆先生的人。

在学习和生活上，艾金森可能真的是个失败者，我们永远不要期望他拿一个诺贝尔奖或成为一个无可挑剔的绅士。然而，在滑稽剧的表演上，艾金森有着自己独到的天赋，这为他赢得了丰厚回报，他把憨豆先生的形象表现得真实刻骨，并为自己博得了大众的欢心，成为世界著名的喜剧表演艺术家。

法国知名作家罗曼·罗兰说："每个人都有他隐藏的精华，和任何别人的精华不同，它使人具有自己的气味。"每个人都是金子，每个人身上都有耀眼的光芒。 只要你用心开发，小心耕耘，这些金子就能闪闪发光。

每一个人都有优点，善于发掘优点的人都是自爱的人，善于发现自己的优点，并不断地激励自己努力拼搏。 成功需要自己努力，机会要自己争取，不以自短比他人之长，不要活在自卑的深渊中为难自己，要知道，艰难困苦只是短暂的，希望正在前进路上。

我们习惯把眼光放在别人的优点之上，比如某人很漂亮，某人工作能力很强，某人人缘很好，但却很少能看到自己的长处和价值。每每对自己评价之时，常常失去自信心，对自己给予否定，认为自己的存在没有什么价值，实际上，这就是自卑的表现。

自卑者心中软弱，总认为自身处在社会的最底层。他们事事回避、处处退缩，不敢抛头露面，不敢与人竞争，害怕自己当场显眼，心中怯懦，因此失去了太多展示自己能力的机会，成为失败的俘虏和被人轻视的对象。殊不知，自卑者最大的缺点便是看不到自身的闪光点，他们往往把自己孤立于社会之外，生活中常常与他人格格不入，日子过得暗无天日。

道理每个人都清楚，但太多人还是蒙在鼓里难以自拔，不知自身优点，为此而困惑不已。其实，我们应该在比较中发现自己的优点。我们的确不如那些伟大人物优秀，可我们比懒惰的人勤奋、比迟钝的人聪明、比残酷的人有爱心。这样比下去，我们还会为没有优点而苦恼吗？

不可否认，每个人自身都有闪光之处，你现在感觉不到是因为你把精力都放在了弥补缺点上，或者发挥错了方向。自身知道自己的闪光点所在，便能最大化地发挥潜能，光耀人生。

人世间的美无处不在，只是缺少捕捉美的眼睛。只要你善于发现自己身上的优点，就不会自卑。

放开你的偏执，顺其自然

执着，因它有亘古不变的品质而让人油然而生敬意，但如果坚持的内容毫无可守性，这个词便得改个字，叫偏执。有人这样解释两者的区别：坚持固守即为执着，固守无用的是偏执。

世界是多元化的，偏执者走了一个极端，并把所执的一极当做整个世界。让偏执者来掌舵，必然会产生灾难性的后果，但现实中，人们多误认偏执为执着。

希特勒，自盘古开天辟地以来世界上最著名的偏执狂。

希特勒早年的梦想是当一名画家或者建筑师。他曾两次报考维也纳美术学院，可都落榜了，从此沦为维也纳的流浪汉，住在贫民窟，食不果腹。他后来回忆说："那时我除了一身黑大衣和饥饿是忠实朋友外，什么都没有。"

生计所迫，他曾当过苦力，当过街头画师，还曾在下雪天扫马路，实在没有活干，就到粥棚去蹭粥喝。悲惨的生活使他的性格思想极为冷酷，思想也开始变得偏执。

1939 年 9 月，希特勒不顾一切地对波兰发起战争，使"二战"序幕拉开。占领波兰后，希特勒把德国、波兰等国的犹太人都关押在当地的杀人牢狱——集中营。

"二战"爆发时，欧洲有 920 万犹太人，而"二战"结束时，犹太人只剩 310 万。

在苏联战役中，德国军官开始注意到，希特勒完全精神失常，思维令人难以想象，典型唯心主义，根本不考虑现实。德军元帅古德里安在事后的回忆中描写到心中的苦衷："元首这是在动员全世界的力量打败我们自己。"可惜，希特勒对此一无所知！

"二战"结束，希特勒身败名裂，饮恨而亡。这次战争，61 个国家参加，20 亿人参战，5700 万人死亡。

希特勒偏执地以为自己是这个世界的主宰，想强力改变历史的发展，逆天而行，以世界的毁灭和数以万计的性命来了一次豪赌。但是，这种代价太大了，大概只有希特勒这样的偏执狂才敢如此为之。

也许，在希特勒眼中，他自己并不是一个偏执狂，他也许只是不懈地为达到自己所想而痴迷。他执着地认为自己可以另创一个更美妙的世界，他只是执着地认为犹太人是罪恶的种族，他只是固执地认为一切都是天意难违。

然而，伤痛的记忆穿越时空，又在21世纪呻吟，战火的痕迹还残留在一些人的身上未能抹去，没有人有理由承认希特勒的做法是执着，因为执着过程的痛苦总能换得美好的结局。

纵观历史，偏执被认定是执着的事情并不少见。"文革"时期有人把领袖像章别在胸脯肉上，即使伤口化脓了也决不取下；有人考试不及格，竟在试卷上大言不惭写下"不学ABC，照样当好接班人"，却被无知的媒体视为爱国行为，实为可笑。时至今日，我们终于明白，那并非执着爱国，只是偏执的荒谬，错把偏执当执着，只能换来一声叹息或嘲笑。

偏执归属于执着但与执着相异。偏执是一种带有盲目性的执着，它无视事物的整体，只执着于某个局部。执着是对某一事情固执不舍的追求和固守的固执，但并不盲目于此，他对追求目标有着清醒的整体把握。

布鲁诺挺身而出讲出日心说，是执着，而那些迫害他的宗教家们对其处以死刑，这则是偏执；"要留清白在人间"的铮铮铁骨，是执着，而农夫愚昧的守株待兔，则为偏执；知其可为而努力为之，是执着，知其不可为而为之，是偏执。

有时恰恰是事物的两个层面，而判定执着之所以为执着、偏执之所以为偏执的标准，要看其是否有正确方向。如果你的选择不是给别人带来伤害，而是给自己和他人带来幸福和机会，那就放手去做，向着一个目标，不离不弃。

执着不失为一种美德，而偏执多是因病所致，偏执和执着往往只是相差毫厘，但结果却总是失之千里。 我们应该执着我们所执着的，与此同时，我们也应该懂得舍弃，不要将偏执和执着相混，以执着为口号，在错误的旋涡中越走越远。

打开心灵之窗，敞开封闭的内心

有的人在人生路上遇到挫折便一蹶不振，自恨生不逢时，呼天抢地；有的人怀才不遇，难觅知音，终生不被人识，于是孤独一生，不问世间之事；有的人自惭形秽，悲叹自己相貌平庸、才智低下，由此歧视自己，没有自信，沉默不言……这些人境遇不同，但结果却大致差不多：将自身陷入孤独的泥沼，身处无尽哀伤。

固执的锁闭心理只是给自己加上枷锁，它最终会把一个人的全部激情耗干，将一个鲜活的生命推进坟墓。 自我禁闭，你会毫无快乐可言，只会离幸福越来越远，我们应该走出自我封闭的圈子，时刻聆听内心的呼唤，并努力寻找生活的美好。

约翰太太是美国最富有的贵妇人之一，她花重金在亚特兰大城外造了一所属于自己的花园。花园里种满了各种名贵的花，蜂飞蝶舞，一派热闹景象。

美丽的花园很快吸引了游人的注意，他们欢娱之极，仿佛是在自家一样毫无禁忌。小孩子在花丛中追赶蝴蝶，年轻人将其作为舞池，老人则在此悠然垂钓，甚至有人在花园中支起帐篷，准备再次享受一下浪漫的仲夏之夜。

　　约翰太太站在窗前，看着欢娱的人们沉浸在自己制造的美里，觉得自己的权利受到了侵犯，便命令仆人在花园门口注明标识，上面写着：私人花园，未经允许，请勿入内。

　　可这毫无用处，游客还是怡然自得。于是约翰太太就叫仆人去阻拦他们，结果发生争执，愤怒的游人动手毁掉了花园的篱笆墙。

　　后来，聪明的约翰太太想到了一条好策略，她吩咐仆人取下花园门外的牌子，换上一块新的，上面写着：欢迎游玩，但请提防草丛中毒蛇出没。倘若不慎被咬伤，必须在半小时内急救，否则将性命难保。

　　警示一出，游人对此心怀恐惧，要知道，距离这里最近的一家医院位于威尔镇，坐车要大约40分钟才到。

　　从此，花园里的游人越来越少了，几年光景，园林内杂草丛生，破败不堪。寂寞、孤独的约翰太太面对颓废的花园，心中开始怀念从前。

　　一块牌子，真的暂时解决了约翰太太的烦恼，她如愿地守护了花园的净土，独享花园的美丽。她用自作聪明为自己竖起一道屏障，以防止外人靠近，而这道无形的篱笆墙就是自我封闭。

结果如何呢？ 封闭自我的同时，也让自己与幸福相隔。一味地隔绝与外界的接触与交流，只会如同契诃夫笔下的那个自闭者，终日把自己封闭，却陷入了无尽的寂寞与孤独之中。

其实，快乐可以很简单，幸福也可以触手可及，只要去除心中的屏障，让阳光射进来，让游人进来嬉戏，心中的美丽便不会因此衰败。

太多人把自闭认作是一种自我保护，但无数事实证明，自闭终会使人尝到苦果，酿成不可挽回的大错。 为免受西方干扰，永固天国基业，大清选择自我封闭，不问外世。 但结果呢？ 中国的大门还是被西方的炮火打开，圆明园在硝烟中被抢劫一空；袁绍自以为兵多将广，怕有奸细而将前来投奔的人拒之门外，如此自以为是、不惜良才，才导致官渡元气大伤，成就了死敌曹操的丰功伟业。

由此可知， 自闭隔离只会自讨苦吃，只会使你原本坚固的堡垒一点点倒塌，最后如水滴石穿般给你毁灭性的打击。

俗话说："轻霜冻死单根草，狂风难毁万木林。"人脉是一条成功的路，给你绝处逢生的希望和帮助，在你的人生山穷水尽时，指引你走向柳暗花明又一村。 我们要懂得如何克制自己内心的羁绊，不管身处何地，都要与人建立起一种亲密的情谊。 借用团体力量，以达到人生的高峰，在失败之后毅然爬起，把握自己的命运，重新赢回应有的一切。

我们生活在一个五颜六色的世界中，我们要在绚烂的生活中汲取所需的养料。 每个人的心中都有一扇窗，只需打开窗，便可见到异彩纷呈的繁华景象，欣赏到窗外美丽的风景。

学会变嫉妒为内心动力

有一首小诗："一棵树看着一棵树，恨不得把自己变成刀斧；一根草看着一根草，甚至盼望野火燃烧。"只言片语，便将心思描绘得有血有肉。

嫉妒之心容不得人，德国有一句谚语："好嫉妒的人会因为邻居的身体发福而越发憔悴。"所以，嫉妒之人 40 岁的脸上便布满着 50 岁的岁月，总觉得生活中到处都是"敌人"，仿佛世界末日已到来。

《三国演义》中，东吴大都督周瑜文武双全，年纪轻轻就当上了吴国的统兵大都督之职。赤壁一战，以吴蜀少量之兵杀得曹军闻风丧胆，在历史上留下了赫赫声名。

传言，此人心细胆大，天生将才，文武双全，是位难得的英雄俊彦。但是这位英雄却有致命缺点，便是嫉妒之心。

赤壁之战时，诸葛军师高周郎一筹，关键时刻，想法总在周郎之前，且能将周瑜内心活动看得入骨三分。因此使得气量窄小的周郎坐卧难安，随时想除掉才智高于自己的诸葛亮。

然而，诸葛亮是谁？一眼看穿了周瑜的心思，使得周瑜的诡计没有得逞。周瑜积郁成疾，最后气急攻心而亡。

死之前，周瑜含恨仰天长叹，曰："既生瑜，何生亮？"大叫数声而亡，英年早逝，仅36岁。

一代英豪自掘坟墓，最终难以善终，这真是嫉妒惹的祸啊！好嫉妒的人通常会犯一个错误，那就是自大，因为自大，就觉得自己要强于他人，所以难以容人。看到周围的人有超过自己之处，要么设法贬低，要么设计谋害，但终自食其果。

培根曾说："嫉妒这恶魔总是在暗暗地、悄悄地'毁掉人间的好东西'。"嫉妒是心灵的枷锁，会将一个人牢牢拴住，人不但不会从它那里获得什么，反而会陷进其中难以自拔。

太多时候，我们心中存在不容他人之心，与其嫉妒不如将其化为动力，来增强自己能力，多结交一些比自己强的人，从他人身上汲取经验，提高自己的能力，进而走向成功。

美国有一位名叫麦克斯的农家少年，一直对商界成功人士难以容忍。有一天在杂志上读了大实业家丹纳的故事，他心中嫉妒丹纳取得的巨大成功，但又转念一想，为什么自己要在这里嫉妒呢？再强的嫉妒也不可能超越他，何不向他请教成功的秘诀呢？

于是他怀着热切的心情来到丹纳事务所请教。一开始，丹纳觉得这少年有点讨厌，然而一听少年问他"我很想知道如何短时间内赚到百万美金"时，他的表情变得柔和并微笑起来，两人竟谈了差不多一个小时。最后丹纳告诉他怎样去拜访其他成功人士。

两年后，麦克斯成了所在工厂的所有者。24 岁时，他成了一家农业机械厂的总经理。就这样，在不到 5 年的时间里，麦克斯赚到了梦想中的百万美金。后来，来自乡村的他又迈入了银行界，成为银行董事。

俗话说，"尺有所短，寸有所长"，我们不用嫉妒羡慕别人，每个人都会有长处和短处，为什么要用己短比他人之长？我们真正应该做的，是熔炼嫉妒。

学会熔炼嫉妒，那就是把本能的嫉妒转化为进取的动力，将心态放平和，把蔑视别人的目光转到自己的短处上，这样将心中嫉妒变为一种动力。用自己的努力去缩短与别人的差距，超越自己和心中偶像，让我们也带上光环。

大家都熟知，狐狸的聪明在于把吃不到的东西贬低。它奋斗过了，尽了全力，还是吃不到葡萄。在这种情况下，放弃不属于自己的而去寻觅真实的一切的确明智，吃不到的葡萄就把它看成是酸的，这实为心态上的一种改变，并非是放弃。这样的改变可以把我们的心情调节到快乐的状态，将心智用在自身优点之上，让自己奋力战胜内心嫉妒，让生活充满快乐。

巴尔扎克说过："嫉妒潜伏在心底，好比毒蛇潜伏在穴中。"我们应该像铲除毒蛇一样铲除嫉妒，将其视为毒瘤一并切除，让生活沐浴更多阳光，别让嫉妒扭曲你的灵魂、荒芜你多彩的人生。

无论身在何处，无论有过怎样的坎坷经历，此时此刻，请将嫉妒之心泯灭，重拾曾经的美好与快乐。

驾驭好自己的情绪，以静制动

麦金利总统在一次完全有理由愤怒的情况下控制了自己的心情，这证明他是一个善于驾驭自己情绪的人。他用了一种很智慧、很简单却又非常有效的方式，制服了那个发怒的对手。

有一些代表，对总统委派某人作为收税经纪人这件事表示很不满，向总统提出抗议。带头的人是一名议员，长得人高马大，脾气也很粗暴。他不停地侮辱总统。对此，总统先是不作声，任由这位议员发泄他的愤怒。之后，总统用平和的口气对他说："现在，你觉得舒服一些了吗？"总统接着说："凭你刚才讲话的水平来看，你实在没有资格弄清楚我委派某人的原因，不过我还是要告诉你整件事的原委。"

听完后那位议员立刻向总统道了歉，总统仍然面带微笑地说："无论什么人，如果对事情的真相还不了解，那么，丧失理智就是很普通的事。"之后便把事情的原委详细地解释给他听。

麦金利总统这种冷静中微含讥讽的回答，足以让这个议员对自己粗暴的行为无地自容。这次委派是对是错暂且不谈，只说总统这种聪明的应付方法，就让这个议员顿时处于被动的位置。

这个议员回去后把交涉的结果对别人说的时候，他只能这样说："伙计们，我不记得总统具体是怎样说的，不过他是对的。"

其实，发怒就是在对别人说自己是错的。 如果你能控制住自己想要发怒的情绪，这样就能多少证明你自己是正确的，对方也就没有办法了。 你会凭借自己冷静的行动使对方也冷静下来。 也许，对方的目的就是要激怒你，从而在某种程度上让你承认自己做的事情不够合理，让你为此感到后悔。 你若被这样绊倒，那是很不值的。 如果对方毫不在乎你的愤怒，那么你对他发怒，事实上是无济于事的。 没什么比冷静更能挫败一个愤怒的对手了。

大律师乔特简直把这种泰然自若的冷静策略运用到了炉火纯青的地步。 "开庭的时候，他不是高高跷起脚，就是往后仰着椅子，双手抱着头。 或者直直地伸着腿，把手斜插在口袋里。 他似乎从来没失态地发过脾气，也从来不会感觉到力不从心。 辩护对他来说就好像是一场游戏。 与其说是在争论，还不如说是在表演。 他用高超的幽默感，使法庭充满了笑声。 在他那沉着冷静的态度面前，气愤或叫喊对他来说不仅毫无用处，也是滑稽可笑的。"

你的冷静如果能使你的对手大发雷霆，那就更有用了。对方本来想以激起你的愤怒的方式获胜，而你以这种不以为然的冷静态度对之，反而让他产生强烈的挫败感。

不要使事情扩大或者使其变得更糟。 当一件事情出现不良状况时，你千万不要去扩大甚至恶化其后果。 例如，你的硬盘坏了，你的第一反应是这意味着所有数据全丢了，项目不能进行，并且你的工作面临危机。 但已知的情况只是硬盘坏了、电脑不能工作而已，其他的都还不能确定。 你完全可以用行动来避免未知的情况。

巧言化解他人的愤怒之火

戴·约瑟是一位房地产经纪人，他讲述如何用这种原则来处理一件事，从而避免了自己的人身受到伤害。

有一群对他怀恨在心的人，在几乎丧失理智的情况下，压不住要揍他的想法。 如果在当时的情形下，他的睿智没有帮助他了解他们并为他们的这种愤怒找到一种有效的发泄途径的话，那么，他一定会被打得皮开肉绽。

他是否应用自己的巧舌来化解这怒气呢？ 或者在自己被暴打之前先数上 7 下呢？ 他没有这样做，他的办法比这些都聪明许多。 事情是这样的：

战争时期，政府给工人在位于新泽西州卡谟登附近的斐尔佛建造了一个市镇，然而，事情发生了转变，政府计划将这里的 1898 栋房子拍卖掉。

"住在这些房子里的工人们怒斥政府，认为是接到政府指令才搬过来，现在又想把他们赶走，这让他们无法容忍。"但经过调查，在这 1898 户人家当中，只有 3 家是在战时搬进来的，其余的都是后来自动搬过来的。如果说出真相并揭穿他们，那是再容易不过了。但是即便是有理的辩驳，也不能真正将别人的愤怒打消。

戴·约瑟提前一个小时进行拍卖，这样就可以避免"那些受害者"在愤怒达到高潮时阻挠拍卖的顺利进行。而且他选定的是工人们梦寐以求的房子，作为最初拍卖的对象。

戴·约瑟说："我预计那个人马上就会来买的，结果一定会使他得到他想要的。他会因此而感到一种快乐，通过快乐的情绪来感染怒火中烧的人们。这样他们的怒气就会被驱散，因为他们气愤的原因，是政府要把他们赶走。

"一切都在我的预料之中，大家都为那个得到房子的工人欢呼起来，我也站起来为他欢呼。这样，他们的怒气通过欢呼得到释放。欢呼完之后，我带头喊道：'该死的拍卖者，让我们大家一起来诅咒他吧！'

"此时，他们发出了像十几个火车头那样大的声音。这些愤怒的人们把自己的愤怒表现出来。诅咒完毕之后，我和怒气冲冲的人群一起开怀大笑。我知道，如果这些原本想揍我一通的人现在要把我带走，那么他们一定是把我抬到肩膀上。"

这些人的原来计划是打伤戴·约瑟。 但是聪明的戴·约瑟替他们找到了另外一种发泄怒气的方法。 大家欢笑并咒骂着。 他用这些早为他们准备的招数救了自己，不仅卖掉了房子也使自己免受损伤。 不过值得注意的是，我们为愤怒所预备的宣泄出路，必须是无害的。 其实，享誉世界的心灵治疗大师史蒂芬·拉维曾这样说过："伟大的治疗，就是在我们忽略的地方开始的。"

用适当的方法发泄自己的愤怒

美国钞票公司总经理伍德赫尔也想出令自己能很好宣泄怒气的渠道。

年轻时候的他曾在一家公司担任很卑微的职务，他对此十分不满，因为别人没有给予他发展未来的机会。这是许多青年人都曾有过的感觉，但是，如果他表现得太明显，就会引起上司的不悦。伍德赫尔是怎样做的呢？他说："有一段时期，我的这种强烈的感觉开始渐渐地扩张，使我感觉多在这里待一天都是浪费。我在写辞职信之前，拿了一支笔和一瓶红墨水——因为黑墨水的颜色不足以使我的愤怒宣泄得更彻底。我坐下来，将每一个人在我心中的评价全部写出来。我用词很考究，写得棒极了。然后我收起这些东西，向一个老朋友讲述我的愤怒。"

这位老朋友建议伍德赫尔将同事们的才能用黑墨水写下来，并写出他自己所能做的事，以及他在未来 10 年之内改变自己的计划等等。随后让他自己来将两个单子进行比较。于是，他的一切愤怒立即烟消云散了。这使他能够冷静地看待事实，最终做出了留下来的决定。

"从此以后，只要我怒火难忍，"伍德赫尔说，"我就通过写来抒发内心的不满。这真的是一种很好、很安全的'活塞'。我写完之后，身体感觉清爽了许多。我收起我所写的这些东西，把它们好好藏起来。慢慢地，我这种很强的自制能力被大家所了解。我劝告那些想要管理别人的人，无论处在什么年龄，都应该学会用这种写红墨水单子的方法来约束自己。"

有同样感触的纽约电气大王德利兹是这样说的："写信是一种在愤怒的时候松弛情绪的好方法。不过这种信应该迟一天再发出。这样就会给你更多的时间来考虑这样一个重要的问题：'这些愤怒的言辞究竟会使我受到什么影响？'这一点非常重要。"

在无关紧要的小事上发脾气，可以养成在大事上保持镇静的习惯，而这时，耐心是很重要的。比令兹曾经在大众煤气焦煤公司做过30年的总经理，他的脾气很奇怪，经常会因为一些小事发怒，而对那些重大的事却置若罔闻。有一次，他把一盒雪茄烟落在一辆四轮马车上，等过了一会儿他记起来的时候，回头去找已经不见了。他用大声地怒吼来宣泄自己的愤怒，以至于旁边的人都以为能让他如此生气一定是好烟。但事实上，那只是一盒每支5美分、总共不到2.5美元的普通雪茄。

和他的这次愤怒相比，他在损失巨款的事情上却是置若罔闻。那时正值经济大萧条时期，比令兹先生卧病在床，几天都没有出门。就在这几天里，一家曾经借了他大约 3 万美元巨款的银行宣告倒闭了，失掉这笔钱的原因是没有担保。当别人告诉他这个损失的时候，他只用手摸了摸头发，想了一下，然后说："算了吧，不打破几个蛋，怎么能做成煎蛋饼呢？"

适当地发泄一下有利于平和自己的情绪，保持你的精力去应付即将来临的大事，面对大事则需要更大的自制力。如果不能在一些小小的烦恼面前放松情绪，累积起来就会形成一种长期愤怒，以至于在大事来临时完全不能自制。

如果想要收到实效，一定要做到在发泄怒气后使神经松弛。这一点也很重要。如果放任这种由小事而带来的紧张情绪继续下去，就可能使人的急躁心情长久不退。

曾担任纽约鲍曼·皮尔·提摩亚旅社联合公司总经理的鲍曼，讲述了一个职员因不懂得这个原则而致使自己困在窘境的故事。

鲍曼有一天正在自家田间散步，十分悠闲，偶然听到他公司里的一个职员正在抱怨上班时间太长、领导没有给他充分的赏识等等。鲍曼真想立刻走过去把他辞退。但是他还是迟疑了一下——直到自己略微平息了一点愤怒的时候，他才走过去对那个职员说："乔治，你是否觉得自己最近受了什么委屈？"

他回答："啊，没有啊，我很好的。"

"我听说你的工作很辛苦，你不满于现在的状况。"鲍曼依然十分平静地说道。

这个职员惭愧地解释了自己为何满腹牢骚：前一天晚上，他在一块泥泞的地上换一个汽车轮胎，因为这件令人不快的小事而迁怒到自己的工作和上司。这很不应该，也更是十分有风险的。

在生活与工作中，如果你因为这些微不足道的事情而异常急躁，这时，你最好先去休息和放松一下，或者出去旅游一段时间，到一处环境宁谧的地方散散步，或者思考令你如此急躁的缘由，并且努力地解决问题或弥补过失。

斯提尔曼是位大银行家，一次他"很残酷"地痛骂了一位银行高级职员。当时，这个不幸的职员正"以一副冷冰冰的面孔坐在写字台边，他两指间的钢笔窜上窜下，在桌面上发出一声接一声的敲打声"。那位职员始终保持着这样的一种状态。斯提尔曼对他这副毫不在乎的样子十分气愤，于是，他以一种冷嘲热讽的口气把这个职员狠狠地痛骂了一番。最后，他说了几句非常尖锐的话，那个职员为此而战栗不已，大颗大颗的汗珠从前额渗出来。当时，有一个在场的客人实在看不下去了，于是忍不住对斯提尔曼说："斯提尔曼先生，像你这么坏脾气的人，我至今从未见到过。这个高级职员在银行里负责一项很重要的工作，而你居然在一个陌生人面前侮辱他！如果他马上用刀杀死你，我一点也不感觉到奇怪！一个人不能如此粗暴地放纵自己，也不应该如此粗暴地对待别人。我最后还想对你说一句话，那就是：你的精神已经濒临崩溃了，你不能在办公室正常工作了！"

斯提尔曼任凭客人批评默不作声，愤怒隐藏在他阴沉的脸色里，他不住地用铅笔敲着桌面。那客人没多久就离开了。

斯提尔曼是个聪明人，他意识到，他这次无端爆发情绪，是因为长期以来那些积压在心底的琐碎情绪造成的，而现在，这种急躁的情绪已快要崩溃。于是，他赶忙丢下一切烦恼，走到别的地方休整了一段时间。回来时的他，与以前相比完全不同。

有时间做些快乐的事，不要整天忙得让自己喘口气的时间都没有，那只会应验"苦海无边"的说法。要对自己有耐心，享受人生也是需要锻炼的。当你生活快乐幸福的时候，如果心底有个小小的声音在说："这是过眼云烟，绝对不会持久！"你就要告诉自己："也许下一刻就会有更加美好的事情！"

没有绝望的生活，只有绝望的心态

在现代社会中的大多数人，通常都会遇到生活中小小的挫折和无奈，但这些挫折和无奈又被认为是不可改变的、不可逆转的、不可战胜的，于是他们轻易地选择了放弃。然而大多数时候，这只是一种错觉，我们的生命被这些"不可能"给"围"住了。

再黑的乌云也会有一丝亮光，每一个人生都有一线光明。绝境，永远都只是弱者的绊脚石，而对于真正的强者来说，绝境却是人生最好的垫脚石。如果你在绝境中仍然保持积极的心态、坚定的信念，那希望之火就会永不熄灭，成功终将会敲响你的房门；假若你在绝境之中被消极心态所侵蚀，那你的路上就会布满疑云迷雾，即使出现机会也看不到、抓不着。保持向上的心态，继续坚持一分钟，也许你就是一个成功者。

美国当代著名小说家普拉格曼，他连高中都没有读完，很多人都不解为什么这样一个低学历的人会取得如此优异的成绩。在一次长篇小说颁奖典礼上，普拉格曼向人们解释了其中原因。

1944 年 8 月的一个午夜，正值第二次世界大战时期，当时普拉格曼在海军服役。两天前他在一次战斗中受了伤，双腿一时瘫痪。为了挽救他的生命和双腿，舰长派遣一个海军下士驾一艘小船，趁着天黑把他送上岸去战地医院救治。不幸的是小船在那不勒斯海湾中迷失了方向，自责和恐惧使那名掌舵的下士方寸大乱，他便想拔枪自尽。

在枪声就要鸣响的那一刻，普拉格曼镇定自如地对他说："别开枪，就算我们在危机四伏的黑夜中飘荡了 4 个多小时，孤立无援，何况我还在淌血。但即使失败也要有信念，绝不能随便陷入绝望的境地。"等他把话说完，忽然前方岸上射向敌机的高射炮的爆炸火光闪亮起来，原来距他们的小船不到 3 海里便是码头。

这段惊险的经历对普拉格曼启发很大。 第二次世界大战后，普拉格曼梦想成为一名作家，开始时，每当他满心期待地投稿时，换来的都是退稿的答复，身边的亲戚朋友也都说他没有这方面的天分，劝他放弃。 普拉格曼也慢慢怀疑自己，当他决定要妥协的时候，他突然想起了那戏剧性的一晚，于是重新振作勇气，一次又一次突破生活中各种各样的"围墙"，才有了今日的辉煌与伟大成就。

试想，假若当时普拉格曼选择了放弃，那他失去的将是什么？ 是两条生命！ 生活中亦是这样，有的时候，我们对这个社会充满了惧怕和困惑，总会轻易地想到放弃。 可实际上，人生没有无希望的处境，只有在处境中绝望的人。 心理学家分析，绝境中惶恐、害怕、焦虑等各种消极情绪固然可怕，但如果当局者还不能够进行正确的自我心理疏导的话，那很有可能受一时情绪的影响，结局便是令人抱憾终身。

历史中处处都是绝处逢生的例子。 面对国破家亡的奇耻大辱，越王勾践没有因此放弃，他痛定思痛、卧薪尝胆，终于成就了复国大业；面对双耳失聪对音乐生涯的挑战，贝多芬并没有选择放弃，他抓住了命运的咽喉，弹奏出了辉煌的《命运》绝响。 在人生困境面前，这两位先辈并没有自怨自艾、怨天尤人。 相反，他们以坚韧的毅力笑对命运的捉弄，倚仗对人生追求的信仰，在绝境中掌控了自己的心态，进而主宰自己的命运，在历史长河中为自己写下了完美无憾的篇章。 可见，人生没有真正的绝境，何种心态决定何种命运。

你的生活中也许有这样那样的不如意，那么请细想一下，是什么导致了这些悲苦的结局？ 也许引起这些悲剧的不是别人，正是你自己。 是你消极的心态把你推上了不幸的列车，你与原属于你的幸福失之交臂，只因你最后的放弃。

在现实生活中，每个人无论多少都会遇到自己的人生绝境。 也许，你正身患绝症，对明天失去了希望；也许，你的事业陷入困境，你的公司随时都有破产的可能；又也许，你正陷入巨额债务中不知道未来如何……逆境中，自怨自艾和乐观面对是两种迥然不同的心态，怎样的心态在一定程度上就意味着怎样的人生。 是福是祸、是对是错，一切都来自你的选择，你是想在泥沼中深陷，还是在烈火之中重生？

下一次当你想要放弃时，请闭上眼，静静对自己说3次："没有绝望的生活，只有绝望的心态。"也许当你睁开眼睛时，你便会发现，成功已经悄悄向你走来。

用平和的情绪让苦闷烟消云散

辽阔的非洲草原上面，有一种不起眼的动物叫吸血蝙蝠，它们是野马的克星。它们用尖锐的牙齿灵敏地刺破野马的皮肤，然后用尖尖的嘴吸血。野马受到这种迫害后，马上开始蹦跳、狂奔，却始终无法解除。蝙蝠从容不迫地吸附在野马身上、落在野马头上，最后吃饱吸足才满意地飞去。然而无可奈何的野马总在暴怒、狂奔流血中无助地死去。

区区一只小蝙蝠为何会有如此大的本事，竟可以吸干野马的血从而导致其死亡？动物学家分析发现，事实上吸血蝙蝠所吸的血量是微不足道的，根本不会置野马于死地，野马死亡是由于暴怒和狂奔。

这个小故事听罢，很多人都感到十分吃惊，不过是吸一点点血，怎么可能会气到死掉？一位心理学家表示：野马是一种很容易暴躁、动肝火的动物，而吸血蝙蝠的举措是对野马的一种挑衅，引起了野马剧烈的情绪反应，所以它们最后逃不过死亡。

野马的暴怒易死现象，让我们不难发现，生气对人的身体健康极其不利。 我们在学习或工作中，也常会有一些人因为一些芝麻绿豆的小事而情绪激动，甚至引发疾病。 由此可知，生气是件十分费力不讨好的事情，这正应验了那句老话："生气并非处罚别人，而是惩罚自己。"

很多人对生气没有足够的重视，以致忽视了负面情绪对身体造成的损伤。 实际上，情绪波动太大会引发消极悲伤的情感，当消极悲伤的情感超过正常的心理界限时，就会造成严重的生理机能失调，因而容易产生疾病。

心灵就像一个房间，不打扫就会落满尘埃。 我们每天都要经历一些开心或不开心的事情，心里的事情一多，就会变得杂乱无章。 悲伤的情绪和不愉快的记忆，如果整日填充在心里，就会使人萎靡不振。 因此，我们应该经常整理心灵的房间，使黯然的心变得明亮，把无谓的痛苦删除，为填满快乐而让空间更大更多。

从前有一位农场主，雇了一个水管工来安装农舍的水管。水管工的运气很差，第一天，由于车子的轮胎爆裂，影响了一个小时的工作；第二天电钻坏了；最后一天，坏掉的是他那辆载重一吨的老爷车。

工程结束之后，好心的雇主开车把水管工送回家，水管工也恳请雇主到屋内小坐。奇怪的是，到达门口时，满脸不幸的水管工并没有马上进门，而是伸出双手，轻轻摸摸门旁小树的枝条。

当他打开门之后，水管工满脸愁容即刻消失，取而代之的是满脸的轻松与愉快，他紧紧抱起了自己的两个孩子，并给走过来的妻子一个温柔的吻。和谐的家庭氛围，其乐融融的场景，让人丝毫也感觉不出水管工回家前的无奈。在家中，水管工喜气洋洋地招待农场主，并把工作上的趣事讲给家人听。

雇主要回家的时候，水管工出门相送。雇主抑制不住好奇心，问道："刚才你在门口时，为什么要抚摸小树的枝丫？并且你回家前后的反差好大啊！"水管工微笑着解释："那是我的'烦恼树'，我在外面工作，难免会有磕磕碰碰。可是烦恼不能带进家门，我不想让我的妻子和孩子为我担心。于是我就把烦恼挂在树上，让老天爷暂时看管，等到明天出门时再拿走。意外的是，等我第二天再到树前，大半的烦恼都找不到了。"

雇主此时恍然大悟，原来那棵小树是水管工的秘密武器，用来排除内心烦恼！

野马与水管工这两者，同样遇到不顺心的事，可是为什么结局却截然不同呢？ 原因就在于他们是否有效排遣了自己的坏情绪。 野马积攒了满满的坏情绪，而且越来越多，最后超出了自己的心理负荷，最终死亡；水管工选择以一种有效的方式为坏情绪找到一个出口，进一点，出一点，只将幸福留下来。

消极心态如同将人慢慢致死的毒药，在体内会渐渐地蔓延，直至侵蚀人的整个心灵。 生活中大多数的事都在我们的控制之外，躲不掉，也逃不开。 我们唯一能做的就是调整心态，避免糟糕的事变得更加严重。

当你极端厌倦压抑你的生活环境时，可以适当地发泄一下内心的郁闷，使内心的不快情绪得以彻底清除。这时候，你可以找一些事情使自己忙碌起来，也可以看看电视、听听音乐，做一些自己喜欢的事情，还可以找一个能够推心置腹的朋友倾诉心中的苦闷，使不快得以排解。

与此同时，我们还要学着宽容地对待周围的人和事。俗语说"忍一时风平浪静"，如果凡事都锱铢必较，只会将自己推进死胡同，禁锢自己的心灵。记住该记住的，忘记该忘记的，改变能改变的，接受不能改变的。这样，才是简单而快乐的人生。

其实，生活中哪里都有美丽，人间繁华的无穷诱惑、凡尘俗世的庸人自扰，所有的不快其实都只是过眼烟云。

把批评当成成就自己梦想的动力

有三个刚刚开始绘画的人，他们想知道自己的画有多大价值，于是将自己的得意作品以 1000 元的标价出售。他们的每一个顾客都说了一句同样的话："你的画有什么好，完全高估了它的价钱。"

这句批评被其中一个人听到了，对自己的画好好审视了一番，觉得自己还有更大的潜力，最终以 2000 元的价格将画卖出，之后，他时刻牢记那个人的批评，刻苦努力，最后成为著名的画家，他就是丁托列托，16 世纪意大利著名画家。

同样的批评另一个人听完后，看着自己的画沉思了片刻，然后轻轻地将画撕毁，从此改行，致力于雕塑，最终成了一代宗师，他就是杨惠之，唐代著名的雕塑家。

第三个人听到这番批评后，感觉备受打击，情绪低落，将自己的画以 500 元的价格卖出。从此，这个人一蹶不振，最终只是个不入流的街头画匠，没有成就什么大事。

在同样的批评面前，这三个人表现出了不同的态度，也走上了不一样的人生。丁托列托将批评化为动力，并以此鼓励自己，使之成为自己拼搏的指路明灯；杨惠之将批评当作铜镜，照出了自身的不足，并以此作为事业的转折点，帮助自己走向另一个成功的巅峰；而至今我们仍不能说出名字的那个人，将批评视为毒药，从此一蹶不振，让自己的一生毒死在这番批评之中。

假若你得到了别人的批评，那你可以偷笑了，因为这至少证明你已经获得了别人的注意。古语云，"金无足赤，人无完人""人非圣贤，孰能无过"，人活在世上，完全正确地诠释自己的人生没有人可以做到，在生活或工作当中，受到批评是很正常的事。批评无所谓，谁都要经历，重要的是，别把过多的精力放在上面，让它影响了你。

良药苦口利于病，忠言逆耳利于行。成为栋梁之材的一棵参天大树，必须要经过风霜雪雨的洗礼，修枝打杆是必须要不断做的。人要进步，同样需要别人的批评、督导、鞭策和帮助。苏联著名作家奥斯特洛夫斯基有这样一句名言："批评，这是正常的血液循环，如果没有它，停滞和生病的现象就会出现。"如果你受到了善意的批评，一定要记得感恩，感恩别人对你的不吝赐教，感恩别人给了你进步的机会。

各种各样的批评是我们每天都要经历的，面对批评，我们要把握好自己，同时也要把握好别人。如果你的老板不分青红皂白批评了你，老板的为人你就会明白，也可以从中稍微判断一下，公司走向辉煌能否在这样一位老板的带领下实现，同时也为自己将来的事业增加了一个衡量的砝码；如果你不小心犯了错，而你的朋友却只知道一味地指责你，那么，他（她）是否是那个可以和你同甘共苦的兄弟或姐妹。

美国教育界在1929年发生了一件大事。好几年前，一位名叫罗伯特·哈金斯的年轻人一面在耶鲁大学读书，一面打工，他做过侍者、伐木工、家庭教师等工作。不到八年，他竟受聘为全美第四的芝加哥大学校长，当时年仅30岁，这真不可思议！很不以为然的是一些年长的教育学家，各种批评纷至沓来：他太年轻啦！他没有经验！荒谬可以概括他的教育理念……最后连媒体也不能保持客观，纷纷加入了这场攻击。

那天哈金斯上班的时候，一位友人对他的父亲说："今早的报纸上全都是诋毁你儿子的言论，这真令人惊讶！"

哈金斯的父亲回答："真的是很严重，不过我们都知道，一只死狗是没有人会踢的。"

确实如此，越勇猛的狗，人们踢起来就越有成就感。

很多时候，有人之所以要恶意地批评你，是因为你在某方面比他强，他的目的无非是想借贬低你而显示自己，这反而证明了你是一个有实力、有能力的人。有了这种思想，你就不会被任何批评和诽谤之箭所伤了。

对于别人的批评，我们也可以采取置之不理的态度。那样的话，任何尖刻的批评和恶意的中伤，都不能损你分毫。林肯说的就是这个道理："只要我不对任何人的攻击做出反应，这件事就会到此为止。"

和我们不停玩变脸游戏的是批评，在它迅速而模糊的变脸过程中，我们被搞得糊里糊涂。但是看完它的变脸之后，如果它对你露出的是天使的脸，你可以在微笑后说谢谢，在改进中越发自信；如果它露出的是魔鬼的脸，你可以站在阳光下，它会在阳光照射下烟消云散。它的脸是天使或是魔鬼不要太在意，只是不要让它成为你前进的绊脚石。无论它对你变出什么样的脸，你都要昂首挺胸大步向前走，开开心心地去更远更美的地方。

永不言败，变逆境为顺境

如果没有人去修补破了的窗户，过不了多久，其他的窗户也会莫名其妙地被人打破；如果一些涂鸦出现在墙上没有被清洗掉，很快墙上就布满了乱七八糟、不堪入目的东西；同样，倘若一个人经历了打击却不自救，就可能从此失去信心，破罐破摔，一蹶不振，活着像行尸走肉一般。

在人生的旅途上，尽管幸福是人人都期盼的，无人喜欢磨难，但它们却像孪生姐妹，永远在生活的舞台上相伴共生。面对不幸，面对潦倒，我们不应该怨天尤人、自暴自弃，而应该不断捕获生存智慧，承受苦难，直面打击。等到有一天，你成了熠熠生辉的金子，任何人都掩不住你灿烂夺目的光辉。

身陷逆境时截然不同的是每个人的态度，有的人愿意乞怜，有的人会自暴自弃，有的人习惯诉苦，而有的人则会奋力自救。当然，你选择怎样的态度，也就同时选择了你最终的结果。

有一个不幸的小女孩，患急性脑充血病时才一岁半，连日高烧并昏迷不醒。当她苏醒过来时，眼睛被烧瞎了，耳朵被烧聋了，那一张灵巧的小嘴也不会说话了。从此，她进入了一个黑暗而沉寂的世界，陷入了痛苦的深渊。

然而，就此放弃生命并不是这个不幸的小女孩的态度，她在黑暗世界中学会了读书、说话，并掌握了英、法、德、拉丁、希腊5种文字，还成了拉德克里夫学院的学生。

她写《我生命的故事》是在大学期间，此书讲述她战胜病残的经历，给成千上万的残疾人和正常人带来鼓舞。这本书被译成了50多种文字，在世界各国流传。

她在1904年6月以优异的成绩毕业于拉德克里夫学院。两年后，她被任命为马萨诸塞州盲人委员会主席，开始的社会工作是为盲人服务。后来，她又在全美巡回演讲，为促进实施聋盲人教育计划和治疗计划而奔波。

1921年，她带头建立了美国盲人基金会民间组织。

第二次世界大战期间，她走访了多家医院看望失明的战士们。

1964年她被授予美国公民最高荣誉——总统自由勋章，第二年她又被评为世界杰出妇女。

她，就是海伦·凯勒。

伟大女性代表海伦·凯勒用她的经历鼓舞了无数年轻人。面对自身的残疾，她从不放弃理想，并始终刻苦学习，去与命运抗衡，最终获得了常人所不能获得的巨大成就。

很多人会问，是什么支撑着她？ 是对亲人的疼惜、对生命的热爱和对命运的不甘。 她始终主宰着自己的人生，不曾气馁。 事实证明，在逆境中，只要不死心，一切都不是问题。

即使遇到艰难险阻也不要轻易说放弃。 放弃了，只会使你的现状越来越差、让情况越来越糟，直到你堕入生命的低谷。 很多事由不得我们去改变，我们唯一可以做的就是接受现实，勇往直前，将自己的优势放大，让命运向你低头，将生命演绎得淋漓尽致。

很多时候，当逆境向你袭来，旁人无法帮你解围，你能依靠的只有你自己。 如此一来，自救才是王牌。 唯有冲锋陷阵，杀开一条血路，才能求得海阔天空的生存空间。 正所谓，狭路相逢勇者胜！ 当旁人和上帝都无能为力时，你只有自己救自己。

有道是"天助自助者"，无论人生多么艰难都不要气馁。 只要你有心摆脱逆境，并且付诸行动，生活就一定会有转机。 当一个人的意志变成一块顽石时，没有什么可以打败他，更没有什么可以吓倒他。

生命，就是从痛苦到成熟的过程。 每个人的生命只有一次，在这短短的生命过程中，我们真的没有太多的时间去抱怨、去悔恨，不要因为一棵树就否定整片森林。 人生的路就算布满荆棘，我们也要踏过那带血的土地，沿着太阳升起的方向，去追寻阳光和雨露。

用兴趣爱好调节生活

在美国长岛，有一位名叫莱伯曼的百岁老人。他满头白发，精神很好，看上去不超过80岁。据老人讲，他根本没想到自己能活这么大年纪，因为在他80岁的时候，曾对生命失去了兴趣，以为自己到了寿终正寝的时候。那时他身体状况不好，他感觉自己真的快不行了。可一次偶然的机会，他与绘画结缘。从此，他迎来了人生的"第二春"。

莱伯曼是在老人俱乐部里与绘画结缘的。那时，老人歇业已多年，他常到城里的俱乐部去下棋，以此消磨时间。一天，女办事员说，以前那位棋友身体不太好，不能再来了。看到老人的失望神情，这位热情的女办事员就建议他到画室去转一转，还可以试画几下。

"您说什么，让我作画？"老人惊奇地问，"我都没摸过画笔。"

"没关系，来试试看吧！说不定你会觉得很有意思呢!"

在女办事员的坚持下，莱伯曼到了画室，平生第一次拿起画笔，但他很快就被迷住了，周围的人也都认为他简直就是一个天生的画家。81岁那年，老人开始去听绘画课，开始学习绘画知识。从此，老人觉得重新找到了生活的乐趣，精神也一天天好起来。

1997年，洛杉矶一家著名的艺术陈列馆还特意为莱伯曼办了次画展。此时，已年过百岁的莱伯曼笔直地站在入口处，笑容满面，迎接参加开幕仪式的来宾，许多著名的收藏家、评论家和记者都慕名前来。作品中表现出来的活力，赢得了许多观众的赞赏。

老人在展后接受采访时饶有兴趣地说道："我不说我有101岁的年纪，而是说有101年的成熟。我要借此机会向那些自认为上了年纪的人表明，这不是生活暮年，不要去想还能活几年，而要去想还能做什么，着手做点自己喜欢的事，这才是生活。"

美国总统富兰克林·罗斯福即使在战争最艰苦的年代里，仍然每天都抽出一点时间来从事自己的爱好——集邮。做自己喜欢做的事，可以让他忘记周围的一切烦心事，让心情彻底放松，让大脑重新清醒起来。

有人做过这样的研究，他们试图找到长寿老人的共同特点。 他们研究了运动、食物等因素对寿命的影响，结果他们发现，长寿老人们在饮食和运动方面几乎没有完全共同的特点，但有一点却是共同的，即他们都有自己的小爱好，而且还作为自己奋斗的人生目标，这是他们的精神寄托。

因此，无论你对生活有多少不满，都要有个人生目标，要有点爱好、有点精神食粮，因为它能使你看清人生的使命，能让你找到心灵家园，使你的人生更有意义。

亨利·梭罗曾经说："我从没找到过这样一个伙伴，他能像这一小时那样长期地陪伴着我。"生命的质量是以你所做的事情而不是以你所度过的光阴来衡量，平常每天都抽出时间来做自己喜欢的事，能使心灵更美、生活更有情趣、生命也更有意义。

修心养性，追求人生最高境界

人不一定感到累了才休息。因为当你感到累了的时候，其实你已经进入疲劳期，你早已失去了自我调节的能力。生物钟是一个主动自我调节的过程，而被动甚至被迫休息，对及时消除疲劳、恢复自我主动调节功能是不利的。主动建立或者遵守生物钟的自然法则，就能充分发挥和及时协调全身器官功能，增强人体神经、体液、内分泌免疫功能和抗病能力，保持精力旺盛，提高工作效率，也提高健康水平和生活质量。

适时休息是一种消除疲劳的有效办法。在所有的休息方法中，充足的睡眠是最佳的方法。因为人体通过充足睡眠，可以使细胞合成增加，使神经、体液、心理、精神、内分泌、体内激素等得到自动恢复与平衡，体内"垃圾"消除能力增强。

佛教修心养性强调静，认为静能"炼心、强体"。清代的《养生药言》中也说："从静中观物动，向闲处看人忙，才得超尘脱俗的趣味；遇忙处会偷闲，处闹中会取静，就是安身立命的本领。”

人人都向往平静，然而，生活的海洋里常常因为有名誉、权力、金钱等诱惑在"兴风作浪"而难以平静。环境影响心态，快节奏的生活、无节制地对环境的污染和破坏，以及令人难以承受的噪声等都让人难以平静，让人遭受浮躁、烦恼之苦。但是，生命本身是静的，只有内心不被外界所惑、不为外物所扰，才能做到像陶渊明那样身在闹市而无车马之喧，有了所谓的"心远地自偏"。

平静在心，在于修身养性。平静哪里都有，只要有一颗平静的心。追求平静者，便能心胸开阔，不为诱惑，坦荡自然。平静是一种幸福，它和智慧一样宝贵，其价值胜于黄金。真正的平静是内心的平衡，是情绪的稳定，是心灵的安静。

许多人都有过这种体验：一阵活动之后，便会觉得头脑发昏，这时要是闭上眼睛休息一会儿，再睁眼时会有一种清爽感。这个过程就是通常说的"闭目养神"。

闭上眼睛可以养目，更可以静心。心静则神安，神安则灾病不生。晚上睡不着的时候，最佳选择是"闭目养神"以静其心，而不是选择读书、看报。闭目养神可在工作、学习间隙进行，也可选一安静处闭目独坐，排除外界干扰，放松身体，让大脑处于一个静止状态，无所思念，无所顾虑，安心养神。不要小看这闭目的几分钟，它可使你快速"充电"，获得能量。闭目养神之时，你会感到信心倍增，精神振奋，头脑顿时轻松了许多。

当你被杂事纷扰、头昏脑涨时，找一个清静的地方，随意而坐，双目闭合，排遣思绪；或半眯双眼，视若无睹，便可感到头脑清晰、精力充沛。 当遇不平之事或遭受委屈时，闭目平心，就会觉得神清气爽、燥火降散，有一种战胜自我的快感。 当遭遇挫折或不幸，感到忧郁、悲伤、失望、空虚、烦乱时，可退至静舍，独坐闭目，仰面昂首，神聚头顶，放松神经，回忆过去得意之事，静思"挫折是人生的苦药良方"的意味，就会觉得精神振作，信心倍增，忧伤感不见了。

音乐的作用

科学研究证明，听适合的音乐可以优化人的性格、稳定人的情绪、提高人的艺术修养，甚至能养生保健、延年益寿。 医学专家通过大量的研究证明，人类需要通过音乐来抒发自己的感情，并可从中受益。 音乐能提高大脑皮层的生理机能，提高身体细胞的活性，调节血液循环和活化神经细胞。 另外，音乐会使人体的胃蠕动更有规律，能促进新陈代谢，提高抵抗力。

在医学上有一个著名的"莫扎特效应"：当你听一首莫扎特的曲子后，你的大脑活力会增强，思维更加灵敏，运动更有效，它甚至可缓解癫痫等患神经障碍的病人的病情。 有关研究者证明，在 IQ 测试中，听莫扎特的曲子的人比其他人得分高。

1975 年，美国音乐界的知名人士凯金太尔夫人因乳腺癌缠身，身体条件越来越差，已经到了死亡的边缘。 这时候，凯金太尔夫人的父亲不顾年迈体弱，天天坚持用钢琴为爱女弹奏乐曲。 或许是充满爱心的旋律感动了上苍。 两年后出现了奇迹，凯金太尔夫人竟然战胜了乳腺癌。 重新康复后，她热情似火地投身于推广音乐疗法的活动，担任美国某癌症治疗中心音乐治疗队的主任。 凯金太尔夫人弹奏吉他，自谱、自奏、自唱，引吭高歌，帮助癌症患者振作精神，与癌症拼搏到底。

德国科学家马泰松几十年来一直致力于音乐疗法，在对爱好音乐的家庭进行调查后注意到，常常聆听舒缓音乐的家庭成员，大都举止文雅、性情温柔；喜欢低沉古典音乐的家庭成员，相互之间能够和睦相处、彬彬有礼；对浪漫音乐特别钟情的家庭成员，思想活跃，热情开朗。 他由此得出结论说："旋律具有主要的意义，并且是音乐完美的最高峰。"音乐之所以能给人艺术的享受，并有益于健康，正是因为音乐那动听的旋律。

音乐是起源于自然界中的声音，人与自然息息相关，因此，音乐会对人的神经、器官产生相应的影响。 音乐主要是通过乐曲本身的节奏、旋律，其次是速度、音量、音调等的不同而产生各异的疗效。 在进行音乐治疗时，应根据病情诊断，在辩证配曲的原则下，选取合适的乐曲进行音乐疗法。

烦恼时听听音乐，能重新燃起生活的热情，唤起人们对愉快往事的回忆，使人的心情得到改善、精神受到熏陶。

和文字进行心灵对话

在这样一个浮躁的社会里，你能心平气和地把书籍作为你孤独时候的良师益友吗？

美国总统富兰克林·罗斯福的夫人曾说："我们必须让年轻人养成看书的好习惯，这种习惯是一种宝物，值得双手捧着、看着，千万别把它丢掉。"

读书的乐趣是无穷的。有的人读世界地理，他可以遨游天下；有的人读历史典故，可以和古人心接神交。有的人爱好文学，春花秋月，情境义理，妙味无穷；有的人喜欢理工，一粒分子、一个细胞，他也能从中找到另外一片天地。书中所表达的思想、智能、感情、经验，可能是别人毕生的体验，若我们在短短的时间内理解并掌握它，岂不是无限的快乐吗？如果不读书，那就是放弃了世界上最宝贵的一种财富。

有很多名人都说到过读书的乐趣，其中以欧阳修的读书三乐——马上、厕上、枕上最为著名。欧阳修的读书法的确是人生至乐之境，这也说明读书是很简单的事情。只要感兴趣，什么时候都可以，而没必要必须找一个理想的环境——读书是个人的兴趣所至，一个不爱读书的人，给他任何好的条件也没用；喜欢读书的人，在哪儿都可以翻开书来看。

爱好读书的兴趣不是天生的，阅读的习惯也不是一成不变的，它会受到种种因素的影响。所以，爱书之人总是一次次地沉溺在不同的领域，并把各种互不相关的知识糅合到自己的思想当中——你用自己的方法理解知识，知识却在慢慢地改变着你的方式。

阅读好书就像跟历代名贤圣哲促膝长谈，他们的高尚节操会对我们有潜移默化的影响。所以，大量阅读是完善自我的必由之路。或许读到某本书时，会使你顿悟某个伟大道理，思想上会产生质的飞跃。也或许一本书会把你带入一个全新的领域，从此你明确了奋斗的目标，最终也创造了辉煌。林肯少年时就因为偶然一次阅读了华盛顿和亨利·克雷的传记，从此立下了远大理想，最终成为"美国历史上最受人尊敬的总统"。

一个好读者能够感觉到读书时妙不可言的乐趣。因为他喜爱读书，即使他成不了伟大的人，他也能成为博学的人。

读书不能只局限于一个领域。因为学习知识的目的不是"掌握"，而是"融会贯通"，进而转化为学习、工作和生活的能力。

读书要讲究方法，有的书需要精读，有的书则泛读即可。　凡是时尚而肤浅的书籍不可不读、不可深读，更不可多读；凡是伟大而隽永的作品必须多读、深读、精读。　此外，我们还要养成做读书笔记的习惯，便于随时翻阅。

少一分浮躁，多一分踏实

　　浮躁是年轻人做事时最忌讳的。 浮躁有几种表现：第一，事情刚做到一半，就觉得要大功告成了，开始飘飘然起来。 第二，做事毛毛糙糙，巴不得马上干好，只讲速度，不在乎质量。 第三，处于一种烦躁状态，觉得事事都没什么意义，做不出个什么名堂出来，没劲。

　　浮躁是通病，一般是由于新手做事情还浮于表面，没有认识到事情的复杂性或做事的意义。 他们没有从事情的细节上去了解它，没能从事情的背后去发现困难或其所涉及的其他因素。 他们的兴趣没有被提升起来，因此挑战自己和别人的欲望也被压在下面。

　　那么，作为初来乍到者，使自己平静下来进入角色是很关键的，越早进入就意味着越早步入事业的轨道。 我们需要和同事进行沟通，和上级进行沟通，从前辈身上学东西。 用记日记的习惯把每天的收获和发现心得都记录下来，是个很好的方法。 它使我们时刻都能有反省自己的机会，时刻都让自己成熟一些，做事少一分浮躁，多一分踏实。

处世心理学全集

为人三会

会说话 会办事 会做人

李牧怡 编著

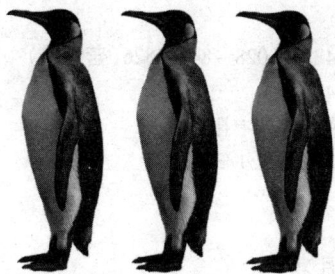

成都地图出版社

图书在版编目（CIP）数据

为人三会：会说话会办事会做人／李牧怡编著. -- 成都：
成都地图出版社，2019.3（2019.5 重印）
（处世心理学全集；3）
ISBN 978-7-5557-1109-4

Ⅰ. ①为… Ⅱ. ①李… Ⅲ. ①人生哲学 - 通俗读物
Ⅳ. ①B821 - 49

中国版本图书馆 CIP 数据核字（2018）第 287766 号

编　　著：李牧怡
责任编辑：游世龙
封面设计：松　雪
出版发行：成都地图出版社
地　　址：成都市龙泉驿区建设路 2 号
邮政编码：610100
电　　话：028 - 84884827　028 - 84884826（营销部）
传　　真：028 - 84884820
印　　刷：永清县晔盛亚胶印有限公司
开　　本：880mm × 1270mm　1/32
印　　张：30
字　　数：600 千字
版　　次：2019 年 3 月第 1 版
印　　次：2019 年 5 月第 3 次印刷
定　　价：150.00 元（全五册）
书　　号：ISBN 978-7-5557-1109-4

前　言

　　人生在世，无论处于哪个阶段，都离不开说话、办事、做人。要想立足社会，想在人际圈中吃得开，就要掌握三种本领：会说话、会办事、会做人。会说话是会办事和会做人的重要前提，掌握了说话的技巧，办事可以办得圆满，做人可以做得练达；会办事是会做人的条件，善于办事，你才能得到别人的认可和信任；会做人，首先要学会说话、办事。学会说话、学会办事、学会做人，是人生三大技巧，缺一不可。而掌握了这三大技巧，也就掌握了成功的金钥匙，人生一定会过得美满而精彩。

　　会做人、会说话、会办事，此为人立身处世之三宝。

　　诚然，并不是所有的人都能把话说好、把事办好、把人做好。但是，每个人都可以通过后天学习来获得理念上的正确认识和行为上的灵活方法。为了帮助读者尽快成为一个会说话、会办事、会做人的人，本书以实用、方便为原则，将日常生活中最有效、使用率最高的口才技巧、处事方略、做人哲学介绍给读者，使读者在短时间内掌握能言善道、精明处事、完美做人的本领；让读者懂得如何在说话、办事、做人时做到"到什么山唱什么歌，见什么人说什么话，遇到什么事办什么事"。 本书介绍的这些说话、办事、做人技巧，使你在任何场合都能做到左右逢源，使你的人生之旅一帆风顺。

2018 年 8 月

目　录
CONTENTS

第一编

———

会说话

第一章 开口是金，交流技巧很重要

说好第一句话

生活中免不了与人交往，有时候往往第一句话就能决定交谈的深度。一句悦人耳目的开场白，很可能会使谈话双方成为无话不谈的知音；一句不中听的话，很可能会破坏交谈气氛，失去结交朋友的机会。

张力的人际关系就非常好。无论是与陌生人交谈，还是与熟人聊天，他都能制造出非常活跃的谈话气氛，并且在交谈过程中，使双方的感情进一步加深。这就是他获得好人缘的原因所在。

一次，张力参加一个同事的生日聚会，在会场上遇到了这个同事的老同学王宾。他便走上前去，彬彬有礼地说："您好！听说您和今天的寿星是老同学？"王宾略带惊讶却高兴地点点头说："您是？""我是他的同事，很高兴能与您相识！今天还真是个好日子，不但能给同事祝寿，而且还同时结交到一个好朋友，真是很难得。"张力面带微笑地说。王宾也高兴地迎合着张力的话题，两人就这样高兴地攀谈起来。生日宴会结束后，两人依依不舍地告别了。

张力与王宾之所以能成为好朋友，第一句开场白的作用最大。试想如果张力的第一句话没有引起王宾的注意，没有为交谈营造一个良好融洽的气氛，那么二人的结局可能会是另一番景象。

当然，说好第一句话，并不只限于与陌生人的交往中，还可以渗透到与朋友、夫妻、亲人的交往之中，这样便可增进友情、巩固爱情、温暖亲情。

丈夫因事外出，不慎将随身携带的3000元钱弄丢了。丈夫心里非常着急，本来家里就不富裕，而且这3000元是妻子辛辛苦苦、奔波忙碌攒下来的。想到这里，他开始不停地责怪自己，不知道该怎么向妻子交代。无奈之下，他只得拨通了家里的电话。在拨了妻子的电话后，他支支吾吾地说："对不起，我……我……不小心……把3000块钱给弄丢了。"

妻子听了以后说："人丢了没有？只要人没有丢就好

啊，赶快回家吧……"听完妻子的话，他感动得不知所措，愣愣地站在电话亭旁，过了好一会儿才回过神来。其实，妻子平时非常节俭，丢了钱，她心里一定非常难过，可是她通情达理，知道事情既然已经发生了，再怎么埋怨也没有用。

掐指一算，夫妻二人结婚快十年了，丈夫从来没有给妻子做过一顿饭，但是那天他亲自买菜下厨房，忙活了半天为妻子做了一道菜，虽然做得不是很好，可妻子却吃得格外的香。

从此，夫妻双方更加体贴、理解对方了，而且感情比以前更好更深了。

生活中，无论是亲戚、朋友之间，还是夫妻之间，都会出现这样或那样的矛盾。这些矛盾很多时候都是由第一句话所引起的。由此可见说好第一句话的重要性。

那么，如何才能把第一句话说好呢？以下几点可供参考：

1. 让第一句话拉近彼此距离

赤壁之战中，有一次，鲁肃去见诸葛亮，他刚一见面的开场白是："我，子瑜友也。"而子瑜正是诸葛亮的哥哥诸葛瑾，与鲁肃乃是忘年之交。就这样，鲁肃与诸葛亮马上就搭上了关系，拉近了彼此之间的距离。任何人都不可能离开人群不与其他人交往，只要彼此都留意，就不难发现双方潜在的那层"亲戚"关系。

譬如：“你是天津人？ 我以前在天津上大学。 说起来，还真巧呢！ 天津可真是个不错的地方。”

“您是清华大学毕业的？ 我也是，咱们还是校友呢！ 您是哪届的呀？ 说不定咱们还是同届的呢！”

“您来自皖南，我是在皖北出生的，两地相隔咫尺。 在这里居然还能遇到老乡，真是一件令人开心的事情。”

这种初次见面互相攀亲的谈话方式，很容易搭建起陌生人之间谈话的桥梁，使双方在短时间内产生一见如故、相见恨晚的感觉，从而给对方留下良好的第一印象。

2. 用第一句话让人感受到尊重

对陌生人表示尊敬、仰慕，是礼貌的第一表现，也更能拉近彼此之间的距离。 但是，采用这种方式必须注意：要掌握好分寸，褒奖适度，不能胡乱吹捧，谈话的内容要因时因地而异。

例如：“我曾拜读过多部您的作品，从里面学到的东西颇多，可谓受益匪浅！ 没想到今天竟能在这里见到您，真是荣幸之至啊！”

“今天是教师节，在这美好的日子里，我真诚地祝您节日快乐、身体健康、桃李满天下。”

“您的家乡桂林是个风景秀丽的地方，不是还有句话说‘桂林山水甲天下’吗，我今天非常高兴能认识您这位桂林的朋友。”

3. 在第一句话中就把问候送出去

无论是与陌生人的初次见面，还是与熟人相遇，问候都是少不了的。 一见面，最好第一句话就将问候送出去。 一般情况下，"您好"是最常见的问候语，但是若能根据对象、时间、场合的不同，而使用不同的问候语，效果就会更好。 例如：对德高望重的长辈，应说"您老人家好"，以示敬意；对年龄跟自己相仿者，称"先生（女士）您好"，显得更加亲切；如果对方是医生、教师等，可在"您好"前加上职业称谓。 若是节日期间，可以说"节日好""新年好"，给人以祝贺节日之感；也可按照时间分别对待，早晨说"早上好"，中午说"您好"，晚上说"晚上好"，就很得体。

人生无处不相逢。 其实与陌生人交谈并不可怕，没有必要过于拘谨、不自在，只要主动、热情地同他们聊天，努力寻找双方的共同点，遇到冷场时，能及时找到话题，制造融洽的谈话气氛就可以了。 只要学会了这些技巧，就能赢得对方的好感，拉近彼此之间的距离。

总而言之，初次见面，第一句话是非常关键的，好的开场白是对方敞开心扉的敲门砖，也是使人一见如故的秘诀。

4. 第一句话就使人感到体谅、关爱、包容

如何与陌生人说好第一句话，又怎样与朋友、亲人说好第一句话呢？ 这其间，也有一定的方法可寻。

生活中，朋友、亲戚、家人之间，时不时会出现一些矛盾，这个时候，能否顺利化解矛盾，第一句话将起着决定性作用。 一句不得体的话，不但会加深彼此之间的矛盾，还可能会伤害到彼此间的感情。 所以，在张口说话前一定要仔细思考才是。 我们不妨在语言里多融入些关爱与包容。 这样，再

深的矛盾也可能会因为爱而化解。

　　与人交谈时，第一句话很重要，这就要求人们要管好自己的嘴，即使做不到口吐莲花，至少也要让别人听了舒服开心，这样才算把话说好了。

让别人先说，自己后说

上帝造人的时候，只给了人一张嘴，却给了人两只耳朵，这是为什么呢？ 这是要人们少说多听。 唯有如此，才能从谈话中挖掘出更多的信息，才能对加深相互了解、深度交谈有所裨益。

英国一家大型汽车公司准备采购一批汽车坐垫。为了争取到这个大客户，三家汽车坐垫生产公司都准备好了样品，等待汽车公司高级职员的检查。为了买到最好的汽车坐垫，汽车公司的高级职员准备让这三家坐垫生产厂家进行最后的角逐。于是，汽车公司给三个坐垫生产商同时发了一个通知，让各厂代表准备最后一次较量。

汤姆是三个代表之一，当他代表公司与汽车公司高级职员交谈时，正患着咽喉炎。当汽车公司高级职员让他描述自家产品的优越性时，他在纸上写下这样一段话："尊敬的先生们，我嗓子哑得几乎不能发出声音。因此，我把说话权交给在座的各位。请原谅我的不礼貌。"

汽车公司总经理看到这段话后，说："我来替你说吧。"他陈列出汤姆带来的坐垫样品，非常仔细地讲述了它的优点，在座的每位领导都发出了称赞的声音。汽车公司的总经理自始至终都在为汤姆说好话，而汤姆则只是象征性地点点头或微微一笑。不料，这样的洽谈居然赢得了汽车公司的青睐，汤姆与汽车公司签订了价值180万的订购合同单。

后来，汤姆回忆说："当时如果我像其他厂家的代表一样，对自家产品夸夸其谈，说不定我会失去这次合作机会。我之所以能在三个代表中脱颖而出，是因为我把话语权交给了汽车公司的总经理，而我自己却成了一个听众。这次经历让我发现把话语权交给别人，有时是多么重要啊！"

一个商店的售货员，如果不管三七二十一，总是自顾自地拼命称赞自家产品，不给顾客说话的机会，很可能失去一位准客户。原因是不给顾客说话机会，就不会了解顾客的需求，即使把自家产品夸得天花乱坠，却不符合顾客的需求，到头来也是徒劳。所以，让自己充当一名听众，其实并没有什么不好的，倾听有时也是一种收获。

把话语权交给别人，有时比自己唠叨更有价值。其实，每个人都不喜欢被别人忽视，而且都想让自己成为交谈中的主角，一旦别人能满足自己的这个想法，就会由衷地愿意与这样的人接触交谈。反之，如果别人一味地把自己当成听众，自己肯定会产生逆反心理，认为对方不够重视自己。

　　威森是一位对工作兢兢业业的青年，他的工作是向一家专门替服装设计师和纺织品制造商设计花样的画室推销草图。连续三年，威森每个星期都去拜访纽约一位著名的服装设计师。"他从不拒绝接待我，"威森先生说，"不过他也从来不买我的草图。他总是很仔细地看我的草图，然后说，'不行，威森，我想我们今天谈不成了。'"在经历了一百五十次的失败后，威森终于明白自己过于循规蹈矩了，于是他决定，每个星期都抽出一个晚上去研究与人交谈的哲学，来拓展新观念，创造新的工作热情。

　　不久，他就急于尝试这一新方法。他随手抓起六张还没完成的草图，冲入买主的办公室。"如果你愿意的话，希望你帮我一个小忙，"他说，"这些都是尚未完成的草图。你能不能让我明白，我们应该如何把它们做完才能对你有所帮助？"

　　这位买主默默地看了看那些草图，然后说："把这些图留在这里，几天后再来见我。"

　　三天以后，威森又去了，把草图拿回画室，依据买主的意思把它们修改完成。结果那位买主全部接受了。从那以后，买主又向他订购了许多图案，不仅如此，双方还成了好朋友，买主还把威森介绍给了他的其他朋友。

　　其实，图案都是根据买主的想法画成的，威森却净赚了一千六百多美元的佣金。"我现在明白，为什么这么多年来一直无法和这位买主做成生意，"威森说，"我以前只是说服他买下我认为他应该买的东西，但现在我尽量把话语权交给对方，让对方说出自己的观点看法。让对方觉得这些图案是他自己创造的，而事实也是这样。如今我用不着去向他推销了。"

那么，究竟该怎么做才能把话语权交给别人呢？

首先，控制自己的说话量。

也就是说，不要只顾自己说个没完。生活中许多人都有这样的坏习惯，只要话匣子一打开，就没完没了地控制不住。其实，这并不是聪明的做法，而是费力不讨好者所为。一方面，说的话越多，给别人传递的信息就越多，别人在你身上学到的东西也就越多。另一方面，你耗费了大量的精力给别人传递信息，别人不但不会感激你，反而会认为你是一个爱炫耀自己的人，你所说的每一句话不见得都是别人爱听的，也许一句话说得不好就可能会得罪人，别人也会对你敬而远之。由此来看，那些口若悬河的人确实该开始改变了，否则会吃更多亏。

尤其是从事推销这一行业的人，就更应该留意这点。推销员的目的是为了推销产品，使对方能心甘情愿地接受自己的观点，购买自己的产品，所以，在说话这一问题上必须得多多留意，应该做到让对方尽情地表达自己的观点和看法。这样才能在对方的话语中，揣测到对方的性格、心理、购买欲望。

人际交往过程中，如果自顾自地说个没完，不管对方的来意、兴趣爱好，是很容易被误解的，也是对自己不负责的表现。当然，对于对方的提问也不能坐视不理，因为这样是不礼貌的，容易伤害到对方的自尊心。所以，对于别人的提问要耐心地听下去，抱着一种开阔的胸怀，听别人把话讲完。真诚地鼓励对方把想要说的话说出来，把想法表达清楚。

当然，也不能让自己成为纯粹的听众，偶尔也要跟着说几句，这一点非常重要。比如对方说："我很喜欢月季花。"这时你可以附和对方一句："我也很喜欢，尤其是红色的。"这样一来，对方就会顺着你的话题继续说下去了，从而为彼此间的谈话制造了愉快的气氛，谈话也就可以顺利地进行下去。可是，如果你说出一句大煞风景的话，不但话题不能继续，还有可能会破坏刚刚建立起来的感情，成为顺利交际的障碍。

与人交谈也有一定的规则可寻，虽然它不像交通规则那样刻板，但是也得遵守着红灯停、绿灯行的原则，否则在人际交往中很容易误入雷区。在社交过程中，与人交流并不能像与家人谈话那样随便，想说什么就说什么，想怎么说就怎么说。它需要讲究一定的方式方法，不能纯粹地把自己当成主角，还要适时地充当配角，充当一个听众。在恰当的时间里，扩展谈话的内容，以便继续交谈下去。而且还要不时地与交谈对象互换位置，这样才能使交谈平等地进行下去。

交流是双向的。在听完对方的谈话后，自己要发表一下意见或看法。如果只是默默地听取而不做任何反应，交谈很可能就会陷入一片死寂的气氛中，这对交谈顺利地进行非常不利。再者，当别人发表完意见后，无形中就等于把话语权转交到你的手里，此时，完全可以没有顾虑地发表自己的看法，充分展示自己。

其次，要养成倾听的好习惯。

前面已经提到，上帝创造人的时候，只给了人一张嘴，却给了人两只耳朵，目的就是为了告诉人们要养成多听的好习惯。曾经有位科学家做了一项调查研究，研究对象是一批受过专业培训的保险推销员。科学家把业绩最好的10%和业绩最差的10%做了比较，结果发现存在很大的差异，受过同等训练的人，为什么会产生如此大的差别呢？原因就是他们每次推销产品时，在讲话的时间长短上有差异，业绩差的那些人，每次推销时说话时间累计为30分钟；而业绩最好的那一部分人，每次推销时说话时间累计只有12分钟。

人们也许要问，为什么只说12分钟的推销员，反倒会取得更加理想的业绩呢？

其实，道理显而易见，因为他们说得少，听得自然也就多了。倾听的过程中，他们能获得较多的有用信息，而且，他们可以在倾听的同时，思索、分析顾客各方面的信息。然后，针对顾客的具体情况、疑惑和内心想法，从中找出解决问题的方法，所以业绩自然优秀。

善于倾听不仅对人际交往大有裨益，对企业而言，也能起到举足轻重的作用。

松下幸之助就是一个很好的倾听者，这也是松下电器能够不断发展迅速壮大的原因之一。他说，倘若你对员工所提出的意见、建议不加理睬，那在此以后，他们便不愿再提了，这样容易使下属养成懒惰的恶习。因为他们认为提了也无济于事，你也不会听，干脆光听你的不就行了。 在这种情况下，下属的积极性还能高吗？ 还会开动脑筋吗？ 智慧还能被激发出来吗？ 这样显然不行，如此下去，公司就会变得死气沉沉，经济效益也不会好到哪儿去。

把话语权交给别人，还能提升自己的人气，使自己有个好人缘。

每个人都喜欢讲，却不喜欢听，要想处理好人际关系，必须意识到多听比多讲的效果要好得多。 让自己尽可能地充当一个好听众的角色，这在人际交往中是很有益处的。

一次，卡耐基到一个著名植物学家的家里做客，植物学家滔滔不绝地给他讲述植物学的专业知识。 此时，卡耐基并没有像其他人那样对植物学家的话爱理不理，他似乎对植物学非常感兴趣，听得津津有味、目不转睛，像个喜欢听故事的孩子一样，不时还要向植物学家提出问题。

两人像遇到知己一般，越谈越开心，直到半夜，植物学家仍然意犹未尽，他告诉卡耐基说："你是我所遇到的最好的谈话专家。"

把话语权交给别人，就是告诉人们，要强迫自己去喜欢别人的话题，以足够的耐心去倾听对方的意见，就像去电影院看一场自己并不喜欢的电影，要耐着性子把它看完。 如果自己觉得电影不好看就一走了之，那么买电影票的钱也就白花了。 在与人相处的过程中，这个道理同样适用，如果不喜欢对方提出的话题，一走了之，这种行为很容易伤害到对方的自尊心，影响双方的感情。 所以，在人际交往这个大舞台上，千万别总把自己当成主角，要适时地把话语权交到对方手上。否则，很难得到别人的认同，也很难获得他人的尊敬。

　　社交场合是一个纷繁复杂的地方，每个人的个性、爱好都不尽相同，如果一味地要求别人去适应你，只听你一个人讲话，那么可以肯定的是，你在社交过程中，不会交到知心好友，更不会办成事。因此，与人交往最重要的一点，就是要把话语权交给别人，这不但对处理人际关系有好处，还可以让你结交好友把事办成。

见什么人说什么话

说话是一种能力、一种本事、一种功夫，但更是一门学问。但凡学问都有基本原理，说话这门学问也不例外。

大家都知道，王熙凤见什么人说什么话的本事是非比寻常的。身为荣国府的总管，王熙凤在与宁国府内外各色人等打交道时，无论对上还是对下，她都能应对自如，分寸拿捏得非常准确，不卑不亢。

红楼梦第五十四回《元宵夜宴》中有这样一段：

贾母说："袭人为什么没有和宝玉一起来？"

王夫人忙起身笑着回答道："她妈妈前几天去世了，袭人要去守孝，出席这种场合有些不合适。"

贾母听了点点头，不太高兴地说道："既然跟了主子，个人的自由就要受到限制，一切行为都要以主子的想法为转移，倘若她还跟着我，就可以不在这里了吗？现在我们这里的人手充足，还有别的人可以支配，就不追究这些了，但决不能因此而坏了规矩。"

王熙凤见状忙笑着说："即使袭人不用守孝，园子里缺了她也不行啊，那灯花爆竹的很是危险。这里一唱戏，园子里的人大都会偷偷地跑过来瞧瞧。袭人心细，让她在外面照看着，咱们也放心。更何况等到这戏场一散，其他下人又不经心，待宝玉兄弟回去后，铺盖是冷的，茶水也不齐备，到处都不便宜，所以我叫她不用来了，只照看屋子，给宝玉兄弟把茶水、铺盖准备齐全就是了。如此一来，我们这里也不必担心，又可以满足她守孝的愿望，岂不一举三得吗？老祖宗如果现在叫她，我马上差人唤她来就是了。"

贾母听了这话，忙说："凤哥儿说得很在理，比我想得要周到，快别叫她了。她妈妈是什么时候没的，我怎么不知道？"

王熙凤笑道："前两天袭人还亲自向老太太您禀报呢！您怎么给忘了。"贾母略想了一下，笑说："想起来了。我的记性不比以前了。"

众人都笑说："老太太怎么能记得这些琐事啊！"

一场风波就这样被王熙凤的一张巧嘴给平息了。

贾母本有责怪的意思，显然有些不高兴。经王熙凤那么一说，自然也就心通气顺了。

王熙凤素有见什么人说什么话的本事，她一举三得的说法，讨得贾母满心欢喜。

下面也同样是红楼梦里的经典片段，记载了王熙凤与刘姥姥之间的谈话：

    刘姥姥来拜见王熙凤，并给王熙凤跪地请安。

    王熙凤说："周姐姐，快把她搀起来吧，别拜了，快请坐。我年纪轻，不太认得，也不知道您的辈分，所以不敢妄加称呼。"

    周瑞家的忙回道："她就是我上回提到的那个姥姥。"王熙凤点点头。这时候，刘姥姥已在炕沿上坐下了。

    王熙凤笑道："这亲戚们不经常走动，都显得生分了。知道的呢，说你们嫌弃我们，不肯常来坐坐；可那些不知道的还以为我们位高权重，看不起那些穷亲戚了，当我们眼里没人似的呢。"

    刘姥姥忙说道："我们家条件不好，走不起啊，来了这里也没能给姑奶奶带点礼物，就是管家爷们看了也不像个样子。"

    王熙凤笑道："这话说得叫人恶心。不过祖父虚名，做了个穷官儿，谁家也没什么了不起的，只不过是个空架子罢了。俗话说得好，朝廷还有三门子穷亲戚呢，更何况是你我。"

    刘姥姥说："其实也没什么，只不过是过来看看姑太太，姑奶奶们，也是亲戚们的情分。"

    周瑞家的道："没什么想说的就算了，若是有，尽管跟二奶奶说，这和跟太太说是一样的。"一面说，一面递了个眼色给刘姥姥。

    刘姥姥会意后，还没说话脸就先红了起来，欲言又止，可是，今天来，确实有事相求，只得硬着头皮说道：
"论理，今天头一回见姑奶奶，本不应该说，可是我从大
老远的地方赶来，也只能实话实说了。"

又说道："今日我带着你侄儿一起来，不为别的，只
因为他老子娘在家连吃的都没有了。如今天又冷了起来，
越想越没个盼头儿，只好带着你侄儿奔了姑奶奶来了。"

其实，王熙凤早就知道了刘姥姥这次的来意，听她
不会说话，笑着道："姥姥不必说了，我知道了。"

王熙凤笑道："您老先请坐下，听我跟您老说。方才
的意思，我已知道了。其实，亲戚之间原本应该不等上
门来就有所照应才对。但如今家事繁杂，太太渐上了年
纪，一时想不到的地方也是有的。况且近来我接管一些
事情，压根儿不知道还有这些亲戚们。别看外头看着轰
轰烈烈、风风光光的，可殊不知大有大的难处啊！说了
别人也未必信。今儿您老大老远地投奔来了，又是第一
次向我开口，怎好叫您空手回去呢。也巧了，昨儿太太
给我的丫头们几件衣裳和二十两银子，我还没动呢，如
果您不嫌少，就先拿去吧。"

刘姥姥见给她二十两银子，浑身发痒起来，说道：
"噯，我也知道艰难的。但俗语说，'瘦死的骆驼比马
大'，您老拔根汗毛也比我们的腰还粗呢！"

周瑞家的见刘姥姥说的话很粗，便向她使了个眼色
让她住口。王熙凤笑而不睬，命平儿把昨儿那包银子拿
来，再拿一吊钱，送到刘姥姥的跟前，说："这是二十两
银子，暂且拿去，先给这孩子做件冬衣吧。若不收，就

是我的不是了。这天还冷着，雇辆车回去吧。赶明儿有时间只管来逛逛，大家本就是亲戚嘛。天也不早了，我就不留你们了，到家里该问好的问个好儿。"说着，就站了起来。

王熙凤与刘姥姥的对话，显然与贾母的不大相同，她对贾母说话可谓是投其所好，以下对上。 而她与刘姥姥说话，却是以上对下，即便如此，但也说得非常有水平，她知道自己是晚辈，但自己的身份、地位都比较高，可她仍然谦辞有礼，还颇讲人情地大谈亲戚关系，这些言语，这样的接待，显然是请示过王夫人的，因此，她的言语属于那种既不过分热情，又不过于冷淡，既保全了面子，又不辱没身份、过分炫耀，由此看来，王熙凤做得非常得体。 不过王熙凤在与刘姥姥谈话过程中，骨子里的那种高高在上和矜持，还是不经意地流露出来了。

王熙凤对贾母说话的态度、措辞，与对刘姥姥说话时的态度、言语比较，有明显的差别，虽然她说得很委婉，但对下说话时，仍把她高高在上的气势展示出来了。 这就是见什么人说什么话的绝佳例子。

人们之所以说话，其目的是在于沟通。 讲话之前要掂量听众的文化水平、身份、地位，如果说不好便会闹笑话、惹麻烦；答话之前要考虑一下问话者的人品，否则，也可能会出问题。 所以，见人要说人话，见鬼要说鬼话，见妖人要说胡话。 见人说鬼话是愚蠢的，见鬼说人话也是愚昧的。

见人说人话是一门艺术，讲究一点艺术就不会伤害到别人了；见鬼说鬼话则需要些技术，如果略使用一点技术，就不会被鬼咬伤了；见妖说胡话要模棱两可，稍不注意就会被妖人"忽悠"。

会说话的人，从来不会用高调讲话，他们说话会深入浅出、言简意赅。聪明的人，说话不直接挑明；可有的人，话说了和没说一个样，反之有的人，话没说却比说了还厉害。有的人，说的话听起来是坏话，可坏话里边却能显示出他的菩萨心肠；反之还有的人，说的话听起来是好话，写出来一看全是褒义词，可是，字里行间隐藏的却是叵测心机。同样的话，从会说话的人与不会说话的人的嘴里说出来，就会产生截然不同的效果。

见什么人说什么话，看上去有虚伪之嫌，但实际上，却是与人交往的一种技巧，只有做到见什么人说什么话，才能在交际场上游刃有余。

发挥"高帽子"的作用

恭维、奉承的话，很多人都爱听，在"高帽子"面前，许多事情都变得容易了。推销被人们认为是一个既辛苦难度又大的行业，但如果能恰到好处地发挥"高帽子"的作用，可能会轻而易举地得到利益。

许多推销高手，都明白给别人戴"高帽子"的好处，也已经把这一方法运用到了推销的过程之中。每个人都希望自己的能力以及各方面才华都得到别人的认可和称赞，而推销者只要抓住人们的这种心理，及时满足对方的需求，把"高帽子"戴到对方头上，当对方的虚荣心得到满足时，也就不会拒绝你了。

那么，"高帽子"究竟该如何戴，怎么戴才能比较适宜或效果较佳呢？可以考虑以下几种方法：

1. 把握给人戴"高帽"的机会

冯小民是一家杂志社的编辑，他能轻松地让那些知名的大作家为他写文章。不管那些人如何繁忙，面对他的请求都无法拒绝。据他所说，每当他去拜见一位作家时，开场白都会说这样几句话：

"您好！我知道您现在很忙，可正因如此，我才来请您写文章，那些过于空闲的作家，写出来的作品根本不入流，与您的作品不能同日而语。所以，我特地前来拜访您，请您无论如何都要帮这个忙。"无论哪个作家，听到这样的开场白，可能都无法拒绝他的请求。因为还没等到拒绝的话说出口，他手中的"高帽子"已经戴到了自己的头上，再拒绝别人则会显得有些失礼，让别人觉得自己很小气。

一般来说，当对方不想帮忙时，拒绝的理由都会非常充分，要想使别人转变看法，使其接受你的请求是十分困难的。但若把握住说话的主动权，先给对方戴顶"高帽子"，不让对方有机会说出拒绝的话，如此一来谈话就很容易成功。

2. 用类比式戴"高帽子"

有人喜欢用类比的赞美方式给别人戴"高帽子"，这在推销过程中，也是一种好方法。

一位推销员在推销录音机扩音器时，对一录音机生产商说："我工作时，常用贵公司制造的收音机。那台收音机的质量很好，特别耐用，到目前为止，我已经用了10年，在这10年之中，它从没发生过故障，不愧是贵公司的产品，值得消费者信赖。在这期间，我曾买过好几次别的产品，但是没用多久，不是发生故障就是收听效果欠佳，可钱却没少花，感觉很不值。相比之下，还是贵公司的产品经济耐用，价格合理，质量却是一流的。虽然说是10年前的产品，与现在的新产品比起来竟也毫不逊色。真是令人佩服啊！"

录音机生产商听后，高兴地说："是的，本公司的生产准则就是质量第一，服务第二。生产过程中，我们引进了德国先进的制造技术，采用世界上最好的原材料，所以我们对产品质量有百分之百的信心。当今的市场上，能保障产品质量的企业已经不多了，看来你也是很有眼光啊！其实我对你们公司的产品也有所了解，无论是从技术上讲还是从选料上而言都是不错的。不如这样，我们先少进一些你们公司的产品，如果质量信得过，我们将成为永久的合作伙伴。"

就这样，一桩生意谈成了。其成功原因就是：该推销员给对方戴了一顶"高帽子"，由此可见，给对方戴"高帽子"时，也要讲究方式、方法。

3. 多使用钦佩性语言

钦佩性语言容易使人产生优越感，也更能满足人们的虚荣心，这对推销大有帮助。

伊斯曼是感光胶卷的发明者，是世界最有名望的商人之一。为了纪念他的母亲，伊斯曼特地为母亲建了一座戏院。当时，纽约高级座椅公司总裁亚当森认为，戏院肯定需要大量的座椅，如果能争取到伊斯曼这个大客户，公司就能获得一笔丰厚的利润。于是，他拨通了伊斯曼的电话，表示想登门拜访。在电话中，伊斯曼明确地表示，亚当森只有 5 分钟的交谈时间，如果交谈超过了 5 分钟，这笔交易就将以失败告终。

为了促成这笔交易，亚当森想了很多办法。他知道伊斯曼是个说到做到的人，必须想出一个万全之策，才能赢得这个大客户。

亚当森在约定时间到达伊斯曼的办公室。当时，伊斯曼正在埋头处理一堆文件。伊斯曼缓缓地抬起头来，说："早上好！先生，有事吗？"

秘书为二人引荐后，伊斯曼客气地请亚当森入座。但亚当森并没有落座，他仔细打量着伊斯曼的办公室，说："伊斯曼先生，我在门外等候时，就一直在想象您办公室的样子，现在终于亲眼见到了，真的是令我非常钦佩。我很欣赏您办公室物品的摆放与设计，如果我也能拥有一间这样的办公室，那么即使工作再辛苦也是值得的啊！您知道，我的工作就是负责房子内部的木建工程，在此之前我还没有见过如此这般漂亮的办公室，实在是令人羡慕不已。"

伊斯曼说："这间办公室在修建时，我也非常满意，可是由于工作繁忙，我差点忘记了自己还有一间这么漂亮的办公室，非常感谢你的提醒！现在想想，我好像有很长一段时间没有仔细打量这间办公室了。这样说来，真是一种浪费。"

亚当森走过去，用手抚摸着一块镶板，那种神情似乎在触摸一件艺术品一样，把钦佩之情表现得淋漓尽致并且恰如其分。他接着说："这是用英国的栎木做的，对吗？选料真好，非比寻常！"

伊斯曼耐心地答道："先生真有眼光，这的确是从英国进口的栎木，是一位专业木工亲自为我挑选的。"

接着，伊斯曼便亲自带亚当森参观了房间的各个角落，并耐心地给他讲述每件装饰品的来历和每种材料的出处。不知不觉中，他们的谈话已经进行了两个小时。结果，显而易见，亚当森轻而易举地谈成了这笔座椅生意。

4."高帽子"戴得要恰如其分

恭维的话人人爱听。恭维别人的话，如果说得恰到好处，恰得其人，对方会非常高兴，对说话者产生好感。

越是傲慢的人，越爱听恭维的话，越喜欢被人恭维。然而，在有的时候，一些人说自己不愿接受恭维，愿意接受批评，但这只是他的门面话，倘若信以为真，毫不客气地直接加以批评，那么对方心里一定很不高兴，表面上也许不会表现出来，但内心却是十分不悦的，说话者在听话者心目中的印象，也会大打折扣。

说恭维话，是为人处世的一门重要哲学。擅长说恭维话的人，说出的话既能让别人听了感到舒服，又不会降低自己的身份。

现实生活当中，每一个人的心中都怀有希望。年轻人寄希望于自身，老年人寄希望于子孙身上。年轻人都希望自己会前途无量，如果能举出几点，证明他的将来会大有成就，听者肯定会非常高兴，把说话者当成知己。如果说话者称赞对方的父母是如何了不起，他未必会高兴，因为对方至多是在说自己是将门之子，而只有把他与他的父母一齐称赞，才能让他感到满意。

然而老年人则不然。经历了几十年的风风雨雨、奔波劳碌，到老仍未曾达到预期目标，对于自己，已不再抱有希望，而此时，他们会将希望寄托在子孙身上，如果说他的儿子知识渊博、能力过人，是稀有之才，他一定会非常高兴。即使当面扬子抑父，他也不会责怪你，反而十分高兴，嘴上还会说："你说得好""未必，未必""过奖了"。其实，他的心里，却认为说话者是慧眼识英雄啊！因此，说恭维话时，尤其要注意对方的年龄。

然而，对于一个商人，如果恭维他有学问、道德好、清廉自守、乐道安贫，他会无动于衷。但如果恭维他才能出众、头脑灵活，现在红光满面，发财就在眼前，对方听了一定会非常高兴。

对于一个官吏，假如说他生财有道、财运亨通，对方听了肯定会不高兴的，此时就应该称赞他为国为民、清正廉洁、劳苦功高，这样才能使他听着感到舒服。

对于一个文人，如果说他学问渊博、笔下生花、思维卓越、宁静淡泊，那么他听后也是非常高兴的。

根据对方的职业，说出适当的恭维话，这一点非常关键。有一个笑话，某甲是个马屁精，连阎王都有耳闻他的大名，死后见到阎王，阎王拍案大怒："你为什么专门拍马屁？我最恨这种人了！"马屁鬼连忙叩头回道："因为世人都爱拍马屁，我也是不得已而为之，大王公正廉明、明察秋毫，谁敢说出半句恭维的话。"阎王听了，连说："是啊是啊，谅你也不敢！"其实阎王也爱听恭维话。只不过马屁鬼说恭维话的方式，与普通人不同罢了。

世人都喜欢被恭维，只要恭维的话恰如其分，深浅有度，不流于谄媚低俗，又不损人格，一定能获得对方的重视。

被抬高的感觉，能让人心旷神怡，很多人都希望自己的观点被认同。所以，在推销过程中，只要抓住顾客的这一心理，适时地把"高帽子"恰当地戴到对方头上，岂有不成功之理？

说话分寸决定效果

同事之间说话，恰到好处的语言同样是非常重要的。许多矛盾之所以发生在平时关系非常亲密的同事之间，很大的原因就是有一方说话不讲分寸，使对方产生误解，从而产生了隔阂。

究竟该如何把握同事之间说话的分寸呢？

1. 要注意对方的年龄

对年龄比自己大的同事，最好谦虚些、服从些。当然，尊敬是最根本的，年长的同事往往是高你一辈的，经验比你丰富得多。与他谈话，千万不要嘲笑其"老生常谈""老掉牙了"，一定要保持尊重的态度。即使自己认为是不正确的也要注意聆听，而后再提出自己的意见。

对于年长的人，最好不要随便问他们的年龄，因为有些人往往很忌讳这一点，问起他们的年龄时，常使他们感到难堪。所以，在与年长的同事面前谈话时，不必总是提及他的年龄，而只去称赞其所做的事情。这样，你的话就会温暖他（或她）的心，使他（或她）觉得自己还年轻，还很健康。

对于年龄相仿的同事，态度可以稍微随便些，但也应该注意分寸，不可口不择言，伤人尊严。在与自己年龄相仿的异性同事说话时，尤其要注意，不要乱开玩笑，以免引起一些不必要的麻烦。

对于年纪比你小的同事，也要把握一定的分寸。应该保持谨慎、沉稳的态度。年纪较小的同事，有些人可能思想太冒进，或知识经验不足，所以与他们交谈时，注意不要对其随声附和，降低自己的身份；但也不要同他们进行争论，更不要坚持己见。只需让对方知道，你希望他（或她）对你无须过度尊敬，他（或她）就会因此而保持适当的态度和礼仪。但是，千万不要夸夸其谈，卖弄经验，在自己的知识能力范围之外还信口开河，否则，一旦被他们发觉，就会大大降低他们对你的信任与尊重程度。

2. 要注意对方的地位

和地位比自己高的人谈话，常使自己有一种压迫感，从而木讷口钝，思维迟缓。但有人却为了改变这种情形而走了相反的极端，即对上司高声快语，显得傲慢无礼。显然，这两种态度都是不可取的。

与地位高于你的同事谈话，无论他是你的顶头上司还是其他部门的领导，都应持尊敬的态度：一则他的地位高于你，二则他的能力、知识、经验、智慧也显然比你高，应该向他表示敬意。需要注意的是，与地位高的人谈话，必须保持自己的独立态度和想法，不要做一个应声虫，让他误以为你唯唯诺诺，没有主见。 要以他的谈话内容为主题，听话时不要插嘴，要全神贯注。 对方让你讲话时，要尽量讲与话题关系密切的事情，态度应轻松自然、坦白明朗，回答问题要明确。

与地位较低的人谈话，不要趾高气扬，态度应和蔼可亲，庄重有礼，避免用高高在上的语气来同其谈话。 对于他工作中的成绩应加以肯定和赞扬，但也不要显得过于亲密，以致他太过放纵；更不要以教训的口吻滔滔不绝地说个没完，使对方感到厌烦。

3. 要注意对方的性别特征

交谈时还要注意，性别不同，说话方式亦大不相同。 同性别的同事之间谈话的言语自然要随便些，而对于异性同事，谈话就应特别注意。 当然并不是说要处处设防、步步为营，但起码"男女有别"还是要注意的。 比如，一位女同事身材肥胖，你千万不能"胖子、胖子"地胡乱叫她；但换了男同事，叫他几声"胖子"他丝毫不会介意。 再比如，公司的聚会上，有一位新来的女同事，即便你是关心她，也不能上去问她："××，你看起来很显老，到底多大了？"如果这样说了，恐怕这位女同事要记恨你一辈子了。

女同事与男同事讲话，态度要庄重大方、温和端庄，切不可搔首弄姿、言语轻佻。 男同事在女同事面前，往往喜欢夸夸其谈，大谈自己的冒险经历，谈自己的事业及自己的好恶，更喜欢发表自己的看法，让听者感到惊奇与钦佩。 所以，男同事需要的是一个倾听者。 但是，如果男同事的话语令人难以忍受，这时，女同事则可以巧妙地打断他的话，或干脆直截了当地告诉他："对不起，我还有事。"

4. 要注意对方的语言习惯

我国地域广阔，方言习俗各异。一个大规模的单位，不可能只由本地人组成，肯定还会有各地的同事，这点也要注意。不同的地域，语言习惯不同，自己认为恰当的语言，在其他地区的同事听来，可能很刺耳，甚至还会认为你是在侮辱他。

比如，小仇是西北某地区人，而小汤是北京人。一次两人在空闲时间闲聊，谈得正高兴，小仇看见小汤头发有点长了，就对小汤说："你头上毛长了，该理一理了。"没想到小汤听后勃然大怒："你的毛才长了呢！"结果两人不欢而散。

毫无疑问，问题就出在小仇的一个"毛"字上：小仇的家乡都管头发叫"头毛"。小仇来北京的时间不长，言语之中还夹杂着方言，因此不知不觉就说了出来。而北京人却把"毛"（什么"杂毛""黄毛"等）看作一种侮辱性的话，难怪小汤要发怒了。

还有许多类似的语言差异：如北方称老年男子为老先生，但这话被上海嘉定人听起来，就觉得是侮辱他；安徽人称朋友的母亲为老太婆，是尊称，但是在浙江，管朋友的母亲叫老太婆那简直就是骂人了。

各地的风俗不同，说话上的忌讳也因此各异。在与同事交往的过程中，必须要留心对方忌讳的话。一不留意，脱口而出，很容易伤害同事间的感情。即使对方知道你不懂他的方言不知他的忌讳，原谅了你，但毕竟你还是冒犯了他，会给双方的交往留下阴影，因此应该特别注意。

5. 要考虑对方与自己的亲疏关系

倘若对方不是交情很深的同事，你也畅所欲言、无所顾忌，对方的反应会怎样呢？ 你说的话，是属于你的，对方未必愿意听你讲自己的事。 彼此关系尚浅、交情不深，你却与之深谈，则显得你没有修养；你说的话是关于对方的，你不是他的诤友，不配与其深谈，即使是忠言逆耳，也显得你冒昧无知；你说的话是关于国家政治方面的，对方主张如何，你并不清楚，却要高谈阔论，容易招惹一些不必要的麻烦。

因此，在一个公司内，要与身边的同事搞好关系，谈话则必须注意对象的亲疏关系。 对关系不亲近的同事，大可聊聊闲天，海阔天空吹一吹，而对于自己的隐私还是不谈为妙。但这并不等于对任何同事都要遮遮掩掩，见面绝不超过三句话，而只说些不痛不痒的大面上的话。 换做是交情较深的同事，可以就其面临的生活方面的困难替其出谋划策，这样还可以增进彼此间的感情与友谊，更有利于工作。

6. 要注意对方的层次与性格特征

你与同事交谈，首先要清楚他的个性：对方喜欢委婉的话，你说话应该含蓄些；对方喜欢直来直去，你大可不必与之绕圈子，摆迷魂阵；对方喜欢钻研学问，你就应该说比较有文化层次的话；对方文化层次不高，你就应该与之谈些家长里短的小事；对方如果喜欢推心置腹，你就应该多说些诚恳朴实的话语。当然，这并非是"六月天，孩儿脸"，一天三变，而确实是搞好同事关系的好办法。

甲生性耿直，说话直来直去，毫无隐瞒，偏偏碰上了说话爱绕弯的乙。一天清早，乙从厕所出来，正好碰上甲。甲就大声问道："从哪儿来？"乙见有他人在场，还有两位女同事，便随手一指："从那儿来。"甲不明白："那儿是哪儿？"乙只好含混地说："W．C。""W．C"是英文"厕所"一词的简写，甲偏偏不知，又不甘心，继续大声问："W．C是什么东西？"乙见其他人都在看他俩，便偷偷扯甲，小声道："1号。"甲环顾周围，正好1号房间是女同事小王的寝室，于是大为惊讶："大清早你在小王屋里做什么？"乙顿时面红耳赤，真恨不得找个地缝钻进去。

上面这个故事虽为一个笑话，但也可以充分说明，对不同的人讲不同的话着实很重要。如果甲讲究一点说话方式，不再寻根究底地追问下去；或者乙讲话直接一点，告诉甲自己从厕所来，也不会弄得模糊不清、两人都尴尬了。

7. 要注意对方的心境
与同事谈话，应该注意什么时候是相宜的时候。比如对方正在紧张忙碌地工作，你就不要去打搅他；对方正在焦急时，你也不要去同他闲聊；对方如果正处于悲痛之中，你更要选择恰当的话题。假如你在这些情况下不合时宜地去打断扰乱他，一定会碰一鼻子灰。

　　对方心境不同，应该有针对性地选择不同的话题。 遇到同事得意时，应该同他谈高兴的事；遇到同事正在失意，应该适时宽慰，跟他说些你自己的失意事。 如果同失意的人大谈得意之事，不但会显得你很不知趣，而且容易让对方觉得你是在挖苦他，他与你的感情不仅不能变好，只能变坏。 同得意之人谈你的失意，他说不定会怪你扫他的兴，即使表面上对你表示同情，心里也许会怀疑你想请他帮忙。 你刚开口，他就设了防，使你无法深谈。 对方心情不同，你也应进行不同的交谈，这样肯定能让同事间的关系变得更加密切友好。

第二章 学会拒绝，掌握说"不"的艺术

拒要求，留脸面

在实际生活、工作中，人们经常会遇到别人向自己提出要求的情况，然而有些提要求的人是你不喜欢的，抑或是有些人提出了让你难以接受的要求，当处于这种尴尬的情境之中时，你将如何处理？ 笔者认为，如果遇到以上的情况时，我们没必要"有求必应"，而必须学会拒绝。

然而，假如板着面孔一口回绝对方，很有可能会伤了相互之间的和气，但是，你又不能违背自己的意愿答应对方，那样的话，你将更加被动。 是否有一种两全其美的办法，既不使对方觉得有损面子，又能巧妙地拒绝呢？ 回答是肯定的。

拒绝是一门学问，因为在拒绝别人的时候，还要体现出

个人品德和修养，让别人在你的拒绝中，同样能感觉到你是真诚的、善意的、可信的。 在拒绝的过程中，要想不伤和气，依然与对方保持良好的人际关系，那么就要设身处地地站在他人的角度进行换位思考，在不能提供帮助的情况下用同情的语调来婉言回绝。

在婉言拒绝的时候，一定要先让对方觉察到你的态度，不要绕了半天连自己都不清楚要表达的是什么意思，更不要说对方能不能理解了。 在单独说话的场合说"不"，对方往往更加容易接受。 拒绝对方时，要给对方留条退路。 所以，首先你要把对方的话从始至终地认真听一遍，而后再决定如何去拒绝对方——最好能使用"引用对方的话来'不肯定'他的要求"，从而给对方留足面子；如果对方是聪明人，那么你的"不肯定"，他自然心领神会。

美国前总统富兰克林·罗斯福就任总统之前，曾经在海军担任部长助理这一要职。有一次，他的好友向他打听美国海军在加勒比海某岛建潜艇基地的计划。

当时来讲，这是不能公开的军事秘密。面对好友的提问，罗斯福如何拒绝才比较好呢？罗斯福想了想，故意靠近好友，神秘地朝周围看了看，压低嗓音问道："你能对不宜外传的事情保密吗？"

好友以为罗斯福准备"泄密"了，马上点头保证说："当然能。"

罗斯福坐正了身子笑道："我也一样！"

好友这才发现自己上了罗斯福的当，但他随即也明白了罗斯福的用意，开怀大笑起来，不再打听了。

罗斯福之所以能忠于自己的职责，严守国家机密，是因为他知道，人都有一个共性，喜欢打听隐秘的事情；打听到了之后，又不能守口如瓶，总是想方设法地告诉别人，以展示自己的能耐。罗斯福深谙其中之奥妙，所以，他对任何人都保密。罗斯福使用的是委婉含蓄的拒绝方法，其语言也具有轻松幽默的情趣，表现了罗斯福的高超语言艺术：在朋友面前既坚持了不能泄露的原则立场，又没有令朋友陷入难堪，取得了非常好的语言交际效果。

下面是一个现实中的例子。

两个打工的老乡，找到在某市工作的李某，倾诉了一番打工的艰辛，一再说住不起客店，想租房又没有找到合适的，言外之意是就是要借宿。

李某听后马上暗示说："是啊，城里比不了咱们乡下，住房太紧了。就拿我来说吧，这么两间耳朵眼大的房子，住着三代人。我那上高中的儿子，没办法晚上只能睡沙发上。你们大老远地来看我，应该留你们在家里好好地住上几天，可惜做不到啊！"

两位老乡听后，应和几句，知趣地离开了。

两个老乡没有直接向李某提出借宿请求，而只是一味地埋怨在城里找房子住如何困难；李某也假装没听出来弦外之音，立刻附和他们的观点，并说自己家住房如何紧张，为不能留他们住宿而表示遗憾。老乡听了这番话，既明白了李某的难处，又知道他在拒绝自己，只好离开了。

习惯于中庸之道的中国人，在拒绝别人时比较容易产生一些心理障碍，这是受传统观念的影响，同时，也与当今社会某些从众的心理有关。其实，做到"拒要求，留脸面"并不太难，可以尝试下面这些说法（做法）：

"哦，是这样，可是我还没有想好，考虑一下再说吧。"

"哦，我明白了，可是你最好找对这件事更感兴趣的人吧，好吗？"

"啊！对不起，今天我还有事，只好当逃兵了。"

使用摆手、摇头、耸肩、皱眉、转身等身体语言和否定的表情来表示自己的拒绝态度。

"哦，我再和朋友商量一下——你也再想想，过几天再决定好吗？"

"今天咱们先不谈这个，还是说说你关心的另一件事吧……"

"真对不起，这件事我实在是爱莫能助了。不过，我可以帮你做另一件事！"

"你问问他，他可以作证，我从来不干这种事！"

"你为我想想，我怎么能去做没把握的事？你想让我出洋相啊。"

拒人情，留自在

众所周知，我国是文明古国、礼仪之邦。在人际交往中，向来是很讲人情礼仪的。但是，当前社会上有的"人情"却远远超出了这个范围。

"重人情，讲面子"是中国人维持关系的一条准则，每一个在社会上"行走"的人，几乎必然会受到这一准则的影响——这种影响很可能使人变得说话瞻前顾后，凡事先考虑人情，失去了自我，更有甚者为人情所奴役，做出违法犯罪的事来。

其实大可不必如此！每一个手中有点权力的人都应该清楚：对于不必要的人情，隐藏在人情背后的"不情之请"，正确的做法是张口拒绝——拒人情，留自在。

《史记·循吏列传》记载：春秋时期，鲁国有一位名叫公仪休的人，因其德才兼备而被任命为鲁国相国。公仪休爱吃鱼。有一天有人送鱼给他，他却拒而不受。

送鱼的人就说:"相国,你喜欢吃鱼,为什么不接受我送的鱼呢?"

公仪休说:"正是因为我喜欢吃鱼,才不能收你的鱼。我现在任相国,有足够的薪俸自己买鱼吃;如果我收了你的鱼,而因此被免了官,断了俸禄,到那时谁还来给我送鱼,那样的话岂不是没鱼吃了吗?"

一席话说得来人哑然失笑,只好乖乖地把鱼提走了。

公仪休拒鱼,找的就是一个很好的借口——不因小失大。这是一个非常实在的道理:不受贿,可以用自己的薪俸买鱼吃;受贿很有可能会丢官,丢官以后,人们就不再送"鱼"给你,而自己由于失去俸禄,便什么爱好都不能实现了。

东汉安帝时,杨震被委任为东莱郡太守,赴任途中经过昌邑县,县令王密迎接。王密是杨震推荐的,对杨震感恩戴德,念念不忘,总想报答他,心想这回总算是有机会了。

夜里,王密怀揣十斤黄金,悄悄来到杨震住处,双手奉上。

杨震不看金子,笑问王密道:"咱俩也算得上老朋友了,我很了解你,可你却不了解我,这是为什么呢?"

王密急忙声称金子是自家之物,绝非贪贿所得,敬奉老先生也只是略表寸心,并说:"现在深更半夜,这事根本无人知道。"

杨震不怒自威,一字一句地说:"天知、地知、我知、你知，怎能说是无人知道！"

王密仿佛遭到了迎头棒喝，顿时清醒过来，羞愧难当，无地自容，连声感谢杨震的教诲，收起黄金离开了。

杨震从此有了"四知太守"的美名。

好一个"四知太守"，面对朋友的"寸心"，置身于深夜中的私人住处，杨震依然说出"天知、地知、我知、你知"的警示的话——在这样的一身正气的上司面前，下属还能有何非分之想！

国外也不乏"拒人情，留自在"的知名人物。

林肯就任美国总统以后，亲朋好友都想沾他的光，为谋得一官半职，人们接踵而来。跑官客踏破了门槛，这使林肯在为国事操劳之余，遭受了无穷无尽的烦恼，让林肯大伤脑筋。

有个代表团劝说林肯任命他们推荐的人来担任桑德威奇岛的专员。他们说，这个人不但有能力，而且身体虚弱，那个地方的气候对他也会有好处。

"先生们，"林肯叹息道，"十分遗憾，另外还有八个人已经申请了这个职位，他们都比你们说的这个人病重。"

一个女人迫切地请求林肯授予她的儿子上校军衔。

"夫人，"林肯说，"我想，你一家已经为国家做够了贡献，现在该给别人一个机会了。"

即使在林肯生病时，前来求职的人依然是络绎不绝。

一天，又有一个人来到林肯的病房。他一坐下就摆出一副要长谈的架势。正好总统的医生进来，林肯便伸出双手对医生说："医生，你看我的这些疙瘩到底是怎么一回事？"

"这是假天花，也可能是轻度天花。"医生认真地回答。

"我全身都长满了——我想，这种病是会传染的吧？"

"传染性确实特别强。"医生肯定地说。

就在林肯和医生的一问一答中，那个跑官客早已经站起身来了，他大声地对林肯说："林肯先生，我该走了，我只是来看望你一下。"

"啊，你可以再坐一会儿，别这么急嘛！"林肯开心地说道。

"谢谢你！林肯先生，我以后会再来拜访你的。"那个人说着，急忙向门口走去。

一人得道，鸡犬升天，这是一般人得势后对朋友的做法，也是一般人对得势朋友的期望甚至是要求。

林肯拒绝跑官客，用得最多的是"耍滑"，用"另外还有八个人已经申请了这个职位"的说法，巧妙地回绝了某代表团提出的委任他们推荐的人担任桑德威奇岛的专员的请求；以"你一家已经为国家做够了贡献，现在该给别人一个机会了"的说法，巧妙拒绝了那位母亲提出的授予她的儿子上校军衔的要求；以全身长满传染性极强的天花的自我曝光，巧妙地吓走了去医院找他的跑官客。

以上讲的是古人、外国人拒绝人情背后要求的例子，下面再来看一个 2004 年 12 月发生在国内的真实的故事。

  小徐和小杨是四川省仁寿县法院民一庭的两名法官，12 月的一天二人一同办理一桩变更抚养权的纠纷案。

  开庭前，被告的母亲贾老太太把一包启封的香烟放到了小徐的办公桌上，连声招呼："请抽烟！"

  小徐回答："我不会抽烟。"

  贾老太太示意性地用手在烟盒上轻轻地拍了拍，说："小伙子，不会就学嘛。"

  这时，小徐发现贾老太太的表情有点异常，他马上就意识到了这包香烟可能有问题，他轻轻地打开烟盒——果然，烟盒里面装着好几张百元大钞。原来，贾老太太怕自己的儿子吃亏，就想用这种方法来和两名年轻的法官拉关系。由于当时办公室里人多而杂，小徐为了顾及眼前这位上了年纪的老人的面子，没有当众把这盒"香烟"的秘密揭穿。

  处理完文书材料后，小徐让小杨把在走廊里等候的贾老太太请到办公室，非常严肃地对她说："老人家，全世界的人都知道吸烟有害健康——为了身体健康，请您把这盒'香烟'收回吧！"说着，小徐用双手把那盒香烟塞回贾老太太的手里，也轻轻地拍了拍，有所示意。贾老太太还想推辞，被小徐果断制止了。

  那天下午，经小徐、小杨二位法官做了耐心细致的说服教育工作后，此案件当事人双方达成调解协议。贾老太太对此也十分满意。待儿子签收法律文书以后，贾老太太拉着小徐的手，又意味深长地说："年轻人，不吸烟好呀，祝你们永远保持健康的身体！"

贾老太太也绝不是有意拉小徐、小杨两位法官下水的别有用心的人，她给他们"香烟"，很难说是属于"行贿"——她想走走人情，来保护自己的儿子，仅此而已。

然而，事关法律尊严和政府的形象，如何处理这一人情，小徐、小杨两位法官将面临考验。面对一个老人出于爱子之心的糊涂做法和隐含的要求，小徐和小杨的做法无疑是非常正确的。对暗号式地回答贾老太太，在别人无所察觉中拒绝了对方的"心意"和请求，表面上不动声色，但彼此心照不宣。"拒人情，留自在"，这种做法好就好在留下了双方都需要的"自在"。

人生在世，谁没有儿女之情、朋友之谊，问题就在于这情该因何而发、因何而用。

中华人民共和国成立初期，毛泽东同志不断地接到亲朋故友的来信，有求他安排工作的，有找他为子孙入学说话的，也有托他作入党介绍人的……

毛泽东严格坚持原则，对于至亲好友，也一概不开后门；毛岸英也写信做工作，他在写给表舅的信中说："反动派常骂共产党没有人情，不讲人情，如果他们所指的是这种帮助亲戚朋友、同乡同事做官发财的人情的话，那么我们共产党正是没有这种人情，不讲这种人情。共产党有的是另一种人情，那便是对人民的无限热爱，对

劳苦大众的无限热爱，其中也包括自己的父母子女亲戚
在内……"

所以，关键是要辨清人情之味，看看究竟是哪种人情，再
决定采取哪种态度。

笔者认为，当人情与以下情况相关时，我们则应该"拒人
情，留自在"：

违法犯罪的行为；违背自己做人的原则；违背自己的价
值观念；有损自己的人格；不符合自己的兴趣爱好；助长虚荣
心；庸俗的交易；可能陷入关系网。

妥善表达，委婉含蓄尊重人

在语言沟通的过程中，委婉是一种很有奇效的黏合剂。委婉是一种以真诚开放的沟通方式来对待对方，同时，也尊重他人的感受，不随便伤害别人的语言表达方式。所以，委婉含蓄的表达是一门语言的艺术。

委婉含蓄的表达比口无遮拦、直截了当地说更能展现人的语言修养。直言不讳、开门见山虽然简单明了，但给人的刺激太大，非常容易伤害对方的自尊心。例如一个服务员在向顾客介绍衣服的时候，不应该说"你的脸比较大，适合穿××的领子。""你的臀部长得不完美，适合穿××的下装。"而应该说"你是不是觉得你穿上这种领型的衬衫会更漂亮？""这种强调颈部和夸张肩部的设计对平衡上下身的围度比例将会起到更好的调节作用，使整体匀称而又不失成熟之美。"此类建议的话。虽然前后意思相同，但后者委婉而有礼貌，比较得体，使人听起来轻松自在，心情舒畅，也更容易使人接受。

委婉含蓄的语言，是劝说他人的法宝，同时它也能维护人们的自尊，容易得到他人的赞同。换句话来说，委婉含蓄的语言就是成熟、稳重的表现。

要怎么说话才能体现出一种艺术性呢？

也许有的人可能会反对，因为他们认为直言不讳地批评你的人才是真心对你好的人。

"真心"有真实、真诚的意思。对别人说话时我们需要真诚，但不一定非要真实。比如你看到一个长相欠佳的人，你一见面就如实地对他（她）说："你长得真难看！"你说人家听了之后会喜欢你吗？会不攻击你吗？你可能会委屈地说你只是实事求是。不错，你确实是实话实说了。可你也伤人了。人常说恶语如刀。所以，我们说话时要尽可能地说得含蓄、委婉些。这样才能使周围的人接近你、亲近你。

其实要让一个人满意别人那是不可能的事，因为每个人都有自尊，都认为自己不错。比如，碰到比他个子高的人，他会不屑地说："长得高有什么了不起的！"遇到比他矮的人，他也会嘲笑说："这么矮，难看死了！"遇到和他一样高的人，他会说："还不是和我一个样！"只是很多人从不表露出来而已。从某种意义来讲，我们不是三岁小孩，口无遮拦。孩子说了真话，人们会说童言无忌，天真可爱，他们的真话可能会博得大家一笑。可成人也那样讲话的话，人家肯定会鄙夷其愚蠢、骄傲自大。这也就是蠢者说话口无遮拦、直截了当所造成的后果。

因此，不管什么时候，说话都要注意方式，多用委婉的语言来表达。生活中，有很多问题都能用婉言表达，其功效是消除怨怒，促进互相尊重，让人与人之间充满友好和谐的气氛。

丘吉尔说："要让一个人有某种优点，你就要说得好像他已经具备了这个优点一般。"如果有人碰到困难而畏首畏尾，或者办起事来优柔寡断，那么你不妨适时而委婉地说："这样前怕狼后怕虎的不是你以前的表现呀！""你是个很有决断力的人。"先给他戴上他应该具备的优点的高帽子，给予鼓励。由于给他一个良好形象的定位，所以他也会为此而努力，从而改变目前的不当做法。而不应直说："你这个人真是笨，什么事情都办不好。"这样一锤子就把他打死了，对方也会因此而丧失勇气和信心。

直话易伤人，何不绕个弯

在为人处世中，直言直语是一把害人伤己的双面利刃。喜欢直言直语的人通常具有正义倾向的性格，语言的爆发力和杀伤力也都非常强，所以有时候这种人会被别人用来当枪使。当与别人说话的时候，少直言指陈他人的处世不利，或纠正他人性格上的缺点。无数个事实证明，这并非爱之深责之切，而是在和他过不去。每个人的内心都有一座堡垒，把自我藏在里面。你的直言直语恰好把他的堡垒攻破，把人家从里面揪出来。所以，能不讲就不要讲，要讲就绕个弯，点到为止。另外，生活中，经常会听到"对事不对人"这个词的使用。所谓"对事不对人"，就是说其实这只是说说而已。事是人计划的、人做的，批评事也就等于批评人了。

在日常生活中，直接辱骂别人，听者当然很容易就能听出来，如果说话人使用的是隐含的侮辱人的话，听话人就更应该注意了。听话人不仅要善于听出对方的恶意，而且必要时还可以"以其人之道还治其人之身"，给对方一个含蓄的回击。 据说，有一位商人看到诗人海涅（海涅是犹太人），就对他说："我最近去了塔希提岛，你知道在岛上最能引起我注意的是什么吗？"海涅说："你说吧，是什么？"商人说："在那个岛上呀，既没有犹太人，也没有驴子！"海涅却回答说："那好办，要是我们一起去塔希提岛，就可以弥补这个缺陷。"这里商人把"犹太人"与"驴子"相提并论，很明显是在暗地里骂"犹太人与驴子一样，无法到达那个岛"，而海涅却听出了对方的侮辱和嘲笑，回答时话里有话，暗示这个商人就是头驴子，使商人自讨没趣。

直言直语有两种情况，要么是一针见血，要么是胡言乱语。 一针见血地说出别人的毛病，即使出发点是好的，但其杀伤力极强，很容易使别人下不来台。 如果能用婉转一点的方式提示别人，其效果要远远好于直言直语。

胡言乱语会让人恼羞成怒，甚至怀恨在心，导致你人缘很差。 这样的人，别人不是对你敬而远之，就是对你嗤之以鼻。

说话不加修饰，只会直言直语，也是一种无知的表现。有些善意的东西，若能够婉转表达，别人会产生感激之情。如果自己一味地直言不讳，别人会认为是与其过不去。

在与人交谈的过程中，总会有一些让人不便、不忍或者是语境不允许直说的话题和内容，这时候就要将"词锋"隐遁，或者是把棱角磨圆一些，使语境软化一些，好让听者容易接受。

从前，英国有个倒卖香烟的商人去法国做生意。一天，他在巴黎的一个集市的台上滔滔不绝地大谈吸烟的好处。突然之间，从听众中走出来一位老人，连个招呼也不打，就走到台上非要讲一讲不可。那位商人毫无准备，不禁吃了一惊。

于是老人在台上站定后，就大声说道："女士们，先生们，对于抽烟的好处，除了这位先生讲的以外，还有三大好处哩！不妨让我来讲给大家听听。"

英国商人一听老人说的话，转惊为喜，连忙向老人道谢说："谢谢您了，老先生。我看您的相貌不凡，说话动听，肯定是位学识渊博的老人，请您把抽烟的三大好处当众讲讲吧！"

老人微微一笑，马上讲起来："第一，狗见到抽烟的人就害怕，就逃跑。"台下的人都觉得莫名其妙，商人则暗自高兴。"第二，小偷不敢到抽烟人的家里去偷东西。"台下的人连连称怪，而商人则喜形于色。"第三，抽烟者永远年轻。"台下一片轰动，商人顿时满面春风，得意扬扬。

接着老人把手一握，说："女士们，先生们，请安静，我还没说清楚为啥会有这样三大好处呢！"商人分外高兴地说："老先生，请您快讲呀！""第一，在抽烟的人中驼背的多，狗一看到他们以为要拾石头打它哩，它能不害怕吗？"台下的人发出了笑声，商人却吓了一跳。"第二，抽烟的人夜里总爱咳嗽，小偷以为他没有睡着，所以不敢去偷东西。"台下的人一阵大笑，商人在那里大汗直冒。"第三，抽烟的人很少有长寿的，所以永远都年轻。"台下的人一片哗然。

此时，大家一看不知什么时候倒卖香烟的商人已经偷偷溜走了。

随着这样的步步深入，几个"迂回"，那个商人能不溜走吗？

曾经有这样一个故事，触龙劝说赵太后同意让小儿子到齐国做人质，也是运用了这种"迂回"的手法。他在众大臣劝说无果的情况下，上前劝说，先是关心太后的身体健康，然后又向太后请求为自己的小儿子安排工作，在一步一步打消了太后的思想顾虑之后，又用"激将法"说她是爱自己的女儿胜于爱小儿子，再接下去道出了"为之计深远"的大计，最后终于说服太后让小儿子去齐国做人质。

可以想象，假如触龙直接劝说，是不可能取得好的效果的。其实，也就是在说话时，在步入正题前先做一个"铺垫"，说话"迂回"一些，然后再一步一步导入重心，这样就会收到良好的效果，就像游览古典园林，"曲径通幽，渐入佳境"。

直话容易伤人，所以，请记住：正话要反说，硬话要软说，让自己的舌头绕个弯。劝你还是将那些直言、不中听的真话暂时搁在一边，以免对方生厌。在现实生活中，很少有人因直言而让自己获得好处，这是成功处世的经验之谈。

说话过于直白会适得其反

唐文宗年间，著名的诗人、太学博士李涉一次途经九江却遭到了强盗拦路抢劫。李涉手中无任何武器，眼看着就要束手受辱。这时候李涉面对强悍的绿林大盗，口吟一首七绝：

> 春雨潇潇江上村，绿林豪客夜知闻。
>
> 他日不用相回避，世上如今半是君。

那些强盗听后大悦，于是以礼相待李涉，求的只是想要把诗留下来，然后平安放他过去。俗话说："秀才见了兵，有理说不清。"何况李涉面对的是与官家为仇的绿林大盗，一句话说得不好，就会招致杀身之祸。这个时候李涉充分地利用了自己的优势，准确地把握住了对方的心理：第一，作为绿林好汉，讲的是义气，因此李涉首先非常尊敬他们，还称他们为"豪客"，而且还在诗中表示愿意和他们做朋友，不管什么时候见了都可以亲密地交往，不用"回避"，这就让那些绿林强盗不好再与他为敌。第二，作为一个强盗，忌讳的就是一个"贼"字，而李涉用的却是"客""君"这些字眼来称呼他们，并且把他们粗暴的拦劫行为说成是"夜知闻"后的善意相访，以上种种让强盗们不能再与他为敌。第三，作为著名的诗人，他以诗作答，显示了自己的身份，以自己的名声影响了强盗们的心理；并且还在诗中道出了他们在世上所占有的地位，提高了他们的身价，让他们不能不以礼相待。这时这些一直受歧视的人认为得到他的这首诗要比得到再多的钱财都还要珍贵。于是强盗不但没有伤害他，并且对他还倍加尊重。李涉正是准确地把握了对方的种种心理，仅仅四句话就让自己转危为安。

这里我们可以想象一下，假如他不用变通的语言可以说是必死无疑的，而他却打破了"老实"的说话技巧，保住了自己一命。

正所谓"祸从口出"。在人际关系日渐复杂的今天，一味"老实"地说话已经不再是走到哪都能通行的证书了，只有会说话，懂得说话技巧才能有立足之地。

1963 年 8 月 28 日，美国黑人民权运动领袖马丁·路德·金领导了一场 25 万人的集会和游行示威活动，呼吁反对种族歧视，要求民族平等。当游行队伍到达林肯纪念堂前时，他发表了著名的《在林肯纪念堂前的演讲》。在这次演说中，他先是热情洋溢地赞扬了 100 多年前林肯签署的《解放宣言》；然后，话锋一转，指出在 100 多年后的今天，黑人仍然处在水深火热之中，号召黑人奋起抗争，并且以诚挚抒情的语调，叙述了黑人梦寐以求的平等、自由的理想："黑人儿童将能够与白人儿童如兄弟姐妹一般携起手来""上帝的灵光大放光彩，芸芸众生共睹光华！"这篇演讲可以说是内容充实，感情热烈，气势磅礴，发挥了极强的感染力。 这篇反对种族歧视、争取民族平等的战斗檄文，大大推进了美国黑人民权运动的进步。

语言的魅力是极大的，因此我们要学会巧妙地运用语言技巧。

曾有这样一个故事：

有一只蝙蝠冒失地闯入了一头黄鼠狼的家里，黄鼠狼看到自己送上门的死鬼，恨不得一口就把它吞到肚子里去。

"怎么了！"黄鼠狼说道，"我和你势不两立，你还敢自动跑到我的家里来送死，你不是老鼠吗？你要敢否认，那我也不叫作黄鼠狼了。"

"请原谅，"倒霉的蝙蝠哭诉说，"瞧瞧我们的血统，我会是老鼠吗？坏家伙才会对你这样说。感谢上帝，给了我一双会飞的翅膀，展翅飞翔的神万岁啊！万岁！"

它讲得似乎很有道理，黄鼠狼只有把它放走。

事情也太不凑巧，过了两天，这倒霉蛋又撞到另一只黄鼠狼的家中。蝙蝠再一次遭遇到了生命危险。

长嘴的黄鼠狼夫人看到了这只小鸟，想把它做成饭来填饱自己的肚子。蝙蝠此时却大声地辩解："你没有搞错吧！鸟是有羽毛的动物，你看看我，浑身上下没有一根毛，我是一只真真正正的老鼠。我要高喊，老鼠万岁！老鼠万岁！但愿神让猫不得好死！"

蝙蝠运用巧妙的语言技巧躲过了两次生命危险。

第三章　谈吐不凡，幽默机智赢得人心

在交谈中运用幽默的技巧

俄国文豪契诃夫说："不懂得开玩笑的人，是没有希望的人！这样的人即使额头上高七寸聪明绝顶，也不算真正有智慧。"

生活中不乏这样的人，品行端正，为人朴实，却总是一本正经，没个笑脸，让人觉得枯燥乏味，可敬而不可亲。而富有幽默感的人就不一样了，他就是快乐的使者，走到哪儿，就把欢乐散播到哪儿。这样的人当然也有缺点，不过他们的语言妙趣横生，能使人愉快，所以人人都愿与之相处。

池田大作的《青春寄语》中也说："有幽默感的人不会让人厌烦，有幽默感的话题不会给人压力。"适时地使用幽默感，将故事、笑话运用在谈话之中，会使语言更生动、有趣。

如果你想借助幽默的力量，与他人建立和谐的关系，以更好地达成你的人生目标，那么请尽快将这一构思付诸行动吧。多学几招幽默的技巧，将幽默融入你的生活和事业当中，你一定会觉得其乐无穷。

1. 故意曲解的幽默技巧

曲解的玄机在于对某些话的意思故意加以歧义地解释，将说话者的思维引上岔道，以使人发笑。

有一次，国画大师张大千和京剧艺术大师梅兰芳同赴宴会。张大千走上前去对梅兰芳说："你是君子，我是小人，我敬你一杯酒。"梅兰芳和众人都大惑不解。张大千便解释说："你唱戏，动口；我画画，动手——君子动口，小人动手。"众人听了，大笑不止。"君子""小人"的词义被张大千故意作了歪曲的解释，产生了十分幽默的效果。

误解也有可能是因为同音词、多义词、语法不准确等因素在无意中形成的歧义，同样也可以富有喜剧的趣味。本来，幽默中的表达者和反馈者彼此风马牛不相及，然而却被幽默拉在了一起，由此激发出背离的趣味。

一对浪漫的男女刚走进电影院，就发现已客满，两个人无法坐到一起。这位年轻貌美的女孩自己以为解决这个问题很容易，只请求自己邻座的那位男子和自己的男朋友调换一下座位就行了。

"对不起，"她轻声问邻座，"请问你是一个人吗？"

邻座的男子默不作声，她又重复了一遍。那个人还是目不斜视。她又问了一次，这次声音放大了一些。

"住口！"他对她说，"我妻子和孩子都在这里。"

这位多情的男子曲解了女孩的意思，虽正襟危坐，可是却已春心萌动，令人忍俊不禁。

2. 化解困窘的幽默技巧

一天，几位同学一起去看望高中老师。已经很多年没有见自己的学生了，老师看见他们非常高兴，一一询问每位同学的情况。

"见到你真高兴。"最后，老师问一位女同学，"你丈夫还好吧？"

"对不起，老师，我还没有结婚……"

"噢，明白了，你的丈夫还没有娶你！"

一个很尴尬的场面，经老师这样幽默的一句话，马上就变得轻松愉快了，同时也没让女同学过于尴尬。老师第一句话错在按通常思维发问，没想到却问了一句"蠢话"，这位老师的幽默之处就在于知道错后，急中生智，又说了一句"蠢话"，此时大家都知道他是有意为之的，自然心领神会。

3. 戏谑幽默术

幽默的最大功能是可以减轻心理压力，防止产生或消除紧张的人际关系，尤其是在自己占据了精神优势以后，幽默也能起到维护你对手自尊心的效果。

一次，演说家杰生在纽约演出，他决定在演出之前先到一家知名的小吃店吃点东西。

　　"您是初次来本店吧?"一位男服务员问他。

　　"是的! 这儿是一个很好的地方。"杰生说。

　　"您来得真巧，"男服务员接着说，"今天晚上有杰生的演说。很精彩的，我想您一定想去听听吧?"

　　"是的，我当然要去。"杰生说。

　　"您弄到票了吗?"

　　"还没有。"

　　"票已经卖完了，您只好站着听了。"

　　"真讨厌，"杰生叹了口气说，"每当那个家伙表演时，我都必须站着。"

　　杰生吃完就离开了，可出门时却被一位女服务员认出来了。她对那位男服务员说："刚才那位是杰生先生。"

　　"啊!"想到刚才的情境，男服务员被杰生的幽默感染了，忍不住哈哈大笑起来。

　　有一个叫高明的年轻人非常有幽默感，且善于恭维。某日，高明请了几位朋友到家中一聚，准备施展一下自己的特长。他站在门口恭候，等朋友们陆续到来的时候，便挨个儿问了同样一个问题："你是怎么来的呀?"

　　第一位朋友说："我是坐计程车来的。"

　　"啊，华贵之至!"

　　第二位朋友听了，眉头一皱，打趣道："我是坐飞机来的!"

　　"啊，高超之至!"

第三位朋友脑筋一转："我是骑脚踏车来的。"

"很好啊，朴素之至！"

第四位朋友害羞地说："我是徒步走来的。"

"太好了，健康之至呀！"

第五位朋友故意出难题："我是爬着来的。"

"哎呀，稳当之至！"

第六位朋友戏谑道："我是滚来的！"

高明不紧不慢地说："啊，真是周到之至！"

众人一起大笑。

高明的戏谑幽默技巧几乎天衣无缝，既恭维了每位朋友，又没有伤害其他人，表现了他借题发挥、即兴诙谐的才能。

1981 年 1 月，里根入主白宫，3 月 30 日遭到枪击。当他在痛苦和昏迷中忽然发现南希就在他身边时，便下意识地想找一句安慰她的话。突然，他想起了拳击运动员爱尔兰人杰克·登普西。他对妻子说："亲爱的，我忘了躲了。"也正是这句幽默的话，使南希顿时破涕为笑。

里根在如此生死攸关的时候还能以幽默来给自己打趣，其乐观的精神着实令人叹服。 假如你也想在生活、事业中获得成功，那么请学学这种乐观的精神，使你自己也拥有一个多彩而幽默的人生吧！

幽默是生活情趣的调味品

幽默是语言的润滑剂。 在社会生活中，幽默无处不在，假如你善于灵活运用，必将为你的生活带来无穷的乐趣。

在家庭生活中，谁也不能保证没有一点矛盾，即使是感情再好的夫妻也不能保证一辈子不发生一点儿小摩擦，尤其是当夫妻俩的工作都很忙，或是有一方在外面遇到不顺心事情的时候。

然而，当这种情况在不同的家庭发生时，其结果是完全不一样的。 有的夫妻之间谁也不肯让着谁，由此而爆发一场家庭战争。 而有的家庭则有一方采取谦让态度，使即将发生的争吵烟消云散。 还有的家庭，谦让的一方由于机智地运用了诙谐幽默的语言，使得本该传出打骂声的屋子里传出一片笑声。

沈美娟是一位有着良好文化修养的女性。有一次，因为急着外出听课，她忙得连家中的煤炉没有封好就匆忙走了。待她听完课回到家时，天已经非常晚了。她的孩子放学回家后饭也没吃，饿着肚子就趴在桌子上睡着了。

比她稍早一会儿回到家的丈夫，看着家中火熄锅冷，孩子又如此可怜，既心疼又生气，看到沈美娟回来，便气不打一处来，开口便骂："在家就像个活死人，连火也看不住！"

沈美娟没有反唇相讥，而是一脸温和地微笑道："你火什么？火再大，也点不着炉子。"

一句话令丈夫的脸色阴转多云，不过，他还是火气未消地埋怨她说："你呀，要是没有我，怕是连屎都会吃到肚子里去。""所以我才离不开你呀！"经她这么一说，她的丈夫"扑哧"一声，脸上立即多云转晴，笑得如一片阳光般灿烂。

这便是幽默在家庭生活中所发挥的奇妙作用。

在现代生活里，已经有越来越多的家庭在学习和运用幽默的语言对话来调节家庭气氛，融洽夫妻关系，以提高生活质量。

下面，我再讲几个幽默夫妻的例子。

有一对刚刚举行完婚礼的新婚夫妇，在客人们全都离去后，新娘就对新郎说："从今往后，咱们俩谁也不许说'我的'了，而要说'我们的'。"新郎为了不扫新娘的兴，也含笑答应了。

新郎去洗澡，很久都没有出来，于是新娘就问："你在干什么呢？"新郎在里面回答道："亲爱的，我在刮我们的胡子呢。"

你看，这位新郎仅用一句风趣的话，就纠正了新娘之前不完全正确的提议。假如他从一开始就反驳新娘的说法，其结果可想而知。

有一对夫妇一起去参观油画展览，当他们面对一张仅用几片树叶遮盖的裸女画时，丈夫的眼睛盯着画面看得入神，半晌也没有离开的意思。做妻子的见此情景，略显醋意地斜视着丈夫说："喂，你是不是想站到秋天，等树叶全部落尽了才甘心呢？"

一句话说得丈夫讪讪地，不好意思地牵着妻子的手赶紧离开了。

还有一对幽默得很上档次的夫妻：

有一天，夫妻二人争吵了几句，谁也不好意思先开口说话。可是，做丈夫的非常爱睡懒觉，每天都得让妻子喊他起床。于是，他就在床头留了张纸条，上面写着：

亲爱的，请在明天上午七时叫醒我。

你的丈夫

第二天，当他一觉醒来时，已经是上午八点钟了。他有些恼火刚想发牢骚，忽然看到枕边放着一张纸条，上面写着：

亲爱的，快醒醒，七点钟了！

你的妻子

于是，夫妻俩一对视，然后便哈哈哈大笑起来。

幽默的夫妻笑口常开，幽默的家庭和睦常在。 在一个轻松和谐的家庭中生活的人，心情会开朗，心胸会豁达，自己的生活也会充满情趣。

掌握幽默含蓄的表达艺术

所谓暗示幽默法，就是对事物表达自己的看法不是通过直接说，而是通过种种可能来婉转表达，并最终达到幽默效果的方法。 这里，婉转表达可理解为从各个侧面来说。

暗示幽默法可以广泛地用于生活中的各个方面，帮助我们解决困境，请看这则幽默：

有一对夫妇，丈夫做错了一件事，妻子不但不理解他，反而更加唠叨令人生厌。于是，丈夫火冒三丈地说："请别这样唠唠叨叨的了，好不好？不然，我要在桌子上痛打十巴掌了。"

"关我屁事，打呀，打。"想到疼的不是她自己，妻子便火上加油。

"但是，"丈夫道，"经过这十巴掌的训练，第十一巴掌打在肉上的时候可就有些功夫了。"

妻子戛然而止。大概她领悟到了丈夫内心的火气，不想让脸成为丈夫练功夫的沙袋。

在这个幽默里，丈夫打了十巴掌，第十一个巴掌会打在哪里，就是一种暗示。这种暗示包括了如下意思：我现在心里很火很烦，需要理解与清静。现在我得不到这些，反而遭到另一种折磨，我有些忍无可忍了。因此，你最好住口，否则就不要怪我不客气了。"功夫"一词，就承担了幽默的任务，这就是暗示幽默法。

在恋爱中，我们也可以使用暗示幽默法。

有一对情人在恋爱中，一天晚饭过后，他们一起出去散步，来到了绿草青青的河滩上，看到有一头牛在默默地啃草，缓缓地移动。小伙子指着牛说："看那头牛多好呀，悠然自得，乐不思返。"

姑娘微微一笑道："那头牛是好，但也有不尽如人意的地方。"

小伙子问："怎样才能尽如人意？"

姑娘回答："要是这头牛吃了晚饭，把碗筷统统端进厨房洗了就尽如人意了。"

小伙子不好意思地笑了笑，显然是接受了姑娘这幽默的暗示，想起了自己在未来的岳母家吃了饭便一丢碗筷的毛病，这可能会使岳母翘起嘴巴。

人际交往中我们照样可以使用暗示幽默法。

如果你得知一个同事在背后说了你的坏话，你可以这样对他说："我妻子今天吃了大亏了。"

"怎的？"他必然会问。

"她在背后说了一个邻居的坏话，以为人家不知道，可是，'要想人不知，除非己莫为'，结果，人家还是知道了，两个人演了一出'全武行'，我妻子亏就亏在她那两颗门牙全是假的。"

笑过之余，那位同事准会面红耳赤吧。

事事可幽默，时时可幽默，只要你努力，任何困境都可以使用暗示幽默法来处理。

有时要表达一种愿望，这种愿望并无难言之处，但仍然要以曲折暗示为妙。

有个酒徒，贪恋杯中之物，酒醉之后经常误了大事。妻子屡次劝他，可他说什么也听不进去。一天，儿子对他说了几句话，却使他的心灵受到极大的震撼，以后就再也不喝酒了。

原来，他的儿子说："爸爸，我送给你一个指南针。"

"孩子，你留着玩吧，我用不着它。"

"你从酒吧出来时，不是经常迷路吗？"

在这个故事中，儿子用的就是"曲说隐衷法"。儿子对父亲总是喝醉酒深感不满，但作为晚辈，又不好直接对父亲的行为提出批评，于是便以这种委婉的方式向父亲提出劝说。这种劝解不仅幽默诙谐，而且效果也非常明显。

幽默是一种快乐、健康的品质。幽默高手通常在悲苦时显得轻松，快乐时显得含蓄，危险时显得镇静，讽刺时不失礼，孤独时不绝望。

说话含蓄是一门艺术，同时也是幽默的一大技巧。常言说得好："言已尽而意无穷，含意尽在不言中。""含蓄表达法"是把主要的、该说的部分故意隐藏起来，却又能让别人明白自己的意思，而且把幽默寓于其中。

"含蓄表达法"这种幽默技巧，有一定的难度，它要求要有比较高水平的说话艺术和高雅的幽默感。它体现了说话的人驾驭语言的能力和含蓄表达幽默的技巧；同时，也展现了对听众想象力和理解力的无比信任。

假使说话者不相信听众丰富的想象力，将所有的意思和盘托出，这样不但起不到幽默的效果，而且平淡乏味，言语逊色，令人厌倦。因此，有的话不必直说，甚至要把原本可以直说的话，故意用"含蓄表达法"表达，从而产生出一种耐人寻味的幽默效果。

有这样一个例子能体现"含蓄表达法"的幽默艺术：

有一个酒店老板，脾气非常火爆。一天，有位客人来喝酒。客人刚喝了一口，嘴里便叫道："好酸，好酸！"

酒店老板大怒，不由分说，就把客人绑起来，吊在房梁上。这时又来了另一位顾客，问老板何故吊人。老板回答道："我店的酒明明香醇甜美，这家伙硬说是酸的，你说该不该吊？"

来客说："可不可以让我尝尝？"老板殷勤地给他端来一杯酒。客人呷了一口。酸得皱眉挤眼，对老板说：

"你放下这个人，把我吊起来吧！"

后一个顾客显然机智地运用"含蓄表达法"，幽默地表达了酒酸，从侧面让老板明白了酒的确是酸的。

下面来看看"含蓄表达"和"锋芒毕露"对比的例子。

有一家理发店，门口贴着一副对联："磨刀以待，问天下头颅几许；及锋而试，看老夫手段如何！"这副直来直去的对联，磨刀霍霍且锋芒毕露，令人心惊胆寒，吓跑了很多顾客，自然门可罗雀。

而另一家理发店的对联则显得非常含蓄幽默："相逢尽是弹冠客；此去应无搔首人。"上联取"弹冠相庆"的典故，含有准备做官之意，又正符合理发人进行脱帽弹冠的情形。下联意即人人满意，心情舒畅。 两家理发店相比，效果自然不言而喻。

"含蓄表达法"的幽默技巧，有时是人们用有意游移其词的说法，既不违背语言规范，又给人以风趣幽默之感。 比如有的演员自嘲长相差，就说自己"长得困难""对不住观众"；营业员遇到顾客买了商品未付款就准备离开时，问一句："我给您找钱了吗？"大多数顾客会立刻回答："哦，我还没付款呢！"

幽默是化解敌意的妙药

幽默的大忌乃是敌意或者对抗，幽默产生在避免冲突、消除心理重负之时。 但这不是说一旦面临敌意与冲突，幽默就注定自行消亡，这要看幽默的主体是否有足够的力量，帮助你从危险的冲突、怨恨的心理、粗鲁的表情和一触即发的愤怒中解脱出来。

即便你不可能改变你的攻击性，幽默也极可能帮助你钝化攻击锋芒，或者说，因为恰如其分地钝化了攻击的锋芒，你的心灵得到了幽默感的陶冶，你便可以游刃有余地以更加有效的方式来表达你的意向，并避免搞僵人际关系。

这的确是需要更高一筹的智慧和更宽容更博大的胸怀。几乎每一个面对冲突的人都面临着对他的幽默感的严峻考验，而只有少数人能够经得起考验。

作家冯骥才访问美国时，有一个很友好的华人全家来拜访，双方相谈甚欢。忽然，冯骥才发现客人的孩子穿着鞋子跳到了他洁白的床单上，这是一件令人十分不愉快的事，恰恰孩子的父母却没有发现这一点。冯骥才任何表示不满的言语或者表情，都可能导致双方的尴尬。

幽默感帮了冯骥才的大忙。他非常轻松愉快地向孩子的父母亲说："请把你们的孩子带到地球上来。"主客双方会心一笑，问题就圆满地解决了。

从语言的运用来讲，冯骥才只是玩了个大词小用的花样把"地板"换作了"地球"，整个意味就大不相同。 地板是相对于墙壁、天花板、桌子、床铺而言的，而地球则相对于太阳、月亮、星星等天体而言的。 冯骥才一用"地球"这个概念，就把双方的心灵空间带到了茫茫宇宙的背景当中。 此时，孩子的鞋子和洁白的床单之间的矛盾就明显淡化了，而孩子和地球、宇宙的关系就掩盖了一切。

在使用钝化攻击幽默法时，你首先要有原谅并放弃攻击对方的心态，不然就不能发挥出你的幽默感。

有一家住户，水管漏得很厉害，院子里全积满了水。修理工答应马上过来，结果等了大半天才看到他的身影。他懒洋洋地问住户："大娘，现在情况怎样啦？"

大娘说："还好。在等你的时候，孩子们已经学会游泳了。"

这位大娘虽然说得有些夸张，但钝化攻击的锋芒，淡化了对修理工不满的攻击。 要是大娘没有原谅修理工，直接斥责，如若修理工性格不好，肯定会扭头就走。 这里，修理工在笑的同时也必然会心生愧意。 所以，钝化攻击幽默之法在人际交往中的作用非同小可。

第二编

———

会办事

第一章　未雨绸缪：打造全方位的关系网

用心"存储"人脉关系

我们不妨把建立人脉关系比喻成往银行里存钱。每一家过日子，谁都有一本或好几本银行存折，如果你每个月定时存五百元，到了年底，你会发现，存折上不是只有六千元，同时会多出一部分利息，这笔钱若提出来，就能派上用场。建立人脉也是一样的道理，平常学会存储，到用时才方便自然。

建立人脉关系可以比喻为存钱，说得直接一点就是：先存后取。

"先存后取"的管钱方法的确很现实，在理财上有"利用、收费"的味道，但换一种角度来看，构建人脉关系本来就有众多的好处，不能只用"现实"的眼光来看；而这些人际关系，将成为你一生中珍贵的财产，尤其是在关键时刻，会对你产生很大的帮助。建立人脉关系网就像银行存款一样，平时少量地存，有急需时便可解燃眉之急。而别人对你的善意回报，有时是附加"利息"的，就好像银行存款会有利息一样。

那么应该如何维系自己的人脉关系呢？不妨参照以下四点：

1. 不忘给人好处

给人好处要自然，不要过于突然，太突然了别人会以为你别有居心，从而会有防卫的态度。因此给人好处宜从小好处给起，并且还要给得自然、有诚意。这符合人性中爱贪小便宜的原理，相当奏效。

2. 不忘关怀别人

"关怀"没有限制，不管是物质关怀还是精神关怀都可以，特别是在对方不得意或遭遇困难时，这种关怀更加有力量。

3. 不得罪别人

得罪人对人脉关系的建设破坏很大，如果不愿积极主动地去建立关系，至少也不可轻易得罪人。

4. 不在乎被人占便宜

被占便宜看起来是一种损失，其实却是一种投资，因为对方会觉得对你有所亏欠，到了合适的时机便会有所回报。

当然，太大的亏是不必要吃的，但如果明知讨不回公道，那也就只能认了。另外，有些人占了便宜还卖乖，也不觉得有所亏欠，对这种人不必有所期望，但让他占便宜总比得罪他的好。

维系人脉关系的方法并非只有上面说的这几种，但只要懂得"人际关系的建立和在银行存款一样"的道理，那么即使方法再简单，也会有效果。成功的关键在于是否拥有良好的人际关系。现实生活中，有这样一种现象：有的人处处受欢迎，到处都有"死党"；而有的人却没人理睬，缺少朋友。其中原因可能有很多种，但是，是否善于和他人拉近关系无疑是众多原因中最重要的。

如果具备了好的人缘，就要充分利用它，使它帮助自己在现代社会中立足，同时起到相应的积极作用。

有了好人缘，才能扩大交际圈。无论是谁，多少都会有几个朋友或同学、同事、亲人。这些人虽然也是你的人际资源，但是严格讲起来，朋友的范围应更广、基础更深才行。

每个人都有自己特有的交际圈，而且具有自己的特色，不会完全重合。那么，我们就可以利用朋友的关系，由朋友搭桥，与他的朋友圈建立联系。让朋友的朋友也成为你的朋友，这样就扩大了自己的活动半径，在新的圈子里认识更多朋友。

如果希望广结人缘，在我们周围，就有不少人选，等待你去开发利用。比如你的长辈、同辈兄弟，他们的工作内容可能和你毫无关联，但是他们都有一些朋友。这样一来，长辈和兄弟也可以作为你广结人缘的对象，也就是说，如果以长辈和兄弟为媒介，就能够结识到更多的朋友。 你的姻缘亲戚，也都是广结人缘的对象。 这样仅仅借助血缘的关系，就可以使你的交友范围逐渐扩大。

再把目标转移到你的家乡，一些父老兄弟由于同乡的关系，能够迅速地结成朋友。 然后在你现在的住所周围，也可能有能成为自己朋友的人。

现在再来看同学，每每想到同学，就会勾起自己从前的美好回忆。 也许遇到的是曾在同一宿舍里的室友，也许遇到的是曾经共同患难的朋友。 利用同学关系常常能找到多年未曾相见的朋友。 同学关系，非常珍贵。

除了同一间办公室的同事，在公司内和你有过接触的其他同事，也是你可以考虑结交的对象，但是问题在于当你离开了这个单位以后，交往是否能保持。 值得注意的是千万不要只交一些酒肉朋友。

只要你有心多结识一些朋友，扩展你的人脉关系，机会多的是，像共同兴趣的社团、各种活动中心，都是你可以利用的场所，但最重要的就是要认清人际关系，不要盲目交友。

在生活中，志趣相同的人毕竟不多，如果我们只与这些少数人来往，那么我们结交朋友的范围就会十分有限，只在一个极小的圈子里，难以向外拓展，这不是聪明人所应持有的交际态度。

其实，与各式各样的朋友交往，对我们自己非常有利，就像我们吃东西一样，只吃我们爱吃的东西，有很多好东西我们都没有尝试，这本身就会导致营养不良。 朋友也是一样，只与自己性格相似的人来往，我们的交往范围就会受到局限，从而会阻碍自己的发展。

每个人都有独特的性格特点，在交往中，如果我们要认识更多的朋友，就要与不同性格的人交往。"横看成岭侧成峰，远近高低各不同"，对于性格不同的人，我们要从不同的角度去看，这样我们看待他人就比较客观，才不会盲目地以主观的意志去衡量人、判断人。

因为与他们相处，不仅仅是拓展我们的社交圈，并且我们还可以从他们身上学到很多自己不具备的东西。通过与他们交往，我们可以学到更多东西，知识会越来越丰富，信息来源会越来越广泛，看待问题也会越来越深刻。总之，与不同性格的人交朋友，会使我们获益匪浅。

利用熟人寻找靠山

有了人脉才能做成事，有了人脉关系才好说话。不愿意建立人脉关系、不善于建立人脉关系的人，很难把每件事都顺顺当当办成，更不要说是难办的事了。

平时生活中，英雄难过熟人关。有了熟人，才有人情，有了人情，才好说话，有良好的人脉关系，才能把别人办不成的事顺利办成。

一位赵小姐给小李打电话。说起来，她们两个是校友，大学在同一个学校学习，只不过专业不同，大二时两人在一个社团里认识的，毕业之后很少联系。

小李接到赵小姐的"叙旧"电话，当然很意外。聊了一会儿，她便说出了自己的近况——她刚刚开始做公关，手头正好有个项目，这个项目的市场竞争很激烈，而且时间很紧，但是却很重要。

她希望找点关系，托小李帮她介绍一个报社的记者。

问过大致情况，小李便介绍了一个合适的记者给她。这个记者跟小李的关系不错，而且也比较容易说话。

得到记者的电话时，她表示万分感谢。一个多月后，她又给小李打来电话，说要请小李吃饭，因为小李介绍的那个记者帮了她的大忙，这次的公关活动她做得很成功。

有一项很有趣的研究表明：任何人和世界上的任意一个人之间的距离只隔着六个人，不管你和对方身处何处，来自哪个国家，是哪个人种，拥有何种肤色。但前提是这六个人之间肯定有着理所当然的关系。不用惊奇，构成这个奇妙六人链中第二个人，很可能就是你认识的人，也许是你的父母，也许是你的同学，也有可能是公司里的清洁工阿姨。由此可见，人脉其实很好建立。

有了人脉关系，你还要会利用。

有一位刚刚毕业的留学生，想回国发展，找了很多份工作，都没有成功。有一天他在网上看到一家跨国公司在中国区招聘一个职位，他觉得这个职位很适合自己，但是想到这个岗位应聘的人太多，仅凭自己个人的力量去竞争，成功的概率实在是太小了。于是，他想起在他们学校的校友录上曾看到过一位学长是这个公司的高层，于是他连夜写了一封电子邮件，发给了这位从未认识的学长。在这封信中他强调自己和他是校友，是某某大学的应届毕业生，非常重视这次应聘并且很希望学长能给他一次机会，并随邮件附上了一份自己的个人简历。

当时他也没对此抱有多大的希望，心想即使那位学长回信一般也就是一些场面话而已，根本不可能马上就给他答复。

但是没想到一天之后，那位学长不但给他回复了，而且回复的结果也出乎他的意料，以至于让他有点不敢相信了。信里说让他在第二天直接参加面试，还附赠了一些祝成功的祝福语。最后，他顺利通过了面试并取得了这个职位，显然，他与学长的联系起了关键作用。

不吃独食，人人有份

　　在人际关系中，要注意彼此之间的互助合作，在面对利益的时候不可独吞，因为只有共享，双赢才能长久，才能和谐，以后的路才会更好走。

　　晚清名商胡雪岩，虽没读过什么书，但是他却从平常的生活中总结出了一套自己的哲学，总的来说就是："花花轿子人抬人。"

　　胡雪岩成功的原因是他善于观察人的心理，他把士、农、工、商等各行业的人都聚集到一起，利用自己的钱业优势，和这些人共同创业。由于他长袖善舞，所以这些人都愿意和他合作，并且他在合作的过程中逐渐地树立了自己的威信。他与漕帮协作，按时完成了粮食上交的任务。与王有龄合作，因为王有龄是知府，所以胡雪岩借此得到了一些非常难得的商机。这些互利互惠的合作，使胡雪岩从一个小学徒工变成了一个执江南半壁钱业之牛耳的巨商。

　　每个人的力量都是有限的，其实这不单是胡雪岩需要面对的问题，也是我们每一个人的问题。只要有心与人合作，善假于物，就能取人之长，补己之短。当然最好是能互惠互利，取得一个双赢的竞争策略，这样才能让合作的双方都从中得到益处。

我们常说人生就像是一个战场，其实人生毕竟不是战场。战场上敌对双方不消灭对方就会被对方消灭。而人生赛场则不一定要这样，我们不是非得争个鱼死网破，两败俱伤，好好地协商一起合作又何尝不是个好办法。

在大自然中，弱肉强食是一种很普遍的现象，这是因为它们需要生存。人类社会和动物有所不同，个人和个人之间、团体和个体之间是相互依存的，除了竞争之外，我们还可以相互协作。

当今社会，聪明的人都知道"生意不成情意在"的道理，这就是采用"双赢"的竞争策略。这倒不是小看自己的实力，向对手认输妥协，而是为了现实的需要，就像前面提到的，任何一个"单赢"的策略对你反而是不利的，因为它必然会产生一个非常负面的后果：除非对手是一个很软弱的角色，否则，你在与对方的对峙过程当中，必然会付出很大的代价和成本，在你打倒对方获得胜利的时候，你大概也已经心力交瘁了，而你得到的可能还不足以偿付你的损失。

当今社会，你不可能将对方绝对地消灭，因为你的"单赢"策略可能会引起对方的一种愤恨，这是一种潜在的危机，可能会陷入冤冤相报的一个恶性循环里。

所以，无论在什么时候进行争斗，都有可能发生意外，而这会影响本是强者的你，让你反胜为败。所以不管从哪一个角度来看，那种"你死我活"的争斗，对双方的实质利益、长远利益都是很不利的，因此你应该活用"双赢"的策略，懂得彼此之间要相依相存的道理。

所以，"双赢"就是一种良性的竞争方式，它更适合于现代社会中的竞争。

向成功人士靠拢

人脉是事业成功的关键，只有依靠丰富的人脉关系，才会取得丰富的财富资源。现实生活中，缺什么都可以，但唯独不能缺少人脉，因为良好的人脉关系是通向财富大门的关键。

爱德华·鲍克被认为是美国杂志界的一个奇才。但是，在最开始的时候他非常穷，从小在美国的贫民窟长大，一生中仅上过6年学。

6岁的时候，鲍克就跟随家人移民到了美国，在上学的时候他就要每天工作为家里赚钱。打扫面包店的橱窗、派送星期六早上的报纸、周末下午去车站卖冰水、每天晚上为报纸传递以女性为主的聚会消息……他从小就开始做各种工作，什么样的脏活、累活都干过。

到了13岁的时候，鲍克便辍学去了一家电信公司工作。然而，他并没有放弃学习，仍然不断地自学。他省下了车钱、午餐钱，买了一套《全美名流人物传记大成》。

紧接着，鲍克做了一件以前从来没有人做过的壮举，他直接给那些书上的人物写信，还询问他们书中没有记载的童年往事。例如，他写信给当时的总统候选人哥菲德将军，问他是否真的在拖船上工作过。他也曾写信给格兰特将军，询问了他有关南北战争的事。

那个时候，他只有 14 岁，每周的薪水只有六元二角五分，小鲍克就是用这种方法结识了美国当时最有名望的大名人，其中有哲学家、诗人、名作家、军政要员、大富豪。当时的那些名人也很欣赏他，他们都很乐意接见这位充满好奇又可爱的波兰小移民。

自从鲍克获得了名人们的接见后，他便立下了远大理想，希望能够闯出一番属于自己的事业。为了这些，他努力学习写作技巧，然后向上流社会毛遂自荐，希望替他们写传记。

这时，订单像雪花一样的飞过来，鲍克雇用了六名助手帮忙。那个时候，鲍克还不到 20 岁。

在不久之后，这个传奇性的年轻人，被《妇女家庭杂志》邀请作编辑。在这里他一直坚持做了 30 年，这份杂志是 20 世纪美国的第一大女性杂志。

我们可以从鲍克的成功事迹中受到启发和教益：成功带来财富，而财富是丰富的人脉资源带来的。

其实像这样的例子可以说是数不胜数。闲暇无事的时候可以静下心来想想，在我们身边或许也有这样的例子，只是有时自己"看"不到而已。 那么从现在起你也可以尝试一下，其中的奥秘自己会慢慢感知。

高智商是很多海外华人富豪成功致富的基础，但也有一些华商是凭借着华夏民族的文化底蕴，灵活运用各种关系去攻海外"商城"的，他们的成功也显得那么水到渠成。

沈鹏冲、沈鹏云兄弟两人在 1955 年来到巴西圣保罗市寻找新发展。有一次，沈鹏冲去南里奥格兰德州首府阿雷格里港旅行。在一间餐馆吃饭时，发现这里有一种意大利肉鸡的味道非常好。在他饱餐一顿后，同时还打听到，这种意大利肉鸡是当地一种有名的肉食，深受当地人的喜欢。

沈鹏冲惊喜万分，他顾不得旅行，火速赶回圣保罗与弟弟商量养意大利肉鸡一事。

在经过一番商议之后，兄弟俩虽然觉得此事很有前途，但是由于自己没有足够的资金，根本无法将鸡场办起来。他们连续几天奔走找银行贷款，但是都没有成功。在苦思冥想之中，弟弟沈鹏云突然想到自己的人脉关系，他们可以利用它完成资金的筹集。

兄弟俩想出了一个巧妙的方法，他们策划组织了一个互助会，其实它的实质不过是一种合作社，他把相识的朋友、邻里、工友招募过来，并且保证这些参加互助会的成员投入的本金和利息一定能够按时归还，并且还能获得较好的分红，因为现在互助会所筹集的资金是用来投资有发展前途的意大利肉鸡场的。经过他们两人的大力宣传和东奔西跑的登门游说，利用自己的人脉关系，他们筹到了1万美元的资金。

就是用这1万美元他们在阿雷格里港郊区建起了一个小养鸡场，取名为"阿维巴农场"。

当时，兄弟俩的公司平均每年可供应180万只鸡，仅此一项业务，每年营业额就超过1.65亿美元。养鸡场不断地发展，沈氏兄弟的财富也在不断地增多，他们不断拓展业务，先后又办起了4家贸易公司，在这些方面的年营业额也已经达到了2亿美元。

成功的人是少数的，这些少数人之所以能够成功通常是因为他周围有很多人在帮助他，一个能够获得多数人帮助的人，他的成功也会是自然而然的。一般来说成功有两条路：一是让人提拔和栽培；二是被人拥戴。通过有计划地结识他人，跟更多人打交道，建立友谊，而其中的目的就是要拓展所拥有的关系资源，让每个人有更多的机会。

先做朋友，后做事

人脉关系既是一种潜在的资产，也是一种潜在的财富资源。 如果仅仅从表面上来看，人脉资源不是直接的财富，可是如果没有人脉，获得财富是很难的。 人、技术、资金这三大条件的核心是"人"。 如果你拥有足够丰富的人脉资源，那么资金和技术问题也就迎刃而解了。

台湾台塑企业集团董事长王永庆认为，在其事业发展过程中，人脉关系起到至关重要的作用。 在他刚踏入塑胶工业时，还不知道这个行业是个什么东西。 然而就是凭着超人的胆识和锲而不舍的精神，他不断地奋斗，历经艰险，渡过多个难关，终于在塑胶行业占有一席之地。

王永庆，在刚进军塑胶行业的时候，经济发展环境就像一片荒芜的耕地。他面对的是资金缺乏、原料短缺、市场极其狭窄且封闭，事业的客观条件存在种种限制的情形。在这种困境下他开始从事 PVC 塑料粉的生产，其中艰险重重，而他就好像是一个手中缺乏工具，却在极为贫瘠的土地上耕耘的人。

当时，台湾当局设立了"经济安全委员会"，召集人尹仲容负责拟定玻璃、纺织、人造纤维、塑胶原料、水泥等建设发展计划，并筹划运用美国提供的资金。本来，在塑胶原料项目上，尹仲容等人希望让官方企业来承担，后来，由于种种原因，才确定民营企业来承担 PVC 项目。

一开始，尹仲容等人考虑的人选是何义。何义是台湾较早从事化学工业的永丰化学公司的老板，当时，他在台湾具有较大的影响力。早在 1951 年，他就从日本引进了 PVC 技术，从事 PVC 生产，开创了台湾生产 PVC 的先河，只不过规模比较小。何义是一个非常聪明的企业家，当他听说投资兴建 PVC 厂不但可以得到美国的经济援助，而且还可以得到政府的辅导时，他就非常爽快地答应下来了。不久，何义就成立了福懋塑胶有限公司，为筹建 PVC 厂，他甚至还亲自远赴欧洲、美国和日本等地进行实地考察。

从国外考察回来以后，何义得出了一个非常不好的结论。因为他发现美国、欧洲和日本等地的厂商日产 PVC 都是在 50 吨以上，而当时台湾计划的是日产 4 吨，相比之下，产出较少，成本肯定较高，除此之外，台湾全岛消耗的 PVC 只有 2 吨，其余的 2 吨还得自己寻找销路。何义认为在市场上，成本高、价格昂贵的台湾 PVC，要想战胜成本低、价格优的日本、欧洲、美国 PVC，是一件不可能的事。通过这么一分析，何义决定放弃这个项目，但是，他并没有将这个消息向外公布。

王永庆在转行后主要从事工业生产。虽然他已经开始从事工业生产，但是，他还是不知道应该选择从哪里下手，而且，他也不知道台湾当局设立的"经济安全委员会"正在探讨玻璃、纺织、人造纤维、塑胶原料、水泥等建设计划的事情，但是，王永庆有一个生意上的好友，名叫赵廷箴。王永庆与赵廷箴交情很深，王永庆曾经借钱给赵廷箴帮他渡过危机。所以，在赵廷箴的心目中，王永庆不仅是一个信誉卓著的商人，更是一个值得信赖的好朋友。

有一天，王永庆找到赵廷箴，恰巧当时，他们两个都想从事制造业，于是两个人在商谈很久后，王永庆采纳了赵廷箴所提的建议，开始投资水泥行业。

随后，王永庆就向台湾"工业委员会"提交申请报告，但是没料到的是，在申请报告递交上去以后，才知道水泥申请项目已经被台湾水泥界前辈束云章老先生捷足先登了。于是他们两人又商量了一下，决定投资轮胎业，但是，轮胎项目也被他人申请了。这时两人都傻眼了。

后来，赵廷箴和王永庆利用各种关系，通过他人的介绍认识了尹仲容。

在这个时候，由于何义在办塑胶厂的问题上一直都没有明确的表态，而且，何义在到日本考察途中，不幸逝世，这更使得塑胶厂的项目面临危机。

因为何义的突然去世，塑胶厂的项目就不得不重新再议，正在这个时间，王永庆和赵廷箴出现在尹仲容的面前，这真是一个绝好的新机会。尹仲容如获至宝，于是，他便告诉手下的严演存一定要说服王永庆和赵廷箴参加 PVC 这个项目的投资。

严演存根据上级的指示，找到了王永庆和赵廷箴，非常客气地向他们详细介绍了有关 PVC 投资项目的一些相关计划，并且提议让王永庆放弃轮胎项目，转而投资 PVC 这个项目。

听了严演存对 PVC 项目的介绍之后，王永庆一时也是无法决定。为了保险起见，他又去请教了尹仲容，尹仲容早就料到王赵二位会来找他，于是，尹仲容又向他们详细地介绍了塑胶行业的发展方向和发展前景，并且还为他们介绍了有关美国方面的援助情况，以及当局对塑胶行业的优惠政策等。

在听了尹仲容的一番话后，王永庆心里便有了底。于是王永庆下定决心，对赵廷箴说："怎么样？咱们一起干吧！"赵廷箴点了点头，和王永庆的手紧紧地握在一起，说道："好，我们一起干吧！"

王永庆请教了众多有关的专家和学者，私访了一些企业的名人，还亲自前往日本去考察，在进行了周密细致的调查研究之后，他觉得投资塑胶行业很有前途。

在当时，有很多人都嘲笑王永庆不自量力，连塑胶是什么都没有搞懂，就开始做塑胶生产，大家都预言王永庆及其合伙人最后肯定会破产。

但是在朋友赵廷箴、尹仲容的支持下，王永庆最终在塑胶方面做出了惊人的好成绩。

第二章 能屈能伸：处理好做事时的姿态

关键时刻变"知之"为"不知"

　　每个人在为人处事时，都应学几招有用的保身之术，而关键时刻以"知之"对"不知"就是很好的一招。因为在复杂的人际交往中，没有一招保全自己的方法是不行的，是很容易吃亏的。

　　古往今来，在关键时刻变"知之"为"不知"的事例有很多，有人用这种办法摆脱困难，有人用这种办法摆脱他人的攻击。总之，在有些情况下，采用此法，不失为一个好主意。

1. 泄愤嘲骂他人

明末清初的夏完淳巧骂洪承畴的故事流传已久。

明朝总督洪承畴统兵抗清，失利被俘，归顺了清朝。夏完淳被俘后，决定在受审之际要痛骂他一顿，因为他平生最瞧不起的就是叛徒。当洪承畴对夏完淳说："你一个小孩子家，造什么反？只要你投降，保证前途无量。"夏完淳回答："人各有志，我可不想跟你们一样！我要做就要做一名英雄，就像我朝的洪承畴先生那样。"他装作不认识洪承畴，装成不知道洪承畴叛变一事的样子，对洪承畴大大夸奖了一番。

洪承畴被他这么一说，不由得一愣，说："你仰慕洪先生？"夏完淳表现出很自豪的样子说："当然仰慕。当年先生在关外与清兵血战于松山、杏山一带，弹尽粮绝，仍坚强不屈，最后英勇殉国。消息传来，举国为之感动，先帝为之垂涕。这样的先辈难道不值得仰慕吗？"

一番夸赞把洪承畴挖苦得面红耳赤，十分狼狈。洪承畴的随从连忙为他解围，示意他洪承畴就是坐在前方正堂上的人。夏完淳继续装傻说："你们胡扯！洪老先生早已为国捐躯，全天下谁人不知！你们这些贼子还冒充他、想败坏他的名声，先生在天之灵决不会放过你们的。"

此时的洪承畴羞愧得无地自容，只好草草结束这次审判，命人把夏完淳押下大殿，自己也灰溜溜地离开了。

2. 摆脱困境

《南亭笔记》中讲了一个"民女巧对彭宫保"的故事。晚清时期，一个女子在高台上晾衣服的时候，不小心将晾衣服用的竹竿从高台上落下，刚好砸到了从此处经过的彭官保头上。彭官保大怒，女子非常害怕，但她突然想起彭官保是个乐于助人的人。于是她急中生智站在高台上向下大骂道："你大呼小叫的干什么？一听你言语就不是个斯文人，一点礼貌都没有！你可知道彭官保就住在这周围？他老人家一向爱民如子，如果我将这件事情告诉了他，他恐怕会砍了你的脑袋……"巧妙的话语，让彭官保心中的怒火迅速熄灭。他想到一名不认识自己的民女对自己竟然如此尊重，还夸奖他爱民如子、体贴百姓，不禁转怒为喜，没有追究什么就从女子家的高台下走过去了。

3. 脱身有术

《左传·襄公十五年》中"师慧欲回郑"记载了这样一件事。郑国有一次为了向宋国要回内乱时逃到此处的叛党，就把师慧（郑国当时的一名乐师）当作见面礼送给了宋国。虽然师慧很不情愿，可是他知道自己没有选择，也清楚自己一旦被送到了宋国，几乎不可能重归故土。于是，他急中生智决定装疯骗人。

到达宋国后，他伪装成一名盲乐官被扶进宫廷，刚刚步入大殿，他便装出要小便的样子。搀扶他的人说："在这里不能小便啊，这里是朝廷。"他说："朝廷怎么了？朝廷没人嘛。"搀扶者只得又说："这整个大殿都是人，怎么能说没人呢？"他说："依我之见，这里一定没人，如果有人，还能让我个这瞎子来？还会用千乘之相换我这演唱淫乐的瞎子？"这些"疯话"将一腔不满表达了出来。言在此而意在彼、借题发挥。通过他这么一说，宋国满朝上下都觉得羞愧与扫兴，不久便将他送回了故土。

4. 出名有方

《唐诗纪事》卷八《独异志》中记载了"陈子昂买琴摔琴"的故事。初唐时，陈子昂是一位年轻有为、极具才华的大才子，写得一手好诗文。可惜他学富五车却没人知晓，为此他非常苦恼。

一天，陈子昂走在长安街上，他发现许多人都围着一把琴看，出于好奇他也凑了过去。那把琴的要价是一百两银子，在场的所有人都不敢买，他便上前买下了，并向围观的人夸赞此琴的妙处。他告诉众人他精通音律，并邀请众人明日前往某处听他的演奏。次日众多慕名者都前来听他演奏，他却在酒宴之后，将琴举起来重重地摔在了地上，说道："我陈子昂学富五车，有文百轴（卷），驰走京城，却不为人知，此操琴小技岂是我留心的！"随即将自己所有的诗文全部拿出来，邀请大家观看、评价。不久之后，陈子昂就闻名于京城的大街小巷。

有时，把知道的事说成是不知道的可能并不是坏事，反而还可能帮人摆脱困境，巧妙脱身，甚至达到出名的目的。

适时示弱，免招人烦

示弱可以减少乃至消除他人的不满或嫉妒，是自保的妙方。 事业上的成功者或生活中的幸运儿，是很容易遭人嫉妒的，在无法消除这种心理误会之前，适当地利用示弱可以将其消极影响降低到最低程度。

示弱能使处境不如自己的人得到心理平衡，有利于人际关系的发展。 在交际过程中，必须学会选择示弱的内容。 地位高的人面对地位低的人不妨展示一下自己的奋斗过程，说明自己其实也是个平凡的人。 成功者在别人面前可以多说自己失败的往事、现实的烦恼，让人觉得"成功不易""成功者并非万事大吉"。 对目前经济状况不如自己的人，可以适当诉说自己的苦衷，比如健康欠佳、子女学业不妙以及工作中遇到的困难等，让对方觉得"他家也有一本难念的经"。 在某些专业上有一技之长的人，可以诉说自己对其他领域的无知，袒露自己平时生活中如何闹过笑话、有过窘态等。 至于那些完全依靠客观条件或偶然机遇侥幸获得成功的人，更应该直言不讳地表明自己是"瞎猫碰上死老鼠"。这样的话，不但可以消除他人心中的嫉妒，还能够笼络人心，获得他人的同情。

示弱时，可以推心置腹地交谈，也可以在大庭广众之下，有意识地诉自己之短，说他人之长。

示弱有时还需表现在行动上。当自己在事业上已位于有利地位，获得一定的成功时，在小的方面，即使完全有条件和别人竞争，也可尽量回避退让一下。也就是说，对小名小利应淡薄些、疏远些，因为你的成功可能会成为某些人嫉妒的对象，不要为一点微名小利而惹火烧身，可适当分出一部分名利给那些暂时处于弱势中的人。

曾有一位记者去拜访一位政治家，目的是想获得一些有关他的丑闻资料。然而，还未寒暄，这位政治家就对急于获得资料的记者说："时间还长得很，我们可以慢慢谈。"记者对这位政治家随和的态度大感意外。不多时，仆人将咖啡送上来，这位政治家端起咖啡大喝一口，立即大嚷道："哦！好烫！"咖啡杯也滚落在地上。等仆人收拾好后，政治家又把香烟倒着插入嘴中，从过滤嘴处点火。这时记者连忙提醒："先生，你将香烟拿倒了。"政治家意识到问题之后，连忙将香烟拿正，不料又将烟灰缸碰翻在地。

平时趾高气扬的政治家出了一连串洋相，令记者大感意外，不知不觉中，记者的挑战情绪不见了，反而对对方产生了一种亲近感。 其实这整个过程是政治家一手安排的。 当人们发现杰出的权威人物也有弱点时，过去对他所抱有的嫉妒和怨恨之情就会消失，而在同情心的驱使下，还会对他有种亲切感。

在办事时，若想赢得别人的好感，让别人对你放松警惕，不妨适当地、不露痕迹地在他人面前展现自己某些无关痛痒的小缺点，出点小洋相，这样可表明自己并不是一个高高在上、十全十美的人，也是一个普普通通的人，这样就会使他人在与你交往时放松警惕，少一些挑衅与拘谨，多一份真诚。

灵活变通之道

求人办事很容易被人拒绝，那么一旦求人办事遇阻怎么办？ 这时应以灵活变通之道应对：此时应该使出欲擒故纵的手段，稳坐钓鱼台——方法对了，不怕你不"就范"。 这样的灵活变通之道出自聪明人的头脑，就是"一招制敌"的"上乘功夫"。

清代扬州有位员外新盖了幢别院，豪华富丽，但就是缺少点文人气质。有人建议，何不弄两幅郑板桥的字画，挂到客厅里，这样不就高雅脱俗了吗？这位员外一听，猛拍大腿——妙！于是，他马上拎着钱箱就往郑板桥家赶。谁知，拜帖递进去了，人却被挡在门外——一连几次都是这样，理由无非是先生外出、不舒服、在练气功等。这是为什么呢？

大家都知道，郑板桥是清代"扬州八怪"之一，是著名书画家，尤其擅长画竹、兰、石、菊，字写得也好，因此远近闻名。当时，慕名跟他求字画的人很多，郑板桥也不客气，写了一幅"字画价格表"贴在大门上，上面写道："大幅六两，中幅四两，小幅二两，条幅对联一两，扇子斗方五钱。凡送礼物、食物，总不如白银为妙；公之所送，未必弟之所好也。送现银则衷心喜乐，书画皆佳。礼物既属纠缠，赊欠尤为赖账。"明码标价，甚为直爽。但是，郑板桥跟一般文人不一样，不为五斗米折腰，鄙视权贵——一些达官显贵想索求书画，哪怕推着装满车的银子，也会被拒之门外。富豪屡吃"闭门羹"，原因就在此。

后来，这位员外与一位大官朋友闲聊时提到这件事，大发牢骚。大官说："你怎么连郑板桥是什么人都不晓得？别说你啦，就是我，要了好几年，也还没弄到手呢！"

员外一听，来了精神，夸口道："瞧我的，不出几天，定要弄几幅字画来，上面还要让他写上我的大名。"员外决心采取灵活变通之道成就此事。说干就干，他派人四处打探郑板桥的生活习惯和爱好，并详细地做了安排。

这天，郑板桥外出散步，忽然听见远处传来了悠扬的琴声。曲子甚雅，不觉好奇：没听说这附近有什么人会抚琴呀？于是，他循声而去，发现琴声出自一座宅院。院门虚掩，郑板桥就推门而入，眼前所见让他大为惊异：庭院内修竹叠翠，奇石林立，竹林内一位老者鹤发童颜，银须飘逸，正在抚琴。这不分明是一幅仙人抚琴图吗？

老者看见他，立即停止抚琴，琴声也就戛然而止。

郑板桥见自己坏了人家的兴致，有些不好意思，老者却毫不在意，热情地邀他入座，两人谈诗论琴，相谈甚欢。

谈得正投机时，一股浓烈的狗肉香从里屋飘出来。喜食狗肉的郑板桥闻着这香气，口水都要流下来了。

不一会儿，从里屋走出一个仆人，端着一个大托盘，托盘上有一壶酒，还有一大盆烂熟的狗肉。仆人径直走到两人面前，将酒和狗肉放在两人面前的石桌上。一见狗肉，郑板桥的眼睛都直了。老者刚说个"请"，他连推辞的客套话都没说就迫不及待地大快朵颐起来。

风卷残云般地吃完狗肉，郑板桥才意识到，自己连人家尊姓大名还不知道，就在人家这里大吃一通，现在酒足饭饱，总不能一甩袖子，说声"告辞"就走吧？但是又该怎么答谢人家呢？留点银子吧，太俗了，而且自己出来散步也没带钱呀。他只能对老者说："今天能与您老邂逅，真有种相见恨晚的感觉，实在是幸会。感谢您的热情款待，我无以回报——这样吧，请您拿纸笔来，我画上几笔，也算留个纪念吧。"

老者似乎还有点不好意思，连声推辞说："吃顿饭不过是小意思，何必在意？"

郑板桥见他推辞，还以为他不想要书画，便自夸道："我的字画虽算不上极品，但还是可以换银子的。"

老者这才找来纸笔，郑板桥画完想要为其提名，听到老者的姓名觉得很耳熟，但又想不起来，也就没多想，就在落款处题上"敬赠×××"。看到老者满意地笑了，郑板桥这才告辞。

第二天，这几幅字画就挂在员外别院的客厅里，员外还请来宾客，一起欣赏。宾客们原以为他是从别处高价买来的，但一看到字画上有他的名字，这才相信是郑板桥特意为他画的。

消息传开后，郑板桥简直不相信自己的耳朵。他又沿着那天散步的路线去寻找，发现那竟是座荒宅。郑板桥这才想到，自己贪吃狗肉，竟然落入人家的圈套，被人利用了一回……

员外不动声色地使"障眼法"（制造了老者竹林抚琴、仆人献狗肉等场景），采用"明修栈道，暗度陈仓"的办法最终得偿所愿，让郑板桥"专门"给他作了几幅画。由此可见，他可是个聪明人，因为郑板桥可不是随便谁都能"忽悠"的。

《易经》有云："穷则变，变则通，通则久。"知变与应变能力，是一个人的素质能力，也是现代社会中办事能力的一个重要标准。求人办事不要做吊死在一棵歪脖树上的愚汉，而应牢记"条条大路通罗马"，换个角度，换种方法，或者兜个圈子，绕个弯子，也许结果就会如你所愿。

某位出版社编辑在向著名学者钱锺书约稿时，就是因为采用了灵活变通的求人之道，而取得成功。以下便是他的经验总结：

几年前，我曾参与地方名人词典编撰。同仁们都说，钱老（钱锺书）的材料不易到手，写信、发公函都不回复。主编为此大伤脑筋。我想碰碰运气，但鉴于前辈们的经验，行事时一点也不张扬。

我决定试试的原因有二：其一，我对钱老的著作及学术成就有所了解。自1946年《围城》问世以来，先生之名即铭刻脑际，追慕至今；其二，钱老的叔父钱孙卿先生是我所在学校的前任校长。凭此两条，我建立了信心。自知属于无名之辈，故先写信投石问路，希望借此接近。

信中先呈上拙作，然后陈述其叔父的办学业绩。我知道钱老伉俪情趣高雅，每常调侃，幽默诙谐，相与为乐。杨绛女士常唤夫君为"黑犬才子"——这是钱老之字"默存"分拆而成的折合体字谜。于是我不揣冒昧为他们姓名编了两条灯谜："文化著作"射"钱锺书"；"柳絮飞来片片红"射"杨绛"。

信发出后不久就收到了回信，内附联名贺卡，蓝底金字，庄重雅致。由此可见，钱老并不像传言那样那么古怪。

既得陇，又望蜀！于是我又写信委述父老乡亲对他们的仰慕之情，说明母校因"首编"未见钱老条目，愤而拒购（辞典）；再述地方史籍"龙套"角色频频出场，主角不亮相，戏唱不好之态势等等。希望他们能惠赐一手资料。不久就得到了复函："来函敬悉。我们对国内外名人传记请求给予材料，一概辞谢——偶有我们的条目，都是他们自编，不便为你破例。"

我果然吃了"闭门羹"，但设身处地地想，若他们有求必应，将疲于应酬。老人自有他们厘定的处世原则，一以贯之；故乡情虽深，但也不能贸然破"法"。

初求遇阻，但转念一想，既然不能全盘提供材料，为什么不另辟蹊径——"自编"材料，呈递钱老复核，不是同样可以完成组稿任务吗？于是我将有关钱老的传记材料，编成小传，另附若干疑问，一并发函请教。

在忐忑不安中又接到了钱老的回信："遵命将来稿删补一下，奉还。"钱老把小传中的名号大都删除了，批曰"不合体例"，又订正了有关讹误。至此组稿任务已经完成，我大喜过望！同仁无不欢欣鼓舞！

由以上两个例子可见，找令人敬畏的人办事，最好在提出请求之前先"兜个圈子"，先找到他（她）的兴趣，使对方有这样一个感觉——"这人好像很了解我"而加深印象，随后求对方办事自然就有希望了。

得意不忘形，失意不失志

我们常说谦虚使人进步，骄傲使人落后。 即使自己很得意也不要妄自炫耀，要懂得适当地掩饰自己的才能，隐藏住锋芒，要知道树大招风的道理。 把自己适当地隐藏起来，就不会招来嫉妒，反而会让你的人缘越来越好。

一位女士的宝贝女儿从剑桥毕业回国后，在特区一家金融机构上班，月薪数万港币。 这位女士当然为自己出色的女儿深感自豪。 她看到亲朋好友时，言必称女儿的聪明，语必道女儿的薪水。 后来女儿偶然发觉，便制止母亲，劝说母亲不要总夸自己，突出自家好，而忽略了其他人的感受，可能会伤害到他人。

在自我讲述时，要防止过分突显自己，切勿使别人心理失衡，产生不快情绪，以至影响两人之间的关系。

有两位要好的朋友，甲貌美如花，乙相貌平平。 她们一起去参加一次舞会，舞会上许多男士纷纷与甲共舞，在不知不觉中就冷落了乙。甲下意识地感觉到不妥，便以身体不适为由拒绝了他人邀请，让他们邀请乙，乙被男士邀请，感到很开心。甲以友情为重，不想让好友受冷落被忽视，于是机智地用一种平衡的手段，使乙的心灵得到安慰，这也加深了她们之间的友谊。

英格丽·褒曼在获得两届奥斯卡最佳女主角奖之后，又因《东方快车谋杀案》中的精湛演技获得最佳女配角奖。在她领奖时，一再称赞与她角逐最佳女配角奖的弗伦汀娜·克蒂斯，认为真正获奖的应该是这位落选者，并真诚地说："原谅我，弗伦汀娜，我事先也没有打算获奖。"

褒曼作为获奖者，没有滔滔不绝地叙述自己的拼搏与奋斗，却对自己的对手推崇备至，维护了对手的面子。无论换作是谁，都会十分感激褒曼，认定她是倾心的朋友。一个人在获得荣誉时，能如此善待竞争对手，对对手如此贴心，体现出一种宽大的胸怀。

以上的故事告诉我们，当你得意时，不要骄傲到得意忘形，要顾及他人的感受，注意自己的一言一行没有伤害他人。学会抚慰竞争对手的心灵，不要使对方产生相形见绌的感觉。与此同时，自己的心灵也会因此安然自慰，心情也会更愉快。

经常可以看见一些人大谈自己的得意之事，这种做法十分不好。对方不仅不会认为你是"了不起"的人，只会认为你爱沾沾自喜、是不成熟的、喜欢卖弄过去好时光的人，所以，不要时时处处讲述自己的得意之事。

每个人都想得到高评价。明知不应该谈得意之事，但却情不自禁地大谈特谈，这也是人性中比较矛盾的一面。所以，完全不谈得意之事不太可能，但同样是谈得意之事，不妨适当注意一下方式。注意之一就是，至少在别人未谈得意之事之前，自己不要先谈。也就是说，单方面大谈得意之事非常不妥，所以要先让对方发表演讲，然后自己再谈，这样会给别人留下较好的印象。

虚荣之心，人皆有之。喜欢在他人面前吹嘘炫耀自己光彩一面的，都是比较虚荣的人，这样的人锋芒毕露，很容易招来怨恨。

低姿态更能把事办好

古语有云："大勇若怯，大智若愚"，应用到现代社会的经商、谈判中也妙不可言。 原本胆大如虎，却表现得胆小如鼠；原本足智多谋，却表现得寡言木讷。 目的只是为了暂时蒙蔽对手，伺机夺取主动权，让对手防不胜防，达到出其不意的效果。 有这样一个有意思的故事：

日本航空公司与美国航空公司要洽谈一项合作业务，日方派出三名代表与美方进行谈判。作为卖方的美国公司为了抓住这次绝好的商机，在众人中挑选了几名最精明能干的高级职员组成谈判小组。

谈判的流程不像平时的谈判方式——双方进行交涉，谈判刚一开始美方就开始大肆宣传自己的产品。他们将产品的宣传海报和一些宣传资料贴满了整个谈判室，而且利用三台幻灯机，花费两个半小时，按照好莱坞影片的方式放映了公司产品的介绍。其目的主要有两个：一是向对方表现自己公司的强大实力，二是想向三位日本代表做一次独特的产品宣传。放映过程中，日方三名代表很认真地观看了精彩的产品展示。

　　放映结束后，美方代表得意扬扬地站起来打开电灯。此时，可以发现在他们脸上得意的笑容，其中流露出获得谈判胜利的信心。其中的一位自信地走到日方的三名代表面前并说道："请问，你们如何看待我们公司的产品？"不料其中一位日方代表困惑地说："我们还不懂贵公司的意思。"这句出乎意料的回答大大伤害了这位美方代表的自尊心，顿时笑容凝结在脸上，怒火倏然而升。他稳定了一下情绪继续问："你们没有看懂？哪里不懂，我们可以再解释。"日方代表彬彬有礼地回答："实在抱歉，我们都不懂。"美方代表压制着心中的怒火，似笑非笑地问："那你们是从哪里开始不懂的？"日方代表现出一副愚钝的表情说："从一开始我们就不明白你们的用意。"听了日方代表的这句话，美方代表深受打击。可是，为了继续谈判，考虑到公司的利益，又不得不耐心地再次放映宣传片，这一次的速度就比上一次要慢得多。

　　影片结束后，美方代表再次问日方代表："这一次总该明白了吧！"三名日方代表面无表情地齐声回答："我们还是不懂。"这时美方代表完全失去了信心，解开了束缚他已久的西服纽扣，压低声音说："你们……你们到底希望我们怎样做？"这时，一位日方代表不慌不忙地站了起来，说了他们的条件，由于美方代表受到了严重的打击，便稀里糊涂地答应了对方的条件。结果，日方大获全胜，日方公司全都为这次精彩的谈判叫好。

　　大智若愚，不仅可以帮助自己寻找机会，还能消磨对方的信心与斗志，在谈判过程中获得有利位置。将有示为无，明明聪明却假装糊涂，实为清醒却装醉。虽然很想获得胜利，却不表明心迹，耐心静待时机，待对方精疲力竭后再突然出击，打对方一个措手不及。

　　寻找恰当的时机，在对手降低心理防范的情况下再让对手措手不及，往往会让事情向自己预想的方向发展。商场上，大量商家都在用"糊涂"来掩人耳目，实际上，糊涂背后却隐藏着重大心机，他们只是在等待时机成熟时给对方以致命一击。

　　宁可有为而示无为，也不可无为而示有为。在办事过程中，本身聪明却装作糊涂，可助人一臂之力；而原本糊涂却装作聪明，这样只会让自己处在尴尬的境地。

第三章　礼尚往来：让别人无从拒绝你的请求

"物质"重要，"人情"更重要

　　求人办事之时，选择好时机，有艺术、有技巧地送给他人一些礼物是联络感情增加交流的一种手段。常言道："受人钱财，替人消灾"，对方收下礼物，彼此间也就有了感情，这样办事就容易多了。但也要知道物质利益是一时的，人情才是长远的。

　　送礼不仅能拉近了人与人之间的关系，而且双方在情感上更觉亲近。"礼轻情义重"，送礼不在于多，而在于善于投其所好。根据不同人的爱好特点赠予不同的礼物，才能真正打动他人，最终让他人愿意接受自己的请求，办成事。

　　"求人要送礼，'礼'多人不怪"，是古老的中国格言，它在今天仍十分有实用的效果。 在求人办事的时候，如果送一点礼品，任何话都会比较好说，如果空手求人，通常会被别人婉拒。

在现代商业社会，"利"和"礼"是连在一起的，往往都是"利""礼"相关，先"礼"后"利"，有了"礼"才有"利"，这已然成了商务交际的一般规则。 在这方面，道理不难，难就难在实际操作上。

送礼已经成为一种艺术和技巧，从时间、地点到选择礼品，都是一件很费心思的事。 很多大公司在电脑里对一些主要公司、主要关系人物的身份、地位及爱好、生日日期都有记录，逢年过节，或者什么特殊的日子，总要例行或专门送礼，巩固和发展双方的关系网，确立和提高自身的商业地位。

人都讲礼尚往来，这是人之常情，在求人办事时更是如此。 如果不是借送礼之机乱搞歪门邪道，进行权钱交易，拉拢腐蚀国家公务人员。 那么，这种人情往来就是正常的。

送礼也是表达心意的一种形式。 礼不在多，达意则灵；礼不在重，传情则行。 双方都不要过于看重礼物本身的物质价值，而应将其看作是一份浓浓的情、厚厚的意。 送礼物是一种友情的表达，中国早就有"投之以桃，报之以李"的佳话，也是感情的物化。

送礼作为一种普遍的文化现象，自有其特定的规律，不能盲目去做、随心而为。 送礼能反映送礼者的文化修养、交际水平、艺术品位以及对受礼人的了解程度和关系疏密。 在一定意义上讲，送礼也是一门特殊的交际艺术。

送礼要恰到好处

自古以来中国就有"来而不往非礼也"之说，这句话强调的是礼尚往来的必要性，其最终目的是为了办事方便。通常礼物有轻有重，但价格高的未必就是好的，关键看它是否适合对方，是否能打动对方。

赠送礼物是非常管用的一种营销手段，也是联络客户感情的重要方法。但无论什么方法，都必须掌握操作的要领，否则会难以达到预期的效果。

就礼物而言，一般价值跟实用性一样重要，功能则比外形重要。用一次就丢的礼物无法留下长时间的印象，所以功能强又可以重复使用的礼物比较适合。例如雨伞、咖啡杯都是可以重复使用的小礼物。礼物最好能放在客户的桌上，而不是放在抽屉里。可见度越高，印象就越深。多选择客户喜欢摆出来的礼物，小时钟可以放在桌上显眼的地方，拆信刀就可能被放在抽屉里，钥匙圈就都放在口袋里。

送礼最好送一些有创意的东西。一幅漂亮的画或是一张精美的图片，都可能挂在办公室里几年。独特精致的手工木质钢笔，如果刻上客户的姓名缩写，也许更胜过名牌钢笔。没有时间和空间限制的东西，就比较有收藏的价值，例如，字画或精良艺术品等。

跟业务有密切关联的礼物和自己推销的产品要契合。例如，牙医通常送牙刷与牙膏，环保产品公司则会送个人水质测试仪器。对潮流电子玩家们来说，电脑鼠标垫、电脑游戏卡、视听盘片等，都是非常受欢迎的礼物；有闪光或声音，或是碰一下就有动作的小玩意儿，会令人印象深刻。有时候送的礼物不只是影响客户一个人，而是整个销售计划的局部，这时候要选择让每个人都看得到的礼品。运动衫、帽子、遮阳板或是其他一些印有图文的衣服，还有可以转印在玻璃窗上的图案，或是车窗贴纸，都是很好的广告。

擅长送礼的人，挑选礼物时，总要经过细心选择，会把一份真情包装在礼物之中，因其独特的风格和深厚的情义，使人觉得于情于理，难以拒绝。

有一次，英国女王伊丽莎白访问日本，其中有一项访问是 NHK 广播电台的安排。当时 NHK 派出的接待人，就是该公司的常务董事野村中夫。当野村中夫接到这个重大任务后，立即收集有关女王的一切资料，并加以仔细研究，以便能在初次见面时能引起女王的注意，从而给女王留下深刻的印象。

他绞尽脑汁，也没有想到什么好的主意，偶然，他发现女王的爱犬是一只毛毛狗，于是突发灵感。他跑到服装店订制了一条绣有女王爱犬图样的领带。迎接女王的那天，他打上了这条领带。果然，女王一眼便注意到这条领带，微笑着走过来和他亲切握手。野村所送出的礼物是无形的，因为礼物系在他脖子上，"礼"轻得非比寻常，但是却让女王体会到了他的良苦用心，感受到了他的诚心。因此，可谓是地道的"礼轻情意重"了。

有些时候，礼物太轻，不能表达感情；礼物太重，尤其是要给上级送的礼物，又会让上级领导有受贿的嫌疑，所以送礼要十分注意轻重问题，争取做到少花钱又能多办事。 虽说礼物能代表人们的情感，但感情投资只送礼不交谈还是不行。

近年来，有人做过调查，日本产品之所以能成功打入美国市场，其中最重要的秘密武器就是日本人的小礼物。 也就是说，日本人是用小礼物打开了美国市场，小礼物在商务交际中起到不可忽略的重大作用。 当然，这句话也许有点夸张。 但是日本人做生意，确实是想得非常周到的。 特别是在商务交际中，小礼品是不可少的，而且根据不同人的喜好，设计得非常精巧，总是人见人爱，很容易让人爱礼及人。

用心的小礼物能起到重大作用，精明的日本人之所以成功，就在于他们的聪明，摸透了外国商人的想法，又使用了自己的策略。 一是他们了解外国人的喜好而又投其所好，以博得对方的好感；二是他们采用了令人可以接受的礼品，因为他们知道欧美商业法规严格，送大礼物容易惹火烧身，而小礼物却没有行贿之嫌；第三，他们很执着于本国的文化和礼节。所以，礼品虽小，他们却能费尽心思，让人不能不佩服。

只要是一份饱含情意的礼物，无论它的价值多微小，它都寄托了感情，都能够让人欣然地接受。

送礼有诚心，鹅毛值千金

千里送鹅毛，礼轻情意重。无求于对方时给对方送上礼品，礼品虽然很小，对方也会高兴，受礼人会记着你的情义，你有困难时，对方肯定也会帮你一把。

当你在生活和工作中遇到困难时，得到了亲朋好友的大力帮助后，你应该送礼以表示真诚感谢；当你接受了别人的馈赠时，你应选择价值超过赠品的礼物当作回赠，让对方感到你懂礼节通人情；当亲朋好友遇到结婚、乔迁、寿诞、生小孩或老人祝寿、举行金银婚纪念等大喜事时，你应当送礼以表示祝贺；当亲朋好友或其亲属去世，也应该备礼相送表示哀悼；当亲朋好友患病或突遭飞来横祸，你应该及时地备礼相送表示慰问和关切；碰到重要的传统节日比如春节、元宵、端午、中秋、重阳以及国家的法定节假日如元旦、五一、国庆等，亲朋好友、同学同事互相探望、聚会，也可备薄礼，以示祝贺；年幼者在看望年长者时，送一些老人喜欢的食物、酒类和水果，表示孝心。同学数载，毕业之际各奔东西；战友几年，有的转业、复员；亲朋好友，要留学异国他乡；或者你在外地进修、短期学习，结束后就要与学员天各一方。这些时候，双方都免不了要赠送一些有意义的礼物当作纪念。

富兰克林·罗斯福是美国最伟大的总统之一，他曾连任四届总统，带领美国人民参加了反法西斯战争，取得了最后伟大的胜利。

富兰克林·罗斯福有一位叔叔，也就是西奥多·罗斯福，富兰克林小时候就特别崇拜他的叔叔，希望自己将来有一天能成为美国的总统。

富兰克林为人善良，也特别细心，在与亲戚的交往时，经常能为他们做些力所能及的事情。记得有一次，正好是西奥多·罗斯福的生日，当时的他还不是总统，富兰克林本来在远在千里之外的芝加哥旅游，似乎富兰克林不会参加叔叔的生日宴会，可宴会进行还不到一半，从门外急匆匆地进来一个年轻人，此人正是富兰克林·罗斯福，他拿出一条表链对叔叔说：

"叔叔，真对不起，我已尽全力从芝加哥赶回来了，但还是晚了一步，这条表链虽不值钱，但我希望您能喜欢。"

西奥多·罗斯福见此情境，激动得抱紧自己的侄子，他激动的原因有二：一是富兰克林·罗斯福不远千里回来参加他的生日宴会；另一个原因是他送的礼物，因为西奥多的手表链正好坏了，正想叫人到芝加哥去买一条相同款式的，没想到富兰克林细心，当时就记在心上了。

从此之后，西奥多与富兰克林的感情亲如父子，在后来富兰克林参加总统竞选时，西奥多也起了很大的指导作用。

聪明人送礼不会只考虑礼品本身有多少价值，因为他们知道"礼轻情意重"这句话的意义。有一年，一个大学教授到一个偏远的小山村行医。他治好了一位贫困农民多年的肺病，却没有收一分钱。农民非常感动，他想来想去，无以为报，只好送些自己家里种的豆子。这个农民就扛了一袋豆子去遥远的城市里找那位教授。他走了好几天，脚都磨破了，终于到了城里，又经几番周折，才找到教授家，把一袋豆子送给了教授。教授后来向朋友们提起这事时说："在我的行医生涯中，从没收到过这么昂贵的礼物。"一袋豆子，或许值不了多少钱，但由于情义的至诚，这份礼物便成了教授心中不朽的财富。

送礼懂门道，没事偷着乐

中国人总讲求中庸之道，过与不及都是不恰当的。礼尚往来也是如此。只要所送之礼符合常情，适合受礼者的身份地位，自然也就"礼"所当然了。

自古"宝剑赠英雄，红粉赠佳人"，送人礼物时必须确定能令对方满意，才可肯定该份礼物的价值。如果是将一双崭新的溜冰鞋送给发白齿摇的老翁；买贵重的瑞士手表，赠给初次见面的朋友；或者赠给内向保守型的教授一辆山地自行车……这些不恰当的礼物，都只会得到反效果。何况，有男女老少之分，个人的爱好不可能放之四海而皆准，购买前必须认真考虑，才能为受礼人带来无比的温馨。

通常来说，过年过节送给长辈、上司、老师的礼品以符合时节的东西为最好，诸如土特产、水果、糕饼、烟酒之类；同辈的朋友、同事间，则不受拘束，可送些应时物品，也可送对方观赏性的或较实用的物品；对于晚辈或小孩，则宜选购年轻人喜欢的用品或糖果、玩具。

至于上司对下属，或一般的司机、保姆、报童、送货员、服务员、大厦管理员等服务人群，逢年过节，可用奖金代替物品，或是奖金之外再加一点小礼物，以感谢他们的辛勤工作，则更会受到欢迎。

长辈过寿时，最常见的是送些蛋糕、寿桃，如果经济许可，可以送上好的衣料、保暖的浴袍、防滑的浴鞋甚至舒适的摇椅，凡是需要的，都是合适的礼物。上司、老师、同事、朋友过生日，蛋糕是最常见的礼物，但年年送蛋糕太缺乏新意，所以也可选择一些较有趣味或有意义的礼物，如烟斗、打火机、高档酒、名画或其复制品、几包好茶、几本好书，甚至笔砚、图章都可以。晚辈的生日则以赠送画册、文具、CD唱片等较适合。

结婚是人生头等大事，交情深厚的亲朋好友一定要送一份厚礼才显得出诚意。当然所谓厚礼并没有固定标准，以你的能力范围所做的最大支出就是厚礼。结婚时常缺少家具和生活用品，如电冰箱、电视机、洗衣机、沙发、桌椅等，价格太高的物品也可与人合送，如果结婚当事人什么东西都有了，一份厚厚的礼金便是最适合的礼物。至于泛泛之交，在去喝喜酒时，按一般行情送份礼金就可以了。

生孩子是人生的另一宗大事，无论亲疏都可送小孩的衣服或玩具，关系特别亲密的，可送小孩项链、长命锁之类的。这些礼物虽是送给小孩，但实际上也是为了获得大人的欢心。

其他如乔迁、升职、出国、毕业等喜事，则没有特定的礼物，一般说来乔迁可以送家庭用品，出国、毕业可送些纪念品。

如果你实在想不出应送什么礼物，也可以先到街上逛逛，最好到礼品专卖店参观一番，有时也会有意想不到的收获。其实，你花心思选择礼物，必然会收到良好的效果。

圣诞节将至，人人都送礼表心意。那到底有没有受惠者得着了礼物，反而啼笑皆非的呢？答案是肯定的。赵先生便是其中一个。

赵先生从菲律宾回香港的当日，正在准备行李，忽有人叩门。一开门，出现在眼前的是两个巨型纸皮箱，他被吓了一大跳，连忙问明来意。

原来是一位菲律宾的老友送的礼物。大阔佬自然是大手笔，但送的竟是两大盏要高楼大厦才用得上的雕刻极其精美的吊灯。

赵先生对着两个大纸皮箱，差点要哭出来！眼看马上就要上飞机了，本打算轻轻松松上飞机的愿望完全落空，行李超重且不说，最严重的还是怎么处理的问题。

可是，对方的深情厚谊无法拒绝，但是他怎么肯定别人住的地方是高楼大厦呢？就算答案是肯定的，每间房子也肯定已有很起码的家居设计，不能贸然放上鹤立鸡群的饰物。

把这件庞然大物运回香港之后，扔了又可惜浪费，放在贮物室却是平白占用空间，增加个人负担，在寸土寸金的香港，尤其麻烦。至于转送别人，赵先生又实在不忍心把自己的不便转在他人头上。你面临的困难，也是别人可能有的困惑，己所不欲，勿施于人。

所以说，送礼是一门艺术，礼物贵重与否不是问题，令受礼者开心实用，才算一百分。送礼不仅要看对象，更要看时机，盲目送礼很难达到目的。

第三编

会做人

第一章　方圆有道：不妨来一点厚黑术

适可而止，与人为善

留有余地，就是指方圆处事，巧于周旋、迂回，但不可太强，刚则易折；圆则不能再满，不便于调解回环。掌握方圆有度，则进退自如。制订计划，要留有余地；享受人生，要留有余地；批评别人，要留有余地；日常用度，要留有余地；再繁忙的工作，也要留有休息的余地；再紧张的关系，也要留有调和的余地。

家有余粮，日有余用，则生活安稳。正所谓"达则兼济天下，穷则独善其身"。人在社会之中，无论做人还是做事，都要学会留有余地，话不可说满，事也不可做绝。所谓"天无绝人之路"就是说，连上天都会为每个人留有转机，留有生还之机。

俗话说，"弹琴唱歌，余音绕梁；赠人玫瑰，手留余香。"留有余地，才可做到均衡、对称、和谐；留有余地，才能做到进退从容，随意屈伸。我们留下更多的空间给别人时，其实也是留给自己一定的空间。

　　一女子在行路中吐了口痰，却因风的作用把痰刮到一个小伙的裤子上了，这位女子看到后慌忙道歉，并从包里掏出面巾纸要擦去小伙裤子上的痰水，但小伙恼怒地不肯让她擦去，并声明："你给我舔去！"女子再三赔礼："对不起！对不起！让我给你擦去可以吗？"但小伙执意不让她擦，就要她给舔去。这样争执下去，围着看热闹的人越来越多，有的跟着起哄打闹着、笑着……无论女子怎么道歉，小伙也不依她，非让她舔去不可。最后，惹得女子大怒，从包里拿出一沓钱来，大约有一两千元，当场喊道："大家听着，谁能把这个家伙当场摆平了，那么这些钱就归谁！"话音刚落，人群中出现两个健壮的男人，对着那不依不饶的小伙子就是一阵拳脚。那小伙被踢得不知东南西北，等站起来找那女子时，那女子跟打他的人早已无影无踪了……

如要你做了对不住别人的事，感觉自己心里有些愧疚，向人家赔礼道歉，人家气不过说几句，你也得听着，这也是人之常情。反之，如果有人做了对不起你的事，人家也赔礼道歉了，只要无大碍，就不要得理不饶人，甚至刻意报复。真要是那样，有理也变无理了，如果你的行为防卫过当了，说不定还会犯罪！

待人宽厚是我们中华民族的传统美德。如果一件事情本来不大，那就得饶人处且饶人，并且得理也要让三分。中国传统美德强调"恕道"，讲究"推己及人"，"己所不欲，勿施于人"。

一天，一位老大爷正骑车骑得好好的，却被从路旁小胡同中冲出来的一个骑车的女孩子撞倒了。她竟反过来埋怨老人："你骑车也不瞅着点儿！"一旁的过路人看不惯了，纷纷指责那个女孩子："别说是你把老大爷撞倒的，就是没你责任，你也该先扶起老大爷，看看撞着哪儿了没有。"说得那女孩子羞愧地扶起老大爷，小声说："对不起。"那老人站起身，活动活动，说："疼点儿没事儿，你下回可得小心了！我没受伤，你快走吧。"

现代社会的生活节奏很快，有人心生浮躁，没一点儿修养，话中带气儿带刺儿，他们得理不饶人，无理也搅三分。但是，原谅别人并不是一种软弱，只要是亏吃在明处，是有意为之的高尚，也无可生气的。

人要能站到高处，想开点，便能理解别人，宽恕他人。表面看着像是"窝囊"，其实那是个人修养带来的崇高美感，是一种千金难买的精神享受。

民谚有云："养儿防老，囤谷防饥""晴带雨伞，饱带干粮"。讲的就是要未雨绸缪，要为明天留后路、留余地。还有句俗语："人情留一线，日后好见面。"意思是讲，与人相处，凡事不可做绝，且记得彼此留有余地，以后不管在什么场合见面，都不过于尴尬。

狡兔三窟，尚且留有逃生的余地。得势不忘失势，强盛不忘衰败，富有不忘破落。人情世故，恩怨是非都要留有余地。做事要给别人留点余地，这既是为人之道，也是一种工作艺术。

一位著名企业家在做报告之时，一位听众问："你在事业上取得了巨大的成功，请问，对你来说，最重要的是什么？"企业家没有直接回答，他拿起粉笔在黑板上画了个圈，但是并没有画圆满，留有一个缺口。他反问道："这是什么？""零""圈""未完成的事业""成功"……台下之人回答道。

他对这些回答不置可否："其实，这只不过是一个未画完整的句号。你们想要问我为什么取得辉煌的业绩，道理十分简单：我不会把事情做得很圆满，好比画个句号，一定要留个'缺口'，好让我的下属去填满它。"

做事给别人留些余地，并不是说明自己能力不强。事实上，这是一种管理的智慧，也是一种更高层次上带有全局性的圆满。给猴子一棵树，让它毫不停歇地攀登；给老虎一座山，让它自由纵横。也许，这是管理者的最高智慧。

一个人做事讲话，都应该留点余地，留一条后路，留一片蓝天，在了解生命的意义之后，每个人都应该这样做。因为这里面有对自己一时莽撞的弥补，也有对自己一时糊涂的反思。

若你是一位管理者，你千万莫让自己的思维混乱，你不妨抽空静下心来思考：如果有一天工作发生了变化，你是否还能称职？ 在昨天来的路上回去容易，但是退下职场似乎心中并不是滋味。 当我们面前有一条大河阻挡了我们的去路之时，实际上退一步却可以前进得更快。 但是，要看退路是否宽敞，人注定要走路，而路并不在于朝向哪个方向，只要是通往前方，有路就会有希望。

朋友，高高低低是人生，走到高处之时，留点余地给低处，走到低处之时留点余地给高处，这样的一生才可能快快乐乐。 是花终究要开放，是叶始终要鲜绿，留点余地，你将会是个明智的快乐者。

与人交往，以"诚"为贵

圆中显方，待人以"诚"，这是为人处世的成功之道。善圆者皆是拥有智慧头脑之人，那么，如何在与之相处中让人感其"诚"呢，这就需要恰当显方。 人生在世，待人处事是一门大学问，谁都不会相信一个高傲冷漠的人，会有自己的朋友，能得到别人的支持，会得到上司的赏识，会拥有下属的拥戴。 一个人待人以诚，用人以信，结下好的人缘，办事就会容易许多，需要用人时，一呼即有人才归附。 宋江在上梁山前，不管是对晁盖、吴用、李逵，还是对武松、花容、王英，他都用诚敬之心对待，谁有困难就去帮助谁，谁手头紧张就送与谁银子，从而结交了许多英雄好汉。 他这样做并不是为将来"造反"服务，只是建立人际基础，到了落难时，好汉们才会纷纷赶来相救。 他到了梁山之后，先坐第二把交椅，晁盖一死，大家就拥立他当头领。 论武功，他在众人之下；论才学，很多人比他强。 然而他的人缘比谁都好，具有很强的号召力。

在人世间，真诚十分可贵。真诚即是要以心待人，以情感人，以信得人。所谓真诚，就是不说假话，就是不做变色龙、两面派，就是不搞形式主义，不做表面功夫。"行经万里身犹健，历尽千艰胆未寒。可有尘瑕须拂拭，敞开心扉给人看。"谢觉哉同志此首诗，讲的正是真诚的可贵。

真诚，是一种巨大的人格力量，若用真诚去做思想政治工作，就能得到"精诚所至，金石为开"的效果。我国著名翻译家傅雷先生说："一个人只要真诚，是总能打动人的，即使人家一时不了解，日后也会了解的。"他还讲："我一生做事，总是第一坦白，第二坦白，第三还是坦白。绕圈子、躲躲闪闪，反易叫人疑心；你要手段，倒不如光明正大，实话实说，只要态度诚恳、谦卑、恭敬，无论如何人家不会对你怎么着的。"只有真诚能打开人与人之间的隔阂，达到化解矛盾，增进友谊的目的。有的人做思想政治工作，尽管付出的精力不少，但效果甚微，还总认为这是水平问题。其实，最主要还是缺乏真诚。

一个没有真诚的社会，将会是恐怖、危险、可怕的社会；一个若无真诚的人，是阴险、奸诈、歹毒的人。失去了真诚，如同大地失去了阳光、温暖。人与人之间，将会变成你欺我骗、你吹我捧、你歹我毒的世界。在这样的世界之中，大家都戴着假面具生活，他们只能看见讨好的笑脸，却无真诚在内；也许你能听到悦耳的"颂歌"，可是却听不到真正的心声。如此的世界，只能制造和培养骗子，只能重演《皇帝的新衣》的闹剧。在这样的世界里，真理、正气会被封锁，邪恶腐败会不断滋长。难道这不可怕吗？

有这样一则故事：

　　一个黄昏，静静的渡口来了四个人，其中，有一个富人、一个官员、一个武士与一个诗人。他们都希望老船公把他们摆渡过去，老船公摸着胡子讲道："把你们的特长说出来，我就摆渡你们过去。"

　　那个富人拿出白花花的银子说："我有很多金钱。"那当官的回答道："你若摆渡我过河，我可以让你当一个县官。"武士则掌起手中的剑说："不让我过河，我就杀了你……"老船公听后问那诗人："你有何特长？"诗人回答说："唉，我没什么特长，但是，如果我不赶回家，家中的妻子与儿女一定会很着急。""上船吧！"老船公对诗人说道："你已经显示了你的特长，这才是最宝贵的财富。"诗人上了船之后疑惑地问道："老人家，请你告诉我答案。"老人一边摇船一边讲："你的一声长叹，你脸上的忧虑就是你最好的表白，真情才是世间最宝贵的。"

确实，真诚可以让人心不设防，真诚可以让人敞开心扉，真诚令人和平相处，真诚令人胸襟坦荡。待人真诚守信，能获得更多他人的信赖、理解，能得到更多的支持、合作，由此获得更多的成功机遇。离开了真诚，就无所谓友谊可言。虽然有时用真诚换来欺骗是非常痛苦的，但这痛苦是高尚的，它会让你更珍惜真诚！真诚的感觉是幸福的，是可以用心回味的。拥有一份真诚，心中就会充满爱，就懂得谅解和宽容，就能获得尊重与友谊。真诚待人，这是高尚的人格美德！

孔孟之道讲，一个人应从"正心、诚意、修身、齐家"做起，由此达到"治国、平天下"的目的，这是我们祖先宝贵经验的总结。现在不是哪一个人来"治""平"了，就更加要求人人都做到真诚，我们的社会本应该是一个真诚的社会。性本善，真诚则是善之体现；我们也可看出，大多数的中国人是渴望真诚的。人间最宝贵的是真诚，而这是我们每一个人都能够做到的，因为真诚本来就存在你的心中。我相信，只要大家都来拭去蒙在心上的各种污垢，就一定能够营造出一个没有欺诈、权谋、猜忌，互相信任理解，人人舒心的和谐世界。

真诚是人与人之间交往应有的态度。待人真诚可以换来他人的真诚相待，也可以赢得他人的信赖和好感。

在别人伤感的时候，给予别人真诚的安慰就会让他的惆怅顿时烟消云散；当别人生活极度困难的时候，给予别人真诚的帮助，则会像雪中送炭般带给他人温暖，让他重新面对生活；当别人解题愁眉不展之时，给予别人真诚的答案，就会让他刹那间茅塞顿开，对你十分感激；在别人误入歧途的时候，给予别人真诚的劝告，会让他重新醒悟，从而一生受益；在别人面临重大的抉择而不知所措的时候，给予别人真诚的建议，会让他做出恰当的选择；在别人遭逢坎坷、进退两难之时，真诚地指点迷津会让他远离黑暗的深渊。

人们彼此之间需要真诚相待。若是人们总是在别人背后说三道四、指桑骂槐，在他们面前却会笑脸逢迎、阿谀奉承，那么，这个世界就会被谎言和虚伪所覆盖。如此一来，社会就无法前进了。

真诚是不可以写在纸上的，也不是可以印在教科书里的，更不是一篇简短的文章就可以阐述得清楚的。真诚需要被体会，被付出。

曾经有一位美国著名的经济学家在对 100 个百万富翁的调查之中发现，认为自己成功的最主要原因是"真诚地对待所有的人"的人居然有 76 人。

经过这项调查，折射出了一个问题：要想成为富有者，那么，你就必须拿出自己的真心，真诚地对待你身边的每一个人。一个不正直的人必然不可能成为一个成功的人。正直是人生当中一门特殊的课程，它通常决定着一个人的成败。

这位经济学家在对这 100 个百万富翁做问卷之时，他们对他说："一个不正直的人，他是不可能成为百万富翁的，这一点毫无疑问。"

若服装店老板欺骗他的顾客，会有怎样的结果呢？顾客被骗了一次后，他们再也不会登你的门，再也不会购买你的商品，因为他们不再信任你，那么，你的生意就将无法继续下去。

上面的那项调查还表明，绝大部分在经济上有成就的人肯定正直，并将其看成自己成功的重要因素之一。

比如，一家成功的房产管理公司的老板——乔恩·巴里，他就是一位具有正直品质的人。他从零开始创建起自己的事业。他的客户大部分是购物中心的老板，乔恩的公司负责管理这些房产，收取租金并负责雇人修缮。

当需要进行修缮时，乔恩会雇请那些能够提供最好的产品和服务且价格最具竞争力的承包人。 但是，这些工作具体做起来并不简单。 但乔恩想尽可能确保他的委托人获得最大的利益。 他在选择和安排承包人时，无论任何一步，都有相应的书面保证。 正直以及随之而来的声誉成了他取得成功的关键因素和基础。

乔恩说，在娱乐业，他父亲是一位十分知名的富有才干的成功企业家。 他父亲曾经告诉他要正直，并时常对他说："绝对不能撒谎，就是撒一次谎也不行。 若你撒了一次谎，要想掩盖这一次说的谎话，只能再撒15次谎去掩盖。"

所以，只有讲真话，与所有人都真诚相待，才能最有效地利用时间、精力和智力。

对人真诚，别人也会真诚待你；你敬人一尺，那么别人自会敬你一丈。 交往当中，以诚待人，是处世之法。

古人常以"巧诈不如拙诚"作为人生处世原则，旨在提醒众人，"巧诈"或许可以获得短暂的成功，但是一旦其用意被人识破，换来的将会是别人的怀疑、讨厌甚至是敌对。 用"拙诚"待人，也许一时难以让别人感受到自己的诚意，可是"日久见人心"，经过长久的相处，定将获得他人的信赖。在人际交往中，只要能建立安全感，一定能获得他人的以诚相待。 尔虞我诈，钩心斗角，这是绝对不可能建立起良好的人际关系的。 虽然，我们常常说"老实人容易吃亏"，可是吃的毕竟是小亏，正所谓"路遥知马力，日久见人心"，诚实的人，以诚为本，以诚待人，诚实肯定会带给他好结果的，有许多的故事都能很好地证明这一点。

诚实有很大的人格感召力，一个人说话诚实，做事诚实，内心诚实，则会令人信服，就能得到别人的尊重。 上级要以诚对待下属，父母要以诚相待子女，而企业经营者要以诚相待每位顾客，总之，每一个人都要以诚相待同事与朋友。 人际交往若离开诚实的原则，那么人间就不会有真情实意，也不会有团结亲密的人际关系。

"诚"是人际交往的根本，自古以来就受到人们的崇尚，交往若能做到一个"诚"字，一定老少无欺，从而赢得真诚的回报。 相反，世故圆滑，尔虞我诈，是无法赢得对方的真诚回报的，所以，与人交往，都要以"诚"为贵。

原则问题不能退让

　　事事都需要有个限度，事事都要有个规矩，无规矩则不成方圆。

　　人生如戏。戏有生旦净丑，人生有四气长存，即志气、正气、勇气和才气。志气是一个人奋发向上的发动机，不但要有勇于探索、敢于创新、不甘落后的进取精神，还要有争上游、创一流，立志干一番事业的雄心壮志；正气则是安身立命的基石，要敢于主持正义，坚持标准，原则问题不可让步，歪风邪气不迁就，不被私利干扰；勇气是披荆斩棘的开山斧，而且还要有一股勇往直前的锐气，昂扬奋进，不畏艰难困苦，不怕挫折失败，临危不惧，冲锋在前；而才气则是成就事业的一个脚手架，需要勤学苦练，精益求精，富于创造，使之成为某一领域的行家里手，回报社会。人生有顺境和逆境，在顺境之下不要得意得忘乎所以，逆境时要记住可以失意，但是不能失志。

　　凡事都要有个度，需要有一个原则来约束，这就是说要适度运用方圆处世中的"方"，若无原则是不可能办成事的，就如《左传》里所记载：

孙武去见吴王阖闾，与他谈论带兵打仗之事，说得头头是道。吴王心想：纸上谈兵有什么用，让我来考考他。于是，出了一个难题，让孙武替他训练姬妃宫女。孙武挑选出了一百个宫女，并分别让吴王的两个宠姬分别担任两队的队长。

孙武把列队操练时的要领讲得非常清楚，但在他正式喊口令之时，这些宫女却笑作一堆，乱作一团，无人听他的。孙武又再次讲解了要领，而且要求两个队长以身作则。可他一喊口令，宫女们还是满不在乎，两个当队长的宠姬也是笑弯了腰。孙武严厉地讲道："这里是练武场，不是王宫；你们现在就是军人，不是宫女；我的口令就是军令，可不是玩笑。她们不听口令，两个队长带头不听指挥，则是公然违反军法，理当斩首！"说完，就叫武士把那两个宠姬给杀了。

宫女们看到这种情况之后，吓得谁也不敢出声，场上顿时十分肃静。她们步调整齐，动作统一，真正成了训练有素的军人。孙武派人去请吴王来检阅，吴王正因为失去两个宠姬而感到惋惜，无心思来看宫女操练，而是派人告诉孙武："先生的带兵之道我已经领教，由你指挥的军队一定会纪律严明，能打胜仗。"

孙武当时并没有说什么废话，而是从立信出发，从而换得了军纪森严、言出必行的效果。

很多人讲做人难，确实，想要做个优秀的管理人更是难上加难。尤其是担任管理职务的中层干部，同样会遇到孙武这样的问题，虽制定出了一些政策出来，但在推行的时候却因触犯了一些人的利益从而无法实施。这些人或者是比自己职位更高，抑或有很多自己得罪不起的背景，他们由此形成的阻碍会让你进退两难。

管理者应该持有正确的原则，虽然推行的结果可能是要得罪一些高层人士以致自己的职位不保，可如果你的政策推行不下去，那么你的前途依旧渺茫。这就是我们通常所说的机会成本，它所使用的就是经济学常用的一种理论：博弈论。其实，若你真正客观公正地执行政策，而不过多在意自己的私利，那么，也极有可能成功。作战之计已定便去执行，决定发兵便马上行动，将帅不需怀疑计划，士兵也无须乱想猜疑。

可以说纪律是一切制度的基石，组织与团队若要长久存在，其重要的维系力则是团队纪律。要建立团队的纪律最重要的一点是：领导者自己要身先士卒来维护纪律。

纪律会促使一个人成功。怡安管理顾问公司的陈怡安博士曾经说过，领导者的气势有多大，就看他的纪律性强不强。一个好的领导者一定是懂得自律的人，而且也会是个可以坚持纪律并带动团队遵守纪律的人。

　　诸葛亮与司马懿在街亭对战，马谡曾自告奋勇要带
　　兵守街亭。诸葛亮心中虽然有担心，但马谡表示愿立军

令状，若失败就军法处置，诸葛亮这才勉强同意他出兵；并指派王平将军随行，交代在安置完营寨后必须立刻回报，有事要与王平商量，马谡全部答应了。可是军队到了街亭，马谡却执意扎兵在山上，完全不听取王平的建议，而且没有遵守约定把安营的阵图送回本部。后来司马懿派兵进攻街亭，围兵在山下切断粮食及水的供应，从而使得马谡兵败如山倒，重要据点街亭失守。事后，诸葛亮为维持军纪从而挥泪斩马谡，并自请处分降职三级。

人生在世，肯定会遇到麻烦，但是，原则问题不能放弃，有时候原则也可能帮助我们面对、处理一些无奈的问题。事实上，我们每个人的时间和精力都很有限，每个人都需要把最主要的时间和精力放在事业、爱情、家庭等正事之上，这样才是明智之举。这也是一个成功人士最根本的原则问题。

做人要有原则，如果触犯到了原则性的问题时绝对不能退让。人在日常状态之下应当与人为善，宽大为怀，尽量与他人之间保持平等、和谐的关系，即便产生了矛盾也应当尽量想办法去化解，这样才能腾出时间省出精力去做正事。可是，如果矛盾涉及原则性的问题，那么，就需要站稳脚跟，寸步不让，就算细节上也不妥协，这样才会让人觉得你这个人在原则问题上把守得很牢，很严密，无空子可钻，别人也就不敢轻易在原则问题上拿你出气了。许多人就是因为在原则问题上一味地退让，让人觉得这个人好欺负，有利可图，因而越来越得寸进尺，从而把他当作出气的对象。但一个人一旦在原则问题上一味让步，那么，他很可能就此陷入受气的泥潭，并且很难抬头。

面对尊严和应得的利益时绝不能退让。 尊严是精神上的原则性的问题，一个人格健全的正常人是不允许别人轻易冒犯自己的尊严的，尊严受到损害有时比物质利益的损失更会让人感到痛苦和难以忍受。 一个人的素养越高就会越看重自己的人格与尊严，正所谓"士可杀不可辱"，说的就是这个意思。 若一个人的尊严被屡屡侵犯还一味隐忍，那么，别人就会认为他是个人格低贱的人，之后，精神上的侮辱还会接踵而来；若一个人能够做到在尊严问题上绝不低头，即使是一两句无意的冒犯也会讨个说法，那么，别人就会感到这个人的精神力量很强大，是很有原则的人。

让步在一个商务谈判之中可以讲是一种妥协，但也是一种策略和计谋。 如何运用？ 关键要注意什么？ 谈判双方都想着能够把对方引进自己所期望的目标，只是，实际上双方又必须向对方多多少少做出一定的让步。 好的让步能够让对方感到你的诚意，让对方感到你的为难，领悟你的处境，从而为使对方做出更大的让步并为谈判最终能够成功埋下伏笔。

但是要记住，过早的让步常常会导致自己后悔，而一味地不让步，则容易导致谈判失败。 那么，何时让步呢？ 一般情况下，当对方已经让步到了最后的阶段，我们在保证谈判目标原则前提下，才会让步。 若你不做出适度的让步，对方也决不让步，那么，谈判将会无法顺利进行。 在谈判中，适度地给予对方最初的让步，不仅能让对方产生兴趣，有所期望，而且还有相互调节、增加气氛、缓和矛盾的功效。 只是让步也应该是有目的性的，不能一味地将就对方。 同样还应该注意的是，让步不可太频繁，让步的幅度也不应过大。 同时，要清楚自己让步的次数和幅度，不可让对方摸清自己。

这种让步是将让步份额分成了若干份，有分寸地来让步，一份一份地抛出。 如此，不仅能够鼓动对方，还能起到迷惑对方的作用。 而且尽量不要让对方了解你的底细，要让对方觉得每一次你都是无奈的，让对方感到来之不易。 如此一来，对方则会以自己的让步来作为回报。 逐渐的让步也能有效地让对方认为，你的让步是有限的，再做出让步希望不大。

在商务谈判中，适度的让步能够展现出一个出色谈判者的高明。 如何隐藏自己的弱点，击中对方的要害，是每一位谈判者在谈判之前所要认真考虑的。 让步只能作为一种计谋，若运用不当不仅达不到自己的目的，而且还会搬起石头砸自己的脚。 由此，策略性让步尤为重要，即：在做出让步时仍需支持自己的原则。 在重大问题上的让步要小心谨慎，认真分析当时的情况，不应当让步时一定不让，态度坚决，据理力争；在某些细小的问题上可先作让步，展现了自己的大度，给对方极大的热情并且能体贴对方的感受，让对方感觉到他们十分幸运，成功地打了一次"擦边球"。

不论你在谈判中使用何种方式，谈判的最终目的是要在双方有利的基础上做成生意，皆大欢喜。 在谈判结束时，还可以说一些诸如对方"如此精明""多么厉害""寸步不让"等话语，这有利于下一次谈判。

人生的路为何会越走越窄呢？ 很多时候，都是因为我们忽略了一个十分简单的道理：退一步海阔天空。

让步也可以说是某种境界。清代大学士张英在桐城的相府与其邻居的宅院之间有一块儿空地，邻居修房砌墙越过了中界，两家由此发生争执。张英的家人给他写信，尝试倚仗他的权势压倒对方，不料张英却从朝廷寄回了一首诗："千里修书只为墙，让他三尺又何妨。长城万里今犹在，谁见当年秦始皇？"家人读后，深感惭愧，立马让出了三尺地界。结果邻居被张家的举动感动了，也让出了三尺。从此，"六尺巷"成为千古佳话。上述故事中并不是张家不能压倒对方，只是不屑于争强斗狠。不要说多占三尺，多占六尺又如何！让步，也可以反映出一个人的修养。德国诗人歌德到公园散步，在一条狭窄的小路上，与一位反对他的批评家恰好相遇。那位批评家傲慢无礼地说："知道吗，我从来不给傻瓜让路。"歌德笑笑说道："我正好相反。"说完闪到一旁，让批评家走过去。你说，到底谁是傻瓜呢？自作聪明的人，反被聪明所误。常言说，冤家路窄。在人生的路途上，我们难免和冤家狭路相逢。但如果两个人都是傻瓜，彼此逞强，互不让步，最终两败俱伤，谁也占不到什么便宜。若其中有一个智者，他们就会顺利通过。若两人都是智者，他们就会相安无事。

当然，让步不是没有基本原则的，东郭先生对狼的让步就是不正确的。让步，在合理的范围之内是宽容，是新生；若超过了界限，就是迁就，那是危险。不该让步时让步是愚蠢的，该让步时不让步也是愚蠢的。如何才能少干蠢事呢？或许只有理智的头脑才能帮我们的忙。

察言观色，灵活处事

    人生在世，不管是在工作、生活或是学习中，与不同的人打交道是必然的。 在这些人之中，年龄、阅历、个性、工作经验、生活态度都会不相同，素质也是参差不齐。 有些率直，有的倔强，有些纯朴，有的玲珑，有的聪慧明智，有的愚钝顽劣，有的处处为别人着想，有的处处替自己着想。 由此，在对一些事情的看法和处理上往往都会出现不同，使之产生一些异议，而若处理不好，势必造成磕磕碰碰、相互猜疑，甚至激化矛盾，使人与人之间产生隔阂，人际关系也会由此变得淡化冷漠。

    要想避免上述的弊病，就应学会阅人。 平时时常听到这样一句话："与人打人交道，与鬼打鬼交道。"先不管这话庸俗且不完全正确，又容易诱导人们见风使舵、阿谀奉承、两面三刀，但是，其中蕴涵的要学会与不同的人用不同的方法交往之法，有一定的积极意义。 人际交往之中，正确的处世态度应该是责人先责己，恕己先恕人，对别人的非议，应持"有则改之，无则加勉"的态度去面对；对别人的优点，也本着"他山之石，可以攻玉"的态度去学习，此是阅人的智慧。学会了，就能避免矛盾，化解异议，达成共识，融洽人际关系，为自己的工作、生活、学习创造一个和谐宽松的环境；学不会，则可能到处碰壁。

凡是提及"察言观色"，很多人都会不由自主地联想到"阿谀奉承""溜须拍马"等这些贬义词，其实这只是一种"习惯性误读"。

"察言观色"作为一个成语，本只是一个中性词，无褒贬之分。作为一种方法，"察言观色"技无高下，人人可用。然而，为何"察"？如何"观"？察谁人？观什么？目的、手段都是不同的。有些人，如孔繁森、牛玉儒那样的人民公仆，心里装着人民百姓，眼中只有百姓，真心诚意察群众之言，无微不至观百姓之色，擅长从街谈巷议和世态百相中倾听民声、了解民意，随时随地为人民群众排忧解难，像这般的"察言观色"，被人称道，成为楷模。但有的人，也是一种察言观色，却做相反之事，如历史上的和珅、李莲英之流以及某些当今社会中的"能人"，他们则把"察言观色"当成揣摩"圣意"、曲意逢迎之事，一天到晚额头朝天，两眼向上，小心翼翼地察上司之言，费尽心机观领导之色，想从上司的眉宇间、唇齿间见微知著，明白其心思，千方百计投其所好，讨其欢心。"领导不行他先行，看看道路是否平；领导不讲他先讲，试试话筒响不响。"这样的"察言观色"令人鄙视，也正因为如此，才给世人蒙上了一层云雾，让这个中性成语蒙上了一层厚厚的贬义色彩。

当然，观察也要因对象而异，观察的对象不一样，"察言观色"的效果不同，即使对同一个观察对象，不同的观察者也会得出相反的结论。看到痛不欲生的死难矿工的家属，有的人感到惭愧、内疚与自责，只想亡羊补牢，避免悲剧再次出现；而有的人却感到恐慌、沮丧，只想去掩盖真相推卸责任，蒙混过关。对群众的意见，有的同志如饮良药，从谏如流，从其中看到自身存在的问题和不足，时刻保持清醒的头脑；有人一听到不同意见就开始不安，一触即跳，认为这是"刁民"找碴儿，无事生非，必欲除之而后快。由此，观察者的立场、观点和态度、感情色彩不一样，"察言观色"的结果也就大不相同。

　　我们时常听人议论说某人"有眼色"，若剔除其中隐含的贬义的话，此处的"眼色"也就是察言观色的能力。"眼色"是"脸色"中的关键之处，它最能告诉我们真相。而人的坐姿与服装同样有助于我们观人于微，进而识别他人的整体，明了其意图。

　　人际交往之中，对他人的言语、表情、手势、动作以及看似不经意的行为有较为敏锐细致的观察，是掌握对方意图的先决条件。

深藏不露，提防小人的"变脸术"

用"方"推开"圆"的窗口，在圆中洞察世事玄机，知己知彼，方能百战不殆。

现代社会，不管何处，都存在一些小人。所以，要学会深藏不露，无论什么时候都要提防小人的"变脸术"，即使他说得再好，也不可轻信，因为小人往往都是花言巧语的专家，所以，他们的话最好不要相信。

俗话说："江山易改，本性难移。"小人当然也如此，所以，处处都要小心提防着小人。

社会上的小人是很险恶的，历史上有很多功勋卓著的政治家、军事家在临死之前都痛恨那些令他们说不清道不明却又像阴影一样挥之不去的小人。"宁得罪君子，不得罪小人"。小人之所以不可得罪，其原因就在于小人的报复欲望特别强。俗语说"明枪易躲，暗箭难防"，小人对别人的报复打击通常都是用"暗箭"，让人防不胜防。而小人报复的程度远远大于别人损害他的程度。由此，许多被小人攻击、伤害过的人在蒙受损失后竟然搞不清自己究竟在哪个地方得罪了小人。

"小人谋人不谋事，君子谋事不谋人"，这就是小人与君子最大的差别。君子是依靠自己的真才实学成就一番事业，谋利益，他们全身心地投入到事业上，不会去想怎么对付别人，而小人考虑的是如何算计人，以此使自己的名利、地位不受到损害。

小人阴险狡诈，君子光明正大。小人暗地捣鬼，搞小动作，害怕自己的意图被人发现；君子光明磊落，敢做敢当。

所以，当你全力以赴成就事业时，"提防小人"应是你时时谨记在心的戒律。正如以下这个实例。

1898 年，维新派成立了，这个派别是以康有为、梁启超为首的，他们发动了维新变法运动。光绪帝很支持他们的活动，但他没有实权，由慈禧太后控制着朝政。光绪帝想借助变法使自己的权力扩大，打击慈禧太后的势力。对于慈禧太后来说，她当然感觉出自己权力受到威胁，所以对维新变法横加干涉。于是，这场变法运动演变成光绪帝与慈禧太后的权力之争。在这场争斗之中，光绪帝察觉到了自己艰难的处境，因为用人权和兵权都掌握在慈禧的手中。为此，光绪帝十分困顿，有一次他写信给维新派人士杨锐说："我的皇位可能保不住，你们要想办法搭救。"维新派得到消息后很着急。

此时，荣禄手下的新建陆军首领袁世凯来到北京，袁世凯明确表态支持维新变法活动。所以，康有为曾经向光绪帝推荐过袁世凯，说他是个了解洋务又主张变法的新派军人，若拉拢他，荣禄——慈禧太后的主要助手的力量就小多了。光绪帝认为变法要成功，需要他的支持，于是在北京召见了袁世凯，封给他侍郎的官衔，旨在拉拢袁世凯，让他效力于自己。

当时，康有为等一些人也认为，想要取得变法的成功，只有杀掉荣禄。而能够完成此事的人，只有袁世凯。所以，谭嗣同后来又在深夜的时候去密访袁世凯。

谭嗣同对袁世凯讲："现在荣禄他们想把皇帝废掉，你应该用你的兵力，把荣禄杀掉，再发兵包围颐和园。事成之后，皇上掌握大权，清除那些老朽守旧的臣子，那时你就是一个大功臣了。"袁世凯回复："只要皇上下命令，我一定拼命去干。"谭嗣同又讲："别人还好对付。荣禄不是等闲之辈，想要杀了恐怕不是那么容易。"袁世凯诧异地说："这有什么难的？杀荣禄就像杀一条狗一样！"谭嗣同着急地问："那我们现在就计划如何行动，我马上禀告皇上。"袁世凯想了一下说："那太仓促了，我指挥的军队的枪弹火药都在荣禄手里，有很多军官也都是他的人。我得先回天津，更换军官，准备枪弹，才能行事。"谭嗣同没有办法，只好赞同。

袁世凯这个人诡计多端，康有为和谭嗣同都没能把他看透。袁世凯虽然表面表示忠于光绪皇帝，但是他心里明白掌握实权的还是太后和她的心腹。他更加相信，这次斗争还是慈禧占了上风。

不久，袁世凯便回天津，把谭嗣同夜访的情况全部告诉荣禄。荣禄吓得当天就到北京颐和园面见慈禧，禀告光绪帝的计划。

第二天天刚亮的时候，慈禧怒气冲冲地进了皇宫，幽禁光绪帝并接着下令废除变法法令，又命令逮捕维新变法人士和官员。变法经过103天最终失败。谭嗣同、林旭、刘光第、杨锐、康广仁、杨深秀等人在北京菜市口被杀死了。

由上可知善于变脸的小人是不可用的。他们惯于当面一套，背后一套，过河拆桥，不择手段。他们很懂得什么时候摇尾巴，什么时候摆架子。在你春风得意的时候，他们即使不久前还是"狗眼看人低"，马上便会趋炎附势；而当你遭受挫折，风光尽失后，则会避而远之，满脸不屑的神气。袁世凯这类奸雄式小人，为邀功请赏，更不惜让人掉脑袋，小人的嘴脸如同刀子一样。

人与人之间宝贵的友谊是存在的。可"君子之交淡如水"，友谊一旦要靠金钱维系，就成为一种危险游戏。每一次交往，看起来似乎是情谊的加深，实质上更加危险了。如此，这样的"私交"不会长久。真正的朋友，应该为你的事业和前途着想。试想，如果有人表面上看与你私交甚厚，其实是在利用你手中的权力，靠对你的"小恩小惠"来换取个人好处，这是真正的朋友吗？

对于领导干部来说，一定要防止被"私交"迷惑。第一，要树立正确的权力观、友谊观。权力是为党和人民工作的，不能用来谋取私利。真正的友谊来源于心与心的真诚交流，而非建立在相互利用和权钱交易上。 第二，要提防"小人"。 某些人表面上与你以"朋友""兄长"相称，其实却是在通过这种交往，"开发"你的权力资源，获取他们的最大利益。 第三，还要经得住金钱与美色的诱惑。 任何人即便是与你走得很近的人，他端出的"碗外之饭"都是不可吃的。若能时刻牢记这一点，那"私交"就失去了诱你"湿鞋"的作用。

第二章 低调为人：适时隐藏自己的能力

密藏不露，一种高层次的人生谋略

密藏不露是一种较高层次的人生谋略，也是成功者所应具备的基本素质之一，更是人生中重要的一个生存手段。

生活中，我们不难发现，那些喜欢出风头、四处招摇、心中不藏半点秘密的人，通常被大家认定是非常浅薄的人，最终让人厌烦。相反，那些看来口讷笨拙或总是隐藏自己才干的人，却往往胸有成竹，计谋过人，更容易获得他人的钦佩和获得成功。

过去说"宰相肚里能撑船"，即大人有大量，这大量也包含能藏得住秘密，如同深沟大壑，不会显山露水。事实上，宰相肚里的"船"不会撑到外面去的，心机只有自知，无论怎么计策谋划，仍然不动声色。对方放松之后，就可以悄然无声地随意处置对方。或者，至少让人相信你是一个很诚实的人，不会陷害对方，让人对你产生好感。这是一种人格的修养，也容易获得别人的信任。如果你肚里什么秘密都隐藏不住，这边听了那边说，那么谁还会相信你呢？

现今的社会是很复杂的，一方面，人们要有真本事；另一方面，有了真本事又不可轻易外露，若在不适当的时机和场合泄露出自己的真本事，那么，就被人嫉妒，甚至有可能遭人暗算，这非但不能为自己带来任何好处，反而还会招来灾祸。

春秋时期，郑庄公就是利用这一韬略，一举粉碎了弟弟共叔段妄图夺权的阴谋。

郑庄公是春秋时郑国的国君，公元前743年至前701年在位。庄公之父是郑武公，其母为申侯之女武姜。因庄公是难产所生，惊吓了武姜，故名"寤生"，因此就不喜欢他。但庄公很有智慧，他继位国君后，郑国成了春秋初期最强盛的诸侯国之一。

郑庄公和他的弟共叔段本是一母所生，只因武姜不喜欢庄公，多次在武公面前夸赞次子共叔段是贤才，应立为继承人。武公不答应，最后立寤生为世子。姜氏一计未成，再生一计，于是在庄公继位后，又逼迫庄公把京城（郑国邑）赐封给共叔段。

共叔段在京城加紧扩张自己的势力，并与姜氏合谋，准备篡权。

郑庄公深知自己继位之事令国母大为不悦，对姜氏与共叔段企图里应外合夺取政权的阴谋也心知肚明，但他却不动声色，采用"知者不语""将欲废之，必固举之""将欲夺之，必固与之"的计策，先施韬晦，待机破之。郑国大夫祭仲向他报告说共叔段在做有损郑国之事，庄公却回答说："这是国母的意思。"祭仲提议庄公先下手除掉隐患，他却说："你就等着吧。"共叔段又占领京城附近两座小城，郑大夫公子吕说道："一个国家不能有两个国君，你打算怎么办？如果你想把大权交给共叔段，我们就去当他的大臣；如果不打算交权，那就除掉他，不要使老百姓有二心。"庄公就假装生气，说："这事你不要管。"

郑庄公知道，如果过早动手，肯定会遭到外人议论，说他不孝不义。因而，故意让共叔段连续得逞，一直到共叔段和姜氏密谋里应外合时，才开始反击。共叔段逃到鄢（郑国地名，在今河南鄢陵县境），郑庄公伐鄢，共叔段再次逃走。

在共叔段一再招兵买马，不断侵城夺隘的时候，郑庄公故作不知，使其低估了郑庄公的能力，最后落得一个落败出逃的境地。不露真本领可以免遭无谓骚扰，谁擅于此计，谁就会受人倾慕；谁不善于此计，就易被人驱逐，甚至遭人暗算。所以，聪明的成功人士大都不会轻易露出真本事。

俗话说："人怕出名猪怕壮。"人出了名之后，除了风光无限，也还会麻烦不断。有的名人抱怨自己丧失了自由，正常生活受到了干扰。可见，适当地掩藏真本领，是减少受骚扰的一种必要保障。

潜心修炼，人生当有藏锋之功

锋芒可以刺伤别人，也会刺到自己，平时本应插在剑鞘里，运用起来也要小心翼翼。 所谓物极必反，过分展露自己的才华容易招来对手的嫉恨和陷害，尤其是意图做大事业的人，更应该修炼好"藏露"之功。

在现实生活中，存在这样一种自视清高的人，他们锐气十足、锋芒毕露，待人处事不留余地，如果有十分的才能与聪慧，就竭力十二分地表现出来，而这样的人往往在人生旅途上屡遭挫败。

其实，隐藏锋芒也是一种加强自己的学识、才能和修养的过程，从而有利于提高自己处理各种人际关系的能力与技巧，这也是放弃个人的虚荣心从而踏实地走上人生旅途的表现。

孔融是三国时比较正直的士族代表人物之一，他刚直耿介，早年刚刚踏入仕途，就初露锋芒，纠举贪官。

董卓操纵朝廷废立时，他每每忤卓之旨，结果由虎贲中郎将左迁为议郎。后来在许昌，孔融又常常发议论或写文章攻击嘲讽曹操的一些举措。太尉杨彪因与袁术有姻亲，曹操迁怒于他，打算杀之。孔融知道后，顾不得穿朝服就忙着去见曹操，劝说他不要乱杀无辜，以免失去天下人心，并且声称："你如果杀了杨彪，我孔融明天就脱了官服回家，再也不做官了。"由于孔融的据理力争，杨彪才免除一死。建安九年（公元204年），曹操攻下邺城，其子曹丕纳袁绍儿媳甄氏为妻，孔融知道后写信给曹操说："武王伐纣，以妲己赐周公。"曹操不明白这是对他们父子的讽刺，还问此事出何经典，孔融回答道："以今度之，想当然耳。"当时连年用兵，又加上灾荒，军粮十分短缺，曹操为此下令禁酒，孔融又一连作书加以反对。对于孔融的一再与自己作对，曹操是早就怀恨在心的，只因当时北方形势还不稳定，而孔融的名声又太大，不便对他怎样。到了建安十三年（公元208年），北方局面已定，曹操在着手实施统一大业的前夕，为了排除内部干扰，便开始对孔融下手。他授意御史大夫郗虑诬告孔融"欲规（谋划）不轨"，又曾与祢衡"跌宕放言"，罪状就是孔融以前发表的关于父母子女关系的那段言论。这样，在建安十三年（公元208年）八月，孔融被杀，妻子儿女同时遇害。

在社会中，人们总是想方设法要出人头地，古时那些读书人哀叹："人不知而愠，不亦君子乎！"可见，人不知我，心里非常不高兴，这是人之常情。所以，有才华的人便言语露锋芒，行动也露锋芒，以此引起大家的注意。但更有些深藏不露的人，看似庸才，胸无大志，实际上只是他们不肯崭露锋芒而已。因为他们有所顾忌，言语露锋芒，便要得罪别人，这样，其他人便成为阻力，成为破坏者；行动露锋芒，便要惹旁人的妒忌，旁人的妒忌，也会成为阻力，成为破坏者。

曾国藩曾说："君子藏器于身，待时而动。"意思是说，君子有才能但不使用，而要待价而沽。天才能做到无此器最难。而有此器，却不思此时，则锋芒对于人，只有害处，没有益处。所以，古人说：额上生角，必触伤别人；不磨平触角，别人必将力折，角被折断，其伤必多。可见，天才外露的锋芒就像额上的角，既害人，也伤己！如此说来，倒还不如没有。

避招风雨，智者的高明之术

古往今来，有不少人因为才能出众，技艺超群，行为脱俗，而招来别人的嫉妒、诬陷，甚至丢了性命。于是，避招风雨就成为一些高明的智者仁人，从实践中总结出来的一种处世安身的应变策略。

三国时期，曹操的著名谋士荀攸，智慧谋略过人，他辅佐曹操征张绣、擒吕布、战袁绍、定乌桓，为曹氏统一北方建功立业，做出了重要的贡献。他在朝二十余年，能够从容自如地处理政治旋涡中上下左右的复杂关系，在极其残酷的人事倾轧中，始终稳立于不败之地，他的高明之处就在于他能谨以安身，避招风雨。曹操有一段话形象而又精辟地总结了荀攸的这一人生谋略："公达外愚内智，外怯内勇，外弱内强，不伐善，无施劳，智可及，愚不可及，虽颜子、宁武不能过也。"可见荀攸平时十分注重周围的环境，对内对外，对敌对己，迥然

157

不同。参与军机，他智慧过人，连出妙策；迎战敌军，他奋勇当先，不屈不挠；但对曹操、对同僚，却不争高下，表现得总是很谦卑、文弱甚至愚钝与怯懦。

有一次，他的姑表兄弟辛韬曾问及荀攸当年为曹操谋取袁绍冀州的情况，他却极力否认自己的谋略贡献，说自己什么也没有做。荀攸为曹操"前后凡划奇策十二"，史家称赞他是"张良、陈平第二"，但他本人对自己的卓著功勋却是守口如瓶，讳莫如深，从不对别人说起。荀攸与曹操相处多年，关系融洽，深受宠信，却从来不见有人到曹操处进谗言加害于他，也没有一处触犯过曹操，使曹操不悦。建安十九年（公元214年），荀攸在从征途中善终而死，曹操知道后痛哭流涕，说："孤与荀公达周游二十余年，无毫毛可非者。"并赞誉他为谦虚的君子和完美的贤人。这就是荀攸避招风雨、精于应变的结果。

清王朝的开国元勋范文程，在清初复杂而动荡的时期，先后辅佐过努尔哈赤、皇太极、顺治、康熙四代帝王，是清初的一代重臣，在清初政治舞台上活动了几十年，对国家的统一做出了巨大贡献。他运用避招风雨的方略处世安身，获得了极高的赞誉。

范文程所处的那个时期，民族矛盾异常复杂尖锐。在后金和清统治阶层中，一直存在着对汉人的疑忌和歧视。范文程身为汉人，又是大臣，在这种微妙环境里，处境自然十分危险。一方面，他要忠于清廷，建功立业；

另一方面，他又要小心谨慎，在内部权力倾轧中极力保存自己。因此，他虽然得到清朝最高统治者的赏识，官至大学士、太傅兼太子太师，但他仍处处留心。顺治九年（公元1652年），他受命监修太宗实录时，知道自己一生所进奏章多关系到重大的决策问题，为免得功高震主，便把他草拟的奏章大都焚烧不留；而在实录中所记下的，不足十分之一。功成身退后，他平平安安地度过了晚年。

内心明白，表面糊涂

"为达目的，不择手段"的说法常被人们看作是道德沦丧。然而，手段本身是没有道德不道德之分的，犹如武器，可以同于正义的和非正义的目的。某些时候为了达到高尚的目的，故意隐藏意图，假装糊涂，也是一种行之有效的方法。有这么一个史实：

卫固、范先以请被调走的庆守王邑回河东为名，与并州高干暗中往来，欲举兵反叛曹操。曹操知道后对荀彧说："河东山川险峻，为天下的要地。一旦落入他人之手，必成祸患。请你替我举荐一人，派去镇抚。"荀彧说："镇抚河东，杜畿是合适的人选。"于是，曹操便委任杜畿去守河东。

杜畿尚未到河东境界，卫固等人已得到消息，他们派人守住陕津，不让杜畿入境。有人建议他带大兵前来征讨，但杜畿却另有考虑。他说："河东有数万百姓，并非都是叛乱之人。如果以大军进攻，百姓们恐怕会因为恐惧而听从卫固。卫固控制了百姓，必然拼命死战，此时若是开战，如果不能取胜，则会引致附近各地的叛乱，天下便永无安宁；即便获胜，也会造成河东百姓的大量伤亡，同样不是什么好事。现在，卫固等人并没有公开叛乱，他既然以请回王邑为名，对曹操派去的新官暂时必然不敢加害。卫固为人虽然谋略很多，却优柔寡断。如果我只身前往，出其不意，他必然假意接受我为太守。此后，只要有一个月的时间，就足够了。"杜畿于是秘密渡河到河东。

杜畿到任后，范先想要杀杜畿立威。为了试探杜畿，他先杀了主簿以下三十多人，杜畿不为所动，举动自如。卫固于是说："杀了他没有什么好处，只会让人指责我们乱杀无辜，他既已在我们的掌握之中，不如就留下他来做太守吧。"这样，杜畿正如他所预料的那样，被卫固等人奉为太守，暂时没有了性命之忧。

其后，杜畿便开始了他的计划。他对卫固、范先等人说："你们是河东的希望所在，我只有仰仗你们才能办成大事。所以，以后就要靠各位的帮助与支持了。"于是任命卫固为都督，处理一般行政事务。范先则将领三千多士兵。卫固等人看此情形，以为杜畿没什么了不起，渐渐放松了对他的防范。

后来，卫固要公开起兵反叛，杜畿假意劝卫固说："要想做成大事，首先要安定民心。你现在要起兵，老百姓担心你要征兵役，定会民心惶惶。所以，不如先行招兵买马，等兵马足够了，再起兵不迟。"卫固听了，认为很有道理，便依计而行。这一拖延，几十天已经过去了。而卫固的部将们私吞了不少招兵买马的钱，因而卫固钱花了不少，兵却招来不多。

接着，杜畿建议卫固说："每个人都恋家，诸位将军兵吏久在外地，必然思乡心切。现在郡中无事，可以让他们轮流回家探亲休息，有事再召回来就行了。"卫固为了稳定军心，又听从了杜畿的意见。杜畿于是暗中联络知己，私下准备。当他已在各处安插好人手，等待时机之时，而卫固的心腹们却都回家享乐去了。

这时，反叛的高干攻入护泽，百骑进攻东垣，邻近几个县郡也都发生叛乱，卫固认为时机已经成熟，便召集那些探亲的官兵回来起兵，但却没有多少人至张县拒守。而城内的吏民大都支持杜畿。几十天内，杜畿便汇集了4000多兵马。高干、卫固等人汇兵围攻，但由于杜畿已得民心，终于没能攻下张县。后来，曹操派大军前来，高干败走，卫固被杀，河东郡就此便平定下来。

先哲道："觉人之诈不形于言，受人之侮不动于色，此中有无穷意味，亦有无穷受用。"意思是当我们发觉被欺骗时不要立刻说出来，遭受欺侮时也不要立刻怒容满面。 如此不动声色、吃亏忍辱的胸襟，自然会使人感受到有无穷意义和妙处，而且对自己的前途事业也会大有帮助，一生受用不尽。

还有另外一事例：有一个女人身体不好，几乎没有干过什么体力活，平时只是在家做饭洗衣带孩子，在农村也算是有福了。 可她生性多事，又好护短，谁欺负她家孩子啦，谁说了一句她家的坏话啦，她借谁家的东西人家不让用啦，都要寻死觅活、添油加醋地向丈夫数落，并总说丈夫窝囊、好欺负。 她丈夫血气方刚，本就性子很急，总要找人家打骂一通，虽然出了气，却把村里的人几乎都得罪完了，以至于几个孩子对他们也很反感，甚至说："摊上这样的父母，倒了八辈子的霉！"几个儿子一直也找不到媳妇。 媒人来说亲的本来就少，有说成的，人家向同村人一打听，立马就不愿意了。细想，假若这两夫妻能有教养些，忍耐些，装装糊涂，哪里还有这么多不快和矛盾呢！ 顺水推舟，得过且过，就可以大事化小、小事化了。

遇事沉着冷静，被认为是人生极为重要的修养。 古人在这方面为我们做出了很好的榜样。

汉成帝建始年间，关内连下了40多天大雨。 京城里的民众都担心要发大水，十分惊慌。 百姓们到处奔走，相互践踏，老弱呼号，长安城中大乱。 大将军王凤建议说宫中之人可以乘船，而官吏和民众则可以上城墙去避水。 群臣都赞成王凤的意见，只有右将军王商说："自古以来，无道的国家，大水尚且不会冲进城郭，今天大水何以在一日之内就暴涨进城呢？ 这必定是谣言。 如果下令让人们上城墙，必定会使百姓遭到更严重的惊扰。"因此，汉成帝没有下令。 待到局势稍微安定，派人查问，果然是谣言。 于是，汉成帝十分赞赏王商的冷静沉着，遇事有主见。

所谓"谣言止于智者"，聪明人知道在谣言、变故面前应保持冷静，坐等谣言不攻自破，变故得到消弭和处理，这便是一种大智大勇。

　　然而，世间却有许多人不懂何为不动声色。 他们或者想表现自己的聪明，结果证明了自己的愚蠢；或者骄傲自大，目中无人，结果成事不足，败事有余；或者忍受不了羞辱，反唇相讥，弄得对方下不了台，怀恨在心，伺机报复。

　　所以，古往今来成就事业之人，往往都是不形于色，不形于言，善于自我克制，隐藏自己的目的和动机。 形于色，形于言者，却常常遭到失败。

假痴不癫，自我保身

在人的一生中，明枪暗箭防不胜防，在遭人陷害，生命危在旦夕的时候，绝顶聪明的人为了幸免于难，有时会孤注一掷，实行"假痴不癫"的计谋，这就把糊涂装到极致了。

历史上，箕子是第一位使用假痴不癫之计的人物。箕子是商朝纣王的庶兄，本名叫胥余，封子爵，身为太师。他见微知著，能准确地看到事物的结局。纣王继位不久，命工匠做了一双象牙筷子。箕子感叹说："有了象牙筷子，就要为它配上犀角雕的碗、白玉琢的杯。而玉杯之中又肯定不能盛野菜汤和粗豆做的饭，而要盛上山珍海味。吃了山珍海味就不愿再穿粗葛短衣，也不愿再住茅房陋室，而要穿锦衣玉服，乘华贵的车子，住高楼广室。如此下去，商国境内的物品也不能满足他的欲望，还要去征收远方各国的奇珍异宝。从一双象牙筷子，我看到了以后发展的结果，不由得为他担心。"

果然，纣王的贪欲越来越大。他修建了占地三里的鹿台和白玉为门的琼室，搜罗各种珍宝和奇禽怪兽充塞其中。同时，以酒为池，悬肉为林，极为奢靡。其臣比干相谏，纣王剜出他的心肝，说："比干自比为圣人，我听说圣人之心有七窍，倒想看看如何！"箕子屡次进谏而不听，害怕自己也遭遇同样的对待，就诈癫扮傻起来，披散头发，胡言乱语，弃太师之尊而不为，宁愿被纣王囚禁。正所谓"留得青山在，不怕没柴烧"，不久纣王死了，新朝周武王将箕子从牢中放出，并邀其再出来做官。

　　明朝时，江西的宁王朱宸濠，阴谋造反夺权，大肆网罗党羽。朱宸濠很喜欢唐伯虎，重金聘他来宁做官。唐伯虎被安置在别馆中，十分受优待。半年之后，唐伯虎见朱宸濠常做不合法的事，料他以后一定会反叛，就想辞职回乡。他却又逃脱不得，不得已只好假装疯狂，每晚去妓院寻花问柳，痴痴癫癫如同色情狂；又终日无来由地哭笑，污言秽语，不堪入耳。一次，朱宸濠派人送礼物给他时，见他赤身裸体蹲在地上，用手玩弄自己的阳器并讥讽斥骂来人。朱宸濠知道此事后说："谁说唐伯虎是个贤德之士，他原来却是个疯子！"无奈只好放他回家。几年后，宁王造反，失败后，与之相关的人士都列为逆党，无一幸免，只有唐伯虎未受株连。

　　唐伯虎能够侥幸逃脱，除了诈癫扮傻外，还因为他与朱宸濠并无恩怨，若是强者一方必欲置另一方于死地，此时，如果不是彻底地扮作疯狂，就会危及性命。

"假痴不癫"轻则诈呆扮懵装聋作哑，重则要使苦肉计，要损抑自己意志，戕害自己身心。一个理智的人要变成失去理性的疯子，要毁灭自己去瞒骗他人，必须要具备非凡的勇气才可能办到。当然，一般人若要使用这种计谋，也不需要变成完全失去理性，只要看着愚蠢疯癫，蒙骗对方就可以了。

　　战国时，孙膑与庞涓同在鬼谷子门下学兵法，结为生死兄弟。庞涓为人刻薄寡恩，孙膑则忠厚谦逊。

　　庞涓在魏国做官，屡建奇功，名声大振，显赫不可一世，心里却还忌着他的义兄孙膑。他认为，孙膑有祖传《孙子十三篇》，害怕他一旦得到机会，便会胜过自己，所以，始终不予举荐。

　　孙膑后因墨翟之荐也来到魏国。鬼谷子深通阴阳之术，料知孙膑此行的得失，但天机不可泄露，只把原名孙宾改为孙膑，并给以锦囊一个，嘱咐他到危急时刻才可打开。

　　魏王向孙膑请教兵法，孙膑对答如流，魏王大悦，想拜为副军师，与庞涓同掌兵权。庞涓却说："臣与孙膑，同窗结义，膑实臣的兄长，岂可以为副职？不如暂且拜为客卿，等有了功绩，臣当让位，甘居其下。"于是，魏王只拜孙膑为客卿。

　　从此，庞涓与孙膑常常往来。但庞涓心怀鬼胎，一心只想等孙膑传授了兵法就下毒手。

　　不久，两人摆演阵法，庞涓自觉不及孙膑，就迫不及待想谋害孙膑。他一面在魏王跟前挑拨，一面捏造证据，说孙膑里通外国。魏王听了庞涓之言，将孙膑一对膝盖削去，又用针在其脸上刺了"私通外国"四字，庞涓还假意前去安慰，又是痛哭，又是敷药。

对此，孙膑万分感激。于是，庞涓让孙膑把兵法写出，孙膑慨然应允。直到有一天，庞涓下令单等孙膑写完兵法便立即绝其饮食，孙膑才恍然大悟，知道自己的生命已危在旦夕，便立即拆开锦囊，只见有黄绢一幅，上写"诈疯魔"三字，无奈只得依计而行。

晚饭时，孙膑忽然扑到地上，假装呕吐，一会儿又大叫："你为什么要毒害我？"接着把饭盒推倒落地，把写好的竹简扔到火中，口里喃喃谩骂，语无伦次。侍者不知是诈，慌忙奔告庞涓。次日庞涓前来，见孙膑满脸痰涎，伏在地上又哭又笑。庞涓问："兄长为什么又哭又笑呢？"孙膑答："我笑魏王想害我性命，不知我有十万天兵护卫；我哭的是魏国除我孙膑之外，无一人可当大将。"说完，又对着庞涓不停地叩头，口叫："鬼谷先生，你救我一命吧！"庞涓说："我是庞某，你认错人了。"孙膑只管拉着他，乱叫"先生救我"。

庞涓回府，怀疑孙膑是装疯卖傻，想试探其真假，就命人把孙膑拖入猪栏。栏内肮脏不堪，臭不可闻。孙膑披头散发，在屎尿中翻滚，有人送来酒食，说是哀怜他而背着军师送的。孙膑心知其诈，便怒目大骂："你又来毒我吗？"便掀翻酒食，使者顺手拾起猪屎臭泥，他却抢着吃了下去。庞涓得知，以为孙膑真的疯了，从此对他不加防范，任其出入，只派人跟踪而已。

孙膑从此到处乱跑，早出晚归，仍住在猪栏里，有时整夜不归，睡在街边或荒屋中，捡食污物，时笑时哭，就像真的发了疯一样。

后来，墨子云游到了齐国，得知孙膑的遭遇，乃将孙膑之才及庞涓妒忌陷害之事转告给将军田忌，两人商量之后，借出使魏国的机会，令一侍从扮作孙膑，偷偷将孙膑接回。孙膑回到齐国，仍不出名不露面，后来齐魏交战，孙膑大败庞涓，将其射死于马陵道。

"假痴不癫"是说扮作疯狂呆傻，而且必须十分逼真，让人看不出一点破绽，否则就很难瞒过狡猾而狠毒的对手。 在这个时候，你几乎没有朋友，不能信赖任何人，必须自己背负重荷，逃离苦难，先保住性命，等待时机的到来，再以静制动，彻底摧垮敌人。

第三章　忍小成大：做聪明的"忍者神龟"

屈忍一时，重整旗鼓谋求更强

马有失蹄之时，人有失手之处。

当你的人生或事业因严重的错误而遭遇失败，不要深陷其中而无法自拔。毕竟事情已经过去了，再多的后悔、自责、埋怨都是徒劳的。不如暂且抛开这些，屈忍一时，认真总结经验，在以后的工作中牢记这些沉痛的教训，重整旗鼓，以赢取新的成功。此时的"屈"是为了以后更强的"伸"。

大革命失败后，贺龙回到家乡组织农民运动，建立起一支百余人的队伍。由于士兵大多来自农村，平日里自由散漫，这支队伍战斗力极差，有令不行，有禁不止。

贺龙虽然着急，但又不能硬来，只能慢慢教育他们，向他们灌输革命思想。

但是，由于士兵们接受能力有限，教育工作收效不大。终于，在一次与敌伪乡团的战斗中，遭遇了惨痛的失败。于是，敌人便猖狂地叫嚣："贺龙没什么了不起，也就这点能耐嘛！"

这时，贺龙故意保持低调，他躲藏起来，暗地里又重新召集了队伍，夜以继日地加以操练。吃了苦头的士兵们，也懂得了纪律的重要性，整个队伍的情况开始渐渐好转，并越战越勇，最终成了一支战无不胜、无坚不摧的铁军。

不要总是为过去的失败而叹息悔恨，也不要死钻牛角尖，适时的屈也是必要的。有时候，勇往直前并不见得总能达到目标。必要的屈是一种艺术，不能总是锋芒毕露。而委曲求全，则是图大业的一种必要的策略。

战胜挫折，首先需要能屈和善忍

人的一生之中，不可能总都是一帆风顺，总会有各种各样的困难、挫折，有的来自自身，也有的来自外界。能不能忍受一时的不顺，往往取决于一个人是否有雄心壮志。真正想成就一番事业的人，志在高远，不会拘泥于一时的成绩或阻碍。面对挫折，更当发愤图强，艰苦奋斗，以实现自己的理想，成就功业，这才是应有的人生态度。困难是给予人的最好磨炼，只有经受住了挫折考验的人，才能成大事。

《周易·乾卦·象》中说"天行健，君子以自强不息"，意思是天道运行强健不息，君子也应该积极奋发向上，永不停息。《孟子·告子下》的名言"天将降大任于斯人也，必先苦其心志，劳其筋骨，饿其体肤，空乏其身，行拂乱其所为，所以动心忍性，增益其所不能"，也很好地总结了挫折苦难与成功之间的关系。

面对挫折、打击、磨难，应该是沉着应对，而不是消极颓废。能屈善忍，发愤图强，准备东山再起，才能最终成就事业。

范雎是战国时魏国有名的策士。他擅长辩论，多谋善断，而且胸怀大志，有意建立一番功业。但是，他出身寒微，苦于无人引荐，不得已只能先在中大夫须贾的府中任事。

一次，须贾奉魏王之命出使齐国，范雎也作为随从前往。齐国国君齐襄王久闻范雎有雄辩之才，十分欣赏，便差人携金十斤及美酒赠予范雎，以示对智士的敬意。范雎对此深表谢意，却没有接受其赠礼，想不到还是招来了须贾的怀疑。须贾执意认为，齐襄王送礼给范雎，肯定是因为他暗通齐国。

须贾回国之后，将此事上告给魏国的相国魏齐。魏齐便下令动大刑杖罚范雎。范雎在重刑之下，遍体鳞伤，奄奄一息。他蒙冤受屈，申辩不得，只好装死以求保命。于是，魏齐让人用一张破席卷起他的"尸体"，置于厕所之中；又指使宴会上的宾客，相继以便溺加以糟蹋，并说这是让大家知道不得卖国求荣。

如此的飞来横祸和巨大的打击，别人对他这样的污辱，几乎使范雎一命呜呼，而范雎以异于常人的意志，忍受了这一切难以忍受的摧残和折磨。

范雎平白无故地受了这么一场肌肤之苦和人格之辱，对魏国心灰意冷，于是，他决定离开魏国，到别处寻求施展才华的机会。为了脱身，范雎许诺厕所的看守者，如能放他逃出去，日后必当重谢。看守者利用魏齐醉后神志不清之时，趁机请示说要将范雎的"尸体"抛到野外，借此将他放了出去。范雎在朋友的帮助下逃出魏国隐匿起来，并改名为张禄。

范雎装死逃出魏国，而后辗转来到秦国。入秦后，他充分施展辩才游说秦昭王，最终取得信任。秦昭王采用范雎的建议，对内加强中央集权，对外采取远交近攻的霸业方略，使秦国对关东列国的影响不断加强。秦昭王因此任命范雎为相国，封为应侯。

在人生的奋斗过程中，会有各种各样的境遇，有大志者必须学会屈伸之谋，要能够忍受失败的痛苦，要总结经验和教训，努力奋斗，愈挫愈勇。

忍小事，成大事

人们常说："小不忍则乱大谋。"这句话有两层意思，一是人要忍耐，凡事要忍耐、包容一点，否则遇事冲动，任由脾性胡来，就会坏了大事。许多大事失败，都是毁于微小之处。二是做事要有"忍"劲，狠得下来，有决断。有的事情容不得我们考虑太多，若不当机立断，以后就会非常麻烦，姑息养奸，后患无穷。

忍有两种，一种是忍而不发，以忍求安；一种是忍而待发，以忍求变。后一种忍，忍是手段，所求是目的。战国七雄的赵武灵王在位时，赵国国富民强，又因地处中原，常被卷入战争的旋涡。因而也就更迫切地需要广行富国强兵之策。

赵武灵王经过多年的征伐，认为北方游牧民族骑马作战的战术，机动性大，集散自由，对战场条件适应性很强，决心加以仿效。

而实际的改革却面临重重的阻力。首先，当时的中原服装过于宽大，要骑马作战，就要改穿游牧民族更加便于活动的胡服。

然而，在中国古代，服装样式的改变却是一件非常困难的事。

决定一下，反对势力蜂拥而来，朝中的多数大臣都不赞成这项改革，认为穿胡服是丢祖宗的脸。

面对大批的反对势力，赵武灵王采取了极其克制的态度，他不用帝王的身份之尊强行推广，而是循序渐进，做了大量的思想政治工作。从战争的发展，富国强兵的要略，反复阐述自己的意见，用最大的耐心去推行战术。最难对付的是他的亲叔叔，借口生病，不早朝，也不听劝。武灵王虽然心知肚明，但探望之时却绝口不谈正题，天天如此，他叔叔大为感动。

赵武灵王的"忍功"，使他最终成功地推行了改革，这是一种功利主义目标明确的"忍"。

小不忍则乱大谋，这是成就大事之人必须学会的。

张居正是明朝名相，他在执政的十年中，大胆地在政治、经济、军事几方面进行了重大改革，使政治安定，经济发展，国家逐渐走上富强之路。

张居正2岁就开始识字，被称为神童。13岁参加乡试时，他年龄最小，却沉着冷静，交上了十分出色的答卷，若非湖广巡抚顾璘爱才，有意让张居正多磨炼几年，他肯定中举。终于，几年的发愤读书之后，年仅23岁的张居正考上了进士，开始正式走上仕途。

张居正被选为庶吉士之后，一面大量读书，一面细心思考为官之道。他有满腔的政治抱负，但当时世宗皇帝昏庸，奸臣严嵩为非作歹。张居正一时无法施展自己的才能，只能选择暂时忍耐。这样的情况持续了十几年，张居正内心十分痛苦。

终于，严嵩在专权 15 年后倒台了，徐阶接任首辅，张居正也开始得到重用。此时，他又遇上了精明强干、头脑敏锐的政治对手高拱。张居正只得再次忍耐，他明白，在官场中必须学会收敛和隐藏，所以，尽管高拱对他傲慢无礼，他却用谦恭与沉默表示更加激烈的无声对抗。

高拱下台后，张居正资格最老，被召回当了首辅。

张居正掌权后，一改过去那种内敛祥和、沉默寡言的态度，变得雷厉风行、有理有节，在全国范围内实行一场改革活动，把国事整理得井井有条，取得了卓越的政绩。

假如你现在只不过是一个县官而已，今后的前途还受制于自己的上司，要是你的才干一直超过上司，上司就会感到受到威胁，那时，他不但不会赏识你，反而会对你产生偏见。你随时会惹祸上身而又不自知，又怎么能够施展自己的志向？用心与周围的人协调，适应环境，虽暂时委屈，可实在是为了你将来能有大的作为啊！

这是宋朝宰相杜衍教导学生的话，它穿越于百年时空，到现在一样具有深远的意义。 许多古训经过了时间的考验，确实有一定的道理。

"小不忍则乱大谋"，这句话在民间极为流行，甚至成为许多人安身立命的座右铭。 有志向、有理想的人，不应斤斤计较个人得失，更不应在小事上纠缠不清，而应有开阔的胸襟和远大的抱负。 只有如此，才能成就大事，从而实现自己的梦想。

有时面对一些事情，我们应该做到能够泰然处之，心胸开阔。 如果我们能够将目光放远一些，看这些事情对自己的长远发展是否有利，就不会目光短浅，逞匹夫之勇。

忍要有度，不要一味去忍

忍是一种痛苦，是一种考验，是从幼稚到成熟的过程，是人格和品行的一种境界。忍是一种理智，是感悟人生所得的一种智慧，是经历挫折后的一种持重。

古人作过一首《百忍歌》，虽不尽可取，但也能给人以一些启示。文中写道："能忍贫亦乐，能忍寿亦永，不忍小事变大事，不忍善事终成恨"；"忍得淡泊可养神，忍得饥饿可立品，忍得勤劳可余积，忍得语言免是非"。然而，在现实生活中，懂得忍耐的人却并不多，有的人为一点小事就大动干戈闹得不可开交，甚至大打出手，枉送掉几条性命。要如何练好这个"忍"字，也是我们现代人不可忽略的一个课题。

有一次，一位青年人因一点小事与人争吵，百般劝解不听，一怒之下打了对方几巴掌。那人当场就晕倒了，送到医院检查，确诊为耳膜穿孔，听力受损。这个小青年赔偿了几千元不算，还被拘留了好几天。事后他十分后悔说："当时若听他人劝说，忍一忍也就没事了。"

不错，现实生活中有许多矛盾，好多都是鸡毛蒜皮的一些小事，如果能够宽容一些，就能大事化小，小事化了。 但要做到这一步是多么的不容易。

忍字心上一把刀，非常生动形象地告诉我们："忍"必须有巨大的克制力！

从古到今，中华民族有许多关于"忍"的美好故事，蔺相如让廉颇，使廉颇最终放弃傲慢，求得将相的团结，"将相和"的故事也流芳千古；韩信忍得胯下之辱，最终成就了汉王朝的大业。

一个人若能了解"忍"的深意，那他面对挫折就能坦然，面对嘲讽就能凛然，面对名利就能淡然。

要达最高境界，需要锻炼，需要磨炼。 我们要从日常小事做起，循序渐进，由小到大，由浅到深，逐渐让自己成为一个有修养有涵养的人。

在古印度南部，曾有个侨萨罗王国。国中出了五百个强盗，他们占山为王，拦路抢劫，打家劫舍，杀人放火，无恶不作，商客游人和地方百姓深受其害。地方官员多次出兵征讨，均无功而返。只好报知国王，国王派来精兵良将，经过激烈的战斗，将五百名强盗全部俘虏。

国王决定，对这恶贯满盈的五百强盗处以酷刑。这天，刑场戒备森严，杀气腾腾。兵士手持尖刀挖掉了强盗们的双眼，有的还割掉鼻子、耳朵，然后将他们放逐到荒无人迹的深山老林中。这座山谷林木葱茏，野兽出没，阴森恐怖，衣食无着。强盗们痛不欲生，撕心裂肺地绝望地号叫着。

凄惨的呼叫声传遍四野，也传进了释迦牟尼佛的耳朵。他为这在生死线上挣扎呼救的人们送来了香山妙药，吹进了他们的眼眶。霎时，个个双眼又重见光明。释迦牟尼亲临山谷，给五百强盗讲经说法："你们今日所受的苦难，正是源于过去的罪行。只要洗心革面，弃恶从善，皈依佛门，就能赎清罪孽，修成正果，脱离苦海，进入极乐世界。"众强盗此时悔恨交加，都俯首悔过，口称尊师，成了佛门弟子。从此，这座森林被称作"得眼林"。而这五百强盗在多年以后也终于修成正果，成为五百罗汉。

忍让宽容是中华民族的传统美德。古人有训："得饶人处且饶人""退一步海阔天空"。连作恶多端的五百强盗佛祖都认为应予宽容，更何况我们这等凡人呢？

在人与人之间的日常交往中，宽容忍让是一种积极友好的态度。正因有了宽容，才使我们的家庭关系稳定、人际关系和谐。人们在不同的场合交往接触，总免不了有意见相左、磕磕碰碰的时候，只要不涉及原则性的问题，那么，主动退让，宽以待人，不斤斤计较，就有利于减少矛盾，维护人际间的和谐，于人于己，都有莫大的益处。尤其在现代社会，人们出现过于计较个人功利的倾向，更应当大力提倡这种宽容忍让的精神。

但是，什么事情都不能太极端，宽容忍让也要注意"度"。

一条大蛇危害人间，伤了不少人畜，以致农夫不敢下田，商贾无法外出，大人无法放心让孩子上学，人们的正常生活，无法持续。

大伙儿听说有个住持是位高僧，讲道时能点化顽石、驯服野兽。大家便一起到寺庙的住持那儿求救。

不久之后，大师就以自己的修为，驯服并教化了这条蛇，不但教它不可随意伤人，还点化了许多道理，而蛇从此也仿佛有了灵性一般。

人们慢慢发现这条蛇完全变了，甚至还有些畏怯与懦弱，就转而开始欺侮它。有人拿竹棍打它，有人拿石头砸它，连一些顽皮的小孩都敢去逗弄它。

某日，蛇遍体鳞伤，气喘吁吁地爬到住持那儿。"怎样?"住持见到蛇这副德行，不禁大吃一惊。"我……我……我……"大蛇一时间为之语塞。"有话慢慢说!"住持的眼神满是关怀。"你不是一再教导我应该与世无争，和大家和睦相处吗?可是你看，人善被人欺，蛇善遭人戏，你的教导真的对吗?""唉!"住持叹了一口气后说道，"我是要求你不要伤害人畜，并没有不让你吓吓他们啊!""我……"大蛇又为之语塞。

我们提倡忍的精神，要宽以待人，平和达观，不要在一些枝节问题上斤斤计较。坠入"非此即彼"的极端思想方法。但是，忍要有度，要忍在刀刃上。不是什么都一味去忍，变成一个麻木、怯懦、奴性十足的人。当坏人行事之时，你不能忍;当别人有难请你相助时，你忍不得。忍，如果去掉"心"，那就相当于失去了良心和道德，这样的无心之忍只能是残忍。所以，我们要把这个"忍"字用到适当处。

处世心理学全集

玩的就是心计

路天章　编著

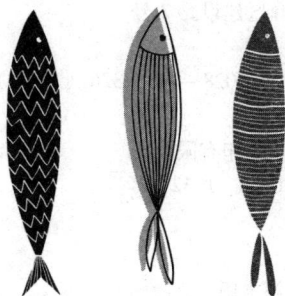

成都地图出版社

图书在版编目（CIP）数据

玩的就是心计／路天章编著. -- 成都：成都地图
出版社，2019.3（2019.5 重印）
（处世心理学全集；1）
ISBN 978-7-5557-1109-4

Ⅰ．①玩… Ⅱ．①路… Ⅲ．①谋略－通俗读物
Ⅳ．①C934－49

中国版本图书馆 CIP 数据核字（2018）第 287691 号

编　　著：路天章
责任编辑：游世龙
封面设计：松　雪
出版发行：成都地图出版社
地　　址：成都市龙泉驿区建设路 2 号
邮政编码：610100
电　　话：028－84884827　028－84884826（营销部）
传　　真：028－84884820
印　　刷：永清县晔盛亚胶印有限公司
开　　本：880mm×1270mm　1/32
印　　张：30
字　　数：600 千字
版　　次：2019 年 3 月第 1 版
印　　次：2019 年 5 月第 3 次印刷
定　　价：150.00 元（全五册）
书　　号：ISBN 978-7-5557-1109-4

前　言

　　喧嚣尘世，芸芸众生，谁不想付出就有回报？ 谁不想遭遇困难时能得到八方援助？ 谁不想高朋满座，知己常有？谁不想凭一张"嘴"畅行天下，打造不凡人生？ 谁不想求人办事时，薄礼相送也能顺顺利利？ 谁不想梦想成真，心想事成？ 其实，这一切都能实现，而且简简单单，那就是做事时有点"心计"。

　　心计决定生计。 现实生活中，有的人从容潇洒，谈笑风生间诸多问题就能迎刃而解；有的人忙忙碌碌，到头来还是一事无成，落寞失意。 当今社会，人心日趋复杂，竞争日趋激烈，仅靠着一副好心肠已很难应对现实的挑战。 接连不断的困顿和坎坷，都在告诉你一个不争的事实——只靠着一股蛮劲横冲直撞，是抵达成功的最远路途；会玩心计，才是做人做事的最大资本。

　　聪明的人之所以聪明，成功的人之所以成功，就是因为他们比一般人多了一些心计。 有心计的人会时刻注意辨人识人，营造和谐的人际关系网，知道何为"难得糊涂"，懂得进退，因而能在各种人生场合中左右逢源，游刃有余。 如果你不懂为人处世的心计，不知外拙内精，佯装糊涂；不知善于吃亏，丢卒保车；不知以柔克刚，水滴石穿；不知什么山上唱什么歌；不知攻心为上，厚黑并用；不知与上级、同事、朋友及办公室恋人的相处之道，就难免处处碰壁，使人生限于庸碌无为的困局。 玩转心计，既能够防止别人的暗箭明枪伤到自己，又可以增强自身的适应力和竞争力，为我们的人生创造精彩。

本书立足现实，取材于我们熟悉的生活，将各种心计予以分类整理，内容全面，技巧丰富，方法实用，具有可操作性，是极具实用价值的心计攻略宝典。 一书在手，便可助你拥有高质量的生活、成功的事业与辉煌的未来！

2018 年 8 月

目　录
CONTENTS

第一章
学会保护自己，前方的路要靠自己走

1

第四章
心明眼亮，你可以看透任何人

第五章
口才也是实力，说话一定要花心思

第六章
底牌不能轻易露，示弱并不可耻

第一章

学会保护自己，前方的路要靠自己走

人生若只如初见

做人要有"心计"，生意就是生意，容不得"温情脉脉"，而要见人如初交。

有一个日本商人请犹太画家吃饭。坐定之后，画家便取出画笔和纸张，趁等菜的时候，画那位女主人。

不一会儿，速写画好了。日本商人看看这幅画，果然不错，简直栩栩如生。日本商人连声称赞道："太棒了，太棒了。"

听到朋友的奉承，犹太画家便侧转身来，面对着他，又开始画起来，还不时向他伸出左手，竖起大拇指。在一般情况下，画家为了估计画像比例，都用这种简易方法。

日本商人一见这副架势，知道这回是给他画速写了。虽然因为位置关系，不知道画得怎样，他还是端正地摆好姿势。

日本商人定定坐了约 10 分钟的时间。

"画好了。"画家站起来说道。听到这话，日本商人松了一口气，急切地去看那幅画，不禁大吃一惊，画家画的根本不是日本商人而是他自己左手的大拇指。

日本商人恼羞成怒地说："我特意摆好姿势，你却捉弄人。"

犹太画家却笑着对他说："我听说你做生意很精明，我这是考验你，你也不问别人画什么，就以为是在画自己，还摆好了姿势。从这一点来看，你还不如犹太人。"

到这时，那位日本商人才如梦方醒：看见画家第一次画了女主人，第二次又面对着自己，就认定画的是自己。

有意思的是，对自己，犹太人要求做到"每次都是初交"，避免让别人策动自己；但对别人，犹太人则毫不迟疑地在"第二次"策动了别人。

犹太人的生意经上赫然写着一条："每次都是初交。"这样的好处至少有两个：

其一不会让自己轻视对手，相反，可以有足够的戒备，防止对方可能做的一切手脚。

其二可以保证自己第一次所获得的利益，不至于在第二次生意中为顾念前情而做出的让步所断送。生意毕竟是生意，容不得"温情脉脉"，不然第一次就不必计较那么多了。

这两条看上去很平淡，但因为它们是在人的潜意识里起作用的，往往在人们的漫不经心中被忽略了。直到事情的结果出来了，大失所望甚至绝望之余，人们才发现自己的大意。

所以，"每次都是初交"是犹太人总结出的生意经，它能在人的潜意识里发生作用，防患于未然。只有经验丰富、冷静清醒的杰出商人，才会在这种极其细微、极不容易觉察的地方，有如此清晰的认识。

适当警惕，提防"热心人"

信任人是没有错的，但也要提防别人，尤其是对于主动帮你忙的"热心人"。

一日，朱小姐在自动取款机前取钱，孙某紧跟其后。朱小姐不太会用银行卡，连着输入了两次密码都没能取得现金。孙某装作非常"热心"，帮朱小姐退卡，拿到旁边的自动取款机上试了半天，也没有取出钱来，说是机器坏了，转身将银行卡还给了朱小姐。等朱小姐查询账户余额时，账户上的 5000 元钱已不翼而飞。后来，犯罪嫌疑人孙某被公安机关抓获。

其实骗子的手法很简单。骗子等在自动取款机附近，遇到那些不会使用取款机的人，就走上前去假意帮忙，他们一拿到银行卡，便以熟练的手法偷梁换柱，用自己手中一张没有钱的空卡插入取款机。在取款人输入密码时，由于密码不符，取款人不得不再输一次密码，此时骗子已经把密码看在眼里，并暗中记了下来，然后帮取款人取出银行卡，还"好心"地提醒取款人，可能密码记错了，今天先别取钱，免得卡被机器"吃"了。等取款人离去，骗子们就把卡上的钱取走。

一天傍晚，张大妈正在街上散步。一位年轻人突然从旁边走过来，热心对她说："大妈，瞧您这么大年纪，还是走人行道安全，小心车把您给撞了。"面对如此热心的年轻人，张大妈很是感激，连声说："谢谢！"很快，年轻人就消失了。这时，张大妈觉得有点蹊跷，她心想自己身子还算硬朗，路上也不算危险，这个年轻人怎么会好心扶她到人行道上？她摸摸口袋，才发现200多元钱"不翼而飞"，张大妈这时才恍然大悟，刚才那位"热心人"，已经在扶她的过程中偷走了她的钱。

假装"好心人"主动帮忙，实为诈骗的事非常多。当有人主动"热心"地帮助你时，防人之心一定要有。

在一般情况下，我们有事自己会请人帮忙，但有时却恰恰相反，有人会主动向你伸出援助之手。这种情况多少有些异常，因此要提防。

一名中年男性患者躺在某医院急诊科观察室床上打吊针。他不停地抱怨，嫌医生不给他用好药。这时，门口有位姑娘和他搭讪："现在这社会，没熟人，事就不好办!"患者点头表示有同感，那位漂亮姑娘见有机会，便热情地说："这里的大夫我都很熟，我帮你求大夫。"说完就离开了。一会儿姑娘回来告诉他说："大夫同意给你换好药了，一会儿就来。"等了半天没见大夫来，看患者有些急，姑娘似乎急中生智地说："不然我用你手机给他打电话。"患者感激地把手机送到姑娘手中，她拨通一个电话，假装听不清，一边"喂""喂"，一边往门口移去。当姑娘移至门口时，患者似乎意识到不对劲，还没等他张口要手机，姑娘就跑了。患者又喊又骂，提着吊瓶追至门口时，那姑娘早不见踪影。

　　当你遇到困难，别人主动伸出热情之手时，你可能由于感激而轻易相信别人。一些别有用心的人往往就利用这一点，在假意给你提供帮助的同时顺手偷东西。
　　所以，我们在接受好心人主动帮忙时，一定要有"心计"，不可轻易相信。毕竟社会复杂，防人之心一定要有。

别被表面现象蒙蔽

"表面现象"经常会蒙蔽人，因为人们总是看中外表，看不见表面平静下内心的波涛汹涌，看不见善良背后的虚伪。

清朝时，河南境内某镇上的金饰店，有一天来了一个跛脚的男子。尽管他走路不方便，却穿得十分体面，他一走进店内，便开始抱怨，说县令非常残暴，竟然为了一点小事，就把他毒打成伤，还生气地说，他一定要报复等等。

店主人忙着做他的事，听归听，做事归做事，并不在意。这人说着说着，从衣袖里取出一片很大的狗皮膏药，就在打造金饰的炉边将膏药熏烤起来，等膏药软了，便用来贴敷身上的伤口。

这种借用店内炉火的事，在金饰店是常有的，给路人以方便。尽管不认识这个人，但店主基于方便他人的心理，根本不疑有诈，谁知道等到膏药熔化后，那人竟然将膏药往店主的脸上糊去。店主人猝不及防，慌了手脚，连忙处理伤口，那个跛脚男子却趁这个机会，冲进柜台，把贵重的东西拿走！等店主醒过神来呼救时，跛脚汉已经逃得不见踪影了。

无独有偶，在江西某地区也发生过类似的事情。一户卖米人家，把几袋米放在门口，有一天，忽然来了一个跛脚大汉，腆着个大肚子，慢慢走过来，然后，气喘吁吁地坐在米袋上面休息。

附近有不少人都看到了，但工作的工作，闲聊的闲聊，没有人在意他，毕竟方便过路人嘛，无所谓。

过了一会儿，大家看到那人站起来了，一瘸一瘸地走了。没多久之后，这家人发现少了一袋米。

经过大家追查，才发现那人的跛脚是假的，大肚子也是假的，都是骗人的，不过是方便夹带米袋走人罢了！

留余地，话不能说得太绝

经理让一位员工去采购，这项采购工作有相当的难度，经理问他："有没有问题?"他拍着胸脯回答说："没问题，包君满意!"但都三天了，也没见他行动。经理问他进度如何，他才老实说："不如想象中那么简单!"虽然经理同意他继续努力，但工作的进度令经理不满，经理对他的印象也没那么好了。

王帅因与同事起冲突，便气愤地对同事说："从今天起，我们断绝所有关系，彼此毫无瓜葛……"说完此话不到两个月，他的同事成为他的上司，王帅想到自己曾经把话说得太绝，只好辞职他就。

在交谈中，如果你把话说得过满，就会让自己没有退路，无法转身。

一个年轻人想到大发明家爱迪生的实验室里工作，

爱迪生接见了他。年轻人自信地说："我肯定能发明万能溶液，它可以溶解一切物品。"爱迪生便问他："那么你想用什么器皿来装这种万能溶液呢？"

年轻人正是把话说绝了，使自己自相矛盾。如果把"一切"换为"大部分"，爱迪生便不会反诘他了。

当然，有的人也能实现自己说的绝话。不过凡事总有意外，使得事情产生变化，这是我们想不到的，话不要说得太绝，就是为了容纳这个"意外"。人说话留有空间，便不会让自己陷入困境，可从容转身。

为人处世要时刻记得：

（1）与人交恶，不要口出恶言，更不要说出"势不两立"之类的话。不管谁对谁错，最好是闭口不言，给以后留后路。

（2）不要太早对一个人下评断，像"这个人完蛋了""这个人一辈子没出息"之类属于"盖棺论定"的话，最好不要说。

当然，有时把话说绝也有实际的需要，但尽量留有余地，既不得罪人，也不会让自己难堪。

狡兔三窟，给自己留退路

清朝乾隆年间，纪晓岚在任左都御史时，员外郎海升的妻子吴雅氏死于非命，海升的内弟贵宁状告海升将他姐姐殴打致死，但海升咬定吴雅氏是自杀。案子越闹越大，难以做出决断。步军统领衙门处理不了，又交到了刑部。但刑部也查不出来，因为贵宁认定姐姐并非自缢，不肯画供。

这个案子本来并不大，但海升的亲戚阿桂是军机大臣，审理官员怕得罪阿桂，有意包庇，就判海升无罪。没想到贵宁不依不饶，不断上告，惊动了皇上。皇上派左都御史纪晓岚和几位要员，前去开棺检验。

纪晓岚也为此案苦恼。不是他没有断案的能力，而是因为牵扯到阿桂和和珅。他俩都是大学士兼军机大臣，平常交恶。这海升是阿桂的亲戚，原判又逢迎阿桂，纪晓岚敢推翻吗？而贵宁这边，不肯息事宁人的原因，实际是得到了和珅的暗中支持。和珅的目的何在？他就想除掉阿桂。而和珅与纪晓岚积怨又深，纪晓岚若是断案向着阿桂，就会与和珅正面冲突。

打开棺材，纪晓岚等人一同验看。看来看去，死尸上并没有缢痕，纪晓岚心中明白，口中不说，他问其他人怎么看。

景禄、杜玉林、崇泰、郑徵、庆兴等人，都认为死者是上吊自杀身亡。这下纪晓岚有了主意，于是说道："我是短视眼，看不清伤痕，既然诸公看得清楚，那就这么定吧。"于是，复查的相关要员签名具奏："公同检验伤痕，实系缢死。"这下更把贵宁激怒了。他这次连步军统领衙门、刑部、都察院一块儿告，说海升因在朝中有亲戚，这些官员有意庇护，徇私枉法。

乾隆看贵宁不服，心中也怀疑此案另有真相，又派侍郎曹文埴、伊龄阿等人复验。这回问题出来了，曹文埴等人奏称，吴雅氏尸身并无缢痕。乾隆认为此事与阿桂脱不了干系，便派阿桂、和珅会同刑部堂官及原验、复验堂官，一同检验。"纸包不住火"，吴雅氏被殴而死的真相大白于天下。

于是讯问海升，海升据实以告：是他将吴雅氏殴踢致死，然后制造自缢的假象。

案情完全翻了过来，那些包庇海升的人都遭了殃。乾隆发出诏谕："此案原验、复验之堂官，竟因海升系阿桂姻亲，胆敢有意庇护，此番而不严加惩戒，天理不容！"阿桂革职留任，罚俸五年；叶成额、李阆、庆兴等人革职，流放伊犁，皇上在谕旨中一一判明。唯独对纪晓岚，格外开恩：

"朕派出之纪晓岚，本系无用腐儒，原不足具数，况且他于刑名等件素非诸悉，且目系短视，于检验时未能详悉阅看，即以刑部堂官随同附和，其咎尚有可原，著交部议严加论处。"只给了他革职留任的处分，很快又恢复了原职。

纪晓岚在这个案件中没有受到多大牵连的原因，主要是他在验尸中以"我是短视眼""看不太清"为由，留了一条退路给自己。

有"心计"的人为了好结果而付出很大的努力，同时做好失败的心理准备、物质准备和应变措施。 在追求利益时，要考虑周全；在欲进未进之时，要想到失败了该怎么做？ 及早地为自己留一条退路。 《战国策》中有一句名言叫"狡兔三窟"，意指兔子有三个藏身的洞穴，一个窝破了，尚存两个；如果两个被破坏了，还剩一个。 这是一种居安思危的生存方式，也是给自己留余地的预防措施。 多准备几手，设想各种困难的可能，多几个应急措施，一旦有了情况，出现问题，就能应付自如。

有点限度，别贪心不足

做任何事情都要有个限度，掌握好分寸。

中秋，一个年轻人披星戴月赶路。拐过一山口，突然金光四射，眼前的一切物体都变为金子，金树、金草、金石。正愕然间，一老妪飘然而至，对他说："年轻人你真走运。"说着从脚边拣起几块金石递给他说，"回家好好过日子吧！"年轻人叩头谢恩，再抬头，老人已无踪迹。

他揣着几块金石继续赶路，边走边想：要不多捡几块金石去吧？于是他弯腰尽拣，直到抱不下为止。路遇一桥，过桥即可到家了。他在桥上休息时想到：这么多金子，何不回家取物来装，还在乎怀里这一点？于是将怀里的金石尽抛水中，回家拿篮子去了。待他再回到遇仙之地，什么都没有了。

回到家里，亲友无不群起而攻之，有的说："如此贪心，怀里的那些金石就足够了。"更有人说："有老太太给的那几块金石就足够了！"他悲极而泣。

遇仙之事固然乌有，但世上却有很多贪心的人，不懂得见好就收的道理。做人不要贪心不足，否则便会失去已经得到的一切。

有个人为了捉麻雀，他把箱子制作成一个有进无出的陷阱，一旦麻雀进去了，只要把进口堵上，它就逃不出来。

这天，他抓来一把谷子，从箱子外撒到箱里，然后他在箱子盖上系了一根绳子，自己攥着绳子的一端，躲在远处等麻雀。只要他把绳子轻轻一拉，箱子的盖就会关上，麻雀就被关在里面了。

不一会，一群麻雀欢快地啄食起谷子来，他数了数一共有 15 只呢，够他吃好几天了。有 4 只进箱子里了，已经有 9 只了，13 只了，他盯着外面的两只麻雀，想到再捕这两只，自己就可以坐享一个星期了。

他正想着，一只麻雀溜了出来。他非常懊悔刚刚没拉绳。如果再进去一只我就关，他这样想。可是又出来两只，再出来两只……

最后，他眼看着所有的麻雀离去，箱子里什么都没有了，包括他的谷子。

也许有人会说，"见好就收"也许会失去很多利益。但是当这个"好"到了一定限度，收也无妨，毕竟你已经占了大部分利益。 15 只麻雀捕到了 13 只，利益已经够多的了，如果把目标定在百分之百的占有上，那无疑是贪婪。

"见好就收"这一俗语很有哲理。 只知大杀大砍的乃是匹夫之勇，懂得适时收兵的才是良将和智者。

阿拉伯人很早便有商业头脑，他们深谙"见好就收"之道。 《阿里巴巴与四十大盗》中，念着"芝麻芝麻开门吧"的口诀，就能进入藏宝之洞，有的人只拿了适度的财富，没有贪婪，遵循了"见好就收"的原则，冷静出了洞，安安生生过日子去了；有的人一进洞，就想占有所有财富，利令智昏，怎么拿都嫌不够，口诀哪还记得啊，后来被强盗们给杀了……

学会与小人周旋

为大唐中兴立下赫赫战功的唐朝名将郭子仪，不仅善于征战，而且在待人处世中，还是个善于与小人周旋的高手。

安史之乱平定后，郭子仪并不居功自傲，为防小人嫉妒，他反而比原来更加小心。有一次，卢杞来拜访生病的郭子仪。此人乃是中国历史上声名狼藉的奸诈小人，相貌奇丑，生就一副铁青脸，脸形宽短，小眼睛，鼻子扁平，而鼻孔朝天，世人都把他看成是个活鬼。正因为如此，女人一看到他都会笑出声来。郭子仪听到门人的报告，便让姬妾退下，不要露面，他独自一个人等待。卢杞走后，姬妾们又回到病榻前问郭子仪："许多官员都来探望您的病，你都不让我们退下，为什么此人前来就让我们都躲起来呢？"郭子仪微笑着说："你们有所不知，这个人很丑很阴险。你们看到他万一忍不住失声发笑，他会怀恨在心的，如果此人将来掌权，我们的家就要遭殃了。"后来，这个卢杞当了宰相，极尽报复之事，陷害那些曾得罪他的人，唯独对郭子仪比较尊重，没有陷害他。

在待人处世中，千万要小心，一旦得罪小人，本来美好的一生，说不定会毁在他们手里。

所谓小人，就是那种人品差，气量小，不择手段，损人利己的人。他们会拍马屁，挑拨离间，搬弄是非，结仇记恨，落井下石。那些生活在我们身边的鼠辈小人，他们的眼睛盯紧周围人的利益，随时准备多捞一份，不择手段算计别人，令人防不胜防，说不定什么时候就偷袭你。

小人是琢磨别人的专家，为了小事不计代价，因此在待人处世中如何与小人打交道，是一门学问。如果你既不想把自己降低到与小人等同，也不想与小人两败俱伤的话，那就把脸皮磨厚点，或者不去计较，或者惹不起躲得起，不要与他针锋相对。一句话，如果不是迫不得已，就别得罪小人。

君子不畏流言、不畏攻讦，因为你问心无愧。而你看穿了小人，他为了自保，为了掩饰，他是会对你反击的。也许你不怕他们的反击，也许他们无计可施，但你要知道，小人之所以为小人，是因为他们始终在暗处，不会轻易收手。

给自己一个保护层

这个世界很复杂，做人做事，不妨先给自己加一个"保护层"。

曹操是个很有"心计"的谋略家。他深知留一手的妙处，为了防止下属危及自己的利益，就告诉他周围的侍从说："在我睡觉时，你们不能随便靠近我，靠近了，我就会杀人，这样做了之后我自己还不知道，你们要时刻小心。"有一天，他假装睡着了，侍卫看到被子落下来，就上前想给他盖好，不料曹操突然坐起来，挥剑把侍从杀死了，接着又躺下睡觉。醒后佯装不知地问："是谁把侍候我的人杀了?"自从这件事发生以后，每逢他睡觉，别人再不靠近他。曹操说："要是有人想害我，我的心里就有所感觉。"大家听他这样说，都将信将疑。有一天，他对一个侍从说："你怀里藏把刀，悄悄地来到我身边，我说我有所察觉。你只要不把这件事的实情说出去，保证你没事，事成之后我还将重重地报答你。"这个侍从信以为真，所以在被捕以后一点也不害怕，但却被杀了。这个人临死才知道上了当，但为时已晚。从此以后，人们都以为曹操确实有这种本领，就没人敢谋害他了。

唐朝郭子仪因平定安史之乱而出名，但很少人知道，这位红极一时的大将，为人处世却极为小心谨慎，与他在战场上的雄风全然不同。

唐肃宗上元二年（761年），郭子仪进封汾阳郡王，住进豪华的王府。令人不解的是，堂堂汾阳王府每天总是让人随便进出，与别处官员宅门森严的情况判然有别。客人来访，郭子仪便请他们进入内室，并且命姬妾侍候。有一次，某将军离京赴职，前来王府辞行，看见他的女眷在打扮，差使郭子仪递这拿那，竟同使唤仆人没有两样。郭子仪的儿子们觉得父亲身为王爷，如此不好，一齐来劝谏父亲以后分个内外，以免让人耻笑。

郭子仪笑着说："你们不理解我，我的马吃公家草料的有500匹，我的部属、仆人吃公家粮食的有1000人，现在我非常受宠。但是，谁能保证没人正在暗中算计我们呢？如果我一向修筑高墙，关闭门户，和朝廷内外不相往来，一旦别人怨恨我，诬陷我怀有二心，我就百口莫辩了。现在我大开府门，无所隐私，是非无处可生，就是有人想用谗言诋毁我，也没有借口。"

几个儿子听了这一席话，都拜倒在地，敬佩父亲的远见。

中国历史上有大功于朝廷的文臣武将，很少有好下场的。郭子仪历经唐玄宗、唐肃宗、唐代宗、唐德宗数朝，身居要职60年，有过波折但还是保全了性命。他以80多岁的高龄寿终正寝，给几十年戎马生涯画上完美句号，与他的谨慎有很大关系。

在为人处世上，上司要是不留一手，恐怕会受制于下属。有"心计"的领导都会留一手，以防不测。只有你手中有绝招，才能形成向心力，才能有效地防止下属的叛逆之心。任何时候，你都能处变不惊，以静制动，而后全力出击，力挽狂澜。

世事诡谲，风波乍起，非人所尽能目睹。有"心计"的人会主张立身唯谨，避嫌疑，远祸端，凡事预留退路，不思进，先思退。满则自损，贵则自抑，因此能保全自己。

第二章

你能走多远，取决于你与谁同行

主动结交，朋友会越来越多

人生有些事情，是天生注定的。比如，你无法选择自己的父母，无法选择自己的亲戚，也无法选择自己出生的时间和空间，等等。但是，一个人踏入社会后，就可以自由选择，营造你的人脉网。想结交哪些朋友，构成什么样的人际关系网络，这是你的权利。

实际上，许多人都局限于自身生活与工作的狭小圈子，除了自家人和亲戚关系，还有那么几个同学、同事、朋友和熟人，这些关系的形成顺其自然，但有局限性。中年人和老年人大多过着"两点一线"的生活，几十年如一日地来往于家庭和工作单位之间。如今的青年跟以前的人大不相同，很是活泼，天南海北到处都是朋友，但有意识地选择和结交朋友，建立自己的信誉、经营人际关系网络的，仍旧很少。

这样的场面经常看到：在生日宴会上，几个好朋友聚在一起欢天喜地地玩玩闹闹，而旁边会有人只吃东西不说话，没有加入那些人的行列中。这样的人，实际上是白白放弃了扩大自己交际圈的好机会。 如果和别人主动说话，那就会开拓一个自己不曾了解的崭新世界，也会促进自己的成功。

那么，和对方良好交流的方式是什么？ 有这样一句话："对方的态度是自己的镜子。"在日常的人际交往中，有时自己感觉"他好像很讨厌我"，其实这正是自己也厌恶他的症状。 对方也会察觉到你好像不喜欢他，当然两个人对彼此就越加厌烦。 在出现这种情况的时候，自己要主动与对方交流，主动说心里话。

在生活中，胡先生十分重视与人结识的机会。比如，他刚刚搬到世纪花园的时候，一天傍晚，看见邻居家的女主人走了出来，便隔着树丛向对方望去，然后很自然地寻找合适机会，微笑着说一声"你好!"随后，胡先生便弯腰穿过树丛，到她的后院停下，开始与她聊起天来。他们就这样认识了，记住了对方电话，约好互相帮助，大家有个照应。

如何说出第一句"你好"呢？ 胡先生认为他们几乎是同时隔着树丛向对方打招呼；胡先生也相信，他们是一起有意识地走向树丛，目的便是结识彼此。

这种主动出击的交往方式是很重要的。

道理是这样，但人们仍存在交往的误区。 比如，有的人会认为"先同别人打招呼，这样会使自己很没面子""我这样麻烦别人，他肯定会反感的""我又没有和他打过交道，他怎么会帮我的忙呢"，等等。 其实，这种误解都是错误的，没有任何可靠的事实能证明其正确性。但这些观念却阻碍了人们在交往中采取主动，从而失去了很多结识别人、发展友谊的机会。

当你因为某种担心而不敢同别人主动交往时，最好去实践一下，用事实去证明你的担心是多余的。不断地尝试，会把你的成功经验积累下来，增强你的自信心，使你在工作场合的人际关系愈来愈好。

广泛结交各行人士

我们必须努力与其他行业中的人员联系，并学习其他行业的知识。 如果只固守在自己的同行之中，我们就无法建立多层面的人脉网。 或许你觉得自己已经具备了完整的专业知识，但只具备自己工作领域的知识是不够的，如果一点儿也不了解其他行业的人的想法与行为，就很难成为一个真正的成功者。

知识面狭窄的人无法交友广阔。 不仅要学好自己本行的专业知识，同时还要了解不同行业的知识以及这些行业人士的生活方式，这不但能使自己的见闻增加，更可以交到许多不同的朋友。

日本的综合性贸易公司之所以在世界上名列前茅，就是因为这些综合性的贸易公司不只是销售产品，而且对知识的提供更为重视。 由于他们能够提供多元化的知识商品，所以能够发挥出独特的效果，吸引更多的顾客上门。

除了自己的本行之外，交往的对象还要尽可能包括其他行业的精英，以增加自己的知识及人脉。 与其他行业的人结交，最简单可行的方法，是和自己的中学或大学同学及以往的故友保持联络，所以对同学聚会须积极参与。

为了积极地与人们交往，应踊跃参加各项活动。 比如，参加孩子学校组织的家长活动或工作单位的活动，都可以成为与他人往来的渠道。 从事内勤工作的专业人员，很少有机会接触到公司以外的人，这时，可以利用自己的另一半。 如果你的另一半比较内向，就得努力地培养自己的兴趣，多参加旅行、野营等各项体育活动。 无论如何，具有一些独特的爱好，可以因此结交新的朋友。

利用爱好建立起来的人际关系，不会局限于年龄、职业和地位。 即使是因为工作关系而结交的朋友，假如彼此兴趣相投，就容易在下班的时间以轻松的心情在和谐的气氛中交往。

一个人有无智慧，往往在做事的方法上体现出来。 山外有山，人外有人。 多结交其他行业的人，扩展自己的人脉，这是成功的必备条件。

拔掉人脉中的杂草

常言道："近朱者赤，近墨者黑。"人总是形形色色的。 在经营人脉的过程中，这个问题必须予以警惕。 否则，一旦你被人脉中的"墨"者染黑了，那些"赤"者会离你很远，使你的人脉"品质"大幅降低，甚至给你带来灾难。

一般说来，好人总是很难做的，需要坚持人生必要的原则，讲道德、不损人利己，有自己的个性。 至于那些有坏毛病的人，没有原则便是他的常态，个人主义严重，也不具备道德良心。 这样的人，认识他是容易的，可拒绝他，对许多人并不容易。 因为有坏毛病的人不仅存在毛病、坏品行，还时时刻刻误导别人。

一只虱子常年住在富人的床铺上，由于它吸血的动作缓慢轻柔，一直没有被富人发现。一天，跳蚤拜访虱子。虱子并不关心跳蚤的性情、来访目的及对自己是否有利，只是一味地表示欢迎。它还主动向跳蚤介绍说：
"这个富人的血是香甜的，床铺是柔软的，你今晚可以好
好享受了！"说得跳蚤垂涎三尺。

　　夜晚，富人进入梦乡，跳蚤迫不及待跳到他身上，
狠狠地叮了一口。富人从梦中被咬醒，愤怒地令仆人搜
查。伶俐的跳蚤蹦走了，慢腾腾的虱子便成了跳蚤的牺
牲品，到死也不知道自己惹祸上身的原因。

　　对于成长中的青少年，年纪小，阅历浅，分辨人的能力
比较差。见好人，学好人，做好事；遇坏人，学坏人，做坏
事。即使成年人，或者由于环境的改变，也容易见好学好，
跟坏学坏。这在《水浒传》一些英雄身上，表现得很清楚。

　　所谓梁山好汉，那是上山以后的事。上山以前，地痞流
氓者也大有人在。鼓上蚤时迁，他偷官府、偷皇帝，平民百
姓肯定也偷。无论如何，偷，难说是好事。中国古代读书
人说"君子固穷"，虽然酸腐，但绝对说明了光明正大的人
不会是贼的。

　　所以，关于"黑"与"赤"的评判标准，有时候要把它
们放入特定的环境中。

　　一个人择友一定要看他是否"良"。"金无足赤，人无
完人"，我们选择的朋友，尽管会有这样那样的缺陷，但必
须在人品与道德方面是好的。他能与你真诚相处，能分享你
的成绩，也能规劝你的错误。以诚待人的朋友可称之为"挚
友"；能指出你过错的朋友称为"诤友"；能使你更加向往
真、善、美的事物，使你变得更高尚，更富有魅力的朋友，

就是你应当苦苦寻觅，让你终身受益的"良友"。 与这样的朋友建立健康而真挚的友谊，会成为你前进的动力。

相反，有一种人可能使你变得庸俗低下，败坏你的思想品德，或以所谓的哥们儿义气拉拢诱骗你，使你没有原则，不讲是非，拉帮结派，甚至犯罪，这种所谓的"朋友"趁早离开他。

把"人情"当突破口

做事有"心计"的人，不妨把"人情"作为突破口，为以后成功做准备。生意场上的人情投资应遵循以下几条比较实际的原则。

1. 迅速增加手中的名片

当你手中拥有几张初交者的名片，必须迅速出击，以十倍、百倍的速度增加它。它将是你人际交往的生命线，是随时可以启动和挖掘的"存贷"。这里的难点是对面子的突破，要点是不可太急于将陌生人变成为客户，而需要慢慢"和面"。生意之道是慢工出细活，不能操之过急。这点也适用于交朋友，耐心必不可少，通过时间来争取别人的理解和信任。

2. 做到细节真诚

要做到细节真诚，而内心的真诚才能成就细节的真诚。

"以财交者，财尽而交绝；以色交者，色落而爱移；以诚交者，诚至而谊固。"从某种意义上说，"客户至上"这句话，是说给自己的内心听，让内心将其消化，然后在行动中体现出来。其关键是对对方的理解，无论怎样的朋友或伙伴，他们与你相交、合作，都是有或多或少的利益要争取的，切不可因此而看不惯。理解后才能真诚相待，才能平平淡淡地"经营人情"事务，让人真正感到你的友善。而那种夸张热情，过分殷勤的行为，反倒显得勉强，不够真诚。

3. 树立个人口碑

要树立你的个人口碑，从而把你的企业形象树立起来。通过品德的修炼，遵守规则，慢慢积累你的影响力。到每个人都夸你好，处理问题极其到位的时候，你便会积累更多的社会资源，就会有为数不少的人支持你，你的才能就能得到最大的施展。

生意人要树立对人际关系进行长期投资的观念。有些人和事在短期看无关紧要，长期看就可能很重要。所以，精明的生意人如果能在人才方面适时投入金钱，投在一些比较有能力的朋友身上，日后回报必定超过你的投入。

和气生财，与人为善，共荣共利，这些都是生意场上流行的观念。所以，把"人情"作为突破口，方能在生意场上叱咤风云，笑傲江湖。

朋友资源不可透支

"天有不测风云，人有旦夕祸福。""谁都有马高镫短的时候。"人活在世上，总有需要别人帮忙的时候。但是，我们要明白，需要别人帮忙是难免的，但任何人都不能帮别人一辈子，谁又能一辈子都靠别人帮忙过活呢？所以，一个有"心计"的人不会任何事都求朋友帮忙，以免养成依赖的习惯。

事物的发展在于内因，外界的有利因素和不利因素，只能对事情发展的过程产生影响，而最终事物的本身仍起决定作用。

打个比方，朋友就像是消防队员，求助他们只在你遇到紧急情况时，自己能办到的还是靠自己。朋友不是你的影子，随时随地跟着你；朋友不是你的老师，有问必答；朋友不是你的父母，可以无条件地宽容你。朋友能做的，只是在你有困难，而他们能帮得上忙时，伸手拉你一把。

请记住，朋友是一种资源，万不得已不要用；朋友是消防队员，救急不救穷。这有两重意思：一是指如何利用朋友资源，什么时间请求朋友帮助最好；二是指应如何帮助朋友，有求必应说的是天神，而非朋友。

任何一个有"心计"的人都了解，朋友是一笔资源，可以使用却不宜透支。朋友之间交往最现实最常见的就是金钱问题。

从小到大，张强和李文两人一直是同学，是好朋友。但过了13年后，两人家境却不同，张强是一个私营印刷厂的老板，有钱，李文在县城的一个中学当教师。当然这并不妨碍张、李二人继续做朋友。

一个腰缠万贯的老板和一个两袖清风的教师，两人该如何做朋友？

李文的妻子是个下岗女工，儿子力力今年8岁，花费也很大，只靠李文一个月2000多元的工资维持生活，日子有些艰难。但李文并没有因此而向张强开口借钱，因为这月借了，下个月怎么办，以后又怎么办？而且，李文的经济情况也不是一时就会转好的，如果借了钱何时才能还呢？可不幸的是，力力出了车祸，要立即手术，需要大约4万元左右的费用。这时候，李文没有选择，只好向张强借钱了。

从张强的角度来看，假如李文向张强借了零零星星的钱，当作生活费。当然，这笔钱对张强来说算不了什么，他不会在乎，可受伤害的是朋友之间的关系。吃人家的嘴短，拿人家的手软，李文难以用平等的心态对待张强，难免会产生不服、嫉妒、自卑的心理。 本来应该有的感激之情也荡然无存。

如果李文因儿子的意外而向张强借钱，对李文来说，这笔钱意义重大，自然会因此对张强心存感激。 救急不救穷，不只限于金钱方面，还指帮朋友时，给朋友一个坚持下去的信念，让他自己站立起来。 小时候，小孩学走路，父母不是一直用手牵着他们，而只在跌倒时，赶紧上来扶一把，做朋友也应如此。

即使你们是很好的朋友，也万不可因小事向朋友求助，把朋友资源都零零星星、琐琐碎碎地透支了。 做人做到这个份上是很失败的，你们好不容易建立起来的友谊，也会受到损伤。

运用他人智慧

一个公司的发展，特别是在起步阶段，资源会十分缺乏，这需要领导者具备整合社会资源的能力和雄才大略，将最好的人才、最好的策划、最好的设计等整合成自己的团队。你不用，别人会用，还有竞争对手会抢。刘邦之所以能得天下，是因他知人善用：运筹帷幄用最有智慧的张良，治国安邦用最有谋略的萧何，打仗用最善战的韩信，马夫用最勇敢的夏侯婴。如果张良、萧何、韩信等人为项羽或齐王、燕王所用，刘邦可能会失败。

通用汽车总经理斯隆曾说："把我的财产拿走，但把人才留给我，5 年以后，我将让被拿走的东西失而复得。"这句话说明，一个人只要善于用人，必然会成功。

西尔斯原本是一个代客运送货物的小商人，后来他开起一家杂货店，主打邮购业务。他做了 5 年，生意仍无起色，每年只有三四万美元入账。他想，必须与人合作，借助他人的力量，才能把生意做大。

凑巧的是，不久他就遇到了一个理想的合伙人。一天晚上，他到郊外散步，遇到了一个骑马赶路的人向他问路，此人名叫罗拜克，想到圣保罗去买东西，不料途中迷了路，折腾了许久，人和马都困顿不堪。

西尔斯把罗拜克请到他的小店中住宿。当晚，两人各抒己见，不谋而合，于是决定合伙做生意，成立一家合资公司，即西尔斯·罗拜克公司。西尔斯有 5 年经验，罗拜克实力雄厚，他二人联手，如虎添翼。合作第一年，公司的营业额达到 40 万美元，比西尔斯单干时增长了10 倍。

西尔斯和罗拜克都不懂经营管理，生意越做越大，两人都有力不从心的感觉。他们决定寻找一个总经理，帮他二人打理生意。他们找到了一个合格的总经理人选。这个人名叫陆华德，擅长经营管理。他们把公司大权全部授予陆华德，自己则做起了幕后人。陆华德严把进货质量关，坚决拒绝劣质品，以保证卖给顾客的每一件商品都货真价实。那些厂商认为陆华德对质量的要求过于苛刻，竟联合起来，抗拒向公司提供货品。西尔斯赞同陆华德的做法，给他打气说："你这些日子太辛苦了，如果能少卖几样东西，就当轻松一下好了。"受到鼓舞，陆华德更加坚定了严把质量关的决心。那些厂商见其意志坚定，担心生意被别的供货商抢走，最终认同了他的做法。

西尔斯·罗拜克公司因此生意兴隆，10 年之中，它的营业额增长了600多倍，高达数亿美元。西尔斯作为一个外行，却能在10年间，从一个微不足道的小商人，变成一个全美国知名的大富豪，全赖于借力他人。他的用人手段其实很简单：找到一个值得信赖的人，然后授予全权。这是知人善任的体现。

曾子说："用师者王，用友者霸，用徒者亡。"成就大事的人，都知道个人的能力再强也是微弱的，"三个臭皮匠，胜过诸葛亮"，团结一致，众志成城。

王雪红就是这样一位借力生财的成功者。王雪红是创业和投资圈内少见的女性，在华人世界里几乎没有人超过她，即便在美国，也少见这样的女企业家。在男性为主导的高科技世界里，王雪红却创造了自己的成功。

王雪红究竟是怎样走向成功的呢？

善用人才，是她成就大事业的秘诀。她积极吸取他人智慧，借鉴经验，从而率领企业开拓更好前景。现在她的手下大都是专业经理人，并且许多是能力非凡的工程师。这得益于她有识人之明，并且真正做到授权，最大能力地运用他们的才智。

例如，她旗下的陈文琦、林子牧，都是加州理工学院电机硕士，他们创业时与股东意见不合，失意时被王雪红发现，加入她购买的一家美国公司VIA。从此，陈文琦进行策略规划，王雪红负责开发市场，林子牧在美国研发新产品，三人合力拼出一片天地。

随着一个接一个下属企业的创立，她的事业形成规模。王雪红就是一位善借他山之石，为自己攻玉的人，她靠的就是充分借助下属能力，利用下属的智慧，从而成为台湾的女首富。

与人方便，与己方便

每个人都有自己与众不同的个性，朋友相处时，因个性不同，常常会产生大大小小的矛盾。当我们面对这些矛盾时，不要以为"狭路相逢勇者胜"，因为胜的同时，也牺牲了友情。《菜根谭》上说："路径窄处，留一步与人行；滋味浓时，减三分让人食。"这便是一种方法。

个人生活中，除了原则问题必须坚持，其他的磕磕碰碰，谦让一下，会带来身心的愉快与和谐的人际关系。

为人处世，遇事都要有退让才算高明，让一步给朋友方便，日后给自己留下便利。

古时候，有个秀才进京赶考。他一路上只顾思考如何写文章，不小心一脚踩空，掉下桥去，幸好他抓住一棵小树，没有落入桥底。他大呼救命，这时，桥上走过来一位服饰华美的商人，听到呼声，向下一看，见是个穷秀才，就想，我拉他上来，他肯定没钱给我，再说，我拉他的时候说不准自己也会掉下去呢？想到这里，便离开了。秀才看求救无望，手也没力气了，手一松便坠入水中。因为旱夏，河水不深，秀才没淹死。

转眼间冬天到了，那个商人又路过这座桥，大雪初停，桥面很滑，商人过桥时，想起上次看到穷秀才落桥的情景，心中好笑，便自己探身去看。谁知脚下太滑，他也从那个地方掉了下去，正好也抓住了那棵小树，于是，商人不顾脸面大声呼救。

这时，桥上走过一路人马，其中有顶官轿，这队人马到商人落桥的地方停了下来。轿帘打开，一个身着官服的人走下轿来，恰是当初那位秀才，经过殿试考上了举人，要去一县任职。他听到呼声，回想起当时情景，便过来观看，当他正要让人搭救时，认出了落桥之人是那个见死不救的商人，心想"活该"，便命令随从不要去理会，上桥前行。这个商人心想完了，真是报应啊！天寒手冷，他抓不住树枝，便失手落下桥去，结果运气不好，冬天桥下没水，只露出碎石头，商人摔断了腿……

其实，人生好比行路，总会遇到道路狭窄的地方。每当此时，你就让别人先行一步。如果你经常让人一步，让人心存感激，他人也会让你一步，一条小路也会变成大路坦途。你事事不肯容人，别人心怀怨恨，就会设法阻碍你，损伤你，即使一条大路，对你而言也是险途。人与人之间往往是心与心的交往，诚心换来的是真情，坏心眼换来的是恶报。

人人都有自尊心和好胜心。在现实生活中，如果是不涉及原则的问题，我们为什么不让人三分，显示出君子风度呢？ 但可惜很少有人这么想，反而对一些鸡毛蒜皮的事争得不亦乐乎，谁都不肯甘拜下风，都钻了牛角尖，以至于非得决一雌雄才算罢休。 结果是大打出手，最后不可收拾，导致朋友、同事结怨，甚至反目成仇。

如果在生活中与人产生摩擦，对于一些非原则性问题，给对方一个台阶，满足一下对方的自尊心和好胜心，可以深化友情。

一个漆黑的夜晚，一位僧人行到一个荒僻的地方，恰遇一人提灯，正从巷道的深处静静地走过来。身边的一位村民说："盲人过来了。"这令他困惑不已：盲人挑灯岂不可笑？僧人于是问："敢问施主，既然你看不见，为何挑一盏灯呢？"盲人说："无灯的黑夜中，那么其他的人都和我一样'盲'，我点盏灯可照亮别人的路。"僧人有所悟道："原来你是与人方便。"那盲人说："不，我是为自己。"僧人愣住了。僧人问盲人："你莫非怕被人绊倒。"盲人说："没有，虽然我是盲人，但我挑这盏灯是给别人照亮，让别人看到我，以避免彼此相撞。"

这个盲人能为别人着想，与人方便，与己方便，所以他能安心地行夜路。

在人际交往中，谁都难免会遇到各种各样"开方便之门"的请求。 能助人一臂之力时，就要在不失原则的前提下伸出援助之手。 与人方便，与己方便时，不妨少些私心，多些宽厚。

　　与人方便就是与己方便。 在人生中，赠予他人想要的东西，能为自己赢得一份宝贵的人情。 因为世事艰险，谁也说不准会遇到什么天灾人祸，如果不注意在人生的点滴处留人情，便会在无形中埋下隐患。

第三章

——

提升身价，让别人看重你

敢于表达，"亮"出自己的本事

"沉默是金"的年代，已离我们远去了。现代人如果不会适时地包装好自己的形象，把握机会推销自己，就很难有出人头地的机会。

现在许多当红的歌星、球星频频在电视屏幕上为知名品牌做代言，既为企业争取到"名人效应"，也推销了自己，并得到不少收入，真可谓展示自己形象的成功之道。

方芳大学时读平面设计，但她被一家广告策划公司聘用负责文案工作。她很不情愿，又不敢向老板提出自己的想法和期望从事的工作，进公司工作已超过半年，她却还在试用期，每天都面对着计算机，在拼音和五笔的相互切换中消磨了一天又一天。事实上，她心里真的很想做设计，看着同事们不断拿出广告创意与平面企划后获得奖励，她的内心很不是滋味，她觉得自己更胜他们。她相信终有一天会被赏识，然而她又不知该怎样向老板说明她的想法。后来，方芳换了一家新的设计公司，还是从试用期的文案工作开始。结果，直到今天她也没有完成过一个设计。

可见，一味被动地等着上司赏识是太傻了。很多人在单位里像老黄牛一样默默耕耘了很多年，但还是没有升迁的机会，有时只好不断埋怨上司，没有多关照一下自己。其实，在这种情况下，也许应该问问自己，是否曾做过一份出色的工作给老板留下深刻的印象？有没有说过令老板惊奇的话？如果没有的话，也就不必埋怨了，因为你从来就不敢在老板面前展现自己与众不同的一面，老板事情那么多，怎么会注意你呢？如果能够善于抓住时机，在上司面前表现自己，情况也许就不一样了。

美国一家人才调查中心的研究表明，成功人士都会推销自己，这对他们事业成功具有很大的帮助。有人说，谁在推销上占据优势，谁就更适于生存。

有人虽学富五车，却没有胆量去推销自己，还振振有词地说金子总会被人识别。这不过是自己欺骗自己罢了！金子被埋没在泥土中，兴许万年之后，才能够被人发现而大放光芒；而人生短暂，你没有时间等待别人来挖掘你，只有自己努力从"泥土"中跳出来，表现自我，才能获得成功。

世界歌王帕瓦罗蒂初到中国，去中央音乐学院访问。许多有能力的学生都使出浑身解数，以求得在这位歌王面前一展歌喉。要知道，机会难得，哪怕是得到歌王的一句肯定，也足以引起中外记者们的大肆渲染，从此跨入歌坛。在学院的一间教室里，帕瓦罗蒂听大家一个个演唱，不置可否。正在沉闷之时，窗外有一男孩引吭高歌，唱的正是名曲《今夜无人入睡》。听到窗外的歌声，他异常兴奋："这个学生的声音像我。"接着他又对校方陪同人员说："这个学生叫什么名字？我要见他！并收为门生！"这个在窗外唱歌的男孩，就是从陕北山区来的学生黑海涛。以他的资历和背景，本无缘见这位歌王，他只能凭借歌声推荐自己。后来，由于帕瓦罗蒂的协助，黑海涛得以顺利出国深造。1998 年，意大利举行世界声乐大赛，正在奥地利学习的黑海涛写信给恩师。于是，帕瓦罗蒂亲自给意大利总统写信，推荐他参加音乐大赛，黑海涛也在那场大赛上崭露头角。黑海涛凭着他那善于推荐自己的勇气和不断努力的精神，在他的音乐道路上取得了成功。现在，黑海涛是奥地利皇家歌剧院的首席歌唱家。

在竞争激烈的社会，我们要想出人头地，就要向别人展示自己，只有适时地展示才能，才会被人发现并得到承认。别再相信"酒香不怕巷子深"的古话，要大胆地表达自我，推销自我。

所以，无论是找工作，还是晋升，与其坐等伯乐，不如自己推销自己。有了工作，也不要就此止步，应该勇于自荐。

如果你有能力，在别人都不愿意做的时候，可自告奋勇地去担当，自我推销可突出自己，如果成功，你当然是英雄！ 如果失败，也学到了宝贵的经验，而且也不会有人怪你，毕竟当初便无人敢做！ 此外，你的自我推销，也替你的上司解决了难题，他自然会对你刮目相看！ 而最重要的是，这个过程，将成为你日后面对更艰难的工作的经验，也会为你日后的成功奠基！

树立形象，你是天生的领袖

在社会舞台上，总有一些人一出场便让人欣赏，一抬首、一顿足就能显出与众不同，并得到团队认可。我们可以把这种人所具备的人格魅力称为"领袖气质"。具有这种领袖气质的或许并非是最高层领导，在任何一个团体中，小到几个人组成的办公室，大到一个集团，总会有这样一个人。

恺撒大帝最初是一名负责公众竞赛的官员，后来成名的他组织了一连串的活动：狩猎野生动物、角斗表演、戏剧竞赛等。所以对百姓们而言，恺撒这个名字逐渐和他们喜爱的盛事结合在一起，让百姓们难以忘记。在攀升到执政官地位的过程中，他的人气越来越旺。

公元前49年，内战困扰着罗马。战事紧迫之时，恺撒来到驻扎在鲁比孔河岸的军营。恺撒和他的幕僚们激烈地辩论着选择和平还是战争的问题。恺撒伸手指向河边，仿佛那里有一名高大英勇的士兵吹起军号，引领军队跨过鲁比孔河上的桥。他慷慨激昂地发表演说："按照神的旨意，追随他们的召唤，报复口是心非的敌人。骰子已经掷下了，不容收回！"

他的话感人至深，他时时刻刻注重自己的公众形象，一刻也没有掉以轻心。他清楚地知道将领没有下定决心帮助他，然而他在言行中展现出的领袖气质让那些将领折服，让人民深感自己的勇猛。恺撒为所有领袖和权贵们树立了典范。

最后，将领们都选择支持他。在战争中，恺撒总是意气风发，身先士卒，他常常以最勇猛的姿态冲向战场，士兵们目睹了他不顾性命的英勇战斗，都以他为榜样。恺撒率军渡过鲁比孔河，打败了敌人。第二年，恺撒成为罗马独裁者。

一个注意形象并自觉保持好形象的人，常能令人信任，能在逆境中得到帮助，也能在人生的旅途中获得成功。他们做到时刻用自己的魅力感染人们，让自己成为人们心目中的领袖人物。

所以，好形象是人生的一种资本，充分利用它不仅使日常生活丰富多彩，更有助于形成你的领袖气质。

据传，隋末唐初，天下刚定，一代剑侠虬髯客想与大唐共分天下。虬髯客听说大唐的顶梁柱李世民是个了不得的英雄人物，想亲自去见识一下。如果传言非虚，自己若无把握战而胜之，为天下百姓着想，就隐居山林，把天下让给李世民；如果李世民只是浪得虚名，再与他争天下不迟。

李世民平时喜欢下围棋，这天他正在书房研究围棋，虬髯客飘然而至，李世民驰骋沙场多年，对奇人异士见怪不怪，虽然早就听说虬髯客剑术通神，但处变不惊。虬髯客说要与李世民下局围棋，并拿起四颗棋子，分别下在四个星位上，意味深长地对李世民说道："我虬髯客雄霸四方！"李世民一听虬髯客这话暗藏机锋，便知来意。李世民略一沉吟，对虬髯客微微一笑，拈起一颗棋子放在天元位置上，对虬髯客说道："我李世民夺魁天下！"虬髯客心头一震，自知自己无法企及，从此率部退出中原，不再争天下。

在现代社会，越来越多的职场人员开始关注如何树立个人形象，如何培养自己的"领袖气质"。可是树立权威形象，培养领袖气质，并非易事。如果我们在日常工作中，能够注意到以下几点，将有助于树立你的领袖气质。

1. 诚实守信

"人无信不立"，答应了别人，就不要食言；一旦别人发现你开的是"空头支票"，说话不算数，会让人厌恶你。"空头支票"不仅仅给他人增添麻烦，而且也损害了自己的名誉。只有守信的人，才会使人信任你，你的事业才有望发展壮大。

2. 认真对待身边的每一个人

你要想得到别人的重视，树立自己的权威形象，就要关注别人。 我们每个人都想要当重要人物，一旦你帮助别人实现了这种梦想，他们当然会对你感激不尽。 当别人优于我们时，就让他感受优越。 你必须让你遇到的每个人倍感自己的重要。

3. 顾全大局

一个人待人处世如果只从自己的利益出发，那就很难被人认同，更谈不上在他人心目中树立自己的权威形象了。 如果一个人眼中只有自己，没有从大局考虑，他的行为自然得不到大家的认可。 其实这种情况常常发生在我们身边，因为人总是会自觉或不自觉地从自己的角度出发来考虑和处理工作问题。 当你学会关心他人时，你就可以得到大家的信任。

懂得互利，被利用也不错

人际交往的最高境界就是互利，而非单方面的索取。

事实上，无论是私人交往，还是业务关系，若能坚持互利，就会对双方都有益。所以，一个真正聪明的人，在他认为必要时，会乐于被人利用。

小莉是一个小城的青年女演员，不但人长得漂亮，而且演技好，能力强，刚刚在电视上崭露头角。为了更好地发展，她非常需要一家公共关系公司为她在各种报刊上刊登宣传文章，但是她没有钱，也没有机会。

后来，经朋友介绍，她认识了王经理。王经理曾经为一家规模极大的公共关系公司工作，不仅熟知业务，也有较好的人脉。几个月前，他自立门户，并希望能够打入有利可图的公共娱乐领域。但是到目前为止，有名的娱乐界人士都不愿与他合作，他的生意主要还只是一些小买卖和零售商店。小莉与王经理相识后一拍即合，立即联手。小莉作为这家小公司的代言人，而王经理则为小莉提供出头露面所需要的经费。这样，小莉不仅可以省下不少花费，也使自己的知名度进一步扩大。而王经理也借助小莉的名气变得出名了，很快就有一些有名望的人找上门来。二人各取所需，他们的合作关系也因此变得更加牢固。

成功，有时需要依赖别人，因此在某些时候，聪明的人要甘于被人利用，在被他人利用的同时，顺便也实现了自己的目的。

古人说"天生我才必有用"，交朋友也要如此。如果对方是个没用的人，你可能不屑于与之为伍；如果你是一个没用的人，对方也不屑于结交你。没有人对你的付出是理所当然的，你所得到的东西，必然是你所付出的东西交换而来的。我们在人际交往中，必须注意这种等价交换，让别人觉得我们有价值，愿意与你交往。在充满竞争的社会中，人际关系大部分都建筑在"他有何用"之上。

因此，我们不可追求所谓的"单纯友谊"，也不必抱怨别人是多么势利；作为职场中人，更不应该寻找借口和肆意开脱，因为你存在的理由就是被利用，而你作为一个职员所负的使命，就是为公司带来更大的利益。你要做的，应该是多想一想自己有什么用？

于岩是个活泼的小伙子，也很喜欢交友，大学毕业后进入机关工作，尚处于试用期。在工作中，他很佩服那些有能力的同事，而且也希望别人接受他。但当他靠近同事的时候，有些人对他似乎并不太热情，甚至很冷淡。起初，他感到困惑。有一次，他听到有同事在背后议论他："于岩对我那么好，估计是想从我这里学到一些东西，他对我却没任何帮助！帮他还不如帮老刘处长的外甥呢！""就是！"其他人也附和说。

同事所说的"老刘处长的外甥"是于岩的同学，毕业后一起来到这儿。单位只需要一个名额，而这两个年轻人都还处于试用期，最终只会留一个。

于岩得知后，非常生气。他气愤那些同事们都是些势利小人，同时他也明白了，同事并不欠你的，有些人之所以对自己不感兴趣，是因为自己还不具备让人感兴趣的能力与价值。于是，于岩努力工作，还利用假期参加职业进修班提高自己的专业技能。在接下来的工作中，他不断创造业绩，很快地受到了领导的器重。从前冷漠的同事们，也渐渐地开始对他表示好感。

最终，大家认同了他，而那个老刘处长的外甥被淘汰了。

心理学家认为，互利是人际交往的基本原则。虽然我们的社会提倡奉献和利他精神，但现实中，很难要求所有人都做到这一点。

单位重人才，只怕你不能增值；领导也不怕你要脾气，使性子，就怕你没有能力。社会竞争这么激烈，你只有善于发现自己的优点和长处，并利用外界的环境不断提升自己的能力，才能产生相应的价值，不断成长，不断提高。

适当隐藏，学会装神秘

聪明人如果想得到别人的尊敬，就不应该让别人看出你的底细。让别人知道你，但不要让他们了解你；没有人知道底细，也就没有人感到失望。你要不断地隐藏好自身，不要一开始就展示你的全部，要胸有城府。

婉芸大学毕业后被一家公司聘用，她的第一次露面，就让所有的人眼前一亮。她胳膊上搭着今夏最新款的 LV，颈项间戴着玉佩挂坠，身上是一套简洁而高雅的装束，雪白立领衫搭配黑色过膝长裙，非常优雅。

同事们悄悄地议论着："看她这身行头，一定是出身不凡。"他们都纷纷猜测，但婉芸自己什么也不说。每次她给家里打电话时，同事们总会觉得她十分有教养，让人感到她的家世非同一般。不久，就有传言说她是高干子弟。

婉芸确实非同凡响。她的业绩好得让人嫉妒，轻松地拉来许多客户。有些大客户还会请她赴宴，但她却很少答应。大部分时间，她都喜欢独自赏画、听古典音乐或阅读世界名著，气定神闲，举止高雅。实际上，婉芸家庭平凡，父母由于前几年单位效益不好早已退休。但她的神情总是显得从容闲适，言谈举止温文有礼。她初来公司的衣装还是借用的，但她成功地引起了同事关注。

尽管婉芸从未编造过关于自己身世背景的谎言，对于传言也不予理会，不置可否，但她利用了"神秘感"，引起他人的关注，让他们对自己抱有极大的兴趣。

一位俄罗斯问题专家曾深有感触地说，普京的优势之一就是神秘感。一方面，他使很多人都感到自己平易近人，胸怀坦荡；另一方面，大家又觉得看不透他，对他很好奇。而普京也十分善于吊人胃口，总是一点一滴地把自己的事情说给大家听，每次都是适可而止。正因为如此，他才得以在叶利钦时代的复杂形势中平步青云，并在就任总统之后倾倒了俄罗斯，倾倒了世界。

法国前总统戴高乐说过，真正的领袖人物一定要保持神秘，有时则要沉默寡言，他本人也正是这样做的。戴高乐和普京的政治智慧迎合了人们心理：对神秘的事物，人们总是怀着兴奋的感觉；这些"神秘人物"最细微的言行，都会得到人们的注意。

小说《麦田守望者》风靡全球，有一个很重要的原因：这本书的作者塞林格善于制造神秘感，他自己隐居在山里，不与外人接触，反倒更加激起媒体了解他、报道他的热情。

如果你仔细观察会发现，一些成功人士十分善用这个方法，那就是制造神秘感，给自己笼罩上一层光环，轻易不会让人看透，让人充满好奇。 在社交活动中，你可以为自己制造悬念，不要过早地和盘托出。 例如，若你是一位厨师，把话题引到烹调方面，但不要直言你是厨师，不马上说出所有的情况，能让别人产生追根究底的欲念，增强你的神秘感。给自己制造一点神秘感，犹抱琵琶半遮面，这是一种推销自己的有效手段，也是走向成功的一个重要法宝。

学会适应，融入大环境

　　一个人的身价也就是他的社会地位，其衡量要放入整个社会大坐标中。从这个意义上说，所有那些脱离实际、自命清高的思想，都将负面影响我们的身价。中国人讲究入乡随俗，已经形成了一种社会风气，要办好事情，就必须迎合这种风气。如果逆风而上，与社会风气和潮流反其道而行之，就会失去朋友，失去支持和帮助，从而也就失去了所要依附的社会关系。

　　一位刚从国外归来的博士到应聘单位办手续，他认为办公室办事效率特别低，就以国外的情况对工作人员横加评论，还不耐烦地催别人快办。别人很不高兴，干脆说："今天不办手续了，明天再来办吧。"

　　这位博士不明白为人处世的道理，他如果说上两句好话，如"初来乍到，请多多关照""我来麻烦你们了，这是我个人的材料，请多多留心"，也许办公室的工作人员反而会加快速度的。

当然，做人不能没原则，但为人处世的方法不应一成不变，顺应环境的变化，才能因地制宜，把事情办好。

　　小张于某大学毕业以后，经过公务员考试，进入国家基层的机关工作。上班第一周，他就感受到了完全不同于学校的另外一种氛围。

　　到单位报到以后，科长把他领到自己的位子，说："你先把这里的情况熟悉熟悉吧！"然后就出去忙别的了。小张一头雾水：既不交代工作内容，材料文件也没有提供，怎么熟悉情况呢？来报到之前，他憋了浑身的劲，决定要干出个样子来，可是现在就像用尽全力的拳头打进了棉花团，甭提那个难受劲了。

　　慢慢地，小张发现这里的一切都异于自己的想象。所有的人做事都慢条斯理，不慌不忙，即使再紧急的事情也不会吸引多大的注意力。这里的人非常重视级别，级别不一样，待遇不用说，甚至于如何说话和做事都不一样。还有，程序特别重要，为了走完程序，有时候会花很多时间和精力，但他们还是不敢越雷池半步。小张很难理解这些现象。

　　虽然如此，小张仍然保持虚心谨慎的态度，注意观察周围所有的人和事，对谁都不抱成见，努力让自己尽早地被集体所接受。他渐渐发现，这些在他看来是"俗"的东西，都有它不得不如此的理由。

现在，小张也加入了"俗人"的队伍：做事稳稳当当，尊重比自己级别高的人，对程序一丝不苟，偶尔也说粗话，开一些"格调不高"的玩笑。不过，他自己所受的教育并没有被他忘记，也没有丧失自己的理想。虽然工作中不尽如人意的地方还有很多，但是小张明白，只有先"随俗"，才能安身立命，然后才谈得上理想和抱负。

事实证明，职场新人要对抗公司里一些对新人不利的风俗习惯，不仅是做不到的，而且往往是搬起石头砸自己的脚。因看不惯而反抗公司的风俗习惯，其结局几乎百分之百是"出师未捷身先死"，即使不"跳槽"，也会令自己灰头土脸。因此，作为职场新人，至少在你们进入公司的前两年，你是无法改变这类风俗习惯的。说公司的风俗习惯是对是错，都没有实际意义，适应公司的潜规则才是硬道理。

设法赢得大家重视

抬高自己的身价，最有效的方法就是提高自己在对方心中的重要性。那么，具体该如何去做呢？

同样的道理，如果你的形象在一个团体中已经树立起来了，那么暂时从这个团体中隐退，将会让人们更多地谈论你，会赢得更多关于你的称赞之辞。聪明的话，你就应该学会在适当的时候离开，通过缺席来创造"地球离开我就不转"的效应。

史蒂夫·纳什是一位相当出色的 NBA 篮球明星，他效力于菲尼克斯太阳队，在 2004 年至 2005 年赛季荣膺常规赛最有价值球员称号。

有很多人认为，太阳队之所以有这么强的光芒，不只是纳什出色的缘故，更是因为太阳队能人众多，高手如云。他们有超级马里昂，他们有全联盟效用第一的中锋迪奥，是他们和纳什组成的铁三角给予了太阳队的耀眼光芒。

　　的确如此，当纳什在太阳队的时候，他身边每个人都拥有一个十分漂亮的数据，相对于纳什，他所取得的数据只是和往常一样出色而已，队友马里昂的数据之高甚至于让 MVP 纳什黯淡下来。

　　但是，在纳什受伤后，太阳队在主场迎战西部第一的马刺队时，大大失利。失去纳什的太阳队在第四节一开始就被客队超前 22 分之多，往日豪取 30 多个篮板的马里昂不见了，刚被评上第一效用中锋的迪奥居然成了助攻王。事实证明，纳什不在场时，他带走的绝不仅仅是他个人的数据，也让整支太阳队在毫无节奏地奔跑，让强队太阳在马刺队面前显得如此的不堪一击。他的缺席充分体现了他无可替代的价值。

　　明代的著名政治家张居正，曾经被政敌们群起而攻之，张居正便递交辞职信给皇帝，表示年老体衰，不堪重负，希望可以告老还乡，颐养天年。当时，皇帝也希望张居正退休，以便取得实权，于是便打算批准其申请。但是皇帝突然发现，离开了张居正，很多事情便不能正常进行，最后只得驳回了张居正的辞职信，同时也封了那些状告张居正的官员们的嘴巴。张居正就是用这种方式，让皇帝明白了他存在的重要性。

生活中，这种感觉你必定不会陌生，当你拥有一件事物或一个人的时候，因为你可以轻易得到，所以你并不看重，更不会去珍惜。 但某天你突然失去那些你本来不在乎的东西时，你才会突然发觉，原来它对你而言如此重要。 就像纳什和张居正，只有在他们缺席离开的时候，身边的人才会真正发现他们的价值。 也许他们并不是在自我表现方面很擅长，却绝对是整个团队的灵魂所在。

有"心计"的人总是可以将这一点充分利用，巧妙地让所有人都知道他们的重要性。 但这也是有前提的，那就是自身一定拥有某些比他人强的实力，具备别人所不具备的才能，如此才能通过适时缺席，达到"地球离开你就不转"的效果，成为一个不可取代的人物。

给魅力加点"磁性"

美国成功学家拿破仑·希尔博士说："真正的领导能力中，最让人敬佩的便是人格。"积极、真诚、守信、勇敢……集这些魅力人格于一身，便会在无意间吸引许多人，并甘愿追随之。

封建社会的统治者为了让君权更稳固，经常极力美化君主的人格："神圣者王，仁智者君，武勇者长，此天之道、人之情也。"统治者使人民相信君主的人格是完美的，君主即代表着伟大、睿智、圣明、仁德和英武。可见，封建统治者非常重视提升自己的人格魅力，以此来加强自己的精神感召力和影响力，让人们从心眼里愿意成为自己的追随者。

人格魅力能创造多大的影响力？时代华纳总裁史蒂夫·罗斯为我们做出了回答。

尽管罗斯的行事作风专擅独裁，但他绝不露出一副高高在上的模样，即使对地位低下的人，也绝不摆出一副盛气凌人的架势。他很少让人感到他妄自尊大，总能顾及别人应有的尊严。

得力干将达利是这样表述罗斯的"亲和力"的："罗斯对周围人物的感受我们都见过，他和每一位秘书都有过亲切地谈话。如果他离开时忘了向安或玛莉莎（达利的助理）道再见，他会说'天啊！我忘了说再见'，既而返回去完成。如果由安留在公司替他做什么事情的话，第二天就会有一打红玫瑰放在她的桌上。"为了和公司低层员工打成一片，罗斯可是花了些功夫去做功课。他确实成功了，所有人都从内心深处尊敬他，感激他，并且心甘情愿地追随他。

对于手下的得力干将，罗斯准备了另一套创造信徒的方案。他赋予部门主管绝对的自主权，他告诉他们犯错无妨，鼓励主管要有"自己就是老板"的意识。罗斯言行如一，从不让主管的决策受到干扰，他永远是他们忠实的支持者。这种亲切、温厚、如慈父般的作风确实很得人心。当其他同行的管理层因流动率太高而元气大伤之际，华纳的高级主管一律长期留任，每当他的控制权受到可能的合并威胁时，他手下的主管便群起反对他的对手，从而使他在众人的帮助下度过权力危机。

罗斯知道，要使员工真正成为信徒，还必须有触手可及的好处。他运用各种方法将公司的财富与同僚共享，对罗斯而言那是理所应当的事情。谈起薪资、津贴和福利措施，华纳可说是一应俱全，称得上真正的全能服务公司。罗斯的手下大将因此成为千万富翁，他们对他奉若神明。事实上，他的周遭人士对他不但绝对忠诚，而且近乎个人崇拜。

除去以上几点，罗斯之所以获得人们的景仰，是因为他迷人的梦想以及凭借实现梦想的超凡能力所建立起来的良好信誉。"要与罗斯相处，就必须是他忠诚的信徒。一旦进入他的世界——那里强调的是忠诚，你的梦想都能够实现。"

维系人心的重要因素中，有一点称作信徒式文化。 就拿世界 500 强的宝洁公司来说，信徒式文化也产生了良好的效果。 长期以来，宝洁在挑选新员工上很是细心，雇用年轻人做最初级的工作，然后培养他们成为具有宝洁思维和行为方式的人，再让这些在宝洁文化中成长起来的"宝洁信徒"做中高级管理人员。 如此成长起来的忠实员工，在宝洁内部形成了上下一心、团结奋进的气氛，大家群策群力，以公司发展为信念，以信徒式的狂热，将自己的全部力量贡献给公司。

足见，充满"磁性"的人格魅力，是凝聚众人精神力量的有效剂。 当你带着这样的人格魅力站在人们面前时，即使没有费口舌的鼓动与召唤，他们也会紧紧地追随在你身边，为你的目标而奋斗，为你的梦想而努力。

第四章

心明眼亮，你可以看透任何人

眼睛告诉你他的心思

孔子曾说过："观其眸子，人焉瘦哉！"意思就是说：想要观察一个人，就要仔细观察他的眼睛。因为一人的想法，常常会包含在眼神中。天真无邪的孩子，目光清澈明亮；而心怀不轨的人则眼神混浊不正。所以，世人常将眼睛比作心灵之窗，是交往中的关注点。

在赌桌上，赌徒们刚开始赌时，通常都会先用小金额的资金下赌注，并且仔细观察坐庄人的神情。当坐庄人的眼睛瞳孔突然扩大的时候，他们立即紧跟加大筹码，差不多会赢。因为赌徒们根据坐庄人的眼睛变化，揣测自己必定是押对了。这种观察的小技巧尽管无从查证，但的确证明了人眼睛的变化同心理活动息息相关。

既然眼睛能映射出人内心的感受，那你是否能在与对方对视时，敏锐地捕捉到他的内心？

1. 从目光观察对方内心变化

在人们交谈的过程中，如果对方不时地把目光移向别处，则表示他有点漫不经心；如果对方的眼神上下左右不停地转动，不能定住，可能是因内心害怕而说谎。之所以说谎，很可能有难言之隐，也许是不想失去某个好朋友，而对某些事情的真相有所隐瞒。

另外，和异性视线相遇时故意避开，表示对对方有好感；眼睛滴溜溜地转个不停的人，体现了意志力不坚，容易遭人引诱而三心二意；眼光流露不屑的人，显示其不以为然；眼神冷峻逼人，说明他对人并不信任，心理处于戒备状态；没有表情的眼神，说明这个人愤恨无比；交谈时对方根本不看你，可以视为对方对你不感兴趣，或是不想听你说。

2. 从瞳孔大小观察对方情绪变化

当人意志消沉时，瞳孔就会缩小；而当人情绪高涨、态度积极时，瞳孔就会扩大。此外，据相关资料表明，一个人极端害怕或高兴时，他的瞳孔一般会比正常状态下的瞳孔扩大3倍。倘若大家一起玩牌，假如其中一人懂得这种信号，一看到对方的瞳孔放大了，就可以肯定他抓了一把好牌，怎么玩法也心中有数了。

3. 从眼神推断对方个性

眼神是否坦荡、端正，可以反映出对方的德行、心地、人品和情绪。如果对方的眼睛滴溜溜地乱转，很明显，你要小心一点。

打电话的姿势暴露人心

1. 悠闲舒适型

有些人打电话时，会舒舒服服地坐着或躺着，十分悠闲。 这种类型的人，他们生活潇洒自如，为人处世沉稳镇定，即使是泰山压顶，也会面不改色。

2. 边行边谈型

有的人打电话时，喜欢绕室而行，或者来回踱步。 这类人好奇心较重，喜欢新鲜事物，讨厌任何一成不变的事。

3. 以笔代指型

打固定电话时，有的人习惯用手中的圆珠笔等工具去拨动号码。 这类人毛躁、草率，经常处于紧张状态。 他们喜欢社交和群体活动，害怕寂寞和孤单。

4. 双手握机型

有的人打电话时，会用双手握住手机或固定电话听筒。

此类人生性谨慎，必三思而后行，他们为人十分小心，极少得罪人。

5. 心有二用型

有的人在打电话的同时，还会做其他事，比如整理文具、擦桌子等。这种类型的人富有进取心，抓紧一切时间工作学习。

6. 电线绕指型

有的人打电话时，会不停地用手指玩弄电话线或做其他小动作。此类人性格洒脱，放荡不羁，天塌下来当被盖，乐天知命。

7. 信手涂鸦型

有的人一边通话，一边在纸上信手涂鸦。这类人大多具有艺术才能和气质，对生活也有无限想象。他们的乐观性格，使他们经常笑着面对困境。

8. 抓紧上端型

有的人通话时会紧握听筒的上端。不少女性是这样拿电话的，她们有些神经质，只要有点小事不如意，便会大发脾气，或者非常悲伤。由于其情绪起伏不定，让人很难招架，所以她们极易让别人产生反感。

9. 抓紧下端型

有些人通话时紧握听筒的下端。这类人外圆内方，看上去很温婉乖巧，其实个性坚毅，有自己的原则。 无论对事对人，他们一旦下定决心，便不会更改。

10. 平白无奇型

有的人打电话时没有什么特殊的习惯，一切动作出于自然。 这类人心地善良诚挚，他们对自己很有信心，掌控自己的命运。

"你就是你所穿的"

西方有句俗话："你就是你所穿的。"因为，服装除了能为人们遮羞御寒，也是展现个人风姿和特色的媒介，它们能够向他人无声地传递你的生活背景和个性特征。所以，任何人都应注意衣着的价值，它甚至能帮助人们更好地融入社会当中。

例如，在不同的职业、不同的社会地位的小群体中，人们会通过服装进行区别，也会很自然地要求着装符合自己的职位。就像在众人的印象中，一位坐办公室的文职人员，应当穿着白领正装，而不是短裤T恤。

其实，从心理学的角度分析，不同的服装，常常折射了着装者的不同个性。

1. 喜欢简单朴素服装的人

这类人性情沉稳、简单自然，待人真诚热情。他们在生活和工作中兢兢业业，并且勤奋好学，遇到问题常能表现得客观、理智。 只是如果过度朴素，则说明这种人太过小气，缺乏对自己的关爱和主体意识，且很容易听命于他人。

2. 喜欢单一颜色服装的人

这类人刚正不阿，且善于理性思考。 若选择的单一颜色越深，则说明此人性情越稳重，且有城府，有点让人看不透。 他们做事前会仔细考虑，并在想好后突然出击。

3. 喜欢穿同一款式服装的人

这类人个性鲜明，爽朗正直。 他们做事雷厉风行，并且爱憎分明，时刻遵守自己的承诺，一旦对他人应允什么，就一定会遵守诺言。 但缺点是清高自傲，容易孤芳自赏。 有时候自视过高，与他人之间形成矛盾。

4. 喜欢穿长袖服装的人

希望用长袖的衣衫遮挡自己的身体，这类人若不是遮掩身体上的某些缺陷，则说明是非常传统和保守的人。 他们为人处世一向循规蹈矩，从来不会做出格之事；缺乏冒险精神，但又希望能收获名利；所以他们有雄心壮志，但是不容易实现。

领带是男人的另一面

西装，自诞生那日起就成为西方男人服饰中的必备品，直到今天，它已成为国际交往中的一种常规服装。 正式的西装有单排扣和双排扣之分，可以依据自己的喜好进行选择。

但是，有一件辅助饰物让男人很头疼，那就是领带的打法和色彩的搭配。 领带的作用类似于女士们的丝巾，男人的为人处世和品行特征，常常可以通过领带打法及颜色的搭配展现出来。 若仔细观察周围的男人，便不难发现他们领带中的"本色"。

1. 领带结既大又松的人

系上领带，使男人显得谦和儒雅。 打这种既大又松的领带结，男人所展现的风度不是矫揉造作，而是货真价实，是他们由内而外散发出来的气质。 他们不喜欢拘束，积极拓展自己的生活空间，主动与他人交往，有高超的交往艺术，在社交场合很受女士的欢迎。

2. 领带结又小又紧的人

这种男人若身材瘦小，则说明他们是刻意依靠又小又紧的领带结，让自己在他人匆忙的一瞥中显得高大一些。 如果他们并无体型之忧，则说明是在暗示别人最好别惹他们，他们无法忍受别人的轻视和小看。 小领带结是气量狭小的表现。 由于在生活和工作中谨言慎行，疑心甚重，他们养成了孤独的性格。 他们凡事先想到自己，热衷于物质享受，而且是"铁公鸡"。 几乎没有什么人想接近他们，他们也乐于一个人守着自己的阵地，孤军奋战。

3. 领带结不大不小的人

先不考虑领带的色彩和样式，也不管他们外貌怎样，男人配上这种领带结，大都会神采奕奕，神清气爽。 他们可以获得心灵上的鼓舞，会在交往过程中注重自己的言谈举止，所以不管本性如何，都表现得很有修养。 由于认识到领带的作用，他们在打领带结的时候常常一丝不苟，把领带打得恰到好处，给人以美感。 他们把大部分的时间放到工作当中，认认真真，兢兢业业。

4. 领带绿色、衬衫黄色的人

绿色象征生命和活力，通常代表春天；金色代表收获和金钱，是财富与权势的徽章。 这样搭配领带和衬衫的男人富有青春活力与朝气，自由自在，不喜欢拖泥带水，对于事业充满信心。 不过有时他们会鲁莽冲动，自制力不够。

5.领带深蓝色、衬衫白色的人

"蓝领"代表职工阶层，"白领"代表管理阶层，他们把两种颜色放到一起，上下兼顾，同时不乏风度翩翩。 他们非常关心工资，事业心极重，在奋斗过程中常常表现得急功近利。

6.领带多色、衬衫浅蓝色的人

五彩缤纷代表美好的事物，充满了诱惑，普通人和勤奋的人往往对此敬而远之。 所以选择这种领带和衬衫的人庸俗不堪，热衷于名利。 路边美丽的花，常常使他们心猿意马、见异思迁，他们用情三心二意，追逐的目标总是换了一个又一个。

7.领带黑色、衬衫白色的人

黑白分明是对阅历丰富之人的形容，所以喜欢这种打扮的人说明他内敛稳重。 由于经历得多，感悟也会多，他们懂得人生当中什么才是最重要的，善于明辨是非，相信"善有善报，恶有恶报"，维护正义是他们的做人法则。

8.领带黑色、衬衫灰色的人

不用看他们的表情如何，仅这种打扮就有点让人反感。他们在穿着之时必先照镜子，能够接受镜中的压抑色彩，则表明他们很忧郁，而这份忧郁是气量狭小所致。 他们选择这身打扮，正是为了掩盖这个缺点。 在工作当中，老板常常怕此类员工的郁郁寡欢、心性狭小会影响到其他员工的情绪，会辞掉他们，所以他们也经常换工作。

9. 领带红色、衬衫白色的人

红色象征火焰，代表奔放的热情，更表现了奋发向上。所以男人选择红色领带，大概是想追逐太阳的光辉，让他人注意自己。 他们本应该属于充满野心的类型，但白色代表纯洁，是和平与祥和的象征，穿白色衬衫，则是让别人感受到他们纯洁的心灵。

10. 领带黄色、衬衫绿色的人

勤恳劳动以获得丰硕的果实，按照理想设计自己的生活和人生，并勇于实施，男人选择如此搭配，他们流露出的是诗人或艺术家的气质。 他们相信付出必定会有收获，所以不会杞人忧天，担心秋后是否会因为意外的暴风雨而颗粒无收。 他们与世无争，性情温和，对人非常和蔼可亲。

11. 不会打领带的人

连打领带这种小事都要人代劳的人，大都开放洒脱，不理会这些琐事。 他们或是有某种天资本领，或是先天具有领袖才能，使他们不屑将精力消耗在打领带这样的细节问题上。 他们性情随和，有同情心，朋友甚多，口碑亦好，且夫妻感情好，家庭和睦。

口头禅诉真心

经常使用"果然"的人，自视甚高，强调个人主张。 他们常以自我为中心，很少考虑他人的想法。

经常使用"其实"的人，表现欲较为强烈，希望他人注意到自己。 他们的性格大多比较任性和倔强，并且多少有些清高。

经常使用流行词汇的人，热衷于随大流，喜欢夸张。 这样的人不够独立，没有自己的主见。

经常使用外来语言和外语的人，虚荣心强，爱表现自己。

经常使用地方方言，并且还心安理得的人，自信心很强，富于独特的个性。

经常使用"这个""那个""啊"的人，说话办事小心细致。 这样的人就是我们所说的好好先生，他们绝对不会闹事。

经常使用"最后怎么样怎么样"之类词汇的人，大多是某些想法没有实现。

经常使用"确实如此"的人，多浅薄无知，自己却浑然不知，还常常不以为然。

经常使用"我"之类词汇的人，不是软弱无能，老想他人帮助自己，就是虚荣浮夸，寻找各种机会表现自己，以吸引他人的眼球。

经常使用"真的"之类强调词汇的人，大多缺乏自信，害怕别人不相信自己说的话。遗憾的是，他们这样再三强调，反而让人反感。

经常使用"你应该……""你必须……"等命令式词语的人，大多控制欲强，有领导欲望。

经常使用"我个人的想法是……""是不是……""能不能……"之类词汇的人，一般善解人意。待人接物时，也能做到客观理智，冷静地思考，认真地分析，然后正确地判定。不独断专行，能够充分尊重别人，同样也会得到别人的尊重。

经常使用"我要……""我想……""我不知道……"的人，大多思想单纯，意气用事，容易情绪化，让人揣摩不透。

经常使用"绝对"这个词语的人，做事十分草率，仅凭自己的看法推断。他们不是太缺乏自知之明，就是太有自知之明。

经常使用"我早就知道了"的人，自我表现欲强，只能自己是主角，自己发挥。这样的人绝对不可能安静地听他人讲话，更不要指望他能成为一个热心的听众。

另外，口头语出现频率极高的人，大多办事不干练，意志有点脆弱。 有些人，说话时没有口头语，这并不代表他们从未有过，可能以前有，只是以后慢慢不说了，这表现出一个人意志坚强，说话讲究简洁明了。

　　如果你想从口头语言上更多地观察你身边的人，从而轻松地掌控他们，那么你就要在与他们打交道的过程中花费心血，每时每刻仔细认真地揣摩。 用不了多长时间，你就能迅速地从口头语上了解认识他们的性格。

换个新角度看人

从生活的经验来看，一个人的外表有时能反映出其内心；反之，了解其内心，有时又要依据他的行为表现。

齐国攻打宋国，宋王派藏芏求救于楚国，楚王很快就答应了。然而，藏芏在归途中却显得很忧虑。他的车夫问："您求救成功了，为何如此忧虑？"藏芏说："宋是小国而齐是大国，为救一个小国而得罪一个大国，大家都不会这样做。然而，楚国却很高兴地答应了，这不合情理。他们一定是想扶持我们，让我们同齐国抵抗，以此削弱齐国，这样，对楚国有好处。"

藏芏回国后，齐国攻占了宋国的五座城池，而楚国并没有去援救。

观察一个人，应先看他的行为，再观察他做事的动机，审度他的心态。人们所犯的过错，类型多种多样，仔细审查某人所犯的过错，就可以知道他是什么类型的人了。

从前，一个名叫鲁丹的游士，周游至中山国，想向君王进献自己的计谋，可惜投报无门。于是，鲁丹以许多财富赠给君王亲信的幕僚，请他代为引见。此法立即生效，鲁丹被君王召见，并于谒见之前，先以珍馐美味接待他。

席间，鲁丹不知怎么地，忽然放下筷子退出宫殿，也不回旅舍，立即离开中山国。

从者诧异地问："他们如此厚待你，为何离去？"

鲁丹回答从者："这位君主被他的侧近所左右，毫无原则，日后如果有人说我的坏话，君主必定会惩罚我，还是早点离开吧。"

老子曾说："宇宙间的物体，是对立统一的，因为宇宙的运动最终又会返回原来的状态……这就是自然的运动法则。"

有表就有里，但这些都不是固定的，因为相互间会有变化的趋向。只看一方面，不能看出真相，因此，需要从多方面去观察他人。

下面有一些看人规律，可以对我们在人际交往中有所帮助。

（1）愈是会装腔作势的人，内心愈是空洞。

（2）平时不易接近的人，突然变得很热情，他一定是别有所图。

（3）对于过分替自己辩解的人，不要放松对他的警惕。

（4）说话夸大的人，大都自卑。

生活中，只要根据对方在待人处世时表现出来的蛛丝马迹，就能看清这个人的真实面目。

谁都不愿暴露底牌

现实世界危险重重，人们为了成功或者为了谋取自己的利益，都想掩饰好自己的内心，藏好底牌，以待关键时刻出奇制胜。

做人最大的困难就是"知人心"，我们常说"人心难测""知人知面难知心"，说的就是这个道理。其实，从心理学角度来讲，人心既可知又不可知，既有共性，也有特性。由于个人生活阅历的不同，人心又具有一些特殊性，即有悖常理的心思、心态和心情，因此很难揣测。有人把人心比作一泓深潭，里面有什么生物，谁也说不清楚。

美国心理学者奥古斯特·伯伊亚曾经做过一个实验，让几个人用表情表现生气、害怕、诱惑、冷漠、快乐与伤心，并用录像机录下来，然后，让人们猜哪种表情表现哪种感情。结果，每人平均只有两种判断是正确的，当表现者做的是愤怒的表情时，看的人却觉得他很伤心。

人是一个矛盾的综合体，喜怒哀乐，远非他展现的那般单纯。 欢笑并不一定代表高兴，痛哭并不一定代表悲伤，鞠躬并不一定代表感谢，欢腾并不一定代表颂扬……所以，你要认真分析，学会识别人心，而这种本领，是你了解别人，进而掌控生活主动权的良好资本。

古代的奸贼总是以忠臣的面孔出现在皇帝面前，总是显得比谁都忠于朝廷；而在皇帝背后却欺凌百姓，玩弄权术。他们往往长于不动声色，只是在暗地里使坏，使敌手来不及防备便遭暗算。

人生如棋牌，对手的底牌即是天下最难弄懂的牌。 底牌是人保护自己，攻击对手的武器之一。 别人要掩盖底牌，我们就要想方设法探得别人的底牌。 未雨绸缪才是王道，在对方打出底牌之前想出应对之策，避免最后的失败。

第五章

口才也是实力，说话一定要花心思

赞美是一种投资

林肯说过："每个人都喜欢赞美。"相信我们都见识过赞美的力量。 对于他人的成绩与进步，一定不要吝啬赞美，要给予肯定和鼓励；当发现他人具有可褒奖之处时，也不要吝啬你的赞美。 赞美，就像投资，送出赞美，你收获的是友谊，是人缘……

有一天，一位叫约翰的律师和太太去异地拜访几个亲友。

由于约翰不太了解这些几乎从未碰过面的亲戚，所以就想找一些能够拉近他们之间距离的话题。他看到了姨妈的房子，决定赞美一下，也好为下面的聊天找个话题出来。

"这栋房子如此有古韵，差不多一百年了吧?"他问道。"是的。"姨妈答道，"正好一百年了。"

约翰说："这使我想起我们以前的老房子，我是在那里出生的。这房子盖得这么好这么漂亮，有很多房间。现在已经很少有这种房子了。"

"我也如此认为。"姨妈表示同意。

"现在的人已经不在乎房子漂亮不漂亮了。他们只要求有个房住即可，然后开着车子到处跑。"约翰说。

"这座房子有我的梦。"姨妈的声音有点颤抖了，"这是用梦完成的一栋房子。我的丈夫和我梦想了好几年，它是由我们自己设计装饰的。"

她带着约翰到处参观，约翰也热诚地赞美。看完了房子以后，约翰由姨妈带到了车库，那里停着一辆派克车，几乎没有使用过。

"这是我丈夫买给我的，买了不久后他便去世了。"她轻声说，"自从他死后，我就没有动过它，你是一个懂得欣赏的人，我就把它送给你吧！它应该有个好的主人。"

"不，姨妈。"约翰叫道，"我知道你很慷慨，但是，我却不能接受。我拥有自己的一辆车，而且我们之间并不算很亲密，实在是不能要。我相信你身边许多亲戚都十分喜欢这辆车。"

"天哪！"她叫起来，"你是说我的那些亲戚吗？他们巴不得我死掉好拥有这辆车！"

"假若你不愿送给他们，也可以卖掉啊！"约翰建议道。

"什么！"她大叫，"你以为我能让随便一个人开拥有如此非凡意义的车到处跑吗？这是我丈夫给我的车子！

我要把它送给你，我相信你会是个好主人。"

约翰极力想辞谢这份好意，却又担心令姨妈失望，最后，因为赞美，约翰拥有了这辆很多人都梦寐以求的车。

人的耳根都是软的，每个人都希望得到赞美。 在现实中，没有人不希望别人欣赏、赞美自己，都希望别人肯定自己的价值，因而，能在赞美中收获意想不到的结果。

满足他人的荣誉感

赞美一个人引以为荣的事情，是赞美高手无往不胜的"撒手锏"。要知道，赞美是一门技巧性很强的艺术，就像画画，胡乱涂画大家都会，但要画一幅完美的作品，就没有那么容易了。

王师傅是常雯公司的专职司机，常雯第一次坐他的车时，刚好赶上高峰期，路上非常拥挤，但王师傅却能在那样的车阵中又快又稳地前进。常雯见此说道："王师傅，你在这样的情况下还能开得这么快，真是不简单啊！"

就这样一句简单的赞美之辞，王师傅听了格外开心。因为他觉得自己确实驾驶技术高超，这也是让他很有成就感的地方。在常雯坐他的车以前，几乎没人这么夸他。于是他此后都非常照顾常雯，见常雯喜欢吃零食，总会准备些放车上。这件事情过去了10多年后，王师傅仍然对当时的情景念念不忘，并且还常常在别人面前说常雯有眼光。

用心去发现并赞美别人吧，比如擅长做一道美味的糖醋鱼，擅长折叠各种各样的纸鹤，擅长编好听的故事等，都是你可以称赞的成绩。不要因为这种赞美微不足道就不做，其实将小事做好了，也是一项了不起的交际功夫，甚至能够令你的人缘大厦平地而起。

世界上最成功的商人之一，美国亿万富翁德士特·耶格就说过："你只需要练习向别人说你喜欢从别人那里听到的事情。当他们出色地做到某件事情后，你能够祝贺他们。你懂得告诉他们，你是多么欣赏他们所做出来的贡献。"

肯定对方的成绩和优点，对于我们来说，只是一句语言和诚心的赞美，但却能满足对方的荣誉感，因此你也会有更多的收获。

学会"捧场"

"捧场"相当于是对别人的鼓励及支持，懂得为别人"捧场"的人多是有智慧、有"心计"的人，当然这也为自己赢来更多的人缘。

曾经有一位热爱绘画的青年，他年轻有为，作为一位绘画艺术爱好者，色彩就是他的人生。他辞掉了工作，准备潜心作画。一天，他在街头绘画。这时走过来一个穿着破烂的孩子，问道："叔叔，你的画真漂亮，能送一幅给我吗？我想送给妈妈做生日礼物。"年轻人高兴地说："当然可以。"说着送了那个孩子一幅画。

年轻人这一天都过得很充实，他觉得终于有人喜欢他的画了。于是他更加努力。一年后，他成了著名的画家。

看看，只是一个孩子的"捧场"，就对画家造成了这么大的影响！ 可见"捧场"是不存在身份界限的，在生活中的任何时候，你都可以为别人"捧场"。 比如，如果你初次见一位女性，那么关于她的服饰，就是你"捧场"的最好题材；当你去朋友家时，漂亮窗帘及墙上的画，甚至墙壁的颜色，都可以成为你"捧场"的话题……

这些生活中的"捧场"虽小，但可立即将彼此的距离拉近，让你获得更好的人缘。

肖礼有很多朋友，甚至与朋友的家人都相处得很好，为什么呢？这得归功于他善于捧场。一次，他和一个朋友约了见面，朋友带了他的妻子来。因为他和朋友的妻子是第一次见面，没有适当的话题。但是他发现朋友妻子别着十分独特的一款胸针，眼睛一亮，于是他称赞道："这款胸针真是精致，从未在市场上见到过这款式。"朋友的妻子立即来了兴致，原来，那是她自己设计的胸针。肖礼一听，立即称赞道："难怪这么特别，你很厉害啊，设计的东西如此漂亮，改天也帮我设计一个吧。"于是就打开了两人的话匣子，两人还成了很好的朋友。

在这个社会上，懂得"捧场"的人好像更吃香。 当一个人听到别人赞美的话时，难免会觉得高兴、自豪，因此，多为别人"捧场"，也会使你变得更迷人！ 适时地为他人"捧场"，收获的是别人发自内心的感激，而为他人"捧场"实际上也是为自己"捧场"。 为别人"捧场"，最重要的是付出感情。 如果你明白为别人"捧场"就是为自己"捧场"，那么，你会说更好的赞美的话。 然而，明白此理的人很少，他们被猜疑、忌妒的情绪占据了心灵，或者有的虽然在心里也会为对方的成功喝彩，却不会说出口。

俗话说：尺有所短，寸有所长。 大家都有各自的优缺点，我们应该学会为他人"捧场"，多发现他人的优点，为自己赢得更多学习机会。 这样做能为自己营造一个良好的工作氛围和人际环境，而这种氛围与环境，能让我们在前进的旅途上更快更稳地行走。

先表扬后批评

大家在日常生活里会有这样的经历，有的人会说话，即使是对他人不利的话，也会让人听着受用；有的人不会说话，即便是表扬别人，别人听着也会难受甚至反感。尤其在批评他人的时候，由于往往涉及他人的缺点或不足，因而，批评的方式，恰当程度便显得尤为重要。古往今来，很多人之所以赢得人脉，并因此成就自己的事业，受到人们的尊敬，就在于他们掌握了说话的技巧，尤其是在批评他人时巧妙恰当，不但达到了目的，还令人乐于接受。

赵玮是一家汽车经销公司的服务部经理，他发现公司有个工人工作业绩越来越差。但他没有对这位工人吼叫或威胁，相反，他让这位工人去他办公室，坦诚地跟他沟通。

他说："刘健，你一直是个相当不错的技工。你也在这工作线上干了许多年了吧，你修的车子也都很令顾客满意，其实顾客都夸你技术很不错呢。可是最近，你好像没有进入状态，整天心不在焉，产品质量也赶不上你以前的水准。我想你一定知道，许多人对这个很有意见。也许我们可以共同来改善这种情况？"

对刘健而言，他曾经是一个做事敏捷又优秀的技工，他当然不会自甘堕落到越做越差的程度。经理在对刘健一番夸赞之辞以后，却又拐弯抹角地加上了"但是"两个字，话锋一转再吐露自己的真实想法。这样既照顾了刘健的面子，又达到了说出自己想法的目的，可谓一举两得。

卡耐基在《人性的弱点》一书中就提出，每个人都有与他人意见相左之时，每个人都有强烈的自尊心和面子观念。所以，当你用直截了当的方式反对别人时，无论你采取何种口气和神态，对方都会觉得你没有给他面子，伤了他的自尊，这样会使你无形中多了个麻烦。相反，通过先扬后抑的转折句间接表达自己的想法，会产生不一样的效果。

其实，被批评者最主要的心理障碍是让自己没面子且利益受损。为此，你在批评前，就要先让他没有此顾虑。打消顾虑的方法就是将批评夹在赞美当中，也就是在肯定成绩的基础上再进行适当的批评。

年轻人刚刚走上工作岗位，社会关系相对简单，得罪人总是会有的，但起源多在口无遮拦上。所以对朋友、同事的所作所为，即使你有意见，不妨婉转些表达出来。你总得先说"你的某某事做得很优秀反响很好"，然后，你再用"就是""但是""不过"等来做文章。谁都知道"但是"才是要真正表达的意思，但前面的话一定要说，因为它不是假话，也不是废话，而是为营造一种和谐气氛的客气话。你若直来直去，对方必然感到自尊心受伤，心中会反感。所以，"曲线救国"，少不了拐弯抹角的话。

麦金尼在1896年竞选美国总统时，共和党有一位重要人物帮他写了篇竞选用的演说稿子，他自以为写得高明，便大声地念给麦金尼听。可是，麦金尼听后，却认为里面有些不妥当的观点，可能会引起批评的风暴。显然，这篇讲稿不能用。但是，麦金尼并没有直接说演说稿不好。他说："我的朋友，这是一篇精彩而有力的演说，我听了很兴奋。在许多场合中，这些话都是十分合理的。不过用在目前这种特殊的场合，是不是也很合适呢？我不能不以我的观点对它可能带来的影响进行思考。请你根据我的提示再写一篇演说稿吧，然后弄份副本给我，怎么样？"那个重要人物很高兴地照办了。最后，麦金尼依靠那篇新的演说给自己赢得了很多选票。

由此可以看出，在批评别人时，如果我们一上来就开始发牢骚，势必会令人在情绪上有所抵触，对你的批评也难以听进去。即使表面上接受，也未必说明你批评的目的达到了。而如果开始时先创造一个和谐的气氛，先给对方一点"赞美"，让他放松下来，然后再将你的高见提出来，这样往往能达到比较好的效果。比如：当你要求别人做一件事，或是将别人的过失指出来的时候，你要尽量让对方感到有回旋的余地，似乎主动权掌握在对方手中。 例如某一员工衣帽不整，有碍企业形象，你可以说："这样还算挺好的，但如果能够再把这个颜色换一下，会更好些。"这样的话语，会让员工很乐于听，也就心悦诚服地愿意改正。

我们都知道，赞美能让人谦虚且可以使气氛更友善。 在批评别人前，应先提及别人的优点，对他赞美一番，给人愉快自在的感觉，消除刺激和敌意，使后面的批评更易于被接受。 生活中每个人都需要发自内心的赞美及善意的批评。赞美是鼓励，批评是督促；赞美如阳光，批评如雨露，二者缺一不可。 所以，要想让你的批评有所效果，让对方改正错误，就必须在批评前先给予对方适当的赞美，然后再给他以批评，这样才会让听者认为你在从他的角度考虑，或者感到合情合理，这就容易达到自己的目的，也会启迪或教育他人。

不能和盘托出

生活中身边总有这样的人，他们特别爱侃，性子又特别直，喜欢向别人掏心窝子。虽然这样的交谈能够很快拉近人与人之间的距离，使彼此变得友善、亲切起来，但心理学家调查研究发现，事实上只有1%的人能够严守秘密。所以，当你的生活存在个人危机时，如失恋、婚变，最好还是避免在办公室随便找个倾诉对象；当你的工作出现危机，如工作上不顺利，对老板、同事有意见有看法，你更不应该在办公室里向人袒露胸襟。职场上，环境复杂，人心难测，你不害人，但也不得不防人，把自己的"私域"圈起来当成禁区，不要轻易让"公域"场的人进入，这是一个成熟的人非常明智的一招，是在竞争机制中自我的保护之法。

把心掏出来，这代表你对他人付出的是一片真诚和热情，但知己难寻，真能与你以一颗真心相待的人是不多的。况且，知人知面难知心，有些人看似掏心窝给你，但难保他掏的不是"假心"！一旦你遇到别有居心的小人，恰好利用你的坦诚，使你受到欺骗，结果伤了自己。而会玩手段的人，更可以因此把你玩弄于股掌之中，你就会有危险了。

李昱是一家公司的业务代表，在一次聚会时，与另一家公司业务员偶然相遇，两人很投缘，话也越说越投机，大有相见恨晚之感。李昱视对方为贴心女孩，结果在耳热酒酣之后，把自己公司将要开展的业务计划说了出来，当然，对方事先也承诺会保住秘密。一个月后，当李昱的公司实际运作新的业务计划时，却被客户告知别的公司已经在做了，并签了合同。作为与老板共知计划机密的李昱，自然受到老板的批评，并罚薪降职，永不重用。

由此可知，在人际交往中切忌轻易掏心窝。每个人都有藏在心里别人不知道的秘密，朋友之间、同事之间，哪怕是感情不错，也不能随意把秘密讲给别人。如果你管不住自己的嘴，你就可能受到伤害。

朋友相处，重要的是双方在感情上的相互理解和困难之际的鼎力相助，而不是了解一些没有必要的东西。例如你承受的工作压力，你对某人的不满与批评，当你快乐地向别人倾吐这些心事时，有可能他日被人拿来当成打击你的武器，你连自己为何吃亏都不清楚。那么，对好朋友应该可以说说心事吧！答案还是：不能全都说。你要说的心事要有所筛选，因为你目前的"好"朋友未必是你未来的"好"朋友。

君子小人同时存在。当你向人掏心窝倾吐心事的时候，同时也会向人泄露你脆弱的一面，这会让人改变对你的印象。 有的人会因此而下意识地看不起你。 最糟糕的是脆弱面被别人掌握，那就是你日后的软肋，这一点不一定会发生，但你必须预防。 另外，只要一激动便什么秘密都讲给别人听，也是做人的大忌。 因此，只有将自己的秘密守住了，给自己留下一点余地，留下一条后路，才能够使自己在人生的道路上走得更平稳，更踏实。

要记住：这个世界并不总是充满温馨怡人的亲情和友情，也有更多场合和时间里充斥着伪善和欺骗。 不要将自己的底细轻易地向人兜售，那样会被居心不良的人当作利器来击败你。

模糊表态于自己有利

不可否认，明明白白讲话会让人有好的印象，明确而坚定的表态也给人以自信的感觉。 但我们在表态或许诺时，如果总是轻易地使用"绝对""一定"等字眼，不留余地讲话，就未必是明智之举。 有"心计"的人知道，话一出口就收不回来，为了避免别人抓住自己的把柄，他们大多会选择"模糊表态"。

模糊语言是实际表达中需要的。 面对不确定、不可能的态势，就要求助于表意上具有"弹性"的模糊语言。

有三个考生去赶考之前求教于一位著名的算命先生。在三人诉说各自情况后，算命先生故作神秘地伸出一个手指，闭起眼睛陷入沉默，三个人待要追问，算命先生曰："天机不可泄露。"第二年他们再次拜访那位算命先生，连称其神。因为三个人中只有一个人考取进士，算命先生伸一指不就是这个意思吗？但算命先生却有他自己的秘密：如果两人考中，那么伸一指就表示只有一个不中。如果没有一个落榜，那么伸一指就表示没有一个不中，因此不管情况怎么样，算命先生都是正确的。

在生活中，有好多处世精明的人都用模糊语言表明自己的态度。比如：在接受别人的谢意时，在索取自己报酬时，甚至在骂人时都表现出含糊不清的样子，这样既保全了对方面子，又不至于说话太死。

可能每个人都曾有这样的体会：某人询问你某事，你不便回答而又不得不回答；有时别人征求你对事情的看法，你赞成不是，不赞成也不是，此时，你不妨打个"擦边球"，即用模糊的语言做出较为含糊或宽泛的回答。这样做比较容易脱身也表现出机智。如果遭到别人无理的刁难，一定要管好自己的嘴，绝对不能胡言乱语或与人抬杠，含糊其辞是最好的表达方式。

客家人有句俗谚："人情留一线，日后好见面。"现实中的尴尬事，其中有一些就是因为话说得太绝造成的。凡事三思而后行，总能给自己留条后路，这在外交场合是最常见的。外交部发言人都不会把话说得很绝对，要么是"可能，也许"，要么是含糊其辞，以便一旦有变故，可以有回旋余地。一个人成熟的标志，便看他说话是否留有余地。

当然，生活中并不是所有的人都成熟老练，有一些自大的人喜欢把话说绝对，总觉得自己的见解没有错，喜欢马上盖棺定论，不留余地。事实上，凡事留有余地，是给自己方便，也是给别人方便，当你的预期目标没有达到时，压力也不会太大，别人也不会太责怪你。

　　在每项产品进行市场预测的初期，公司会议频繁召开，还经常会叫上销售部和设计部对共同的问题进行探讨，同时私底下也会征求员工的个人意见。

　　"初生牛犊不怕虎。"开会的时候，公司新来的两个美女员工李聪和张珍都将自己的看法作了表达，也得到了公司领导包括销售部和设计部的好评。但在阐述自己的想法时，两个人还强调如果按照她们的方法势必成功。产品部经理立马就表示要李聪和张珍一起写一份详细的计划书出来，公司会对她们的提议认真考虑。此话一出，李聪和张珍欣喜若狂。作为新人的她们能得到领导如此重视，也称得上是幸运儿。但是在这项新产品的制作过程中，问题频繁出现，这令公司上下非常紧张。

　　事后，公司处理这个问题的责任时，都把矛头对准了李聪和张珍，而本该对这个项目负责的产品部经理和所有参与产品研讨的销售部经理、设计部经理却都相安无事。经理炒了李聪和张珍的鱿鱼。

　　其实，事外人大概都认为这件事领导也有一定责任。因为正常情况下，领导不但对本部门的工作负责，公司的发展和重要决策的决定他们也应负90％以上的责任。但这次新产品出了问题，领导们为什么不用担责任，而是拉出了李聪和张珍这两个替罪羊呢？原因就出在产品部经理在她们共同写的计划书上，标上了予以参考的意见，给自己留了条后路。

当然，如果出现问题，文字便是证据，帮助他们向公司的高层开脱。

李聪和张珍也有问题。她们的说话方式不够"模糊表态"，最终给人留下了话柄。她们在开会时把自己的想法表明，但却没必要在后面加上按照这个方法来做一定能够成功的"大话"。这种对未来不确定事件的过分肯定，自我信心的过度膨胀，也注定了她们最后会自讨苦吃。公司要追究责任时，产品部经理只要把李聪和张珍共同写的计划书一交，自然就可以声称自己与此事毫无关联。

用不确定的词句一般都可以降低人们的期望值，你若无法顺利达到别人期望，人们因对你期望不高而能用谅解来代替不满，有时他们还会因此看到你的努力，不会认为你一无是处；你若能出色地完成任务，他们往往喜出望外，这种额外的惊喜对你的人际关系很有益。

把话说得太满，并不能证明你的自信。话说七分满，反而是一种谦虚的人生哲学。从一个人说话的态度可以看出他的自信，真正有自信的人，懂得谦卑，说话时懂得留点余地。不要把话讲得太满，进可攻，退可守，这才是赢得人脉的方法。

第六章

底牌不能轻易露，示弱并不可耻

底牌最后再翻

《易经》中的"潜龙在渊"，指的就是君子待时而动，要善于保存自己的实力，不要过早暴露自己。

历史上也有很多人是因为泄露了自己的底牌而功亏一篑。宋文帝便是如此。

当时的太子刘劭想谋权篡位，就和巫师求神，还把宋文帝的玉像埋在了含章殿前，意在诅咒宋文帝快死，他好继承皇位。刚开始的时候，宋文帝并不知道这一切，完全被蒙在了鼓里。

后来刘劭有个名叫陈天兴的奴仆，与使女有私情，被刘劭发现后杀掉了。陈天兴被杀，尸体和宋文帝的玉像一起埋了，这把对宋文帝实施诅咒的太监门庆国给吓坏了，他误以为刘劭是杀人灭口，认为自己迟早也会被杀，就把这事告诉了宋文帝。宋文帝一听，真是又惊又怒，通过调查，他发现了刘劭、刘浚和严道育等人私谋篡位的罪证。

有一部分证据被刘浚藏在了自己家中。这个刘浚本是小王爷，其养母潘淑妃很得宠。太子刘劭的母亲元皇后因潘淑妃而死，所以刘劭对潘淑妃和刘浚二人痛恨异常，但刘浚怕太子日后登基杀了自己，就和刘劭交好。

宋文帝想把刘浚藏匿的罪证逼问出来，但是刘浚并不承认。潘淑妃很爱这个养子，就哭着对刘浚说："你们诅咒皇上的事情已经败露，你应当悔改，怎么还藏匿了证据呢？我不想看到你被赐死！"刘浚仍然不觉自己有错，他愤愤地告诉潘淑妃："天下事情不久将水落石出，我不会让你受到牵连！"

当天夜里，宋文帝召尚书仆射徐湛之商量对策，准备惩罚他们。宋文帝只要下一道命令，太子刘劭即废。但是，坏就坏在宋文帝竟然自己泄露了这个密谋。

一次宋文帝喝醉了酒，就把这事告诉了潘淑妃。潘淑妃一听大惊，因为爱子心切，赶紧秘密派人通知了刘浚，刘浚又通知刘劭。于是刘劭连夜起兵，以朱衣披在甲胄之上，乘车进了皇宫。本来皇宫有个规矩，太子不能带卫队进宫，然而刘劭声称是受到皇帝旨意，入宫有急事，因此门卫不敢阻拦太子，只好让他们进去。

于是刘劭派心腹直入宋文帝寝殿，将47岁的宋文帝杀害，而刘劭也立即登上皇位，改元太初。

其实宋文帝聪明仁厚，然而他竟然将废太子这样的大机密随便泄露给了潘淑妃，最后被杀害，确实令后人扼腕。

俗话说得好："小不忍，则乱大谋。"做大事者，要不动声色，不能泄出自己的底牌，使形势对己不利。一定要明白什么是可以说的，什么是不可以说的。不该说的话，无论在什么情况下，面对什么人，都不要说出来。

　　不管是在什么场合，少亮底牌，是对自己最好的保护。

深藏不露，守拙待时

俗话说得好："人心隔肚皮，虎心隔毛皮。"所以，聪明的人在竞争中深藏不露，甚至装出愚笨的样子，这就是我们常说的"守拙"。 这是掩饰自己、保护自己、积蓄力量、等候时机的人生韬略，常运用在竞争场合中。

中国有一句成语叫作"锋芒毕露"，锋芒本指刀剑锋利，比喻人的才能。 古人认为，人没有锋芒，则是扶不起的"阿斗"，因此有锋芒是好事，是事业成功的基础。

在适当的场合显露一下自己的"锋芒"，是有必要的，但锋芒不仅会刺伤别人，也会刺伤自己，因此要小心运用。物极必反，过分外露自己的聪明才华，会导致自己的失败，不仅对事业不利，甚至还会失去自己的身家性命。 尤其是做大事业的人，要学会深藏不露，守拙待时。

有一位年轻的律师，参与到一个重案中。这个案子牵涉到一大笔钱，涉嫌违反一些重要的法律条款。在法庭辩论中，法官对律师说："海事法的期限是6年，对吗？"律师愣了一下，坦言说："不。庭长，海事法没有这一期限。"这位律师后来对别人说："当时，法庭内立刻静默下来，气氛非常凝重。虽然我是对的，他错了，我也如实地指了出来。但他非但没有因此而高兴，反而很生气。尽管法律站在我这边，但我却铸成了一个大错，居然当众指出别人的错误。"

在指出别人错误的时候，我们要做得高明些。古希腊著名的哲学家苏格拉底在雅典的时候，一再告诉自己的门徒说："你要记得自己一无所知。"英国19世纪政治家查士德裴尔爵士，则更加直白地训导他的儿子说："你要比别人聪明，但不能让别人知道。"

无论你怎样指出别人的错误：一个蔑视的眼神，一种不满的腔调，或是一个不耐烦的手势……都有可能带来难堪的后果。因为这是在向对方表明：我比你更聪明。这无异于怀疑对方的才能，打击了他的自尊心，还伤害了他的感情。这样做不仅让对方对自己没好感，还会引起他的反击。这无疑是给自己找麻烦。因此，在指出别人错误的时候，应当做得高明一些，不要让对方觉得自己不如你。

比如，你可以用若无其事的方式提醒他，让人觉得他只是忘记了，或者好像是他没说清楚，那样效果会很好。

著名科学家玻尔特别尊重人。当他对别人的观点提出不同意见时，他常常预先声明："这不是为了批评，而是为了学习。"这句话被当作名言印在一期物理杂志的封面上，作为送给玻尔的生日献礼。

一次，有人发表学术演讲，效果非常糟糕，玻尔也不认同这个演讲，但他仍然热情地对演讲者说："我们在很大程度上同意你的观点。"玻尔同爱因斯坦展开过一场为期近30年的学术大争论，两人持相对立的观点。但爱因斯坦认为，在反对他的观点的阵营中，玻尔是最公正的。

玻尔的这种为人处世的态度，不但对他的学术研究有帮助，而且使他深受人们爱戴和仰慕。

当弱者不可耻

你难以改变自己实力的强或弱，但假装弱势，可为自己争取有利的地位，为自己减少一些不必要的麻烦。适当地示弱，可以让别人不那么忌妒你，使处境不如你的人心理平衡，对你放松警惕，这对交际很有利。

在自然界中，示弱是一种生存之道。

在澳洲，有一种强悍的烈马，其寿命看起来总要比柔弱的母马短暂，它们一般都会被杀掉；而那些温和的母马，往往被人们驯服，让其在赛场上夺冠。

海滩上有两种蓝甲蟹：一种比较凶猛，但它们不会避难，对谁都很"横"；而另一种则比较温和，不善抵抗，一遇到敌人，就翻身躺着，任你怎么咬它、踩它，它都一味装死。

千百年之后，出现了一种有趣的现象：强悍凶猛的蓝甲蟹越来越少，成了濒危动物；而喜欢示弱的蓝甲蟹，却繁衍得非常昌盛，世界各个海滩都能发现它们。为什么会出现这种结果呢？动物学家发现，强悍的蓝甲蟹因为好斗，有一半在斗争中死了，又因为强悍而不知躲避，有一半被天敌吃了；而那些会示弱装死的蓝甲蟹，则因为示弱而保护了自己，得以繁衍至今。

自然界给我们这样的启示：凡事如果逞强好胜，往往会弄得头破血流；但是如果适当示弱，则很容易被别人接受。因此，做人做事，懂得适时地示弱，才能取得成功。

示弱，可以是与人交谈时幽默的自嘲，也可以是在大庭广众之下有意以己之短托人之长。如果你碰到的是个有实力的强者，他比你强，那么你不必为了面子或意气而与他争强。因为一旦硬碰硬，虽然有可能战胜对方，但更可能毁了自己。因此不妨示弱，以化解对方的戒心。以强欺弱，胜之不武，强者大多不会如此。

有一位记者去拜访一位外国政治家，想要获得一些秘闻。然而，还未及寒暄，这位政治家就对记者说："时间还多得很，我们可以慢慢谈。"记者意外于他的从容。不久，仆人将咖啡端上桌来，政治家喝了一口，立即大嚷道："好烫！"咖啡随之滚落在地。

等仆人收拾好后，政治家又倒吸香烟，从过滤嘴处点火。记者赶忙提醒："先生，你将香烟拿倒了。"政治家听到这话之后，慌忙将香烟拿正，却碰翻了烟灰缸。平时趾高气扬的政治家出了一连串的洋相，使记者大感意外，不知不觉中，就不想挑战他，甚至还对对方产生了亲近感。

而这所有的一切，都是政治家有意为之。 当人们发现杰出人士也会有很多弱点时，对他的负面看法便会消失，而他因此省掉很多麻烦。

能放下架子做"弱者"，在某种意义上来说，是一种处世态度。

对手当前，不能不抗。 不抗，你必败无疑，但硬拼胜败同样没有绝对把握。 此时，故意示弱倒不失为良策。 承认自己的不足，有意暴露自己某些弱点，可以说是高明的交际策略。

恰当地表现优秀

有才华的人急于表现自己优秀，结果锋芒毕露。 所以，做人不能太高调，要低调一些，谦虚一些，否则容易暴露自己的弱点或短处，还会遭人陷害。 要懂得"真人不露相"的做人道理。

唐朝诗人刘禹锡，因有才而出名。他为人爽直，但有时不够圆通，惹来不少麻烦。当时有种风俗，举子在考试前都要向官员呈献自己的作品，请他们看后为自己说几句好话，来提高名声，称之为"行卷"。襄甲有位才子牛僧孺这年到京城赴试，带着自己的作品来拜见很有名望的刘禹锡。刘禹锡很客气地招待了他，听说他来行卷，便打开他的大作，面批他的文章。刘禹锡本是牛僧孺的前辈，又是当时文坛大家，亲自修改牛僧孺的文章，提高了牛僧孺的水平，但牛僧孺为此很不高兴。后来，由于政治上的原因，刘禹锡仕途一直不顺，到牛僧孺成为唐朝宰相时，刘禹锡仍然只是个小官。

一次偶然的机会，刘禹锡与牛僧孺相遇，两个人一起喝酒聊天。酒酣之际，牛僧孺写下一首诗，其中有"莫嫌恃酒轻言语，憎把文章逼后尘"之语，暗示对当年改其大作一事耿耿于怀。刘禹锡见诗大惊，方悟前事，赶紧作诗忏悔，牛僧孺方解前怨。刘禹锡惊魂未定，后对弟子说："我当年一心一意想扶植后人，谁料却惹来麻烦，你们要引以为戒，不要好为人师。"

好为人师本是一种单纯的行为，但是如果显露过多锋芒，则易遭人忌妒，甚至成为自己成功的障碍。

章韵是某企业人事部门的顾问，她的人缘很好，但是过去的情形并不是这样。章韵初到人事部门的头几个月，没有一个朋友。为什么呢？因为每天她都炫耀自己，以及她所做的每一件事情。章韵发现，在她和同事不停地说她的这些引以为傲的事情时，同事显得很不高兴。

章韵想和同事交朋友，但是却找不到自己的问题出在哪里。章韵的丈夫对她说："你想让别人听你说，那么你应该听别人怎么说。这样也许他们就会慢慢地接纳你的。"

章韵听了丈夫的忠告，闲聊时很少对同事谈及自己，而是花时间认真倾听同事们说话。她发现原来他们也爱吹嘘，他们在诉说自己成就的时候，比在倾听别人说话时要表现得兴奋得多。慢慢地，大家有了什么话都喜欢告诉章韵，和她成为好朋友。

人们对于自己的事往往更感兴趣，更关注自我。 一旦有人真诚地听他谈论自己时，就觉得满足。 卡耐基说过："专心听别人讲话的态度，是我们所能给予别人的最大赞美。"

德国也有一句谚语："最纯粹的快乐，是幸灾乐祸。"可能你不想承认，但是大多数人，从你的麻烦中得到的快乐，可能比看到你胜利更快乐。 因此，我们对于自己的成就要轻描淡写，不要过多表现，应当谦虚低调。 要知道"出头的椽子先烂"。

不要卷入是非中

说是非者，本是是非人。 办公室中是非多，举手投足间就会产生。 我们身在职场，要尽量少说话，不然可能会有麻烦。

工作中的你，可能身边常有一些饶舌之人，爱八卦，甚至打听不到还会胡乱编排，造成同事之间不必要的误会。 这种人让人厌烦。 因此你要做的就是少说话，多做事，免得卷入是非圈。

吴莉是一个刚进公司的新人，她工作非常出色，但总是不开心，没有一点笑容。公司的张大姐见此觉得很奇怪，想知道她忧愁的原因。于是她很热心地邀请吴莉去她家吃饭，还把自己的一些秘密告诉了吴莉。

看张大姐这么热心，还将自己的秘密说出来，吴莉很感动，她便把张大姐当作朋友，也说出了自己的秘密。原来，吴莉爱上了自己的上司，因此才不开心。

然而没过多久，吴莉发现同事们看她的眼神很奇怪，她觉得很诡异。终于有一天，公司有人跟她说："你的事，大家都知道了！其实，你不应该将秘密告诉张大姐，她是个大嘴巴。"

吴莉觉得愕然："可是她，她也把自己的秘密跟我说了。"马姐摇了摇头，对吴莉说道："人家和你不一样，人家张大姐和自己老公幸福着呢。"吴莉听了真是悔不当初，但是又有什么用？最后吴莉因为受不了舆论的压力，只好辞职。

吴莉的失败就在于，她轻易地泄露自己的秘密，将自己陷入了是非圈中。在职场上，不论泄密还是听密，对自己都没有任何好处，会对你的职场生涯产生很多负面影响。

张彤半年前准备跳槽，结果却被那家公司给辞退了，后来一直找不到合适的工作。为什么呢？原因就在于她在即将跳槽的那段时间，卷入了是非圈，让自己过了一回长舌妇的瘾。

张彤在原来公司的人力资源部工作，对公司人事关系以及非常敏感的薪资问题很了解，但平时她很少提及。可年终因为找到了另一家好公司，于是她管不住自己的嘴了，开始向同事们抱怨上司，说出了上次的年终奖谁高谁低等细节，给上司惹了不少麻烦。

她没想到的是，因为这事逐渐在业内传开，谈妥了的新公司竟然不聘用她了，这也导致她无法找到工作。

即使你将另谋新路，也要提高警惕，一定要管好自己的嘴巴，多做事，少说话，因为哪儿都不欢迎饶舌的人。

一些职场上的新人往往不知所措，其实只要你静下心来用心去做事，会发现什么事情都不复杂。 姚明就曾在一次访问中说过："如果现在火箭队的口号是'IT IS TIME'的话，我的口号在新赛季就是'少说话多做事'。"

除了要少说话避是非之外，也要多做事。 有些人好高骛远，小事不愿干，大事干不了，这在职场新人中尤为明显，如果不注意纠正，很可能会使你成为志大才疏的人，领导不会赏识，更不用说晋升了。 即使是一件小事，也要一丝不苟，努力做好。 小中见大，做好小事，可为以后做大事积累经验，还可得到领导的赏识。

装聋作哑保自身

人人都知道"祸从口出"这句俗语，很多人得罪别人或是被别人利用，往往都是因为说话不经思考。 他们以为说两句话没什么大不了，殊不知已经为自己埋下祸根。

坦率诚实虽然是一个人正直的表现，但是这往往会让自己处于被动地位，有被人利用的危险。 而如果你懂得装糊涂的道理，就不会让自己所说的话成为别人的口实，这样更有利于明哲保身。

"嘴上无毛，办事不牢"，要想办成一件事，首先不要乱说话。 当别人充满好奇地一再向你追问时，你不妨就说一些话来搪塞他。 当别人被你的糊涂回答给弄烦了时，自然就不会再问了。

一次，慈禧太后患了一种奇怪的病，很多御医都无计可施。当时所有的大臣都急了，有人建议征召地方上的良医入宫试试。此时，两江总督刘坤一举荐了江南名医马培之。马培之是江南鼎鼎有名的"神医",盛传可治百病。

听到马培之被朝廷征召的消息,乡里的百姓非常高兴,可唯独马培之眉头紧锁。他心里想:京城是名医云集之地,既然他们都无法医治太后的病,那么就证明太后的病非寻常之病。倘若自己能够医好她的病,当然是好事,可是万一要是医不好,可就只有以死谢罪了。

不久,马培之来到了京师。开始到处探听有关太后病的消息。当时,关于太后的病有很多传说。有的说是"月经不调",有的说是"失血症",说法不一。马培之也很迷茫,于是他就去拜会太医院的御医,希望了解一点情况,可这些御医也说不出个所以然来。

就在此时,马培之认识了宫中的一位太监,于是他就请这位太监帮助他探听一下太后生病的原因,以及不被世人所知的实情。果然,马培之得到了小道消息:太后之病乃是小产的后遗症。马培之一听,异常震惊。太后已寡居多年,怎么会小产呢?吃惊之余,马培之似乎明白了许多,自然也就不那么紧张了。

不久,马培之见到了太后。经过一段时间的问诊后,由太医介绍圣体病况。当时在场的还有另外两个名医,加上马培之就是三个。于是他们三人依次为太后把脉。诊毕,三位名医分别开处方立诊治方案,再呈太后。太后看了前两个御医的方案,神色严肃。可是当她看了马培之的方案后,面有喜色,说道:"你的方案不错,抄送军机及亲王府诸大臣。"

其实，马培之对慈禧太后的病因早已心中有数，这次把脉只不过是确诊罢了，太后患的正是产后失血症。马培之没有提一字有关妇产的病机，只当是心脾两虚医治，而在药方上也声东击西，用了不少调经活血的药。此举正中太后下怀。太后素来对医药略知一二，见马培之方案，甚合己意，而其他两位名医的方案尽管说明了病理，脉案明了，在医术上无可挑剔，但免不了投鼠忌器，让太后不喜欢。

后来，太后服用了马培之的药，果真康复了。马培之因此深得太后的信任，留京良久。事后有人问他太后到底得的是什么病，马培之始终没说一个字，把别人弄得是云里雾里，最后终于不再问了。他也由此可以安享晚年。

对于"真相"很多人总是充满好奇。然而这真相却不会带来好运，它就像一把双刃剑，既能救人，同样也能伤人。该说的时候，可以说，但是有些话最好让它烂在肚子里。试想，如果马培之把此事到处宣扬的话，就一定惹怒慈禧太后，后果只有一个，那就是丢掉脑袋。

把握住万分之一的机会

美国但维尔地方的百货业巨子约翰·甘布士的成功经验是："不放弃任何一个哪怕只有万分之一可能的机会。"

有不少自以为是的人对此毫不在乎，他们认为：其一，希望微小的机会，实现的可能性也很小；其二，如果去追求那只有万分之一的机会，还不如去买张彩票；其三，只有笨蛋才会相信那万分之一的机遇。

但是甘布士却不这么认为。

有一天，甘布士打算坐火车去纽约，可是之前没有订票，而又恰逢圣诞前夕，到纽约去度假的人太多了，导致很难买到火车票。甘布士的夫人打电话去火车站询问还有没有这次的车票出售，得到的回答是："车票已经全部售光了。不过，倘若您不嫌麻烦的话，可以带着行李到车站去碰碰运气，看是否会有人临时退票。"车站的人强调说，"但是这种机会或许只有万分之一。"

甘布士听了却欣然提起了行李，赶往车站，就好像他真的买到车票了一般。夫人担心地问他："约翰，要是你到了车站没有买到票，那如何是好呢?"甘布士回答说："那有什么关系?我就是当拿着行李去散步好了。"

甘布士到车站后，等了很久，没有遇到退票的人，乘客们都纷纷涌向月台。甘布士也没有像别人一样急着往回走，依旧等着看有没有人退票。终于在距开车时间大约还有6分钟的时候，一个女人匆忙赶来退票了，因为她的女儿病得不轻，她无奈只好改坐下一趟的车次。

甘布士如愿买到了车票，搭上了去纽约的火车。到了纽约，他打电话给夫人。在电话中，他高兴地说："亲爱的，那万分之一的机会被我抓住了。"

在此之前，有一次，他所住的地方但维尔经济不景气，不少工厂和商店纷纷倒闭，开始被迫贱价抛售自己积存已久的货物，袜子价格甚至低到了1美元可以买100双的地步。

当时，甘布士还只是一家织造厂的小技师，他马上用自己辛苦挣来的钱收购低价存货。人们见他这样，都说他太傻了!甘布士对此置若罔闻，依然收购着各工厂所抛售的货物，并为此租了一间很大的货仓，用来储存货物。

他的夫人很疑惑，认为这样会吃大亏，劝他不要购买这些廉价抛售品，因为购买抛售商品的钱是他们多年的积蓄，是用来作为子女教养费的，并且已所剩无几了。对于妻子的忧心忡忡，甘布士笑着安慰她说："相信我，

3个月以后，我们会从中获利很多。"

过了10多天，那些工厂将实在卖不出去的货都一把火烧掉了。甘布士的妻子见此非常焦急，而甘布士依旧静静地等。终于，美国政府采取了紧急行动，稳定了但维尔的物价，曾经贱卖的物品猛涨了很多。甘布士因此大赚了一笔。后来，他用赚来的钱，开设了5家百货商店，生意越做越大，终于成了商业巨子。

甘布士曾在一封给青年人的公开信中说："亲爱的朋友，我认为你们应该把握那万分之一的可能，因为它将给你带来意外的惊喜。有人说，这种做法是智力障碍者的行径，比买奖券的希望还渺茫。这种观点是有失偏颇的，因为开奖券是由别人主持，你无法控制；但这种万分之一的机会，却完全在于你自己。"

美国也有一句谚语说："通往失败的路上，处处是错失了的机会。坐待幸运从前门进来的人，往往忽略了从后窗进入的机会。"要想把握这万分之一的机会，才能将机会变成实实在在的财富。

吃小亏占大便宜

俗话说"吃亏是福"，聪慧者自然懂得"吃小亏占大便宜"的道理。 通常最先尝到甜头的人，未必能在最后饱尝到硕果。 在现实生活中，人们面临诸多抉择，很多人通常是见到便宜就想占，生怕吃亏。 但是，很多事实都告诉我们，如果一个人愿意吃点小亏，而不是事事都计较得很清楚，他日后必能得"大便宜"，也必能修成"正果"。 相反，那些想占大便宜，却不肯舍小利者，到头来非但便宜占不到，反而还会丢失更多。

杜林萍在上大学的时候，大家认为她心思太细腻，做事不那么雷厉风行，虽然通常会为她的好心而动容，但说实话，关于她的将来，大家都不看好。从学校毕业后，他们那一届大多被分到一家女性占多数的国营单位，大家觉得有点不自在，但杜林萍很快跟她们打成一片。

杜林萍的单位吃年饭，一些妈妈级的同事们都带着自己的小孩来玩，一般没有结婚的女子，顶多出于礼貌过去逗孩子几分钟，吃饭的时候都躲得远远的，唯恐孩子全是油污的嘴和手弄脏了自己的衣服。但是杜林萍却不然，她看起来是真爱那帮孩子，她坐在小孩子旁边，喂他们吃饭，给他们擦鼻涕……结果自己不仅没吃好饭，而且干净的衣服也弄脏了。席终，她成了孩子们最喜欢的阿姨，妈妈们也很喜欢她。

结果，杜林萍成了升职最快的人。当初有一个名额分到公关部，出人意料，这人选会是外貌平平、英文一般的杜林萍。可是，她似乎并没有什么高明的手腕，只是真诚待人，哪怕自己吃点"亏"。

那时候，每次过节，单位里照例会分一大堆年货，杜林萍的父母不在北京，很擅长吃亏的她，有足够的理由把年货都送给组长刘姐。虽然杜林萍在北京也有许多亲戚，但杜林萍很清楚刘姐对她意味着什么。果然，当领导来征求刘姐如何看待新来的大学生时，杜林萍的分数最高，领导通过刘姐最早了解了杜林萍。

还有一次，大家起哄让主管请大家吃火锅，起因是主管一向很节约，但那次因为得了奖，而且奖金不菲。去的时候，杜林萍让大家先行，说有点事要办，但特别叮嘱大家要去包房，要等她到了才点菜。大家坐了好一会儿，杜林萍才到，拿了一大包超市里买来的东西，神秘无比。等服务员一出包房门，杜林萍马上从购物袋中拿出她从超市里买来的蛋饺、鱼圆、蟹肉棒、午餐肉、芋艿、年糕……这样，每次趁服务员出去加汤的当儿，杜林萍就把这些东西放在汤里，结果，大家只花了很少的钱，就在那家有名的火锅城海吃海喝了一番。

当然，那天最高兴的就是做东的主管。虽然大家有点不看好杜林萍的做法，觉得二十出头的女孩子，弄得像一个斤斤计较的主妇似的，但杜林萍很快就被提升了。最后，杜林萍还是在北京的同学中最先买房、买车的人。众人心悦诚服，她那些小损失，换来的是大回报。

有的人放弃、让步，或是吃些小亏，不是因为他们真的很傻，而是因为他们明白，自己不可能获得所有的机会和利益，既然如此，还不如自己吃一点小亏。这看上去似乎有些损失，但回报丰厚。而不懂得这样做的人，虽然表面上看来，一时得到了机会和他想要的东西，但从长远来看，他却失去了更多益处。

人行走于世，如果我们有所欲望，那么在"吃亏"与"得福"之间，就不能总盯着眼前的利益去计算。换句话说，人生的每一步，都为将来着想。着眼于未来，吃点小亏，才能有更大的回报。

不懂吃亏，就不能完美地领悟人生；不懂吃亏，就不会成就一番事业。其实，吃亏是一种美德。

要"西瓜"还是要"芝麻"

"捡起了芝麻，丢掉了西瓜。"而善用"心计"的人，懂得"芝麻"和"西瓜"之间的取舍之道。

我们丢掉"小芝麻"，是为了得到更大的"西瓜"。只有以"吃亏时就糊涂一下"的做人原则来为人处世，凡事多谦让别人一些，自己吃点小亏，才会顺风顺水。

常晓云常常用办公室电话打私人电话，部门同事曾经提醒过她不要这样做。常晓云倒是无所谓的样子，还说其他部门的人都这么做，不用白不用！她在自己办公室打私人电话也就算了。还有一次，常晓云出差到外地公司，依旧用人家办公室电话聊私事，短则20分钟，长则达一个钟头。

好景不长，出差回到公司后，常晓云立即被炒了。原来外地公司的经理早就发现了常晓云的行为，只是不好直接当面说出，但当常晓云工作结束后，便把这一情况汇报给了常晓云的部门经理。公司领导知道这一情况后很生气，立刻炒了常晓云。

爱贪小便宜的人，就算此人工作能力再强，业绩再突出，但有这个毛病，个人形象会大打折扣，也无法让人对他产生好感。

"吃亏"与"占便宜"，正如"祸"和"福"一样，是相互依存又可以相互转化的。

杨士奇是明朝时历任五代的大臣。他谦虚和善，以公正待人，从不存偏见，受到历代君臣的称赞。自明惠帝以后多年，杨士奇曾担任少傅、大学士，受到重用。明仁宗即位之后，让他兼任礼部尚书，不久又兼兵部尚书。

皇上这般倚重自己，杨士奇心中很是不安。他向仁宗皇帝辞谢，说："我现任少傅、大学士等职务，再任尚书一职，实在愧不敢当，更怕群臣背后指责。"仁宗皇帝劝解说："黄淮、金幼孜等人都是身兼三职，并未受人指责。别人是不会指责你的，你无须推辞！"杨士奇见君命难违，不能再推，就诚恳地要求不接受兵部尚书的俸禄。他认为，兵部尚书的职务可以担任，工作也可以做，但丰厚的俸禄就无须给了。

仁宗皇帝说："你在朝廷任职20余年，我因此特地要奖赏你才给你丰厚的薪水，你就不必推辞了。""尚书每日的俸禄可供养60名壮士，我现在获得两份俸禄已不安，怎么能再加呢?"杨士奇再三解释说。这时，身旁的另一名大臣开导他说:"你应该辞掉大学士那份最低的俸禄嘛。"杨士奇说:"我有心辞掉俸禄，就应该辞最好的，何必图虚名呢?"仁宗皇帝见他态度这样坚决，又确实出于真心，最终接受了他的请求。

杨士奇能够让出自己的俸禄，是难能可贵的。正因为他主动让利，才让皇上更信赖他，认为他一心为国，不谋私利，是靠得住的大臣。这也是他能够于人事复杂的朝中，安然度过五代的根本原因。

如果大家为他人多想一些，那么这个世界也将变得更美好。这样看来，吃亏不但有利于个人，更是人类的福分了。

第七章

会办事，关键就在你的操纵力

过分自信要吃亏

自信是好事，自信可以让自己不惧困难，勇往直前，自信能够带来成功。 但是自信得过了头，就会好事变坏事。

名将关羽，英勇善战，过五关斩六将，威名远播，敌人一听到他的名字就会不寒而栗。 然而就是这样一位令敌人生畏的名将，却在当时的无名小卒东吴将领陆逊和吕蒙的手里栽了跟头，最终功败垂成。

公元219年的秋天，关羽在战胜了魏将于禁、庞德所部之后，领命乘胜追击，到了樊城。樊城是一处战略要害，一旦陷落，后果不堪设想，于是曹操让很有经验的曹仁镇守樊城。当曹操听说关羽率军进攻樊城后，吓了一跳，心急如焚。在此当头，谋士司马懿上前献计道："此时，孙权与刘备虽然表面联合，其实他们的矛盾重重。当年刘备向孙权借荆州，说以后会还给他，可是如今刘备却迟迟不肯交出荆州，孙权对此十分恼火，很想要回这块地，只是没有机会。如果我们许诺把江南的土地让给他，再让他出兵攻击关羽的后方，这样危机不就解决了吗?"曹操一听大喜，于是马上写了一封信派使者交给孙权。孙权一看可能会得到土地，高兴得不得了，果然派大将陆逊、吕蒙领兵偷袭关羽的后方。

荆州位于魏、蜀、吴三国之间，是南北交通要道，一直是战略重地。赤壁大战后，曹操、刘备、孙权各自有荆州的一部分，其中刘备的地盘最大，孙权出于联合刘备共同抗击曹操的需要，让刘备又控制了南部。因此，荆州实际上是在刘备控制之下。刘备入川后，荆州交由大将关羽镇守。

关羽在此次出征樊城之前，本来考虑到了荆州有可能被袭击，为此他打算安排一员守将镇守荆州以防东吴偷袭。东吴守将吕蒙很有阴谋诡计，为了麻痹关羽，他故意称回京都建业养病，然后让名不见经传的陆逊代替自己。陆逊也不是省油的灯，到任后，立即派使者带着他的亲笔信和一份厚礼去拜见关羽。此时关羽并不知道这个陆逊是何许人也，不禁有点小看他。信中陆逊对关羽大加吹捧，对自己百倍贬损，并向他表示愿蜀、吴两家永世和好。关羽读罢书信，认为陆逊不过是一个没见过世面的人，料他也不敢偷袭荆州，于是便下令把所有军队调动到樊城前线去。关羽自认为没有后顾之忧，樊城也不是问题。可就在此时，关羽忽然得报东吴军偷袭了自己的后方，而且公安、江陵等地都已经被东吴军攻陷了。关羽一听，赶紧班师回去。但吕蒙老奸巨猾，他攻占公安、江陵等地后，刻意安抚蜀军家属，蜀军将士得知家属平安，一个个离关羽而去，投降了东吴。关羽回天无术，败走麦城，最后死在吕蒙手里，荆州就这样被东吴夺了回去。

可以说陆逊的书信是这次战役的关键。信中陆逊极尽吹捧之能事，让关羽飘飘然起来，进而麻痹大意，疏于防范，而导致兵败，地失，身亡。关羽失败的原因，就在于他太过自信，没有把陆逊放在眼里，自然就没有提防他。而陆逊也正是利用了关羽这一点，最终偷袭成功。

别盲目行事

做事没有目标的人，就像是地球仪上的蚂蚁，看起来一直往前爬，却永远也找不到终点。盲目行事、没有目标的人生是没有收获的人生。没有明确的目标，或是目标不专一的人，无论付出了多少努力，也不会有好结果。

成功学家卡耐基有一句名言："不为正确目标去奋斗的人就像个玩物丧志的孩子一样，他们不知道自己所要的是什么，总是茫然地噘着嘴。"每个人都想要成功，要想获得成功，就要在开始行动前，给自己树立一个明确的目标，再制订计划。人一旦有了梦想，有了目标，就会为了实现这个目标而尽心竭力，发愤图强。

目标对我们每一个人来说都很重要，没有目标，我们就会像迷失方向的船。有的人为什么能成大事，原因就是他们有明确的目标，少走弯路，向着预订的目标一步一步前进，直到最终收获成功。而那些做事没有目标的人，像一群无头苍蝇一样，看起来忙个不停，到头来是只见忙碌，不见收获。

当我们有了目标与方向，就有了进步成长。 在为实现理想而奋斗的过程中，价值得到了实现，而人生就会更加的绚丽多彩。

做事要有目标才能把事情做好。 只有对一件事情执着，坚持到最后，抱着不达目的誓不罢休的态度，才能获得成功。 给自己的人生定下目标，是至关重要的。

做事要有计划，有目标，然后为此而努力，才能获取成功。 会算计的人都有一套明确的目标，都有一套值得进行的计划，并且花费最大的心思和付出最大的努力来实现他们的目标。

变相"要挟"也可行

在审理案件的时候，变相"要挟"是一种常用且有效的策略。法官故意说出已知的信息，使罪犯相信，证据已被全部掌握，坦白从宽，抗拒从严，于是罪犯会如实交代自己所做的或所知的。

求人办事遭到拒绝后，你也可以变相地"要挟"对方。当然这种要挟不是真正地胁迫，而是从理论上为对方做出某种假设，合乎情理，通过心理战让对方改变原来的想法，从而达到办成事的目的。

有一位幼儿园老师是个十分热心的教育家。有一天，她去图书馆，想给孩子们借一些有关幼儿教育方面的书籍。

她询问图书管理员："我想借 20 册可以吗？因为幼儿园有 20 个孩子。"

图书馆的管理员告诉她："图书馆规定一人一次最多只能借 3 本书。"

幼儿园老师并不甘心："那么多孩子，总不能只让其中的 3 个孩子看吧，您能不能通融一下。"

"这是没法通融的，规定是对所有人的，不只是你。"图书管理员似乎无动于衷。

幼儿园老师听了以后说："那好，以后每周我都带幼儿园的小朋友来，一人借一本书总行了吧。"

"嗯……这样吧，您的情况特殊，我就破例一次吧。"

原来很顽固的图书馆管理员，居然改变了态度，让这位老师一次借走 20 本书。

在这个例子中，幼儿园的老师使用的就是变相"要挟"的策略。当她提出一次要借 20 本图书时，遭到了严词拒绝。按常理来讲，针对这种特殊情况，适当破例也是可以的，不过，管理员似乎并不通情达理。在这种情况下，幼儿园老师只好在不违反规定的前提下，通过加大借书的人数来"要挟"管理员，最后达到了自己的目的。

在日常生活中，变相"要挟"的方法只是一种非常手段，全凭一身"厚黑"功夫，本不值得提倡，但是，鉴于对象的品格、为人等不同，有时使用这种办法也无可厚非。

但是，需要提醒的是，别动不动就煽风点火，要知道物极必反。没人喜欢被威胁，你需要事先掂量威胁成功的可能性，如果无关痛痒，那么你的威胁就毫无意义了，如果对方来个倒打一耙，告你一个诬陷罪，那可就弄巧成拙，得不偿失了。所以此法需要三思而后行，千万不可莽撞地铤而走险。

佯装糊涂，以假作真

有一位小姐在某单位工作五六年了，谈了几个男友，都因为她的工作而告吹。

半年前，又有人为她介绍了一个对象，小伙子长得不错，而且不嫌弃她的工作，那位小姐高兴极了。两人进入热恋之中，商讨怎样办婚事，决定先领证，再排队等房，一旦有了房子，马上举行婚礼。

去开领证证明那天，刚好所长值班，就一边开证明，一边与那位小姐拉家常。见小姐姓冷，便说到："你这姓很少啊！"冷小姐无心交谈，答道："哦。"所长接着说："你和县长同姓啊，是亲戚吗？"冷小姐对此没有回答是还是否，因为她没有心思与他闲聊，只等拿证明。所长进一步推理说："县长没有女儿，那你一定是他的侄女了。恭喜你，冷小姐。"所长十分利落地把证明开完，并热情地送走了她。

经所长之口，县长侄女结婚的消息不胫而走。

冷小姐回到单位，领导马上找到她说："你是县长的侄女，怎么不早说啊？现在的年轻人像你这样的实在很少，不错，不错。"接着又说："鉴于你工作认真负责，决定替你换一个工作，将你调到局里办公室，调令不久就会下来，好好干吧，前途无量啊！"

没有多久，房管局的副局长亲自找到冷小姐，说："对不起，冷小姐，由于工作繁忙，要房子的太多，所以没有及早替你办理好。我们研究发现现在没有很好的房子，只好让你再等一下啦。"

"只要你为我记着这事儿，我等等没关系的。"冷小姐顺势说。

不久，冷小姐顺利拿到了两室一厅楼房的钥匙。

县长侄女要结婚的消息越传越广，冷小姐也因不吹嘘自己，一时被传为佳话。

终于，冷小姐结婚了。婚礼异常热闹，各大局领导纷纷光临，送来贺礼，祝福冷小姐与新郎新婚幸福，白头偕老。

但参加婚礼的人没有一个见到县长，虽说有些遗憾，却也都能理解：县长忙，暂时顾不上到场……

冷小姐沾了冷县长大大的光，她对人们传说她是县长侄女的事从来也没有否认过，尽管她跟冷县长根本就没有关系。

这个例子也给我们一个启示，即在日常生活中，可以巧妙地找个合适的人处好关系，一些难办的事情就好办多了。

找准对方的弱点再下手

下面有一个很好的例子说明这一点。

　　战国时，齐国人张丑被送到燕国做人质，不久，齐、燕两国关系紧张，张丑的处境危险。

　　得知消息后，张丑立即寻机逃走，可尚未逃出边境，又被燕国官吏抓住。

　　张丑见硬拼不行，便对官吏说："你知道为什么燕王要杀我？"

　　"不知道！"

　　"因为有人向燕王告了密，说我有许多财宝，其实我一无所有，燕王就是不相信。"张丑说到这里，见官吏糊里糊涂，接着又说："我被你捉到了，你的好处是什么？"

　　"捉住你有一百两赏银。"

　　"你肯定拿不到银子！如果你把我交给燕王，我会一口咬定，是你独吞了我所有的财宝。燕王听到后一定会暴跳如雷，我就是死也要拉你作为陪葬！"张丑边说边笑。

　　官吏听到这里，心慌害怕，最后只好把张丑放了。

　　张丑能得以死里逃生，全靠了他的这番话，他抓住了这个官吏的心理弱点，一击中的。

　　当今社会，你求人办事，如果对方犹豫或拒绝，也可以细心地想想对方可有什么弱点。抓住其弱点，然后再求他时，他肯定会"就范"的。

让对方有优越感

求人办事，最好的办法是能感动别人来帮你。 但要感动别人，就得从他们的需要入手。 同时，还必须记得，人的需要是各不相同的，每一个人都有自己的偏好。 只要你认真研究对方的偏好，就可以投其所好。

如果你过分赞扬自己或抬高自己，反而会使对方对你防范。 所以，应该注意先点破自己的缺点或错误，使对方产生优越感。

此外，有人会因为帮助了你，有恩于你，心理上不自觉地产生一种优越感，说不定还要对你数落一番。 这种情况，不妨把自己放在一个谦卑的位置上，批评自己，当对方发觉你已承认错误时，便不好意思再指责你了。

一位毕业于耶鲁大学的有名冶矿工程师，又在德国的弗莱堡大学拿到了硕士学位。可他向美国西部的一位大矿主求职的时候，却遇到了麻烦。原来那位矿主古怪又固执，他自己没有文凭，所以就不相信有文凭的人，更厌恶工程师，认为他们只会空谈。当年轻人前去应聘递上文凭时，满以为老板会乐不可支，却没料到老板很不客气地说："我之所以不想用你，就是因为你曾经是德国弗莱堡大学的硕士，你所学的都是一些空理论，我可不需要什么文绉绉的工程师。"聪明的年轻人听了，心平气和地回答说："如果你答应不告诉我父亲的话，我要告诉你一个秘密。"大矿主表示同意，年轻人小声道："其实我在德国弗莱堡大学并没有学到什么，糊里糊涂地混了3年。"想不到大矿主笑嘻嘻地说："好，你明天开始上班吧。"就这样，年轻人在一个非常顽固的人面前通过了面试。

美国著名政治家帕金斯就任芝加哥大学校长时年仅30岁，有人怀疑他不能胜任该职位，他知道后只说了一句话："一个30岁的人能知道多少，需要依赖他的助手兼代理校长的地方太多了。"这短短一句话，就稳住了怀疑他的人。人们遇到了这样的情况，往往喜欢逞强，会竭力表示自己堪当大任，然而自吹自擂是一个领袖不可取的，所谓"自谦则人必服，自夸则人必疑"，就是这个道理。

办事时，先在心理上满足对方，事情就会变得简单、顺利多了。

凡事不可操之过急

求人办事，一定要有耐心，沉得住气。 有些人在求人办事时，心急火燎，巴不得对方马上就给办好。 如果对方暂时无动静，便沉不住气，一催再催，搞得对方很不耐烦，这样做往往会适得其反。 也许，对方有自己的难处，不得不慢慢做打算；也许，他真的无能为力。 不过，无论对方处于什么境况，我们都要有耐心。 有句话叫"用人不疑"，就更别说你是求人了。 既然求了人家，就要充分相信对方。

战国时，魏国的国君打算攻打中山国。有人向他推荐乐羊，说他文武双全，一定能攻下中山国。可是又有人说其子乐舒此时正任中山国官职，怕乐羊不肯受命。后来，魏文侯打探到乐羊曾经拒绝了中山国国君的邀请，还劝儿子离开荒淫无道的中山国国君，这才决定重用乐羊，派他带兵去征伐中山国。乐羊带兵很轻易就打到了中山国的都城，然后按兵不动，只围不攻。这样过了几个月，魏国的大臣们开始议论纷纷，可是魏文侯不听他们的，只是不断地派人去犒劳乐羊。

又过了一段时间，乐羊照旧按兵不动，他的手下西门豹忍不住询问原因，乐羊说："我之所以只围不打，就是为了让中山国的百姓们看出谁是谁非，这样我们才能真正收服民心，你以为我是为了乐舒吗？"又过了一个月，乐羊发动攻势，顺利地将中山国都城攻下。乐羊留下西门豹坐守，自己带兵回国复命了。魏文侯亲自为乐羊接风洗尘，宴后，送给乐羊一只箱子，让他拿回家再打开。回到家乐羊打开箱子发现，里面全是自己攻打中山国时，大臣们诽谤自己的奏章。假如当初魏文侯听信了大臣们的话，而沉不住气，半路罢免乐羊，那么可能就是另一番结果了。

同样，求人办事就像打一场战争。在这场战争中，你会遇到各种各样突发的、棘手的问题，只有那些理智的人才有机会取胜。相反，急功近利的小人往往欲速则不达。

一定要明白：求人办事不同于求己，人家方方面面总是要考虑一下，有时候还要故意地做些姿态，让你看看。这时候，你只能平心静气地等待。你若老去打听催问结果，不仅会让对方感到厌烦，还怀疑你对他不信任，明明可以办成的事，经你这么一搅和，倒没有了希望，这叫得不偿失。所以，求人办事不能急于求成，沉得住气才能笑到最后。

掌握好火候去办事

任何事情都有轻重缓急，有的事情必须马上处理，延误了时间就可能有严重后果。但是有些事情，如果发生了马上解决，可能会火上浇油，使事态发展愈加严重，而冷却几日，则可能效果更好。所以，在办事过程中，要掌握时间，这对事情的成败很是重要。"将相和"的故事大家都耳熟能详，如果蔺相如在廉颇正气势汹汹之时，去找他解释，廉颇可能一句也听不进去。这样不但不利于解决矛盾，反而极有可能引起冲突，激化矛盾。

为掌握解决冲突的"火候"，有人找到了一种"10 分钟法"，即事情发生后，再等 10 分钟的时间。这 10 分钟的时间，对方可能会向你道歉；这 10 分钟的时间，你的头脑会更清醒，而不至于在盛怒之下失去控制。

受到别人的伤害，我们很可能暴跳如雷，与其如此，不如暂且迫使自己先冷静下来，然后再去想应当怎样对待，因为大多数人都是无意识伤害我们的。善于办事的高手，都是以分清主次的办法来统筹时间，把时间用在最有"生产力"的地方。那么轻重缓急的区分标准是什么，如何设定优先顺序呢？有3个判断标准可供参考：

1. 我必须做什么

包括：是否必须做，是否必须由我做；非做不可，但不需自己亲力而为之事，可以交给别人做，自己监工就行。

2. 什么能带来最高回报

应该用80%的时间做能带来最高回报的事情，而用20%的时间做其他事情。所谓"最高回报"的事情，即是符合"目标要求"或自己会比别人更擅长的事情。

前些年，日本很多企业家还把下班后加班加点的人，视为敬业的好员工，如今却不一定了。因为一个员工靠加班加点来完成工作，也许恰恰说明他的工作效率低下。社会只承认有效劳动。

3. 什么能给自己最大的满足感

最高回报的事情，并非都使自己获得最大满足，均衡才最为理想。因此，无论你地位如何，总需要分配时间做快乐的事情，唯有如此，工作才能让你有成就感。

通过以上"三层过滤"，事情的轻重缓急已经很清楚了。明确事情的大小主次后，逐步学习合理地安排整块与零散时间，不要避重就轻。事情肯定会有轻重缓急，先集中时间把最重要的部分完成，不重要就先放一放。利用好零散的时间做事，可以在不知不觉中完成烦琐的杂务。

懂得先走为上

所谓"先走为上",是指办事者要学会审时度势,在自己的力量远不敌对手时,不要和对手硬拼,以卵击石,自取其辱。应该采取"走"的策略,避开是非,另辟蹊径。

1990 年,安德斯·通斯特罗姆出任瑞典乒乓球队主教练。通斯特罗姆平时对运动员指导有方,再加上其战略战术比较高明,使瑞典乒乓球队连年凯歌高奏。在 1991 年世乒赛上,他率领的瑞典男队赢得了所有项目的冠军。在 1992 年夏季奥运会上,他们又在男子单打中夺金,这块金牌也是瑞典在这届奥运会上获得的唯一一枚金牌。

然而,处在荣耀之巅时,通斯特罗姆却突然宣布将于 1993 年 5 月世乒赛结束后辞职。通斯特罗姆的成绩如此辉煌,瑞典乒乓球联合会早已向他表示,非常希望延长其雇佣合同,那么他为什么要在春风得意时突然提出辞职呢?很多人都想不明白。

很久以后，通斯特罗姆才解释了他为什么辞职。他透露说，自他担任主教练以来，瑞典乒乓球队成绩喜人，但是"现在我已感到很难激发我自己和运动员去争取新的引人注目的胜利。瑞典乒乓球队需要更新，需要一个新人来领导"。

其实通斯特罗姆用的正是"先走为上"的计策。在体育赛场上，没有永远不败的神话。通斯特罗姆在感到很难再去"争取新的引人注目的胜利"之际，果断地退下来，无疑是明智之举。这样，不但保住了自己已有的声望，而且更新了瑞典队的力量。

在我国古代，晋国公子重耳的故事同样很好地说明了这一点。

公子重耳是晋献公的儿子。献公听信骊姬的谗言，逼迫太子自杀，岌岌可危下的重耳不得已流亡避难。在他流亡期间，他变得成熟干练，而且他还充分利用"走"来结交他的同盟者。这样他就在"走"的同时，策划推动晋国发生了许多有利的变化，最后，他终于在秦国大军的护送下归晋，国内百姓一路夹道而迎。

可见，留与走其结局如此迥异：留则无生路，走后得王位。这个道理在我们平时办事的过程中也是大有作用的。需要注意的是：走是为了等待时机，创造条件，而不是因此躲避困难，寻求安逸。

第八章

职场就是竞技场，为自己而战

学会套近乎

●

　　人际关系讲究的就是如何与别人和谐相处，这是一门艺术。　对于每一个职场中人来说，如何与同事相处是很值得学习的事。　这就像是一道门槛儿，若是你无法跨过这道门槛儿，那么你日后的道路难免会磕磕碰碰，不尽如人意。　可当你会"套近乎"，也许你的路就会变得顺畅许多。

　　　冯毅是一家公司的经理助理。从他进公司开始，他就是公司里最勤快、最爱动脑筋的人。也因为他的表现，使得他成为经理眼里的一个可造之才。经理对他的器重是大家都有目共睹的，甚至有很多时候，经理做什么决定时，都会习惯性地把冯毅叫去，和他详细地商量。就这样，冯毅逐渐成为办公室的领头人。因为他做决策快，有时候一场会开下来，大家还没搞懂经理究竟是什么用意，而他已经都安排好工作计划了。冯毅这样雷厉风行的工作作风，使得他所在的部门一直都保持着很高的绩效，所以，同事们十分羡慕他。

　　而在羡慕的同时，同事们也对冯毅很好奇。他们不知道冯毅到底为何如此神通广大，竟然可以让经理都对他刮目相看，而且还没有猜忌他。有的同事们干脆就直接去向冯毅取经，他们希望冯毅能给他们透露一些秘诀。冯毅也不藏私，大大方方地告诉他们自己的秘诀。他说自己每次都会录下开会的内容，再用心听几次，然后向经理请教一二，就可弄清答案和方向了。同事们听冯毅这样说，自然也就照做了。可是几次之后，同事们发现，似乎改变并不大。开会的内容着实是让人昏昏欲睡，实在是太难了。此时，同事们对冯毅的毅力和"翻译"能力更加佩服了。

　　但暗暗注意一段时间后同事们才发现，原来冯毅的反应速度并不比别人快。而他之所以可以帮助经理适时地做出准确的决策，那是因为每次开会前经理都会和他先讨论一下。也就是说，都是经理和冯毅一起做出这些决策的，而且与此决策的相关人事也都已经安排好。同事们这才知道冯毅总能未卜先知、表现优异的诀窍了。虽然解决了这个疑问，可是另一个疑问又来了。为什么经理每次都要与冯毅商量决策呢？难道冯毅身上真的有什么特异功能？还是经理被他灌了什么迷汤，居然可以对他如此信任？

　　原来冯毅十分擅长与经理套近乎。每逢周末或是节假日，当其他同事都在悠闲度过自己的假期的时候，冯毅却想方设法约经理和其他主管们去郊游、踏青、爬山。

出去游玩总免不了东拉西扯地闲谈，而就是这样看似轻描淡写的闲谈，却是冯毅收益最大的地方。所谓闲谈，无非就是工作和生活上的小事而已。但是聪明的冯毅知道这些小事看似不起眼，往往能拉近与经理之间的距离。事实上，冯毅也正是因为这样的闲谈，才知道很多秘密。这其中就包括很多经理在工作上的计划、部署甚至是重要的决策。有时候，经理需要找一个人来倾诉，而冯毅就是倾诉的对象。时间长了，冯毅就这样在不知不觉中对经理的很多事情了如指掌了。而最值得一说的是，冯毅这样的渗透极其随意，润物细无声。由此一来，经理对于冯毅自然就不会存有什么防备之心了。

冯毅真可谓十分有"心计"，他深知跟上司套近乎的重要性。为了能够得到上司的欢心和信任，他着实把上司算计了一把。这样的算计显得合情合理、水到渠成。

谁都明白在工作中跟上司套近乎，让上司对自己有好感，对于一个想要在职场中谋发展的人来说，是何等的重要。但是真正做到这一点的人不多，事实上，有很大一部分人根本找不到方法。可以说，会套近乎的人一定是一个有"心计"、会算计的人。比如，不忘在他人面前赞美上司。当着上司的面直接给予夸赞，虽然也可以套近乎，却很容易被轻视，而且这种正面式的歌功颂德所产生的效力很小，一旦失败反而会伤及自身。会算计的人总是会在上司不在场时，大力地吹嘘一番。他们知道这些赞美总会传到上司的耳朵里。想想看，当上司听到你在背后对他如此赞美，他该是多么的高兴，他对你的好感当然也就会直线上升了。

当然，你的赞美一定不能肆意夸大。这样的奉承不仅不会被认可，还有可能惹怒上司。一般来说，"人各有所长"，如果你能够找到上司的长处和优点，然后再不失时机地对他吹捧一番，就一定会有很明显的效果。自己的下属在其他部门是否受欢迎，上司对此很在意。有时，自己的部下很得人缘，上司也感觉有面子。

石田三成是日本幕府时代一个有名的将领，但是在成名之前，他在寺院做僧人。

有一天，丰臣秀吉在外面行走，由于天气很热，又走了很久，丰臣秀吉感觉口干舌燥，希望能够找杯水喝。他找了很久，终于发现有个寺庙，就去讨水喝。这时候刚好石田三成看到了，于是就给丰臣秀吉倒茶。

他首先倒了一大碗茶，丰臣秀吉一下子喝完了；然后他又给丰臣秀吉倒了一碗茶，但是碗比刚才要小一点，丰臣秀吉接过去又把它喝了；然后他第三次给丰臣秀吉倒茶的时候，丰臣秀吉发现这个碗更小。于是喝完之后，丰臣秀吉就很疑惑地问石田三成，为什么要这样倒茶。石田三成说："我给您倒的第一碗茶是凉茶，我看您十分口渴，需要喝很多水，这一碗茶是给您解渴用的；第二碗茶是一碗温茶，因为您已经喝了一大碗茶不会觉得渴了，这碗茶是给您喝水用的；第三碗茶是一小碗热茶，因为您喝过两碗之后就不会再喝大量的水了，这时候您需要的是慢慢地去品茶。"

丰臣秀吉听完之后，觉得此人心智不凡，便让他做自己的随从。后来，石田三成在幕府中成了一名赫赫有名的大将军。

不得不说，故事中的石田三成是一个"套近乎"的高手，虽然3杯茶很简单，却包含着他"套近乎"的技术。他就这样轻而易举地得到了丰臣秀吉的好感，从此平步青云。

别总是自己出手

借刀杀人，说的就是自己不出面，让别人打击自己的敌人。充分利用各种矛盾，找到可以为自己所用的刀，然后再打击对方，这是一种智慧的策略，既可以保全自己，又可以达到打击对手的目的。虽然这招看上去有些阴险毒辣，但是社会环境如此，倘若你不精于此道的话，那么你便只能挨打了。借刀杀人，正显出谋略的技巧，从敌人内部的矛盾入手，寻其裂隙，挑起事端，将敌人势力瓦解，从而置敌人于死地。

我国历史上有很多人精于此道，以西汉元帝时期的太监石显为例。

汉元帝时期，石显因善于奉承，深受汉元帝恩宠，他势力逐渐强大了。石显仗着自己的权势，无恶不作。可令人不解的是，明明是他害了别人，可是大家却从不认为他是个十恶不赦的坏人。

石显是济南人，因触犯法律被处以宫刑，他走投无路只好做了太监。当时的统治者汉元帝是个明君，自从他即位以后，励精图治，非常重视法律的制定和执行。所以，当时的官吏一般都精通法律。石显是个精于算计之人，他知道要出人头地，就必须熟悉法律。因此，他整天研习法律。由于石显是汉元帝的近侍，又很会拍汉元帝的马屁，所以深得汉元帝宠信。汉元帝经常和他讨论一些法律问题，不久便提拔他做了中书令，掌握机要文献。

汉元帝虽想做个好皇帝，但是由于他的身体不好，所以不能经常上朝处理政事，于是就让石显帮他办理，石显开始飞黄腾达起来。石显心胸狭窄，自从他掌握了大权之后，对于之前那些得罪过他的人，开始一个个地加以陷害。石显又非常精明，每次陷害别人，他都能拿出可依仗的凭证，让人无法指责他。一时间朝廷上下人人自危，生怕得罪了石显而遭到他的报复。

石显陷害的第一个人是大臣萧望之。萧望之在汉元帝当太子时便是他的老师，满腹才学，性格耿直，而且还是汉宣帝指定的辅佐汉元帝的顾命大臣。所以萧望之也深受汉元帝倚重，在朝中地位极高。汉元帝即位后，宠信石显，萧望之认为此举十分不妥，便上书劝谏汉元帝。不曾想石显看到了这份奏章，自此心如蛇蝎的他就视萧望之为仇人，挖空心思地想置萧望之于死地。

萧望之还得罪了很多外戚，其中有一个叫郑朋的人。这个人是个儒生，为了从萧望之这里弄个官做，就上表攻击许、史两家外戚专权，想讨好萧望之。萧望之给了他一个待诏的小官。后来，萧望之知道郑朋是个小人，十分讨厌他，也不再提拔他了。郑朋也视萧望之为仇人，不久投靠了与萧望之不和的史、许两家外戚。他把自己曾经上表攻击他们的事说成是受萧望之指使的，从而使他们仇视萧望之。同时他还不断找机会结交石显，石显得知此事之后，心想这下有机会收拾萧望之了。

石显找来郑朋和一个仇视萧望之的待诏，叫他们向皇上上书，劾奏萧望之离间皇帝与外戚的关系；然后，又趁着萧望之休假不在，叫郑朋等上奏章。汉元帝看过奏章后，叫太监弘恭负责处理此事。弘恭是石显的同伙，当然听石显的指挥。弘恭便询问萧望之，萧望之如实以答，承认了想整治外戚的事实。随后，弘恭、石显向汉元帝上报奏章诬告萧望之结党营私，企图独揽大权。汉元帝信以为真，还没弄明白奏章上"谒者召致廷尉"这几个字是什么意思，便准奏了。

其实，"谒者召致廷尉"就是逮捕入狱。直到萧望之入狱了很多天后，汉元帝才知道此事。他急召弘恭、石显追问，让他们把萧望之放了。石显可急了，若这次不把萧望之整倒，日后萧望之肯定不会放过自己，于是他急忙去找外戚史高商量对策。史高便对汉元帝说："陛下刚即位，老师和几个大臣就入了狱，大家认为理由自然极充分，现在您若把他们无故释放且恢复官职，那就等于自己承认了错误，对您的威望有损啊。"汉元帝一听有理，于是只下诏释放他们，革职为民。

但不久之后，汉元帝想起了此事，觉得心里不安，就下诏令，封萧望之为关内侯，重新续用。石显顿时恐慌起来。正在这时，萧望之的儿子上书替父亲喊冤，请皇上为其父平反。不料却使得汉元帝恼羞成怒，随即下令重审理此案。官吏知道皇上的心意，哪敢据实办理，就向汉元帝报告说萧望之确有罪。石显又继续落井下石，汉元帝决定批准逮捕萧望之。萧望之百口莫辩，服毒自杀了。石显就这样借刀杀人，除掉了萧望之。

石显终其一生官运亨通，和很多奸臣相比，却没受过什么打击。汉元帝死后，成帝即位。虽然成帝十分厌恶石显，屡次想借机把他除掉，但却苦于没有证据。无奈之下，只是把他赶回家了事，最终病死家中，这和石显善于自保不无相关。

随机进退勿硬闯

革命家列宁曾说过："为了更好地一跃而后退。"此话言之有理。 试想，当我们面对强大的阻力时，我们是硬着头皮往上冲呢？ 还是暂时退守以待时机再行动呢？ 聪明的选择是后者。 暂时退让是一种智慧，也是一种策略。

身处竞争激烈的职场，要想得到晋升，是很难的。 此时，实力只是一个方面，它不是万能的。 很多人都会一厢情愿地认为，什么都可以用能力说明，其实这个想法是幼稚的，甚至是错误的。 如果我们发现正面争取不能得到晋升，不妨换个方法暂避锋芒，主动去做一份看起来职位更低的工作，让自己有些新的经验，让自己在蛰伏阶段获得更大的提升潜力。

齐震是某知名大学新闻传播专业的博士，当他四处谋职时，他也犯了这样的错误：那就是他自以为自己能力强，底子厚，因此给自己定了很高的目标。开始的时候，他打算求聘某知名杂志社总编辑的职位，本以为自己可以一举成功，不想被拒之门外，此后一直求职无门。齐震十分郁闷，便找来朋友喝酒解闷，向朋友倾诉了自己的苦衷。朋友听后，对他说："也许你的目标太高了，不如先进小一点的杂志社，以后有了经验之后，再去大的杂志社也不迟啊！"朋友的一番话让齐震醍醐灌顶。于是他把那个让他自我感觉良好的文凭收起来，进了一家报社，当起了校对。

金子总是会发光的，很快齐震的才华就被报社总编发现了，于是把他安排到广告部做编辑。过了一段时间，总编发现他做得很是轻松，又把他调到时事部做编辑。在时事部，总编发现他策划的版面、修改的稿件见解新颖，准确而有深度，远超其他编辑。此时的齐震才向总编亮出自己的学位证书，并把自己以前的求职经过讲了出来。总编听后更加高兴，毫不犹豫地将他升为副总编。5年后，齐震做上了某知名杂志社总编的宝座。

当我们在成功的道路上遇到困难时，应该如何选择呢？不妨向齐震学习吧，选择迂回地攻击。

中日甲午战争爆发前，日本伺机控制朝鲜，进而威胁中国，清廷上下惶恐不安。为了进一步加强京师的防卫体系，清政府诏令统帅吴长庆回国，镇守辽东。吴长庆走后，在朝鲜的军队分成三部分：提督吴兆有和总兵张光前各统一军，另外就是袁世凯统帅的淮军"庆字营"，三军由吴兆有统一调遣。

不久，朝鲜开化党人被日本人挑唆发动了"甲申政变"，朝鲜局势发生突变。此时，袁世凯主张立即出兵镇压政变以稳定朝鲜局势，但吴兆有等人十分反对，他们一致认为应该先请示朝廷然后再行动。可是当时的情况十万火急，等批示已经来不及了。情急之下，袁世凯自作主张，出兵镇压，结果，救出了国王李熙，成功镇压了政变。

日本人被袁世凯的这一举动激怒了。于是以此为借口，一面增兵朝鲜，一面向清政府提出抗议，称袁世凯制造冲突。此时，吴兆有等人也趁机落井下石，不仅把责任都推到了袁世凯身上，还控告他擅自挪用军费。于是清政府便派人对此事进行调查。袁世凯知道不妙，竭力抹平每个漏洞，并预先做好了安排。当特使到达后，袁世凯尽心服侍两个特使，百般掩饰，总算应付过去。眼看处境艰难，他借口养母牛氏有病，请假回国了。

几天后，吴大徵等人回到天津，在李鸿章面前对袁世凯赞扬一番，称他在朝怎样拓展外交，巩固中朝关系；怎样随机应变，处置"甲申政变"，又夸赞袁世凯为可用之才。由于吴大徵等人的宣传，加上日本外相伊藤博文指名要求严惩袁世凯，袁世凯的名声反而更大了。

1885 年 4 月，李鸿章与伊藤博文签订《中日天津条约》，中日两国都撤离了朝鲜。7 月，应朝鲜国王的一再请求，清政府决定释放大院君李罡应。而护送的人选，李鸿章选择了袁世凯，并上奏保荐。清政府很快决定：

将袁世凯提拔为"钦命驻扎朝鲜总理交涉通商大臣""以道员任用，加三品衔"，连升两级，成为一位炙手可热的人物。

可以说，袁世凯不愧为一个善用"以退为进"战略的高手，若他心计不深，也不会有东山再起的一天了。

小心老板的底线

在职场上，下属知道老板的偏好与做事的底线，是十分重要的，只有将老板的底线摸透了，才能确保自己时刻都处于安全之中。 如果你硬要去碰老板的底线，跟老板死磕，你绝不会有好日子过。

要想在职场上平步青云，就必须处理好与老板和同事的关系。 怎么样才能处理好职场上的关系呢？ 这需要足够的智慧，千万要记住别碰老板的底线。

那么，何谓老板的"底线"呢？ 所谓老板的"底线"便是老板的基本准则，这往往是老板能够容忍的最低限度。 身在职场，我们首先要学会的就是明哲保身。

如果你有好的建议和意见想要跟老板提，选择的时机一定要恰当。 那些有"心计"、会算计的人通常都会这样做。如此一来，老板不仅会接受你的建议，也不会觉得你有威胁。

其实，每个老板都讨厌下属过于张扬，他们会认为这样的下属野心勃勃，不好管理，甚至会担心下属会取代自己。这自然会造成上司和下属关系的紧张。太紧张的关系，容易让你的整体形象在老板那里失分，老板不高兴，你的业绩也会受到影响，因为老板不会让你的想法得以实现。因此，准确把握老板的底线，会获得更多成功的机会。只有你的想法和做事方式得到老板的认可，老板才会给你更多的机会，这对职场中的升迁来说是至关重要的。倘若你总是一次次地碰触老板的底线，他就会感到不舒服，你就会很惨。

高天是一家私企策划部的经理，这家私企规模不大，老板35岁左右。高天是被老板挖过去的，一直以来老板对高天的工作能力非常欣赏，对他格外器重，总把很多事情交给高天去做。所以，高天除了负责策划部工作之外，还会做一些别的工作。很多时候，老板都会把高天叫到办公室，讨论很多事。高天成了老板的智囊。

这家公司主要经营通讯产品，同行间竞争激烈，老板给了高天足够的权力。高天当然也不负所望，为公司签下了很多大客户。可以说，在公司里，高天如鱼得水，如果不发生什么意外，高天在公司有很大的发展前途。可是意外却偏偏发生了。高天最终被老板扫地出门了，原因是他碰触了老板的底线。

公司除了策划部之外，其他部门基本都是由老板亲自掌管。老板要负责的事过多，因此在处理问题和工作上会有疏漏，这样一来，员工就会有想法。比如，因为老板出差，耽误了会见重要客户；临时口头吩咐的工作，没有引起员工重视，之后老板问起来，员工还在等待正式的通知。这样的事情隔三岔五就会发生，老板埋怨员工执行不力，反过来员工埋怨老板分工不明。

鉴于此种情况，很多员工找到高天，想让高天当代表去和老板谈一谈。高天也早就想找老板谈谈了，现在同事们又找到了自己，他没多考虑就答应了。于是，高天就把同事们的意愿转达给了老板，并且恳请老板答应举办恳谈会，大家好好地交流一下。

很快，老板就召集所有人开会，开会前老板还挺开心，和大伙有说有笑的。全体人员落座之后，老板做了个简短发言，意思是希望大家将工作中的问题都提出来，以便能够拿出改进措施。会议的前十分钟发言的是财务部门、行政部门和高天带领的策划部，前两个部门的员工大多是老板的亲戚或朋友，经常与老板交流，所以大家的问题，也都是些"公司效率可以再提高一步""员工考核可以更加完善"之类无关痛痒的问题。然而，轮到策划部门尹然发言，他指出员工加班频率过高却没加班费，策划部门和业务部门开始了针对老板的批评，其中业务部的某位员工还提出说，老板骂过自己，说他是"笨蛋"，这等于侮辱员工，等等。很快，这场会议就变成了批判老板的会议，员工们借机对老板大加指责，似乎是在给自己解气。老板起初只是说："我以前这样做过?""我说过这种话?""这个问题以后会尽量少发生。"可是老板已明显流露出不满，只是，他还在努力压制自己的情绪。然而，员工们却并没有看出来，依旧是你一

173

言、我一语地攻击老板。其中一个员工竟然指责老板不按时上班，没有以身作则。此时的老板终于忍无可忍，这个员工还没说完话，老板就大发雷霆，他拍着桌子，大吼："谁不想干，就给我走人！"说完就气冲冲地走了。路过高天的座位时，老板瞪了高天一眼。

高天知道自己闯祸了。不出他所料，第二天，当高天再去跟老板汇报工作时，老板对高天的态度发生了逆转。不久，高天就被辞退了。

每一个老板，都需要高管在公开场合时时刻刻与自己站在一起，老板做得对的，需要大力支持和宣传；老板做得不对的，在关键时候也需要打圆场。而高天却没有这样做，结果就只有被老板扫地出门了。

关键时刻敢拍板

曹操曾说过："夫英雄者，胸怀大志，腹有良谋，有包藏宇宙之机，吞吐天地之志也。"他的话，说的正是凡成大事者，决策能力要强。每个人都会碰到关键的时刻，在这个时候，有"心计"的人不会退缩，而是敢于拍板拿主意，将决策能力展示出来。

同时，还要拥有多谋善断的决策头脑，这是由自身修养决定的。为了提高你的决策水平，你要学会创新思维，克服因循守旧、墨守成规的思想。当然，也要有渊博的知识和分析、判断的能力。

比如，你能否在一大堆急于要办的工作中，分清主次，哪些需要自己去办，哪些需要交给他人或下属去办。职场的环境是错综复杂的，能否准确判断各个层次、各个类别的人的情况和相互关系，并据此调动他们的积极性。

成大事的人，经常要在日常工作中做出各种决策。那么做出准确决策要怎样做呢？

其一，要有选择最佳方案的决策能力。

其实，决策的一个重要内容就是方案选优，不过，这个选择并非挑选对错，而是在多种差别不大的方案中选择。而科学准确的决策，必须建立在对多种方案对比选优的基础之上，这就要求能够对比方案，选择最佳。

其二，要有风险决策的精神。

通常在一些关键时刻，客观情况纷繁复杂，有一些情况是不能预先判断的。这就要求决策者在关键时刻表现出敢想敢做、敢冒风险的精神，绝不能因循守旧。

其三，要有当机立断的决策魄力。

古语云："当断不断，反受其乱。"如果优柔寡断，下不了决定，一旦错过了时机，正确的决策也会成为错误的方案，甚至后果可能会很严重。

工作不要挤牙膏

很多人工作很努力，上司却不认可，为什么呢？ 因为他们工作不到位。 不少人总是上司说什么就做什么，一个口令，一个动作，完全不想要做得更好，任务完成便可。 在他们看来，"把事做完"胜过"把事做好"。 因此，他们的工作效率总是很低。

陈昊和韩程是同时进入公司的新人，二人条件很接近。然而一年后，韩程受到了上司重用，得到晋升，而陈昊仍然是老样子。他心里很不是滋味。他觉得自己工作比韩程认真努力多了，凭什么韩程得到晋升，而自己却什么都没有？于是他去询问经理原因。

经理想了想，对陈昊说："陈昊，能不能麻烦你跑一趟东门的水产市场，看看那里有没有大闸蟹卖？"陈昊虽然心里有疑惑，不明白经理的想法，但他还是什么都没问，赶紧跑去了东门水产市场。

半小时后，陈昊回来了，他向经理报告说："经理，水产市场有大闸蟹卖。"经理又问："那是怎么卖的呢？是论斤卖？还是按只卖的？"陈昊一听，就不知道了。于是又跑了一趟。半小时后，他又汇报说："水产市场的大闸蟹都是按只卖的，每只50元。"

经理听了后也没说什么，只是当着陈昊的面，将韩程叫了进来，给韩程同样的任务："韩程，麻烦你去一趟东门的水产市场，看看还有没有大闸蟹卖？"韩程马上问经理说："经理，请问您买大闸蟹干什么用啊？"经理笑着回答说："眼看中秋快到了，以往都是给员工送月饼，今年想换换，给员工送大闸蟹。"

韩程听完经理的话，才赶去水产市场。过了半小时，韩程回来了，手上还拎着两只阳澄湖大闸蟹，向经理报告说："经理，我觉得送阳澄湖大闸蟹更好。东门的水产市场有两家摊位有卖。第一家每只平均有4两重，每只卖50元。而第二家每只平均重6两，只卖80元。"经理听了点点头。

韩程又继续说："我跟摊主交流过，如果公司一次买600只的话可以打8.5折，而且每4只还送一个附带烹饪大闸蟹调料的礼品盒。像咱们公司的员工大多单身，要么就是三口之家，所以我觉得4两的比较好，这样每人可以送四只。而且我看了那些大闸蟹，都挺新鲜，相信大家会很喜欢。不过要是经理自己想送亲戚朋友，我认为6两的好。我各买了一只带回来给您参考，您来定吧。"

看到这里，原因就很明显了。 陈昊连买大闸蟹的原因都没问，目的都没弄清楚，就盲目地跑了两趟，结果不好是肯定的了。 再看韩程，他虽然只去了一次市场，却将所有问题都了解得很详细，也处理得妥妥帖帖。 如果你是经理，会赏识谁呢？

有"心计"的人考虑问题更周全，力求一次将事情做好，做到位，让上司能放心将事情交给他。 而平庸的人，只是说什么做什么，虽然认真，但难免会做无用功，因此工作效率很低，业绩也提不上去。

可见在职场上，成功并不只依靠努力，企业需要的是努力且聪明的员工。 这样的员工才能准确地领会主管的要求和期待，迅速打开公司上下的局面，成为上司倚靠的力量。

一个口令一个动作，过于军事化、机械化，不适合用在职场上。 如果你很努力地工作，却又得不到上司的重视和认可，那么就要反思自己是不是工作的方式有问题。

冷板凳也要坐热

一个人即使能力再强，机遇再好，也不可能一直一帆风顺。 对于我们来说，不经意间坐上冷板凳，也不是稀奇事。坐上冷板凳的原因有许多，主要有以下几方面：

1. 经常出错或错误严重

社会不比学校，出了错向老师认错，然后再加以改正。工作中不可能不出错误，但如果你总是出错，或者犯的错误太大，使公司损失很大，就会让老板和同事对你失去信心。他们害怕冒更大的风险，就会把你放在一边。

2. 老板或上司有意在考验

一个人要想做成大事，面对挑战要有勇气，有耐心面对繁杂的工作，同时也要有身处孤寂的韧性。 对于老板来说，要培养一个人，除了让其干活之外，也可能让他孤立，一边观察，一边训练，而且这种考验领导自然不会告诉你。

3. 人际关系的影响

只要你处于一个团队之中，就有人际关系。 要像干好自己的工作一样，处理好与老板、同事的关系。 有些团队关系复杂，人心险恶，这种地方你就得更加小心。 如果你不善斗争，就很有可能会失势，并坐上"冷板凳"。

4. 上司的个人好恶

这种情况没什么好说的，也没什么道理可讲。 若老板对你没好感，你也没辙，只好坐"冷板凳"，等到他对你改观。

5. 威胁到老板或上司的地位

如果你能力太强，又过于表现自己，你的领导会有威胁感。 他们害怕你出头，怕你对其位置形成威胁，怕你夺走商机去创业，自然会给你"冷板凳"坐了。

还有很多原因会让你坐"冷板凳"，不必一一列举。 其实，与其坐在"冷板凳"上自怨自艾，疑神疑鬼，不如调整好自己的心态，用心把"冷板凳"坐热，让他人对自己改观。 下列"心计"供你参考：

1. 提高自身的能力

当你得不到重用时，借此机会正好广泛收集各种信息、吸收各种知识，以此增强自己的实力。 一旦时运到来，你便能脱颖而出。 在你坐"冷板凳"期间，别人也许正在观察你，如果你自暴自弃，恐怕只能一直坐"冷板凳"了。

2.为人谦卑，建立一种良好的人际关系

很多人都会落井下石。当你坐上"冷板凳"后，你的朋友可能同情你，想办法帮你；但那些平时对你不满之人，这时可能就要高兴了，他们希望你一辈子翻不了身！

所以，当你身处不利时，要态度谦卑，人前切莫提"当年之勇"，那已经没有意义。而且"当年之勇"也让你"怀才不遇"之感更甚，徒增自己的苦闷。

3.学会克制与忍耐

人要能忍耐，能忍受闲气，忍受他人的嘲弄，忍受寂寞，忍受黎明前的黑暗，忍受"虎落平阳被犬欺"的痛苦，忍给所有人看！

如果能做到以上几点，你就一定会苦尽甘来。不管你因为什么原因坐上"冷板凳"，你总可以利用这一机会锻炼自己，磨炼自己的心志。

坐"冷板凳"固然不舒服，但也用不着过于忧虑和害怕。其实，坐"冷板凳"的不良感觉，主要是一个"磨"字。缺少心计的人坐冷板凳，便会消极沉沦，最后只剩下仰天长叹，"空悲切"；但在有"心计"的人看来，"冷板凳"反而能磨炼自己，人不磨不成才，玉不琢不成器，越磨越锐利，越显现出光彩与价值。

处世心理学全集

处世三绝

懂人情 通世故 有人脉

金国强 编著

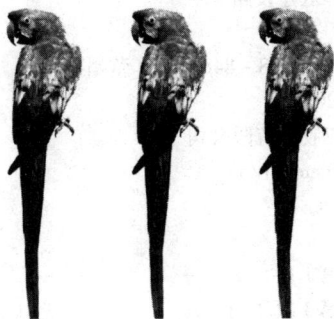

成都地图出版社

图书在版编目（CIP）数据

处世三绝:懂人情通世故有人脉／金国强编著. -- 成都：
成都地图出版社, 2019.3(2019.5 重印)
（处世心理学全集；4）
ISBN 978-7-5557-1109-4

Ⅰ.①处… Ⅱ.①金… Ⅲ.①人际关系 – 通俗读物
Ⅳ.①C912.11 –49

中国版本图书馆 CIP 数据核字(2018)第 287769 号

编　　著：金国强
责任编辑：游世龙
封面设计：松　雪
出版发行：成都地图出版社
地　　址：成都市龙泉驿区建设路 2 号
邮政编码：610100
电　　话：028 – 84884827　028 – 84884826(营销部)
传　　真：028 – 84884820
印　　刷：永清县晔盛亚胶印有限公司
开　　本：880mm×1270mm　1/32
印　　张：30
字　　数：600 千字
版　　次：2019 年 3 月第 1 版
印　　次：2019 年 5 月第 3 次印刷
定　　价：150.00 元(全五册)
书　　号：ISBN 978-7-5557-1109-4

前　言

人生之旅，暗流汹涌，变幻莫测；命运之途，荆棘丛生，陷阱密布。 在这一过程中，不光需要勇敢、坚强，更需要手段、技巧、丰富的人脉资源，更需要通达人情世故。

人在生活和交往中离不开人情。 人情对人生具有重大影响。 因此，每个人必须认真对待人情，正确认识人情，妥善处理人情。 无论施予人情、接受人情、走人情、求人情、欠人情、还人情都要讲究方法，把握分寸，知轻重，揣深浅，识大体。 这样，才能调节人情砝码，勘破人情奥秘。 正如人们慨叹："人情有冷暖，世态有炎凉""人在人情在，人走茶就凉""人情如纸张张薄，世事如棋局局新。"只有通晓了人情这门学问，人生许多问题才能迎刃而解。

何谓世故？ 简而言之就是指世事、人事，在一般层面上可理解为处世经验。 但"世故"二字所包含的绝不是简单的处世经验。 而是更多地指向深掩的城府，老到的心机，成熟的智略，圆滑的手腕。

只有通达人情世故之人，才能真正地洞明为人处世的道理，谙熟待人接物的方法，把握人际交往的分寸。 只要在社会上看看那些"有头有脸"的上等体面人士，几乎无一例外都是通晓人情世故的高手。

本书在总结古今中外大量实例的基础上，结合中国社会的生存特色，将人情世故融于为人处世、办事求人、人生经营之中，用深入浅出的语言，切实有效的方法来帮助读者通达人情世故，掌控人脉资源，领悟处世方略，拥有办事方法，从而在社会的各个层面，都能够游刃有余。

2018 年 11 月

目　录
CONTENTS

上篇

为人处世要懂人情

第一章　豁达一点，为人处世不要太计较

气量大些，凡事不要斤斤计较

生活中，难免与人磕磕碰碰，遭别人误会猜疑。你的一念之差、一时之言，也许别人会加以放大和责难，你的认真、真诚，也许会被别人误解。如果非得以牙还牙，拼个你死我活，可能会导致两败俱伤。人生之所以会有很多烦恼，都是因为遇事不肯让他人一步，总觉得咽不下这口气。其实，这是很愚蠢的做法。

杨玢是宋朝时期的一个尚书，因年纪大了退休在家，安度晚年。他家住宅宽敞、舒适，家族人丁兴旺。有一天，他在书桌旁正要拿起《庄子》来读，他的几个侄子

跑进来，大声说："不好了，我们家的旧宅被邻居侵占了一大半，不能饶他！"

杨玢听后，问："不要急，慢慢说，他们家侵占了我们家的旧宅地？"

"是的。"侄子们回答。

杨玢又问："他们家的宅子大还是我们家的宅子大？"侄子们不知其意，说："当然是我们家宅子大。"

杨玢又问："他们占些我们家的旧宅地，于我们有何影响？"侄子们说："没有什么大影响，虽然如此，但他们不讲理，就不应该放过他们！"杨玢笑了。

过了一会儿，杨玢指着窗外落叶，问他们："树叶长在树上时，那枝条是属于它的，秋天树叶枯黄了落在地上，这时树叶怎么想？"侄子们不明白含义。杨玢干脆说："我这么大岁数，总有一天要死的，你们也有老的一天，争那一点点宅地对你们有什么用？"侄子们现在明白了杨玢讲的道理，说："我们原本要告他的，状子都写好了。"

侄子呈上状子，他看后，拿起笔在状子上写了四句话："四邻侵我我从伊，毕竟须思未有时。试上含光殿基望，秋风秋草正离离。"

写罢，他再次对侄子们说："我的意思是在私利上要看透一些，遇事要学会退一步，不要斤斤计较。"

下面，我们再看另一例。从前，有一个叫爱地巴的人，每次生气或者和人发生争执的时候，他就以很快的速度跑回家去，绕着自己的房子和土地跑上三圈，然后坐在田地边使劲地喘气。爱地巴工作非常勤奋努力，因此，他的房子越来越大，土地也越来越宽广。但不管房子有多大，只要他与人生气了，他还是会绕着房子和土地跑三圈。

为什么爱地巴每次生气都这样做呢？

所有认识爱地巴的人，心里都非常疑惑，但是不管怎么问他，爱地巴都不愿意说明原由。后来，爱地巴的房子和土地已经非常大了，而爱地巴也老得快走不动了，但他依然拄着拐杖艰难地绕着土地和房子走。等他好不容易走完三圈后，太阳都下山了。爱地巴坐在田边艰难地喘着气，他的孙子在他身边恳求他："阿公，你年纪已经很大了，这附近也没有人比你的土地更宽广了，您别再像从前一样，一生气就绕着土地跑了！您可不可以告诉我，为什么您一生气就要绕着土地跑上三圈啊？"

爱地巴禁不起孙子的恳求，终于说出了隐藏在心中多年的秘密，他说：

"年轻的时候，我一和别人吵架、生气，就绕着房子和土地跑三圈，边跑边想，我的房子这么小，土地这么少，我哪有时间、哪有资格去跟人家生气，一想到这里，气马上就消了，于是，就把所有时间都用来努力工作。"

孙子又问道："阿公，现在你年纪大了，而且也变成了富有的人，为什么还要绕着房、地跑呢？"

爱地巴笑着说："我现在还是会生气，生气时绕着房、地走三圈，边走边想，我的房子这么大，土地这么多，我又何必跟人计较呢？一想到这儿，气立刻就消了。"

在生活中，不要过于计较个人的得失，也别常为一些鸡毛蒜皮的事而动辄发火，在人际关系，家庭和睦，邻里相处等问题上不要太过于较真，这样，人的一生才算是一个美好而愉快的一生。

人生福祸相依，变化无常。少年气盛时，凡事斤斤计较，锱铢必较，这还有情可原。一个人年事渐长，阅历渐广，涵养渐深，对争取之事应看得淡些，凡事不必太认真，顺其自然最好。如果少年就能如此，那就可称得上少年老成了。

话说师徒二人东游，来到一个地方，感觉腹中饥饿，师傅就对徒弟说："前面，一家饭馆，你去讨点饭来。"徒弟领命到了饭馆，说明来意。

那饭馆的主人说："要饭吃可以啊，不过我有个要求。"徒弟忙道："什么要求？"主人回答："我写一字，你若认识，我就请你们师徒吃饭；若不认识，乱棍打出。"徒弟微微一笑："主人家，恕我不才，可我也跟了师傅多年。别说一字，就是一篇文章又有何难？"主人也微微一笑："先别夸口，认完再说。"说罢拿笔写了一个"真"字。徒弟哈哈大笑："主人家，你也太欺我无能了，我以为是什么难认之字，此字我五岁就识。"主人微笑问："此为何字？"徒弟回答说："不就是认真的'真'字吗。"店主冷笑一声："哼，无知之徒竟敢冒充大师门生，来人，乱棍打出。"

徒弟就这样回来见老师，说了经过。大师微微一笑："看来他是要为师前去不可。"说罢来到店前，说明来意。那店主一样写下"真"字。大师答曰："此字念'直八'。"那店主笑道："果是大师来到，请！"就这样，大师吃完喝完不付一分钱走了。徒弟不懂，问道："老师，你不是教我们那字念'真'吗？什么时候变'直八'了？"大师微微一笑："有时候的事是认不得'真'啊。"

确实，凡事不必太较真，夫妻生活中也是一样。俗话说：金无足赤，人无完人。作为夫妻，食的是人间烟火，谁也不可能完美无缺，所以，双方都应当学会宽容对方的缺点，只要不是原则性的大问题，就不要求全责备，该装糊涂就装糊涂，该和稀泥就和稀泥。对方无意间带给你的小小伤害或不悦，不要放在心上或挂在嘴边，过去了的事就让它过去。适时地宽容对方，可以消除婚姻的阴影。

婚姻的密码在于"求大同，存小异"。有人比喻夫妻就像两块拼在一起的木板，双方的结合并非天衣无缝，质地和纹路也不尽相同。夫妻不会像两滴水一样，他们在性格、爱好、生活方式上都存在着差异，任何一方都不能用自己的特点去消灭对方的特点，也不能按照自己的标准去塑造对方。因此，夫妻双方应允许各自保留一块独具特色的"自留地"。

凡事不必太较真，如果太较真，由于人是相互作用的，你表现出一分敌意，他有可能还以二分，然后你则递增为三分，他又会还回来六分。 试想若把敌意换成善意，你会有多么大的收获。 当"冤冤相报何时了"的双负，能转变成为"相逢一笑泯恩仇"的双赢时，不是人生最大的成功吗？

对周围的环境、人事，假如你有看不惯的地方，不必棱角太露，过于显示自己的与众不同。 因为，喜怒不形于色，是保护自己的一种方式。

控制欲望，不贪非分之利

欲望，是人的一种本能。当面对金钱、权利、爱情时，似乎80%的人都没有想过满足，总认为自己应该还能赚到更多的钱，得到更大的权力，以及获得更浪漫的爱情，而往往到了最后，很多人却弄得倾家荡产，狼狈不堪，孤独寂寞。

有人说欲望是天使，人不能没有它，没有它，人生将是危险的；有的说它是魔鬼，有了它，人可能无恶不作。下面让我们来做理性的思考：如何才能控制欲望，利用欲望，化弊为利呢？

要成功，就要有欲望，如果没有欲望，就没有人生的目标。人生没有目标，就好比在茫茫大海中失去方向的船；我们也要学会控制它，别让欲望吞食了心灵。欲望正如一把双刃剑，控制好欲望，它将为你所用、挥舞自如；然而，若不能控制欲望，则你最终将被这把剑所毁灭。

俄国著名作家托尔斯泰写过这样一个短篇故事：有

一个农夫，每天早出晚归地耕种一小片贫瘠的土地，累死累活，收效甚微。一位天使可怜农夫的境遇，就对农夫说，只要他能不停地跑一圈，他跑过的地方就全部归其所有。

于是，农夫兴奋地朝前跑去。跑累了，想停下来休息一会儿，然而一想到家里的妻子儿女们都需要更多的土地来生活，便又拼命地再往前跑……有人告诉他，你到了该往回跑的时候了，不然，你就完了。农夫根本听不进去，他只想得到更多的土地，更多的金钱，更多的享受。可是，他最终因心衰力竭，倒地而亡。生命没有了，土地没有了，一切都没有了，欲望使他失去了一切。

故事发人深省，正如古希腊的"伊索寓言"里告诉我们的"贪婪往往是祸患的根源"，那些因贪图大的利益而把手中的东西丢弃的人，是愚蠢的。

欲望是人前进的动力。 人，活着当然要努力奋斗往前走，但也要知道什么时候该"往回跑"，不然，欲望发展至贪婪成性，就会在欲望中沉沦，迷失方向，走向绝处。 由于人们的欲望常常总是无止境的，尤其在钱财方面，因此才会陷入痛苦。 人的确需要欲望，但是必须有一定的限度。

从前，有位樵夫长年累月地辛勤劳作，却始终无法改变贫困潦倒的境遇。他每天烧香拜佛，祈求好运降临。终于有一天，樵夫的诚心打动了佛祖——他居然无意中在山坳里挖出了一尊百来斤的金罗汉，转眼之间，樵夫便过上了富裕的生活！与此同时，他亲朋好友的数量莫名其妙地便增加了十几倍，他们都不请自来地向他道喜。

可是，这位樵夫只高兴了一阵子，便又食不知味、睡不安稳犯起愁来。妻子劝导了他好几次，都没有效果，于是埋怨道："以我们现有的家产，就算遇上盗贼，也不可能被立马偷光的，你又何必如此多虑呢！"樵夫深深叹了口气，道："你一个妇道人家，怎么能理解我内心的烦恼呢？怕失窃只是其中的一个原因。我最烦恼的事情是，世上总共有18尊金罗汉，而我却只挖到了其中的一尊，其他的17尊至今仍不知下落！要是全部的金罗汉都归我所有，那该有多好！"说完之后，他又苦恼地用双手抱紧了头。他妻子这才醒悟过来，原来她的丈夫在为一个不可能实现的愿望而犯愁！

上面的这个故事告诉我们一个道理：只有合理地控制自己的欲望，才会生活得幸福；反之，如果贪得无厌，那么，陪伴自己的就将只有痛苦了，而且，贪欲与痛苦还是成正比的。

一群聪明的猴子喜欢偷吃农民的大米，为此，人们想尽一切办法制服它们：用装着镇静剂的枪射击，用陷阱捕捉……但都无济于事，因为它们反应太快，动作太敏捷。后来，一个动物学家找到了捕捉猴子的方法：将一只窄口的透明玻璃瓶在树干上固定好，放入大米。到了晚上，猴子来到树下，伸手去抓大米（这瓶子的妙处在于猴子的爪子刚好能伸进去），等它抓起一把大米后，由于拳头紧抓着大米，爪子怎么也抽不出来。贪婪的猴子始终不愿放下已到手的大米。第二天，人们抓住它时，它依然不愿放手……

为了一把米，猴子失去了自由，这是聪明的猴子怎么也明白不过来的道理。它将手伸进瓶子时，满脑子只想着怎么将米吃进嘴，是大米迷惑了它的思维，以致危险来了时，它依然"咬定青山不放松"，非要将这把致命的大米送进嘴才安心。

人固然比猴聪明，但在面对利益诱惑时，也往往缺乏理智。明明知道是圈套，却又经不住诱惑，总以为既能得到自己想要的东西，又能进退自如。岂不知在伸手的瞬间，贪婪的欲望就使他落入了他人设好的圈套，注定了被设圈套的人牵着走。从此身不由己，说着言不由衷的话，做着违背自己意愿的事，轻则弄得狼狈不堪，重则身败名裂，身陷囹圄，悔之晚矣。如慕绥新之流，他们不是败给自己的聪明，而是败给自己的贪欲。这世上哪有免费的午餐，没有谁会无所求地奉上鲜花、美酒来博你一乐，没有谁会平白无故地赔着笑脸，唱赞美的歌。其实，很多时候，多想几个为什么，就不至于利欲熏心，为糖衣炮弹所迷惑。要时刻保持清醒的头脑，笑看风卷云舒。"无欲则刚"，摒弃不该有的欲望，心就能亮堂堂，照得见自己，也照得见他人。

由此可见，人活着，仅有聪明是不够的，还需要善于理性思考，用理智驾驭自己的欲望，明辨是非，认清潜在的危险，不贪非分之利。 名利本身并不是人生追求的最终目的，追求名利主要还是为了满足欲望。 因此，要淡泊名利，无私奉献，必须从根本入手，控制住自己的物欲。 俗话说，"世上莫如人欲险"。 一个人的物欲越强，他的名利思想也就越强。 如果物欲淡一些，做到寡欲，也就比较容易淡泊功名，达到"人到无求品自高"的境界。

以静观动，处世要学点糊涂学

人生是个万花筒，在变幻之中要用足够的聪明智慧来权衡利弊，以防变化。 但是，人有时候不如以静观动、守拙若愚，这种处世的艺术其实比聪明还要胜出一筹。 聪明是天赋的智慧，糊涂是聪明的表现，人贵在能集聪与愚于一身，需聪明时便聪明，该糊涂处且糊涂，随机应变。

老子大概是把糊涂处世的艺术上升至理论高度的第一人。 他自称"俗人昭昭，我独昏昏；俗人察察，我独闷闷"。 而作为老子哲学核心范畴的"道"，更是那种"视之不见，听之不闻，搏之不得"的似糊涂又非糊涂，似聪明又非聪明的境界。 人依于道而行，将会"大直若屈，大巧若拙，大辩若讷"，即大智若愚。 中国人向来对"智"与"愚"持辩证的观点，《列子·汤问》里愚公与智叟的故事，就是我们理解智愚的范本。 庄子说："知其愚者非大愚也，知其惑者非大惑也。"人只要知道自己的愚和惑，就不算是真愚、真惑。

是愚是惑，各人心里明白就宽慰了。

孔子说："宁武子，邦有道则知，邦无道则愚。其知可及也。"宁武子即宁俞，是春秋时期卫国的大夫，他辅佐卫文公时天下太平、政治清明。但到了卫文公的儿子卫成公执政后，国家内乱，卫成公出奔陈国。宁俞则留在国内，一面仍是为国尽忠，但表面上却是一副糊里糊涂的样子，这是明哲保身的处世方法。因为身为国家重臣，不会保身怎能治国？后来，周天子出面，请诸侯霸主晋文公率师入卫，诛杀佞臣，重立卫成公，宁俞依然身居大夫之位。这是孔子对"愚"欣赏的典故，他很敬佩宁俞"邦无道则愚"的处世方法，认为一般人都可以像宁俞那么聪明，但很难像宁俞那样糊涂。在古代上层社会的政治倾轧中，糊涂是官场权力杂要的基本功。

仅以三国时期为例，就有两场充满睿智精彩的表演，一是曹操、刘备煮酒论英雄时，刘备佯装糊涂得以脱身；二是曹、马争权时，司马懿佯病巧装糊涂，反杀曹爽。后人云："惺惺常不足，蒙蒙作公卿。"苏东坡聪明过人，却仕途坎坷，曾赋诗慨叹："人人都说聪明好，我被聪明误一生。但愿生儿愚且蠢，无灾无难到公卿。"为官可以愚，但为政须清明，不可混淆。

"难得糊涂"是糊涂学集大成者郑板桥先生的至理名言，他写道："聪明难，糊涂亦难，由聪明转入糊涂更难。放一着，退一步，当下心安，非图后来福报也。"做人过于聪明，无非想占点儿小便宜；遇事装糊涂，只不过吃点儿小亏。但"吃亏是福不是祸"，往往有意想不到的收获。"饶人不是痴，过后得便宜"，歪打正着，"吃小亏占大便宜"。而有些人只想处处占便宜，不肯吃一点儿亏，总是斤斤计较，到后来是"机关算尽太聪明，反误了卿卿性命"。

郑板桥说过："试看世间会打算的，何曾打算得别人一点儿，真是算尽自家耳！"由此看来，世上最可悲的人，正是古人所谓"贼是小人，智是君子"之人，是那些具有君子的智力却怀持小人之贼心的人。为人处世与其聪明狡诈，倒不如糊里糊涂却敦厚。

郑板桥以个性落拓不羁闻名于世，心地却十分淳朴善良。他曾给其堂弟写过一封信，信中说："愚史平生漫骂无礼，然人有一才一技之长，一行一言为美，未尝不啧啧称道。囊中数千金，随手散尽，爱人故也。"以仁者爱人之心处世，必不肯事事与人过于认真，因而"难得糊涂"确实是郑板桥襟怀坦荡无私的真实写照，并非一般人所理解的那种毫无原则、稀里糊涂之人。

糊涂难，难在于人的私心太重，眼前只有名利，不免去斤斤计较。《列子》中有齐人攫金的故事，齐人被抓住时官吏问他："市场上有这么多人，你怎敢抢金子？"齐人坦言陈词："拿金子时，看不见人，只看见金子。"可见，人性确有这种弱点，一旦迷恋私利，心中便别无他人，唯利是图，用现代人的话说是：掉进钱眼儿里去了！

聪明与糊涂是为人处世中必不可少的技巧和艺术，其本身并无优劣之分。只不过太聪明的人学点儿"糊涂学"中的妙处，于己大有益处。古人云："心底无私天地宽。"天地一宽，对一些琐碎小事就不会太认真，苦恼也不来了，怨恨更谈不上。得糊涂时且糊涂，是"糊涂学"的真谛，聪明人不妨试一试。

别太计较，学会"睁一眼，闭一眼"

在日常生活中，我们必将遇到形形色色的人，接触到各种各样的事，他们有些让你感到满意，但有些会让你感到不那么如意、不那么理想，甚至产生极度的厌恶，这就是社会现实。为什么会出现这样的反差？原因固然是多方面的。但是，面对复杂的社会，我们如果能学一点简单的为人处世技巧，用"睁一眼，闭一眼"去看待周围的人、周围的事，久而久之，你就会感到做人并没有想象的那么复杂，就会品尝到生活的乐趣。

我们这里所说的"睁一眼，闭一眼"，是指人们的一种心理状态，意思是说，对某些现象睁着眼看到眼里，记在心里，而对某些现象则闭着眼，假装看不见，马虎、不认真。不过这里说的"睁一眼，闭一眼"，并不是说我们应该不辨是非，什么人都去结交。比如结交品德低下、无情无义、极端自私的人是祸，是一种灾难，更是一种悲哀；而结交与人为善、刚正不阿、光明磊落的人，和他们做朋友是福，是一种快乐，更是一种难得的收获和享受。 不过，想一想"水清则无鱼"的道理后，我们可以站得高一些，看得远一些，既然生活不能至清至净，那么，我们碰上了一些不如意、不愉快，又有什么好大惊小怪的呢？ 你只需驾驶好自己的小船，欢欢快快地走自己应该走的路。

在现实生活中，我们应当"睁眼"看世界，对任何事物都尽收眼底；同时又要"闭眼"，对某些事物和现象的采取视而不见的态度。 "睁一眼，闭一眼"是为人处世中一种广泛运用的做人方式。 比如批评别人，就要"睁一眼，闭一眼"，做到大事明了，小事糊涂。

唐代名相魏征为人清廉，刚直不阿，凡朝中大小之事有不妥当之处，同僚大臣有不守法的人，他必定想方设法予以纠正。即使是皇帝有过失，他也敢于犯颜直谏，晓之以理，动之以情，因此，朝廷上下对他既尊敬又害怕。

唐太宗刚即位时，有一天对群臣说："现在是大乱之后立国，人心不安定。恐怕百姓不容易教化呀！"魏征说道："此话不对。国家太平无事时间长了，百姓一定会骄横，难以教化。而历经战争之苦的百姓，一旦有了安定太平的生活，必然会珍惜，也就容易教化。这就好像是饥饿的人什么都能吃下，干渴的人什么都敢喝一样。"李世民听他犯颜直谏，很为震惊，不敢轻视他的话。

一次，有人给李世民送了一只名贵的鸟，李世民很高兴，就托在臂上逗着玩，一见魏征进来，害怕他看见，赶紧揣到怀里，其实魏征已经看见了，他故意佯装没看见，奏事慢条斯理，有意拖延时间。结果等他走了，鸟也闷死在了太宗怀里。有人问魏徵："身为一国之尊的皇上，玩一只鸟算不了什么，而你却欲置它于死地，这未免太过分了。"魏征说道："玩物丧志，这是古人的教训，是不务正业的恶少所为。天下刚刚太平，百废待兴，身为国君，怎能贪图安逸享乐呢？"那人又问："既然如此，你为什么不当面直说，却故意拖延时间？"魏征说："劝谏要得体，不能太频繁，否则皇上就会怠慢。况且像这等小事，说得多了，将来有了大事，也不会被采纳。今天以不言为劝谏，明言直谏是要等到将来的国家大事上用呢。"

人无完人，且睁一眼，闭一眼，择善而从，不善则包容或弃之，如此而已。道家讲世间万物由阴阳二极而成，辩证法认为世界是一个矛盾的统一体，既然是矛盾，就有好有坏，有善有恶，有优有劣，有苦有甜，不同的判断体现不同的价值观，矛盾双方又是相互依存、相互制约的。

人们向往完美，有完美便有不完美，因为有了不完美才会向往完美。但是，向往追求的事物未必都能实现，或许正因为遥不可及才更有诱惑力，人还是要在现实中生活的。于是，只好将眼睛一睁一闭，反而更加心明眼亮。在此，还以交朋友为例讲述这用眼之道。一个人要赢得友谊，就要多看到对方的优点和长处。比如某人事业心强，工作成绩突出，但生活处世能力差，那么就择其长处学习，这样，你会和对方和睦相处。相反，你睁开两只眼看对方，要求对方什么都好，什么都顺你的眼，那么，最终是你失去友谊，吓跑了朋友。

做人还是简单一些好，不要把事情想得过于复杂。闭一只眼看朋友，就是一种宽容的处世之道。千万不可斤斤计较，看到某个朋友的缺陷就不愿与对方相处。比如你的朋友曾有过什么不足，或者存在着某些致命的弱点，那么，在你与他相处的过程中，不妨回避对方的缺陷，忘记他的不足，尊重他的人格，寄希望于他能有美好的未来，那么，你交朋友的视野就会更为宽广，你的受益会更加丰富多彩。又比如说，某人曾经冒犯过你，或做了对不起你的事，如果他已经认错了，你不妨闭一只眼，让昨天的误会与冲突随着岁月而流逝。这不是无缘无故的宽恕和放纵，而是一种风度，同时，让对方被你的胸襟和大度所折服。

每个人在生活中总会遇到挫折，总得从挫折中经受考验，从幼稚中走向成熟，从认识弱点走向克服弱点，那么，我们完全没有必要把别人的过去洞察得一清二楚，你只要认为对方是一个真诚的人，或是对你很真诚的人，即使他有某些与你格格不入的东西，你也不必大加追究。世界上本来就没有完美无缺的人，如果你睁大眼睛看对方，总可以发现对方有许多弱点或缺点。拿尺子去量人，尺寸总会有差距。睁一只眼，即是多看对方的长处，闭一只眼，即是少看对方的弱点，唯有如此，才能永远保持处世的乐趣。如果你睁大双眼，想将世界和世人看个透，那么，结果劳累的就不只是眼睛了。

人总得在一堆目光下活着，有的人总是将世界看得过于复杂，忙于看人家的眼色，并且依顺他人的眼色去从事，或是兴奋或是惊讶，老是怯怯地悬着心，这样活得多紧张啊！所以，请用你的慧眼去择善，就像猫头鹰一样睁一只眼，闭一只眼，睁一只眼为的是洞察周围，将良辰美景尽收眼底，闭一只眼是将乌烟瘴气巧妙的忽略掉。唯有如此，你才能永远保持处世的乐趣。

第二章　低调一点：为人处世不要太张扬

置身高处，需要适时低头

不要以为一时的高处就是人生的终点，其实，一时的高处并不能说明什么，成功更青睐于能在高处低头的人。

有些人做了一点成绩就洋洋得意，自以为高不可攀了，这样的人即使在高处，也注定会栽跟头的。身处高处时，更需要适时的低头。其实，适时的低头不是一种消极的、不情愿的低头，而是主动的、有意识的消除隐患。

亚伯拉罕·林肯被认为是美国历史上最伟大的总统，在当选总统的那一刻，整个参议院的议员们都感到尴尬，因为林肯的父亲是一个卑微的鞋匠。而当时美国的参议员大部分出身贵族，自认为是优越的上流人士，他们从未料到有一天要面对的总统是一个鞋匠的儿子。于是，有的议员想趁林肯在参议院发表演说的时候羞辱他。

在林肯刚刚走上演讲台的时候，有一位参议员就站起来，态度傲慢地说："林肯先生，在你开始演说之前，我希望你记住，你是一个鞋匠的儿子。"

所有议员都大笑起来，虽然他们自己不能打败林肯，但是有人羞辱了林肯，照样使得他们开心不已。

但林肯脸色很平静，等到大家的笑声停止后，他才诚恳地对那个傲慢的参议员说："我非常感谢你使我想起我的父亲，他已经过世了，我一定会记住你的忠告，我永远是鞋匠的儿子，而且我还知道，我做总统永远都无法像我的父亲做鞋匠那样出色。"

参议院陷入一阵静默中，林肯接着又对那个参议员说："就我所知，我父亲以前也为你的家人做鞋子，如果你的鞋子不合脚，我可以帮你修理它，虽然我不是伟大的鞋匠，但是我从小就跟随我父亲学会了做鞋子。"然后，他对所有的参议员说："对参议院的任何人都一样，如果你们穿的那双鞋是我父亲做的，而它需要修理或改善，我一定尽可能地帮忙，但是有一件事是可以确定的，我无法像他那么伟大，他的手艺是无人能比的。"说到这里，林肯流下了眼泪，看到这样的场景，所有的嘲笑停止了，取而代之的是雷鸣般的掌声。

林肯的父亲确实是个鞋匠，林肯的出身也的确很不好。

可是，在他成为深受美国人民尊敬、爱戴的国家最高领导人后，仍然能在大庭广众之下放低姿态，这深深地赢得了美国人民的心。 林肯的事例说明了一个道理：高低不是走向成功的绊脚石，关键是你要学会低头。

隋朝末年，隋炀帝十分残暴，农民不堪忍受暴政，各地农民起义风起云涌，隋朝的许多官员也纷纷倒戈，转向帮助农民起义军，因此，隋炀帝对朝中大臣，尤其是外藩重臣，更是疑心很重。

唐国公李渊曾多次担任中央和地方官，所到之处，真心结纳当地的英雄豪杰，多方树立恩德，因而声望很高，许多人都来归附。这样，大家都替他担心，怕他遭到隋炀帝的猜忌。正在这时，隋炀帝下诏让李渊到他的行宫去觐见。李渊因病未能前往，隋炀帝很不高兴，产生了猜疑之心。当时，李渊的外甥女王氏是隋炀帝的妃子，隋炀帝向她问起李渊未来朝见的原因，王氏回答说是因为病了，隋炀帝又问道："会死吗？"

王氏把这消息传给了李渊，李渊更加谨慎起来，他知道隋炀帝迟早会不容他，但过早起事又力量不足，只好隐忍等待。于是，他故意广纳贿赂，以此来败坏自己的名声，还整天沉湎于声色犬马之中，大肆张扬。隋炀帝听到这些，果然放松了对他的警惕。这样，才有后来的李渊太原起兵和大唐帝国的建立。

试想，假如李渊不主动低头，或者低得很勉强，就有可能被疑心很重的隋炀帝铲除了。 因此，成功不会因为曾经处低而失去光彩，而经历过风雨的彩虹只会更加绚丽，同时，尊贵的身份也不会因曾经卑微的行为而掉价。 相反，以卑微起身会给本来的尊贵镀上一层更耀眼的光芒。

置身于高处时，不妨学习一下林肯总统的胸怀。 人生就是一个舞台，出身的高贵，工作的优越，所处环境的良好都不要成为人们扮演出色主角的障碍。 当批评、讪笑、诽谤的语言像石头一样向你砸来时，只要你能像林肯总统一样，不以身份为贵，放低姿态，就可以获得再次的成功。 要用自信、胆识与才华勇敢地把那些讥讽踩在脚下，创造自己事业的辉煌，那么，高处不仅不是前进的障碍，还会成为向上迈进的坚实台阶。

人强则败，要学会弯腰做人

古语讲："谦受益，满招损。"

喜欢自我炫耀的人，必然会招致别人的反感。 一个人功劳再大，如果没有坐上头把交椅，就不能自以为是，否则就会受到领导的猜忌而招来不必要的祸端。 适当地在领导面前"弯腰"，既能满足对方的虚荣心和成就感，又能使自己不成为"出头鸟"而遭"枪打"。

庄子曾经提出"意怠"的哲学观点，这种观点托言于一种很会"隐忍处世"的鸟。 这种鸟善于跟从别的鸟飞，别的鸟傍晚归巢，它也跟着队伍归巢，而且前进时不争先，后退时不落伍，吃东西时不抢食，不掉队。 因此，它很少会受到同类的威胁与打击。 对于这种鸟的"意怠"做法，从表面看来似乎有点过于保守，与一些人主张的冒险精神有点格格不入，但用在为人处世方面有时候却是大有益处。

在中国古代，有能力是太子顺利当上皇帝的一个重要条件。 但是，如果太子能力过强，处处表现自己，又往往会有逼父退位的意思，所以，有些太子也常遭父皇的猜忌而被废黜。

唐代的顺宗在做太子时，豪言壮语颇多，慨然以天下为己任，他曾对东官僚属说："我要竭尽全力，向父皇进言革除弊政的计划！"他的幕僚于是告诫他："作为太子，首先要尽孝道，多向父皇请安，问起居饮食冷暖之事，不宜多言国事，况且改革一事又属当前的敏感问题，如若过分热心，别人会以为你邀名争利，招揽人心。如果陛下因此而疑忌于你，你将何以实现自己的抱负？"

太子听后，如雷贯耳，立即闭嘴黜音。一直到了德宗晚年，德宗不仅荒淫且又专制，而太子始终不声不响，直至熬到继位。这才有了唐后期著名的顺宗改革。

同样，即使是对有大志向的人来说，弯腰做人也并不是苟且偷生，而是一种以退为进的谋略。

老子曾经主张，"我无为而民自化，我好静而民自主，我无事而民自富，我无欲而民自朴"，又说"上善若水，水善利万物而不争"。也就是说，水因为安于卑下，不争地位，善利万物，所以谁都喜欢它。老子反对锋芒毕露，争强好胜，认为"兵强则灭，木强则折""强梁者不得其死"。老子这种与世无争的谋略思想，深刻体现了事物的内在运动规律，已为无数事实所证明，成为广泛流传的哲理名言。

看看历史上那些既得善始又得善终的英雄豪杰，无不是在行为姿态上规避风险的大师。懂得韬光养晦，再适时进退，才能有所作为和成就。

相对于唐顺宗来说，清朝的年羹尧就是一个不知深浅的人了，虽然他曾经是显赫无比的大将军，但由于恃宠自骄，不知"弯腰"做人的道理，最后却落得了人头落地的下场，不禁令人甚为叹息。

雍正皇帝登基之初，年羹尧深受雍正帝的赏识和重用。

首先，雍正帝命其管理抚远大将军印务。而后，因年羹尧一直在西北前线为朝廷效力，且平定西藏时运粮及守隘有功，被封为三等公爵，世袭罔替，并加封太保衔；因平郭罗克有功，晋二等公；因平青海有功，进一等公，并给一子爵令其子袭，外加太傅衔。到了雍正二年八月，年羹尧入觐时，雍正帝又赐他双眼孔雀翎、四团龙补服、黄带、紫辔及金币，对他恩宠到了无以复加的地步。

此外，不但年羹尧及其亲属备受恩宠，不少家仆也因他得以"升天"，通过保荐，有的做了道员，有的甚至做到了副将。

但是，年羹尧对此不但不知感恩收敛，却更加得意忘形，更加骄横。他霸占了蒙古贝勒七信之女，斩杀提督、参将多人，甚至蒙古王公见年羹尧都得先跪下，由此，他遭到了群臣的愤怒和非议，弹劾他的奏章像雪片一样纷飞。内阁、詹翰、九卿、科道合词奏言，指出年羹尧的罪恶"罄竹难书"，于是，雍正决定革去年羹尧的官职。

雍正三年十月,年羹尧便接到了来京审讯的命令。到十二月时,年羹尧案便告终结。这距离起事时仅仅九个多月。议政大臣等定的年羹尧的罪状共92项,包括大逆之罪5项,欺罔之罪9项,僭越之罪16项,狂悖之罪13项,专擅之罪15项,忌刻之罪6项,残忍之罪4项等。

雍正说,这92项中应服极刑及立斩的就有30多条,但念及年羹尧功勋卓著、名噪一时,"年大将军"的威名举国皆知,如果对其加以刑诛,恐怕天下人心不服,自己也难免要背上心狠手辣、杀戮功臣的恶名,于是表示开恩,赐其狱中自裁。年羹尧父兄族中任官者俱革职,嫡亲子孙发遣边地充军,家产抄没入官。叱咤一时的年大将军以身败名裂、家破人亡告终。

曾经显赫一时的年羹尧,最终落得了自裁的结局,曾经无比风光的大将军立马成了过眼烟云,年氏家族也因此惨遭牵连。年羹尧的悲惨结局也只能怪他不知进退,不懂"弯腰"的做人处世哲学。前人已矣,今人应以前人为鉴啊!

绝不卖弄，收起你的小聪明

《菜根谭》中说："君子要聪明不露，才华不逞，才有肩鸿任钜的力量。"在我们的生活中，不少人总认为别人是"傻子"，经常卖弄自己的小聪明去戏弄对方。 其实，这不仅会招致旁人忌恨，并且也会使自己轻浮自傲。 所以，一个人无论身处官场还是商场，都最忌一味地耍小聪明，不管必要或不必要，不管合适不合适，时时处处显露自己的小聪明。 那样，不仅不会对你未来的发展有所帮助，反而会成为招灾引祸的根源。 有这样一则寓言：

老狮子病了，躺在洞里。森林里很多动物都去探望了它，但谁也帮不了它什么忙。有一天，狼对狮子说："狮王，您发现了吗？ 在您生病的这段时间里，狐狸一直没来看望您。 可以看出，他对您一点儿也不关心，而在您身体健壮的时候，他是多么频繁地奉承您呀。"这时，狐狸碰巧走过来，听到了狼的话。狐狸把那长长的赤褐色的鼻子伸得很近："陛下，恐怕狼不大了解情况，我比任何人都关心您。狼在您身边喋喋不休的时候，我一直在四处奔走，为您寻找良药。""找到了吗?"老狮子急切地问。"对，确实找到了。我找到一位医术高明的医生，他说，您必须在身上披一条热的狼皮，这是使您病情好转的唯一办法。"狼还没明白怎么回事，狮子就跳起来把狼咬死了，好得到它那热着的狼皮。"哈哈!"狐狸笑着说，"狼先生，你再也不能挑拨是非了。"

上面的寓言深刻地折射出了生活中的道理：喜欢把别人当傻子、喜欢自作小聪明的人往往会自食其果。 小聪明就是盲目自傲、自以为是、好大喜功的代名词。 伟大的戏剧家莎士比亚说："我宁愿让傻子逗我开心，也不要让精明人令我伤悲。"这句话实在值得我们去深思啊!

东汉末年，曹操的主簿杨修，是一个恃才放旷、卖弄小聪明的人。最终，他却因为聪明惹来了杀身之祸。有一次，曹操造了一所后花园。落成时，曹操去观看，在园中转了一圈，临走时什么话也没有说，只在园门上写了一个"活"字。工匠们不了解其意，就去请教杨修。杨修对工匠们说："门内添活字，乃阔字也，丞相嫌你们把园门造得太宽大了。"工匠们恍然大悟，于是重新建造园门。完工后再请曹操验收，曹操大喜，问道："谁领会了我的意思?"左右回答："多亏杨主簿赐教!"曹操虽表面上称好，而心底却很忌讳。

有一天，塞北有人给曹操送了一盒精美的酥（奶酪），想巴结他。曹操尝了一口，突然灵机一动，想考考周围文臣武将的才智，就在酥盒上竖写了"一合酥"3个字，让使臣送给文武大臣。大臣们面对这盒酥，百思不得其解，就向杨修求教。杨修看到盒子上的字，就拿取餐具给大家分吃了。有人问他："我们怎么能吃魏王的东西？"杨修说："是魏王让我们一人一口酥嘛！"在场的文臣武将都为杨修的聪敏而拍案叫绝。而后，曹操问其故，杨修从容回答说："盒上明明写着'一人一口酥'，岂敢违丞相之命乎？"曹操虽然喜笑，而心头却很妒忌杨修。

曹操多猜疑，生怕有人暗中谋害自己，常吩咐左右说："我梦中好杀人，凡我睡着的时候，你们切勿近前！"有一天，曹操在帐中睡觉，故意落被于地，一近侍慌取被为他覆盖。曹操即刻跳起来拔剑把他杀了，复上床睡。睡了半天起来的时候，假装做梦，佯惊问："何人杀我近侍？"大家都以实情相告。曹操痛哭，命厚葬近侍。人们都以为曹操果真是梦中杀人，唯有杨修又识破了他的意图，临葬时指着近侍尸体而叹惜说："丞相非在梦中，君乃在梦中耳！"曹操听到后更加厌恶杨修。

曹操出兵汉中进攻刘备，困于斜谷界口，欲要进兵，又怕被马超拒守，欲收兵回朝，又恐被蜀兵耻笑，心中犹豫不决，正碰上厨师进鸡汤。曹操见碗中有鸡肋，因而有感于怀。正沉吟间，夏侯惇入帐，禀请夜间口号。曹操随口答道："鸡肋！鸡肋！"夏侯惇传令众官，都称"鸡肋！"。行军主簿杨修见传"鸡肋"二字，便教随行军士收拾行装，准备归程。有人报知夏侯惇，夏侯惇大惊，遂请杨修至帐中问道："公何收拾行装？"杨修说："以今夜号令，便知魏王不日将退兵归也，鸡肋者，食之无味，弃之可惜。今进不能胜，退恐人笑，在此无益，不如早归，来日魏王必班师矣。故先收拾行装，免得临行慌乱。"夏侯惇说："公真知魏王肺腑也！"遂亦收拾行装。于是寨中诸将，无不准备归计。曹操得知此情后，唤杨修问之，杨修以鸡肋之意对。曹操大怒说："你怎敢造谣言，乱我军心！"于是喝刀斧手推出斩之，将首级吊于辕门外。

我们要从"杨修之死"中吸取深刻的教训：耍小聪明虽然可以使人得意于一时，获得心理上的满足，但永远不会取得真正的、伟大的成就。 在人际关系复杂的现在社会里，不要一味耍小聪明，炫耀自己的才能，必须懂得低调处世的大智能，才不至于遭妒、吃亏。

放下身架，才能够提高身价

低调的人能够放下自己高贵的"身架"，他们的思考富有高度的弹性，不会有刻板的观念，能吸收各种新鲜的事物，丰富自己的头脑和智慧，这是他们最重要的本钱。

在生活当中，我们经常看到这样的人，他们因为身处高位便洋洋得意，摆出一副唯我独尊的样子，他们自以为能力很强，做事也比别人强，看不到别人的长处。他们越是这样摆"身架"，挖空心思地想得到别人的崇拜，就越不能达到目的。即便是国王，他之所以受到尊重，也应该是由于他本人的美德，而不是因为国王那些堂而皇之的排场及其他因素。一个真正的低调者绝不会秉承贵族阶层的恶习，他们会主动放下"身架"与社会的各个阶层交往，获得民间的各种情况，加深自己对整个社会的认识，获得人们的普遍尊重和爱戴。

康熙皇帝即位后，为感化汉族知识分子，便颁诏天下，鼓励有才学的明朝知识分子、遗老遗少到朝廷当官。

但是，中国的知识分子素来讲气节，因而没几个人愿意应召。

陕西总督推荐关中著名的学者李颙，可是，这个李颙却以有病为由，不肯入京做官。但康熙并不介意，还对他表现出了极大的关注，派官员们时常去看望他，吩咐等他病好后再请入京。

官员们天天来探视，可是李颙卧在床上，十分顽固。于是，这些官员就让人把李颙从家里一直抬到西安，督抚大人亲自到床前劝他进京。可李颙竟以绝食相威胁，还趁人不注意要用佩刀自杀。官员们没办法，只好把这些事情上报康熙。康熙再一次吩咐官员们不要再强人所难。

有一天，康熙西巡西安，让督抚大人转达了自己的意思，说李颙是当代大儒，想要亲自前去拜访他。可李颙却仍声称有病无法接驾。康熙没有因此大发雷霆，反而和颜悦色地表示没有关系。

其实，李颙内心早已臣服于康熙了，只是被虚名所累，还有就是以前的姿态摆得太高，一时没办法下来。于是，李颙就让儿子带上自己写的几本书去见康熙，向康熙表明态度：他是大明臣民，不能跪拜康熙；而他儿子是大清臣民，可以跪拜康熙，为康熙效力，这样，既保住了自己的脸面，又回应了康熙给他的面子。

康熙召见了李颙的儿子，得知李颙确实有病，也就没有勉强，只是对李颙的儿子说："你的父亲读书守志可谓完节，朕有亲题'志操高洁'匾额并手书诗帖以表彰你父亲的志节。"并告诉地方官对李喁关照有加。

康熙的这个举动，深深地打动了读书人的心，那些表明誓死不降清的人，早就没有当初的那么顽固了，而那些本已臣服的人，更是乐意为大清朝廷效力。为求得贤才，康熙放下"身架"，给足了别人面子，实际上却抬高了自己的"身价"，为自己捞足了面子。

下面，再为大家讲一个故事。

一次，英国维多利亚女王与丈夫吵了架，丈夫独自回到卧室，闭门不出。女王回卧室时，只好敲门。

丈夫在里边问："谁？"

维多利亚傲然回答："女王。"

没想到丈夫既不开门，又无声息。她只好再次敲门。

里边又问："谁？"

"维多利亚。"女王回答。

丈夫还是没有动静。女王只得再次敲门。

里边再问："谁？"

女王这次学聪明了，柔声回答："你的妻子。"

这一次，门开了。

自己与其他人的区别是无法用价值来衡量的，依靠抬高"身架"并不能提升"身价"，因为人们只喜欢与自己平等的人。所以，身居高位者愈是能够放下身份，愈是能增加在别人心中的分量。

战国时期，有著名的"战国四公子"，其中，魏国的信陵君最为著名。信陵君叫无忌，是魏昭王的小儿子、魏安釐王的异母弟弟。昭王去世后，安釐王即位，封公子为信陵君。信陵君为人仁爱宽厚，礼贤下士，士人无论有无才能，他都谦恭有礼地同他们交往，从来不敢因为自己富贵而轻慢士人。因此，方圆几千里的士人都争相归附于他，招致食客三千人。当时，诸侯各国因信陵君贤德，宾客众多，连续十几年不敢动兵谋犯魏国。

　　魏国有个叫侯嬴的人，他是大梁城东门的看门人，已经是七十多岁了，家境很贫寒。信陵君听说这个人是个高明的隐士，就派人去拜见，并想送给他一份厚礼。但是，侯嬴不肯接受，说："我几十年来修养品德，坚持操守，终究，我不能因看门贫困的缘故而接受信陵君的财礼。"

　　信陵君大摆酒席，宴饮宾客。大家来齐坐定之后，信陵君就带着车马以及随从人员，空出车子上的左位，亲自到东城门去迎接侯先生。侯先生整理了一下破旧的衣帽，就径直上了车子，坐在信陵君空出的尊贵座位，丝毫没有谦让的意思，想借此观察一下信陵君的态度。可是，信陵君手握马缰绳，更加恭敬。

　　于是，侯先生又对信陵君说："我有个朋友在街市的屠宰场，希望委屈一下车马，载我去拜访他。"信陵君立即驾车前往进入街市，侯先生下车去会见他的朋友朱亥。他斜睨缝着眼看信陵君，故意久久地站在那里，同他的朋友聊天，同时暗暗地观察信陵君。但信陵君的脸色更加和悦。

　　在这个时候，魏国的将军、宰相、宗室大臣以及高朋贵宾坐满堂上，正等着信陵君举杯开宴。街市上的人都看到信陵君手握缰绳替侯先生驾车，信陵君的随从人员都暗自责骂侯先生。侯先生看到信陵君脸色始终不变，才告别朋友上了车。

　　到家后，信陵君领着侯先生坐到上位上，并向全体宾客介绍了侯先生，满堂宾客无不惊异。大家酒兴正浓时，信陵君站起来，走到侯先生面前举杯为他祝福。侯先生趁机对信陵君说："今天，我侯嬴为难您也够劲了，我只是个城东门抱门插关的人，可是您却亲自在大庭广众之中迎接我。我本不该再去拜访朋友，而今天您竟然特意陪我拜访他。可我，也想成就您的名声，所以故意让您的车马久久地停在街市中，借拜访朋友来观察公子，结果您更加谦恭。街市上的人都以为我是小人，而认为您是个高尚的人，能礼贤下士啊。"在这次宴会散了后，侯先生便成了信陵君的贵客。

　　富贵者、当权者本来因为自己高贵的"身架"就容易骄傲，看不起地位不如自己的人。但是，信陵君作为皇族，却能放下"身架"、礼贤下士、虚心受教，获得当时贤士们的普遍尊重和爱戴，从而名扬天下、无人不知。这是信陵君低调处世的大成功。

　　托尔斯泰说："真正身份高贵的人的谈吐总是平易近人，这种单纯既掩饰了他们对某些事物的无知，也表现了他们良好的风度和宽容。"如果你想在社会上真正地走出一条路来，活出从容快乐的人生，那么，你就要放下自己的架子。 其实，"身架"只是一个人身份、权利的象征，放下你的家庭背景，放下你的身份，做自己应该做的事，走自己应该走的路，这样，才能吸收各种各样的资讯，才能抓到更多的机会，才能不断地进步，才能够发展！

避免吹嘘，说话不要太浮夸

吹牛者令人鄙视、厌恶。吹牛的习惯既浪费口水，又浪费生命。如果你有吹牛浮夸的习惯，那就尽快地把它戒掉，因为生命有限，你应该抓紧时间去做点实际的事。

张某特别喜欢吹牛。有一次，他去一个老同学家里做客，正碰上老同学为了孩子跨学区上学的事发愁，张某的老毛病又犯了，就吹起牛来："哎呦，什么大不了的事啊！我姑父是××附小的教导主任，我只要跟他说一声就行了！"同学一听张某有这么硬的门路，愁眉顿展，摆上了一桌好菜，请张某帮忙，张某满口答应着，结果一个星期后还没有消息，同学着了急，因为马上就要开学了。于是，同学赶来追问，张某只好吞吞吐吐地说："着什么急呀！我这不正在找人吗？"同学奇怪地问："你不就和你姑父说一声就行了吗？"结果张某的回答差点没让他吐血："其实，是我同事的一哥们儿的女朋友的姑父，那哥们儿跟我同事特铁，那不跟我姑父一样吗?"不用说，同学自然指望不上他了，孩子跨学区上学的事也没办成，那位同学以后就再也没和张某联系了！张某吹牛办出来的荒唐事还不只这一件。有一次，他去岳父家拜年，当着岳父家亲戚的面又吹上了：自己认识多少能人，自己多有钱……结果，第二年，妻子的外甥、侄子、表弟……一大堆人进城来逼着张某给他们介绍工作，七大姑八大姨，一大群亲戚来找他借钱，张某哪有这个能力呀，吓得东躲西藏，得罪了许多亲戚，妻子也差点和他离了婚。现在，人人都知道张某有吹牛的习惯，说话不靠谱，当然也就没有人再看得起他了。

爱吹牛的张某彻底失去了人们的信任，人们都知道他不可靠，如果他托别人办事的话，恐怕也很难办成，这就是他为吹牛皮所付出的代价。 爱吹牛绝对不是什么好习惯，你海阔天空地把牛皮吹得呱呱响，别人却对你厌得直咬牙。 而且吹牛的习惯还会使你脱离现实，成为令人鄙视的"空想家"。

习惯吹牛的人往往没有控制力。 他们的欲望膨胀，直至吹破牛皮的那一刻，才能有一丁点的悔悟。

习惯于吹牛的人也有目标，只是这些目标不是空中楼阁就是海市蜃楼，这倒并不意味着目标不能实现。 只是什么都不做，就无法创造任何生产力，因而铸成了很多遗憾。 以前，有一个点子大王，牛皮吹得很大。 今天整活一家国有企业，明天创造亿元利润。 间或在大学做客座教授，主讲可操作的经济理论，据说到很多大学的时候，场面都是相当火爆的。 学生们早早就赶到教室占座，讲座一开始，就明显有一种吹牛的氛围在弥漫。 可是，学生们使劲地鼓掌，那个羡慕就不用提了。

过了不到一个月，就听到点子大王在宁夏"现形"的消息。 某报纸还有准确的数据和细节来展示他曾经的"辉煌"。 尽管他百般狡辩，可是，人们已经看破了牛皮，谁还听他的？ 所以，一个人只有脚踏实地地实干，才能成就一番大事业。 靠吹牛得到的荣誉，实在令人不敢恭维。 因此，牛是吹不得的，尽管有很好的操作基础，但志向的高远对于不操作或操作得不投入而言，形同无米之炊。

吹牛的人很令人鄙视，因为他们都是井底之蛙，看似高不可及的目光实际上很短浅。 他们在夸夸其谈的时候，原本应该张扬的心灵被封闭在井底、荒野、沙漠，于是无休止地驻足不前。 因此，聪明的人向来不吹牛，因为他们都知道实干的意义。 只有实干，才能出生产力，空谈没有价值，他们默默无闻地，就达到了吹牛者艳羡的境地。 李小三和赵小六是从小一起长大的伙伴，后来，赵小六成了董事长，李小三也很激动地对别人说，董事长小时候还跟我一起玩泥巴呢。 尽管他没说错什么，但是，如果把他俩放在同一平台上，他似乎更应该考虑自己为什么没有人家强。

实干出精英。 赵小六在埋头苦干的时候，李小三正在夸夸其谈；赵小六在拼命苦读的时候，李小三还在夸夸其谈；赵小六成为了董事长，李小三就开始感慨。 在董事长面前，李小三丝毫也不脸红，并寻找下一轮的听众，享受让更多的井底之蛙仰视的滋味，尽管根本不具备资本。 这样，就不难理解深圳的街头为什么立着一头牛，吃青草献鲜奶的牛是用来拓荒的，没事吹它干什么？

鼠目寸光的人把具有远大理想的人看成是愚人。可是"愚人"们不在乎，他们拒绝恶意的中伤，继续走好自己的路。因为有了实干的精神，胜利至少会提前 10 年来临。

吹牛的习惯就像一个望远镜，当你捧着它站在地平线上，幻想着峰顶的美景时，人家已经脚踏实地的一步步攀上了高峰。

第三章　适度一点，为人处世不要做得太绝

避免极端，做人做事不要太绝对

著名的哲学家、教育家苏格拉底曾经说过："一颗完全理智的心，就像是一把锋利的刀，会割伤使用它的人。"在这个世界上，没有完全绝对的事情，就像一枚硬币具有它的两面性一样。这就告诫我们做人、做事都不要太绝对，要给自己和他人留有余地。

民间俗话说得好，"内距宜小不宜大，切忌雕刻是减法""留得肥大能改小，唯愁瘠薄难厚加"。雕刻如此，做衣如此，做人做事也是如此。无论是做人还是做事，都不要把事情做得太绝。不把事情做绝是一种美德，是一种智慧，是一份情怀。

铺筑路面，每到一定的距离，便要留下"余地"，以免路面发生膨胀；建筑楼群，要留有一些空地给绿树、阳光、花草和空气；书面的"留白"，是给读者留下广阔的想象空间；含蓄表扬，是给人留下继续进取的余地；保护隐私，是给心灵留一份隐秘的田地；保守批评，是给人留下改过自新的机会。而如何留有余地，不把事情做绝，使之有空间、有时间让人去领悟、去思索、去创新，这不仅是一种处世方法，更是一种美德。

三国时期，蜀军大举南征，孔明问马谡怎样才能平定南蛮造反。马谡说蛮人反复无常，必须令其心服才行。孔明觉得这话很有道理。诸葛亮七次生擒孟获，最后却又放了他。有人会说，他真傻，费了那么多的时间和精力才抓到了他，最后却"放虎归山"！但是，如果仔细想想，就会觉得他并不傻。诸葛亮不仅给自己留下了余地，同时也给了孟获一条退路。深谙用人之道的孔明知道，要想让一个人才心甘情愿地为国效力，就要让他心悦诚服地降服。果然，在第八次擒住孟获后，他终于甘心归降。当最后一次诸葛亮要放孟获回去时，孟获便不肯走了，说："公，天威也。南人不复返矣。"这样一来，不但南中叛乱被很快平定，而且诸葛亮不留一兵一卒，南中社会仍能保持安定。更有意思的是，孟获其人在后来也担任了蜀汉的御史中丞，孟获手下的一些将领还参加了诸葛亮领导的北伐，为诸葛亮留下了一段传世的佳话。

对此，著名作家刘墉曾在他的书中写道："人们往往惊异于太阳的热力，而脚下的大地却有着更令人惊奇的热量。天没暖，大地先暖，所以，许多花才能破冰雪绽放；人情不暖，内心先暖，所以，我们能够在尘世做一剂清流。"一个心地善良的人往往能替别人考虑，因此，也时常为他人留下余地，也许他会因为这样而失去一些名利或财物，但他却获得了比金钱更重要的东西——对方的感恩！

就像苏格拉底所说的，太过理智反而不是一件好事。 生存于这个世界，所追求的不仅仅是人生的价值、巨大的财富和美丽的容貌，还有更重要的家人、朋友和爱人。 如果一个人总是过于理智地去处理他身边的每一件事，纵使他得到了他想要的，同时，他也会失去更为重要的。 后者的价值显然是无法与前者相提并论的。 因此，试着用感性一点的办法去对待身边的问题吧，这不会让你损失掉什么，相反，你甚至有可能会收获一份巨大的幸福！

留有余地只是一个很小的细节，但往往能决定成败。 汪中求在《细节的魅力》中写道："一心渴求伟大，伟大却了无踪迹，而甘于平淡，认真地做好每个细节，伟大却不期而至。这就是细节的魅力，是水到渠成后的惊喜！"给自己和别人留有一分余地吧，不要总把事情做得太绝。

人生在世，不要试图使某一事物沿着某一固定方向发展到极端，而应该在发展过程中充分认识，冷静地去判断可能要发生的一些事情，以便能有足够的条件和回旋余地采取机动的应急措施。

世界是复杂多变的，不论是谁，都不应该仅凭一家之言和一己之见，自以为是的为某件事做出决定。 即便是某些自以为拥有科学头脑的人，也应该为自己留下一片余地，以供自己有回旋的可能。 如若不然，就非常容易使别人抓住自己的把柄。

18 世纪 90 年代的一天，在法国的一个小城儒里亚克，一块巨石从天而降，巨大的响声把居住在这里的加斯可尼人吓了一大跳。尤其令人惊异的是，这块石头把加斯可尼人教堂旁边的屋子砸了一个大窟窿。市民们都认为这块来历不明的怪石破坏了他们的宁静，他们以为这块石头可能还会飞上天去，为了防止它"逃走"，就给巨石凿了个洞，用铁链锁起来，然后把铁链锁在教堂门口的大圆柱上。

最后，市民们又通过决议，要写一封信给法国科学院，请求派科学家来研究这块怪石。儒里亚克市市长证实了市民们在信上所写的事实，并且还在上面签了自己的名字，同时还派专人把这封信送往巴黎。

当在巴黎的法国科学院里宣读儒里亚克的这封来信的时候，突然，在人群当中爆发出了一阵哄笑声，有的人甚至笑得前仰后合，还有人连眼泪都笑出来了，有些科学家带着嘲笑的口气说："哈哈，加斯可尼人是最爱吹牛皮的，今天他们向我们报告天上落下巨石，过几天他们还会来报告天上又掉下 5 吨牛奶，外加 1000 块美味的带血的牛排……"在笑够了之后，他们以科学院的名义做出了决定，对加斯可尼人的撒谎和儒里亚克市市长的愚蠢表示遗憾，同时号召所有有头脑的人，千万不要被这样荒诞不经的报告所迷惑。

后来，经过一些科学家们的认真而又谨慎的实地调查，最终确认那的确是一块从太空中掉下来的陨石碎块。

对于这样的事情，到底谁更有科学头脑，谁更愚蠢可笑呢？ 历史已经为我们做出了公正的答案。

那些不给自己留有余地的人在嘲笑够了别人之后，岂知也把自己的短见暴露给了别人——在伸手打了别人耳光的同时，也打了自己的耳光。

世上的事情总会有那么一点意外，要学会留有余地，就是为了去容纳这些所谓的"意外"。 杯子留有空间，就不会因为加进去液体而溢流出来；气球留有空间便不会爆炸；人说话、做事留有余地，便不会因为"意外"的出现而下不了台，这样，就能够使自己有回旋的机会。

总的来说，我们不论是说话还是办事，都要做到留有余地，千万不要把事情做绝，这样，自己才会行不至于绝处，言不至于极端，有进有退、收放自如，以便日后能机动灵活地处理事务，解决复杂多变的问题。 同时，也要懂得给别人留有余地，不论我们在什么样的情况下，都不要把别人往绝路上推。 如果能够做到如此，那么，事情的结果对双方都是非常有好处的。

在一个春天的早晨，米妮太太发现有3个人在后院里东张西望，于是，她便毫不犹豫地拨通了报警电话，就在小偷被押上警车的一瞬间，米妮太太发现他们都还是孩子，最小的仅有14岁！他们本应该被判半年监禁，但米妮太太认为不该将他们关进监狱，便向法官求情："法官大人，我请求您，让他们为我做半年的劳动作为对他们的惩罚吧。"

经过米妮太太的再三请求，法官最后终于答应了她。米妮太太把他们领到了自己家里，像对待自己的孩子一样热情地对待他们，和他们一起劳动，一起生活，还给他讲做人的道理。半年后，3个孩子不仅学会了各种技能，而且个个身强体壮，他们已不愿离开米妮太太了。米妮太太说："你们应该有更大的作为，而不是待在这儿，记住，孩子们，任何时候都要靠自己的智慧和双手吃饭。"

许多年后，3个孩子中一个成了一家工厂的主人，一个成了一家大公司的主管，而另一个则成了大学教授。每年的春天，他们都会从不同的地方赶来，与米妮太太相聚在一起。

《菜根谭》里说"路留一步，味让三分"，就是告诉我们：路径窄处，留一步与人行；滋味浓的，减三分让人尝。要给人留有余地，多为他人想想，这是一种美德，是每个人都要遵循的美德。

恰如其分，做人做事要掌握分寸

在人的一生当中，最难把握的两个字是分寸。做人做事恰如其分，是人生的最高境界。做事做到恰到好处，是人生的最大学问。看看我们周围的人们，因为有一个人生的分寸，才使我们的人生不仅有失败的懊恼，还有成功的欢欣。把握好人生的分寸，也就等于自己掌握了人生的命运。

1. 做事恰到好处

无论做事还是做人，太刚则缺，太锐则折。因此，我们做人做事都要做到恰如其分。把握好了做人做事的分寸，在一定程度上讲，也就是把握住了自己的命运。做人做事像时钟一样，并非走得快就好，而在于走得是否准。

颛孙师和卜商君是子僵平时最敬重的人，有时竟分不出哪个更令自己敬佩一些。有一天，子僵向老师孔子求教，他问："颛孙师和卜商君哪个更好些呢？"孔子说："颛孙师做事好过分，卜商君做事常常达不到本来的要求。"子僵说：

"您这么说，是颛孙师好些了？"孔子说："过分和达不到是一样的。 做事恰到好处，才是最好。"

做事情，不是做过了头，就是做得不到位，而且不明白自己究竟错在了哪里，这在我们的生活中并不少见。

其实，这里的全部奥妙就在一个"度"字上。 "度"是事物合理存在的内部规定性，人的想法只有符合了它的要求，才是正确的。

要达到"度"的要求并不是件难事，只要在掌握必要知识的基础上反复实践，"度"也就在你的手中了。

古人说过一段话，译成现代语言是这样的：做任何事情都应该为自己留下几分余地，不要把事情做绝，如果事业上过度要求完美，功业上要求登峰造极，那么，即使不会发生内乱，也必然为此而招来祸患。

不论我们做什么事情，都应该三思而后行，应该考虑周全之后再行动。 做到如此，才算是恰如其分，否则就有可能引来麻烦或后患。 古人云："满招损，谦受益。"一个高潮的到来预示着一个低潮的即将开始，在追求事业与功业尽善完美的同时，你就有可能会发现许多不足与遗憾。 从另一个角度讲，功业不求满盈，留有余地，也是一种处世的方法。比如，钱财的积累，求多求尽，有可能使自己成为守财奴。对于名誉和地位求盛求高，不知急流勇退，有可能私欲膨胀或使自己遭受算计，最终落个身败名裂；因此，我们在成功的面前千万不要忘记失败的教训，在春风得意的时候莫忘记失意时的痛苦，做到时常能够使自己保持清醒的头脑，才能使自己少受损伤或者不受损伤，从而立于不败之地。

一百多年以前，西方曾经流传过这样一个带有几分幽默但给人以启示的故事。

一艘轮船触礁后在海上漂泊了很长一段时间，供给马上就要耗尽，但仍然不见其他船只的踪影。眼看着得救无望，人们不免着急。这时，一个悲观的船员陷入绝望之中，他惊恐万分，总是高声叫嚷："这下我们大家全完了，谁也活不成了，我们早晚都要被鱼吃掉。"这个悲观者一天要唠叨好几次，终于引起了公愤，被惹怒的众船员七手八脚地把他丢进了大海，丢的时候还对他说："你先去被鱼吃掉吧！"悲观者死后，这个面临危难的轮船并未得到预期的平静，这时又出现了一位乐观者，整天喋喋不休，只不过他叫嚷的全是乐观的话题，比如他说："我们一定会得救的，因为我们还有几十块饼干，而一块饼干可以维持一个人一周的生命。"众船员发现，听这种乐观的说法，心情显得更加的糟糕，因此一起动手，把这位乐观者也同前一位一样丢进了大海。这样，没有了那两个讨厌的家伙，轮船才恢复了宁静。后来，轮船终于得救了。

这个故事，虽然隔了多年却仍然记在人们的心中，主要的原因是这个故事通过夸张的方式讲出了一个听后人人皆能接受、而不听则很难察觉的道理。这个道理就是，生活中存在一个把握分寸的问题，处理得好，能使生活和谐；处理得不好，纵然不至于被"丢进大海"，也一定会导致不良的结果，轻则受到谩骂，重则自毁口碑或者使之功败垂成。寻求这方面的实例根本无须在纸堆中钩沉，在现实社会中，这样的实例可谓数不胜数。

分寸，通常就是生命长河之中的一个分水岭。超越了它，好与坏、善与恶、爱与恨、喜剧与悲剧就自然会发生一系列的转化。比如，酗酒可能导致肝硬化，大快朵颐可能导致肠胃疾病，超强度体育运动可能导致筋骨损伤，民事纠纷可能导致刑事案件，狂欢可能导致灾祸……

"分寸"潜伏于如此一系列的"转化"之中，鬼使神差般地改变着人们的生活质量与复杂的生活节奏。即便在琐碎的日常生活当中，"分寸"也是无所不在的。比如炒菜，盐多了谓之咸，盐少了谓之淡；裁衣，尺寸大了谓之肥，尺寸小了谓之瘦；给孩子的爱，少了谓之无情，多了谓之溺爱……

在人的一生当中，所碰到的最多的问题恐怕就是"将事情做到何种程度"。然而，人们却不一定能够自发性地产生一些高度重视"分寸"问题的自觉。在很多场合当中，人们总是按照自己的价值观与生活准则率性而为，也由此而形成了一种生活习惯，想要改之也是非常难的。率性而为时，一般都只顾做，而忽视了大脑应该适时发出中止命令的问题。从本质上看，在生活中掌握分寸是一个自律问题。自律者，自我约束也。不善于自我约束的人一定是不懂生活的人，至少不懂生活的真谛。这样的人，对自己有利的事情总是多多益善，完全由生理机制指挥与调节自己的生活，他们忘记了人是有意志的，凭借意志同样可以对生活进行自我调节。而且，只有将生理调节与自我调节结合起来，才能构筑完美的人生，才能使生活变得更有意义。

爱因斯坦就是个自我意识极度强烈的人。他有利用科学成果与名望聚财的条件，然而却没有那样做。他说，人世间的每一件财富都是一个绊脚石。他被许多国民推荐为总统候选人，他有当选总统的机会，可是他却婉言拒绝了。他很好地把握住了自己人生的分寸，老老实实地蹲踞在"科学家"的角色之中，最大限度地实现了自身生命的价值。

失意时不灰心气馁，得意时不忘形，不做过分之事、分外之事，虽有利而不为，分内之事，虽无利亦为之，这的确是一般人完全能够做到的。

2. 把握尺寸，适度处事

这里说的度是指限度。做事情虽然要讲原则，但是太讲原则、太教条，办起事来反而往往会碰钉子，而处事灵活一些、风趣一点，可以帮助我们办成许多棘手的事情。如果做事不留几分余地，把事情做绝或者说超出一定限度，那么，必然会适得其反，会遭到众口的谴责，严重者把人逼上绝路。

做人处事要掌握分寸，确实不是一件容易的事。因为许多事情事先没有标尺测定，都是凭着双方的接收能力、承受能力来把握的，一个人谨慎过了头就显得胆小；处事果断过了头就变得轻率；认真过了头就显得呆板；聪明过了头就显得油滑。做人做事要做到不偏不倚，恰如其分，就要在实践中多多磨炼，要下番工夫。

在科学史上有一个"黄金分割"定律，德国科学家科勒把它称之为"神圣的分割"，因为这是最具美学价值的比例。世间完美的事物都拥有其自身的分割率，我们人类的生活也是同样的道理。对于生活之中的黄金分割，所具体表现出来的就是在做事的时候要做到恰如其分。然而，要想做到这一点并非是一件容易的事情，它需要我们运用自己所拥有的智慧。

人们对球星乔丹可以说是十分的熟悉，乔丹在小的时候就长得人高马大、身强体壮，他母亲害怕他成为学校的"小霸王"，便要求他与人为善、学会忍耐，而这却使他成为别的同学欺负的对象，他为此事感到十分的苦恼。最后，他父亲教给了他一个方法，即让他不再如此去强忍耐，而是叫欺负他的同学停止，当对方仍然不听他的劝阻的时候，他就用他有力的双手将对方摁在地上，但并不击打对方。如此，他不仅维护了自己的自尊，还给对方以警告，同时又不触犯纪律，可以说是一举三得的好办法。

其实，这就是把握好分寸而达到完美效果的一种体现。从来就没有什么人会因此而怀疑乔丹的力量，但却有人在他的忍让下，怀疑他的血性，从而肆意地欺负他。而其父的这一招就很好地处理了这个问题。人与人之间，重要的不是忍让，不是争斗，而是维护双方利益的和谐。乔丹把欺负自己的人"摁倒在地"，也正是乔丹的父亲帮助他寻找到的那个人际关系的黄金分割点。

面对自己占有绝对优势的对方，我们应该把握好自己的分寸，这样，我们才能够赢得对方的尊重。这其中的关键点就在于一定要有自己的优势。

清朝年间，曾国藩带领着他的湘军攻克了天京，因功勋卓著而被授予一等爵位。湘军，这一支完全听命于曾国藩的私人军队，在当时已发展到了30万人，这对于清朝统治者来说，可是一个功高震主的敏感数字。曾国藩也清楚地认识到了这一点，于是主动自削兵权，解除了朝廷的顾虑，不仅逃脱了"狡兔死，走狗烹"的悲惨命运，还继续得到了信任与重用。从某个角度上来说，他比功成引退的范蠡要更加高明一些，也比早年能受胯下之辱而后拥兵难保自身的韩信明智得多。曾国藩没有曹孟德的野心，他只想做个利国利民的好臣子。因此，"自削兵权"也就成了他自身与皇帝之间的一个最佳分割点。

一些人的成功往往是因为黄金分割点把握得当，而失败也是因为分割点的偏移。人们常说，"真理与谬误之间，文明与野蛮之间，差距往往就是一步之遥"。每一个人都想追求成功的喜悦，那就让我们运用智慧、正确的心态去寻找这个"黄金点"吧。

3. 做人做事的"分寸之间"

世间从来就没有绝对的对与错、好与坏之分，凡事只要能够把握好分寸，拿得起、放得下就好，这是一种智慧。就如做人，赞美别人是美德，但是不恰当的赞美很容易成为阿谀，难免会遭人轻视；布施是善事，但是如果大肆喧嚷，以别人的苦难来凸显自己的善心，也会招惹出别人的非议。关于做人做事的"分寸之间"，有以下四点说明：

第一，赞美能赢得他人的友谊：赞美就如同花香，芬芳宜人。能以赞美之言予人者，必得人缘。所以，我们和人相处，最重要的一点就是赞美。基督教唱赞美诗、佛教唱炉香赞，说明佛、神也要人赞美，一般人更希望获得别人的赞美、欣赏。尤其当一个人灰心的时候，一句鼓励的话能令人绝处逢生；当别人失望的时候，说出一句赞美的话常常能使人重见光明。因此，我们如果要想获得别人的友谊，那么，就要做到诚心地去赞美别人。

第二，阿谀会遭人轻视：做人要"日行一善"。其实，日行一善并不难，赞美别人也是一善。但赞美不同于阿谀，阿谀是一种虚伪的奉承。所以，做人宁容谏诤之友，勿交阿谀之人。被人批评不可怕，受人阿谀才可畏。有的人赞美不当，成了逢迎拍马、阿谀奉承，也会受人轻视。因此，做人不要学阿谀谄媚那一套，而且，不当的赞美也要避免。

第三，快乐要懂得与别人一起分享：关于做人，有的人能同甘却不能共苦，有的人能共患难却不能共同去分享富贵。对于真正的好朋友，必须要做到同甘共苦，自己有了快乐，要懂得分享给对方，当对方获得了功名、财富、荣誉，成就了好事，我们也要真心地祝福，同享所获取的荣耀，千万不要去嫉妒、设置障碍。懂得分享，才能够享受快乐，才能感受到人生是何等的美好。

第四，报酬应藏于无形当中。古人曾有"为善不欲人知"的美德，其实，做善事不必害怕别人知道。 在我们的社会当中，需要有很多的善行美事来带动社会的风气，因此，对于那些真心"乐善好施"的人，不必刻意隐藏。 而我们应担心的是有的人以伪善来沽名钓誉，例如捐了一点钱给慈善团体，自己马上大肆宣扬，要人感谢、回报，甚至讲话不当，让接受救济的人感觉尊严受损，这就失去了布施的美意。 因此，报酬要用之于无形，要能够"无相布施"，做到这样，才可称得上是一种真正的慈善。

世间万事做得适中，即能成功立业。 物用之得适即物物皆良，人用之得适即人尽其才。 时、地、人都恰到好处，即事事皆通，否则事事都障碍。

注意轻重，不要说"过头话"

事情有缓急，说话有轻重。有些人在日常交际中，对问题缺乏理智，不考虑后果，一时兴起，说话没轻没重，以致说了一些既伤害他人，也不利自己的话。

1. 说话要点到为止

有一对夫妻吵架，两人唇枪舌剑，各不相让，最后丈夫指着妻子厉声说："你真懒，衣服不洗，碗也不刷，你以为你是千金小姐呢，什么都不会，脾气还挺大，要你有什么用，不如死了算了。"妻子一气之下割脉自尽，丈夫后悔已经来不及了。

这样的例子在日常生活中屡见不鲜。这类说"过"了，说"绝"了的话，虽然有一些是言不由衷的气话，但是在对方听来，却很伤心，故常常引起争吵、嫉恨，甚至反目成仇。俗话说，"过火饭不要吃，过头话不要说""话不要说绝，路不要走绝"，正是对上述不良谈吐的告诫。

如果听话人是一个非常明白事理的人，你说的话就不必太重，蜻蜓点水，点到即止，一点即透，因为对方就像一面灵通的"响鼓"，鼓槌轻轻一点，就能产生明亮的反应。 对这样的人，你何必用语言的鼓槌狠狠地擂他呢？

赵明是工厂的一名班组长，最近，他的班组调来一个名叫王楠的人，别人对王楠的评价是时常迟到早退，工作不努力，以自我为中心。过去的班长对王楠都束手无策。第一天上班，王楠就迟到了5分钟，中午又早5分钟离开班组去吃饭，次日也一样。赵明观察了一段时间，发现王楠缺乏时间观念，但工作效率却极佳，而且成品优良，在质管部门都能顺利通过。于是，赵明对王楠微笑着说："如果你时间观念和你的工作效率同样优秀，那么，你将成为一个完美的人。"以后，赵明每天都跟王楠说这句话。时间久了，王楠反而觉得过意不去了，心想：过去的班长可能早就对我大发雷霆了，至少会斥责几句，但现在的班长毫无动静。

感到不安的王楠，终于决定在第三周星期一准时上班，站在门口的赵明看到他，便以更愉快的语气和他打招呼，然后对换上工作服的王楠说："谢谢你今天能准时上班，我一直期待这一天，这段日子以来你的成绩很好，如果你发挥潜力，一定会得优秀奖。"

赵明对待王楠的迟到，没有采取喋喋不休的方式批评，而是点到为止，让其自动改正错误。

下面，我们再看一例。小宋是一位小学语文教师，他不满某些社会现象，爱发牢骚，甚至在课堂教学中有时也甩开教学内容，大发其牢骚。很显然，他缺乏教师这个角色应有的心理素质。校长了解这种情况后，与他进行了一次交谈。校长说："你对某些社会不良风气反感，对教师经济待遇低表示不满，这是可以理解的。心中有气，尽管对我发吧，但是请你千万不能在课堂上发牢骚。少年的心灵本是纯真的，他们对有些事缺乏完全的了解和认识，你与其发牢骚，何不把那份精力用来给学生讲讲如何振兴祖国？这才是一个称职的教师应该做的。"听了校长这一番语重心长的话，小宋认识到当教师确实不能随意把这种牢骚满腹的心理状态表现出来，不然，对学生会产生不良的影响。从此以后，再也没有听说他在课堂上发牢骚了。

同样，校长如果不把握说话的轻重，直接说："你这样做是缺乏修养的表现，不配做一个教师。"那么，结果又会怎样呢？想必他会变本加厉地发牢骚吧。

因此，说话要把握轻重，点到为止，给人留足面子，才能起到说话的原本目的。

2. 发生冲突时切忌失去理智

人与人之间难免因某种原因产生摩擦，这时，如果把话说得过重，就会使矛盾激化，相反，如果能压制自己的情绪，则会让事情平息下来。

日本一位得过直木奖的作家藤本义一先生，是位颇为知名的人。

一次，他的女儿超过了晚上时限10点钟，于12点方才带醉而归，开门的藤本夫人自是破口训斥了她一顿，之后还说："总而言之，你还是得向父亲道个歉。"

顿时，她也清醒了不少，感到似乎大难就要临头了，于是便怯怯地走向父亲的卧房，但面色凝重的父亲却只说了句："你这混蛋！"之后便愤然离去，留下了无言的女儿独自在黑暗中。

虽然只是一句话，但却深深刺痛了她的心，然而晚归之事，自此便不再发生。

为人父母者都有责备孩子的经验，多半也了解孩子可能有的反抗心，所以，要他们反省是相当困难的。父母通常会以一句："你是怎么搞的，我已经说过多少次……"想让他们了解并且反省，此时，他们若有反抗的举止，父母又会加一句："你这是什么态度？！"然后说教更是没完。

殊不知，愈是如此责骂，孩子的反抗心便愈是高涨，父母愈是希望他们反省，反愈得不到效果。于是，情况就会变得更糟，但藤本先生的这种做法，使他女儿的反抗心根本无从发泄，反而转变为反省的心。

因藤本夫人的一顿训斥，已足够引起女儿的反抗心，但藤本先生却巧妙地将它压抑住，反而使女儿的内心感到十分歉疚，因为父亲的一句"混蛋"，实胜过许多无谓的责骂，她除了感激，实在无话可说。

压制自己的情绪，在遇到愤怒的事情时，切勿失去理智，口不择言。通常，有些"过头话"是在感情激动时脱口而出的。 人们为了战胜对手，往往夸大其词，着意渲染，"攻其一点，不及其余"，甚至使用污言秽语。 如夫妻吵架时，丈夫在火头上会说："我一辈子也不想见到你！"这话显然是气话，"过头话"，是感情冲动状态下的过激之言。 事过之后，冷静下来，又会追悔莫及。 所以，在情绪激动时，要特别注意控制，切莫"怒不择言"，出语伤人。 同时，因为双方有矛盾，说话就难免很冲、带刺，如果你也采取同样的态度回击，则积怨更深。 因此，最好的办法就是避其锋芒。 钢刀砍在石头上，肯定会溅起火星；如果钢刀砍在棉花上，则软而无力。 如此，对方一定不会再强硬下去。 历史上廉颇与蔺相如"将相和"的故事，告诉我们的就是在与有误解或隔阂的人相处时，应避其锋芒，不要硬碰硬，不说过头话，使用的语气不要咄咄逼人，如果一方能主动示弱，便有利于矛盾的化解。

3. 简单否定或肯定他人不可取

对他人的评价是他人最为敏感的事情，应格外慎重。 尤其是对自己不喜欢的人作否定性评价时，更应注意公正、客观，不要言辞过激，最好少使用"限制性"词语。 如果某下属办糟了一件事，某领导在批评他时说："你呀，从来没办过一件漂亮事！"这话就说得过于绝对，对方肯定难以接受。如果这样批评："在这件事上，我要批评你，你考虑得很不周到！"这样有限度的批评，对方就会心服口服，低头认错。因此，对他人做肯定或否定性评价时，要注意使用必要的限制性词语，以便对评价的范围做准确的界定，恰当地反映事物的性质、状态和发展程度。 切记，只否定那些应该否定的问题，千万不要不分青红皂白，简单地"一言以蔽之"。

妙语精言，不以多为贵。 领导者在批评下属的过错时，经常要用听起来简单明了、浅显易懂，实际上含意深刻、耐人寻味的语言，使出现过错的人经过思考，便能从中得到批评的信息，并很快醒悟，接受批评，改正过错，吸取教训，不断前进。

4. 拿不准的问题不要武断

一般人并不怕听到反对自己的意见，不过，人人都愿意自己用脑筋去考虑一下各种问题。 对于自己怀疑的事情，都愿意多听一听，多看一看，然后再下判断。

为了给别人留考虑的余地，你要尽量缓冲你的判断结论。 把你的判断限制一下，声明这只是个人的看法，或者是亲眼看到的事实，因为别人可能与你有不同的经验。

除去极少数的特殊事情外，在日常交往中，你最好能避免用类似这样的语句来说明你的看法。 如"绝对是这样的""全部是这样的"或者"总是这样的"。 你可以说"有些是这样的""有时是这样的"，甚至你可以说"大多数人都是这样的"。

凡是对自己没有亲历，或不了解的事实，或存有疑问的问题发表看法时，要注意选择恰当的限制性词语准确地表达。 如说："仅从已掌握的情况来看，我认为……""如果情况是这样的话，我认为……""这仅仅是个人的意见，不一定正确……"这些说法都给发言做了必要的限制，不但较为客观，而且随着掌握的新情况的增多，会有进一步发表意见或纠正自己原来看法的余地，使自己较为主动。

有时是因事实尚未搞清，有时是因涉及面广，或者自己不明就里，但都不宜说过头话，而应借助委婉、含蓄、隐蔽、暗喻的策略方式，由此及彼，用弦外之音巧妙地表达本意，揭示批评内容，让人自己思考和领悟，使这种批评达到"藏颖词间，锋露于外"的效果。 例如，你可以通过列举和分析现实中他人的是非，暗喻其错误；可以通过列举分析历史人物是非，烘托其错误；也可通过分析正确的事物，比较其错误等。此外，还可采用多种暗示法，如故事暗示法，用生动的形象增强感染力；笑话暗示法，既有幽默感，又使他不尴尬；轶闻暗示法，通过轶闻趣事，使他听批评时，即使受到点影射，也易于接受。 总之，通过提供多角度、多内容的比较，可以使人反思领悟，从而自觉愉快地接受你的意见，改正错误。

尺度适宜，人生不过一个"度"字

不论是哪一种观点，都有其自身有理的一面，然而也必定会有一个合适的尺度来衡量。其实说到底，做人也就是要有个度。

1. "度"之重要

"度"，实在是太重要了！"中庸"就是讲"度"。《论语·先进》讲得对："过犹不及。"过头，不及，都不好。朱熹解释说："中，就是不偏不倚；庸，就是永远不改变。"《论语·泰伯》又说："中庸之为德也，其至已乎！"什么事都是讲究"适度""适可而止"。列宁说过，真理多一步就是谬误。

"度"的重要性："人心惟危，道心惟微，惟精惟一，允执厥中。"《论语》中也讲了"允执其中"。恰当把握事情之"中"，这是关键之所在。老子最讲究"度""物极必反"，要知足，知止，不盈，去甚，去奢，去泰。在《老子》这本书当中，他充分表达了这样的辩证思想。

中庸，并非是在搞折中主义，搞和稀泥，搞无原则。 中庸，绝不是懦弱，缺乏勇敢，不敢进取。 事情总是一个对立的统一体，关键之一就在于把握好这个"度"，千万不要让其转化到坏的那一面。

那么，怎样把握好"度"？ 它在《论语》一书中表现为"礼"，"礼"是度量的标准。 不达到不行，过头也不行。 "恭而无礼则劳，慎而无礼则葸，勇而无礼则乱，直而无礼则绞。"更大的是"克己复礼为仁"，"非礼勿视，非礼勿听，非礼勿言，非礼勿动。"对于这样的道理，正如我们现在已习惯讲的一句话："要有礼貌。"

《荀子》里讲了一个故事，可以作为孔子讲"中"的注解："孔子观于鲁桓公之庙，有欹器焉。 弟子挹水而注之，中而正，满而覆，虚而欹。 孔子喟然叹曰：'吁！ 恶有满而不覆者哉！'"

世界上任何事物的发展都有与之相对应的准则，如果我们违背，就会产生负面效应。 动植物遵循自然生存法则，才能顺利地生长。 人生在世，处理问题也是如此，只有把握好一个"度"，才能够在各自所处的相应环境当中，找准位置，从容地发挥自己的聪明才智。

2. 做人需要有度

俄罗斯的一个小官员因为在礼节上没有把握好分寸而最终使自己丢了命。 事情的经过是这样的：小官员在剧院看戏，突然打个喷嚏，把坐在前排大官员的秃顶弄脏了。 平常一件小事，说声"对不起"便罢了。可小官员再三道歉，又跑到家里赔礼，还赶到办公室负荆请罪。大官员烦了，大声怒吼与训斥了他。随后，小官员每天都在担惊受怕之中，过了没多长时间，便抑郁而死了。

有一句十分有道理的话，叫"失度而亡，适度而存"。法国总统戴高乐对身边人很随和。身边人因此随便过了头，忘记了自己的身份，居然不分场合和总统开玩笑。戴高乐感觉威信受到了影响，便把过于随便的人遣散了，而只把那些举止得体、行事有节的人留了下来。

汉朝有一位名叫李广的大将，一生杀敌无数，屡次取得大战的胜利。在汉武帝大举进攻匈奴之时，李广请求汉武帝命令出战，皇帝体恤他年迈，不同意。在他的苦谏之下，皇帝才勉强同意了，结果，李广因为自己迷失了方向而贻误战机。李广一生战功卓著，却因不服老，太过自信，以致自己的名望受到了损失。

唐朝开国功臣李靖也因为年龄偏大，在要求出征吐谷浑国时被拒绝，虽然勉强出征，平定了吐谷浑国，却遭奸臣诬告，险些性命不保。李靖虽一心报效国家，但却忽略了一点，荣誉的光环太过耀眼，就会被人嫉贤妒能而遭受迫害。最终，他也未能避免被小人中伤。如果他有淡泊之心，那么，就完全可免遭无妄之灾。

郭子仪八十多岁的时候，还当着关内副元帅和朔方、河中节度使，迟迟不辞掉这些官职。他虽然位极人臣而其他人不妒，但最终还是被皇帝疑忌，给了一个"尚父"的尊号，罢免了兵权。

这些人中豪杰们都因欲求功名，不知急流勇退，结果事与愿违。 英雄尚此，普通人自然更不必说。

"度"在社会当中无时不在，无处不有。 社会上充满着"度"的形影，自然界遍布着"度"的痕迹。 风雨存在天地之间，也有一个度的问题。 风大而狂乱，风小而郁闷；雨多而涝渍，雨少而干旱。 只有风调雨顺，万物才好生长，人类才能幸福。 世上的很多灾难是因没有把握好这个关键性的度而造成的。 一个人生命当中的很多祥和与快乐都是与适度分不开的。

表面上来看平淡却内藏不凡，看似简单却内含深奥。 "度"是生死存亡之理、成败得失之道。 它关系到兴与衰的更替，荣与辱的变换。 遵循它便得以顺畅，违反它便带来阻挠。 房屋因为失衡而倒塌，身体因为失调而生病，政府因为失信而颠覆，朝代因为失人而更迭，在相当程度上，都是"度"在起着重要的作用。

3. 把握好"度"

批评别人如果语气重了，对方自然会接受不了，语气轻了，自然就会听不进去；给人治病用药重了会伤身体，用药轻了难以根治。 即使是圣人孔子也会因此而犯难：可与言而不言则失人，不可与言而言则失言。 "失言"和"失人"之间，难在一个"度"字。

大学生们毕业之后参加工作，去单位上班，都希望能够给别人留下一个好的第一印象。 于是，向领导报到时毕恭毕敬说："向领导学习，向领导致敬。"敬重之言有点过分，领导很不自在。 原来本想器重这个大学生，但有了这种印象，会因此改变主意，只给安排一个平常的工作。 这便是没有分寸、礼仪无度带来的教训。

如此看来，怎样把握一个度呢？ 度在不温不火、不热不冷之间；度在不高不低、不前不后之间；度在不卑不亢、不骄不馁之间；度在不硬不软、不刚不柔之间。 增一寸则嫌长，减一寸则嫌短；进一步则嫌多，退一步则嫌少。 总是位居中间，维系着平衡，支撑着协调，神奇而玄虚。 难以追寻又不能不追寻，难以把握又不能不把握。 所以，必须用心体察，认真揣摩。

同一事物，用不同的度去度，结果会截然不同。 一尺之棰，用千米度，其何短；用毫米度，其何长。 时间的长度亘古不变，但对奋勇进取的人来说，总觉时如流水，日月如梭。而对无所事事，推日混时者却倍感度日如年，难挨到日落；身居火炉之上，分秒难耐，而与爱人相会，一日光阴不觉而过；一顿便餐，对肠肥油流者，可能难以下咽，不屑一顾，而对食不果腹者，无疑是一顿美味佳肴；苦菜野果，饥饿岁月，它是穷人的救命之粮，太平盛世，它是贵族们餐桌上的绿色营养佳品；春雨如膏，农人喜其润泽，行者恶其滑达；秋月如圭，佳人乐其玩赏，盗者恶其光辉。 凡此种种，只是人们心中度的差异而已。

对于不同种类的事物，如果用相同的度去度，就很有可能得到相同的结果。 "2 不能减 3"对于小学生和"2 减 3 等于负 1"对于中学生都是对的。 这是用智力发展之度去度的结果。 金字塔是美的，维纳斯是美的，故宫是美的，方块汉字是美的，因为它们都非常符合于人们曾经所公认的黄金分割这一美的比例之度。

做人都需要做到有度。 谦虚是人的美德，但如果一味谦虚而越过了度，就成了虚伪；做人要有自信，但自信过了度，就成了自负、自傲；理想是人生的动力，但如果理想不切实际，过了度，就成了幻想，成了人生的阻力；诚信是做人的根本和基础，然而诚信一旦超出了一定的限度，就会敌友不分，成了痴人、呆人、傻人。

交友处世要有度。 交友一旦丧失原则，朋友就有可能会成为酒肉之友，甚至是狐朋狗友；交友太原则，则无友可交，终为孤家寡人。 与同事共事，如果把握好了度，就能求同存异，群策群力，把事情做得好上加好。 否则，要么人心涣散，要么钩心斗角，最终落了个于事无补、树倒猢狲散的后果。

对于平时的生活，人们在家过日子也要有度。 父母子女之间无度，父母就无法对子女进行恰当有效的教育，子女就无法从父母那里得到他们应有的关爱。 每一个家庭成员都是家庭里的一个分子，成员之间也应该保持恰当的距离，只有这样，才能够使成员之间相亲相爱，家庭和睦且美满幸福。

遇到事情时，什么时候把握什么度，人们往往做不到这点。 归其缘由就是其心态还不具备掌握这种度的状态。 生活的大主题都是有规律可循的。 比如爱情，一般人的生理和心理体验满足度是两个月，也就是说，天天见面，时时想念的心理和生理的满足度是两个月，但在具体的生活中，由于工作、娱乐、学习等事情打断了其连续性，就拉长为两年。 那么，在谈恋爱时，该拥有什么心态，掌握什么度，并非是说你知道就可以做到的，一个比较好的心态是要由很深的文化底蕴和经过反复的锤炼才能形成的。有了好的心态，就有了掌握度的能力，就知道在爱情的初期即便很喜欢对方，也要装作感觉稍好；在爱情中期阶段虽然处于一种热恋之中，也同样需要作适当降温；在爱情平稳期虽然没有激情，也要时不时地创造一些新鲜的感觉给对方。

一个人在事业当中的度是最难以掌握的。从宏观上来说，普通人想要在事业上有所发展，那么，所付出的努力要超出常人的度。别人娱乐时，你要工作；别人休息时，你要思考；别人思考时，你要做事。也就是说，你很可能要超前消费你的身体资本，来换取你未来的事业基础。所以，你想想，为了事业超过了正常人的度是否值得。从日常工作来说，上班时你来得太早不行，走得太晚不行，因为同事会嫉妒。老板的秘书与你说话太多不行，老板会生气；说得太过于少了也不行，秘书会觉得你为人傲气。办公室里休闲时间太多不行，即使你提早完成了工作任务，因为那样也许会使老板觉得给你的薪金定高了；你在办公室里忙得团团转也不行，老板与同事也许会觉得你能力差别人一等，工作的效率低下。

有时会听人说："你很会做人，度把握得很好。"当然，也有一些人希望你能讲讲这个"度"是怎样去掌控的。

为何掌控"度"这么难，是因为度没有具体的标码让你衡量。而中国文化中离不开含蓄、矜持、低调，做事有"度"是中国人为人处世上的艺术，做到了这些，能够让人变得做事小心、做人完美。

人生是航行在大海中的一叶小舟，波涛汹涌时帆扯得太满，有舟覆人亡之险；风平浪静时不扬帆高歌，那么美好的光阴就会虚度。我们每个人都应该做到审时度势，把握好人生之度，从而使得自己的人生之舟顺利驶向成功的彼岸。

4. 人生之"度"不应过

从实质上来说，能够把"度"掌握好的人，离不开一个"过"字。"度"是如何找到的？若你没有犯过错误、没有做过极端、没有一个反叛的心路，度就不会找到。太完美的人，没有犯错误的经历，自然也就感受不到适度的位置。

在美国所生活的大部分华裔子女们差不多都有过这样的一段经历，上初中、高中时，特别反感父母给予的中国教育，彼此瞧不起具有中国背景的同代人。这段时间，华裔父母最紧张、最迷茫，纷纷检讨自我教育的失败。然而，到了大学，做得愈过分的孩子，愈交往华裔背景的同学，不是因为他们与西方同学合不来，而是因文化与价值的归属感让他们找回自我。到最后，他们既不脱离西方主流文化，也不否认自己的中国文化。对于通过这条平衡自己心路而长大了的华裔子女，生活与事业都比他们父母做得得体而到位得多。其实，在小的时候，不要怕犯错误，不要怕反叛，即使当时你那么不合群，但等长大后，你却出类拔萃，其中的原因是什么呢？因为长路与短路你都已经走过了，到了如今，你终于走出了一条最适合你自己的道路。

在平时的生活当中，我们都会遇到一些需要权衡考虑的问题，这时，我们不能优柔寡断，也不可刚愎自用。 人性的脆弱总是暴露在诱惑之下，如何把持住，需要坚定的毅力与平日里素质修养的积累。 为人处世把握一个"度"，行为举止有一个正确的规范，这样才不至于落得莫大遗憾。

　　有一只饥饿的小老鼠发现了一只盛满大米的米缸，它兴奋不已，每天跳进跳出，想吃就吃。缸里的米一天天地减少，缸口与米之间的距离一天天地拉大。当小老鼠能力所及的跳高高度低于缸口与米之间的距离时，小老鼠没有摆脱米的诱惑，仍与往常一样跳入缸中享受大米的滋味，然而就是这么一跳，就使得小老鼠在以后的日子里再也跳不到缸外了。当缸中的米吃完后不久，老鼠便困死在了缸中。

　　由此可见，在做任何一件事情的时候，我们都需要把握好这个"度"，一旦超越了事物原有的"度"，就会使事物朝相反的方向转变。 小老鼠的悲哀就在于没有把握好能够跳出米缸的"度"，以致到最后没有跳出米缸，从而丢了性命。

　　从本质上来讲，在这个世界上不管是做事还是做人，都离不开一个字，那就是"度"。 人们把握这个度是十分艰难的，任何事都是这样，比如，车不能开得太快，也不能太慢；饭不能吃得太饱也不能太饿；书不能读得太少，也不能太滥，等等。

　　世间的任何事情，不论从哪个角度来说，都不同程度地存在着一定的规则和标准，都有一个度的问题，这就需要我们每一个人不断充实自己，提高自己。 在做人做事时，把握好这个度，从而使自己能不断完善起来，做到更好，趋向于完美。 度是一把双刃剑，过度了就会伤害别人，也会伤害自己。 度能够随着地点、人物、环境、心情的改变而改变，度是靠自己感觉的。 度是一个非常深奥的东西，能够让人琢磨研究一生的学问。

凡事做到有度，才能够进退自如，或许这个字太圆滑、太世故、太中庸，然而，世间的事情之纷繁，人生之艰难，必须要能够把握住这个"度"字，也不得不把握住这个"度"字。

中篇

———

经营人生要通世故

第一章　纵横职场，事业需要用心经营

冷淡同事，受冻的是自己

对大部分上班族而言，每天接触最多的不是亲人，也不是爱人，而是同事；听到最多的也是同事的话；帮自己最多的人也是同事。 形形色色的同事是你每天工作必须见到的。

对于你职位的升降，同事虽然不能决定，却能起重要作用；同事不能决定你薪金的增减，却能影响你薪金的增减；同事无法决定你生活的水平，却能影响你生活的质量。 对领导应该适当敬而远之，对下属可以适当保持距离。 但是，对同事却无法逃避，不愿意见面也必须见面，不愿意交谈也必须交谈，合作关系无法脱离同事的影响。

对我们而言，同事是人生中最重要的"族群"之一，只要你有同事，就不能避免职场人际关系的影响，这就需要我们必须和同事处好关系，成为融洽的合作伙伴，订立攻守同盟，为自己、为同事、为领导，也为整个团队的发展奉献一分力量！

职场中很多人因人际关系感到很困惑，觉得自己无论在哪个单位同事关系都处理不好。而有的人则恰恰相反，他们不管在什么情况下都能与同事和睦相处，把人际关系处理得游刃有余。原因到底是什么呢？

互酬性低很可能是同事相处不好的一个重要原因。这主要表现在两个方面：一是对同事的需要、困难漠不关心，事不关己高高挂起，让人觉得你很冷漠；二是用"等价交换"的商品买卖原则来对待同事间的彼此关心与合作，也会让人感觉"冷"。同事从你这里得不到感情上的回应，你们之间的关系自然会疏远。

你疏远同事的时候，同事自然也会疏远你，在一个集体中这样的"冷"是十分可怕的，大家都抱在一起取暖，唯有你孤零零的一个人，吃亏的自然是你！

姜可在私企工作了一段时间，姜可发现，在公司里老板就是一切，所有事都是老板说了算，凡是重要岗位都由老板的亲戚和朋友任职。同事关系也是十分复杂，明的、暗的、公的、私的，盘根错节，一切唯老板马首是瞻，这让姜可仿佛"如履薄冰"，处处谨小慎微。

于是，凭着自己过硬的英语水平，姜可跳槽到一家外企工作。外企都是因事设人，每人的职位很明确，晋级升迁都是按成绩进行，同事关系十分简单。虽然不用为加薪晋升而钩心斗角，但是业务压力大，人员流动性也很大。虽然同事们往往会在下班后一起吃饭、娱乐，但很少深交，因为谁也无法估测明天自己还在不在这里。同事间的淡漠，让性格本来就有些冷漠的姜可感到心寒，终于又一次被迫走人。

这一次，她应征到一家广告公司，在这里，同事之间基本不存在工作上的竞争，压力大多来自公司外部，同事之间真诚合作，极富团队精神。因为员工都很年轻，都受过高等教育，都有着类似的爱好和兴趣，下班后常常聚在一起会餐、聊天，同事交往几乎取代了社会交往，形成了一种介乎于朋友和亲人之间的密切关系。在这样的氛围下想冷漠都不可能了，姜可渐渐和同事们打得火热，交上了一些知心朋友！

通过多次环境的变迁，姜可感慨地说，处理同事关系不仅是一门学问，更是一种艺术。但是，成功的人际关系都有一个共同的特点，那就是和善、热情、相互信赖。如果各谋其政，都是一副漠然的样子，如何能获得更好的合作呢？所以，她告诉所有职场人士，千万不能让自己变成冰块，要是你冷漠了同事，受冻吃亏的还是自己！

和同事处理好关系，让自己融入集体，需要做到下面几点：

1. 关心别人。你如何对待别人，别人就会以相同的方式对待你。帮助别人同样是帮助你自己。伸出你的手去帮助别人，别人肯定不会伸出脚去绊你。 你对我好，我对你也友善，这就是心理学上的互惠关系定律。 渴望得到别人关心是人的基本需求，那怎样才能赢取别人的关心呢？ 唯一的办法是你主动去关心别人。 我们去关心别人，自然也会得到别人的回报。 彼此间能互相照应，亲密的同事关系自然也就建立了。

2. 悦纳别人。 悦纳别人就要做到从心底把别人视为自己的朋友。 "金无足赤，人无完人"，每个人都是有弱点的，我们不要由于某人有缺点就疏远他。 "水至清则无鱼，人至察则无徒"，太苛刻的人很难交上朋友。 悦纳别人不是要我们去包容他的缺点和不足，而是要真诚地帮助他改变缺点和错误。 一旦别人感受到你的真诚，自然就会真心待你。

3. 改变自己。 同事关系紧张的人，一般来说都会有些性格和习惯上的毛病。 例如，清高、傲气、封闭、自私、吝啬、苛刻等，这样的人往往不会受到大家的喜欢。 还有一些人有不少影响他人的坏毛病，这些都会影响到同事关系。 所以，改变自己是改进同事关系、营造和谐友好氛围的第一步。

4. 加深交往。 要想避免冷淡局面的出现，同事之间互相了解十分重要。 要达到互相了解，就要加强交流，经常沟通。 除了在工作中相互照应外，还可以一起参加社交活动，比如一起下棋、打扑克，或者参加郊游、远足等。 多多交流，多多沟通，才能建立良好的同事关系。

处理好同事间的矛盾

"天时不如地利，地利不如人和"是孟子的至理名言。"和"历来被看作是高超的道德境界。 中国传统文化十分注重和谐，其中"人和"更被认为是决定事业成败的关键。 以和为贵是中华民族的传统美德，干事业要求和衷共济，共事讲究和睦往来，待人注重和蔼可亲，做生意主张和气生财，总之，要以和谐为最高准则来处理人与人之间的关系。

遇到大事的时候以"和"解决不是"和为贵"的真正内涵，以和为贵是需要我们平时就树立这种观念，尽量不要与人发生冲突。 在心理学中有一个原则，叫"90/10"原则，说的是人和人之间产生了矛盾，产生了冲突，究其缘由，其中90%是由于曾经的事情激发了你的反应，而不是现在的这10%，也就是说，同事之间产生不痛快，很大程度上不是由于当前的事引起的，而是以往日积月累的小事引发的。

假如矛盾在你和同事之间发生，你说了一句话激怒了他，很可能就是你这句话激发了他原有的经历，他把当下的情况和以往的经历叠加了，不良情绪突然爆发了。他发火不是由于你现在的表现，很可能是由于你点燃了他的导火索，建立和睦关系的重要性在这时就充分体现了出来。

同事在长期的交往中，每个人的缺点也就暴露了出来，这些缺点肯定会有你不喜欢的地方，这些表面的、隐藏的种种不高兴交织在一起，就会引发各种各样的冲突，矛盾也就越来越多。

　　小袁是保安公司的保安，他向来看不惯同事老孟，两个人在工作问题上时常闹矛盾。一次，小袁和老孟被分配到一起工作，负责维修单位大门。老孟因为资历比较老，喜欢指手画脚，就指挥小袁用钳子安装门上的螺丝。小袁平日就看他不顺眼，当然不会听他的，就对老孟说："你为什么不干？"老孟说："小屁孩儿，让你干你就干，再废话小心挨打！"

　　两个人因此发生争吵，由于老孟说话很伤人，再加上平时双方就有积怨，小袁克制不住自己的愤怒，就从地上抓起修理大门用的铁棍，将老孟一棍子打晕在地上，把老孟打成了轻微脑震荡，小袁因此被公司炒了鱿鱼。

　　同事因工作纷争而打斗的案件屡见不鲜。除了亲人，同事是我们平常交往最为密切的人，接触多了，难免发生小摩擦。如果能得到及时化解，通常都会相安无事，但遇到突发事件，致使矛盾扩大、激化，小袁这样的事件就自然而然地发生了。

同事之间发生矛盾不要紧，重要的是我们如何处理好这些矛盾，化干戈为玉帛。以下是一些好办法：

　　1. 发生矛盾时，和解是首先要想到的。矛盾的发生大部分都是基于一些鸡毛蒜皮的小事，这些事还没到影响你生活和发展的地步，如果让一些无足轻重的小事破坏了你的心情，影响了你的工作，那真是得不偿失！

　　2. 保持冷静。矛盾发生的现场，双方发生了激烈的冲突，情绪都无法控制，这时，你要学会先让自己冷静，你先平息下来对方就会认识到他的失态，冲突就能得以控制。

　　3. 学会淡忘。由同事之间矛盾带来的不良情绪可能会由于思维惯性而持续一段时间，但时间久了就会淡忘，因此不要总是为了那些已经过去的不愉快而耿耿于怀，只要你不把过去的事放在心上，对方也同样不会耿耿于怀。

　　4. 面对现实。回归到现实是矛盾之后的常态，所以要积极采取办法去化解矛盾，丢弃过去的不满，公正地对待与你有过冲突的人，至少要像对待其他人一样对待他，然后做好分内之事，尽忠守职就行了。

　　5. 反思自己。不管矛盾多严重，都要先想一下是不是自己错了，倘若自己没错的话，站在对方的立场与角度思考，体验一下对方的感受，探寻对方的心态。

　　上面这些方法对一些小矛盾的化解十分有效，如果真的遇到了顽固不化的人，不愿和你沟通，你也不要有什么不满。对于这样爱钻牛角尖的人，大可不必放在心上，能躲多远就躲多远，做好本职工作就行了。

　　同事之间"以和为贵""和气生财"，和和气气才能赢得更多的利益。 大家来自不同的背景，能走到一起就是缘分，同事之间本应该珍惜相处的经历，和气相待，闹矛盾又有何意义呢？

俗话云："冤家宜解不宜结。"在与同事发生冲突时，我们要主动忍让，从自身找原因，换位思考，多为他人考虑，避免矛盾进一步升级。 如果已经造成矛盾，并且确实是自己的错，那就要放下身段，主动道歉，挽救彼此之间的关系！

尊重你讨厌的同事

工作中总有几个同事会让你看不顺眼，有的整天无所事事故意巴结领导，还有的什么都不管只懂埋头苦干。总之，你很讨厌他们，觉得这些人压根就不适合做同事，同他们共事不是有负于自己优秀的才能吗？

冷处理原则是对此情况的最好处理：不接近、不疏远，保持"安全距离"。可有一天，你突然接到领导指示，必须和这些"讨厌的家伙"合力去完成一项工作。遇到这种情况，你该如何处理呢？这种"冤家路窄"的情况在职场生活中随时都会见到，比如某公司的职员阿紫就遇到过这种事情。

在公司的两年，阿紫和大多数同事都能友好相处，唯独有一个30多岁的男同事让她苦恼至极。她说："虽然这个人看上去很好交往，但是喜欢抢功劳，什么事情都想争第一，领导提出加班，他第一个举手赞成，好像他是全世界最努力的人一样，害得我们都成了衬托。"对于这个爱抢风头的同事，阿紫向来都是敬而远之，能不搭理就不搭理，如果遇到其他同事在说他坏话，自己也会加入阵营。

但老板却在不久前把一项任务委派给了阿紫和那位男同事。由于情况紧急，男同事忙不过来，老板就叫来了阿紫，希望两人能共同完成。阿紫很想找借口拒绝，但看到老板一脸的严肃，男同事也是满脸正经，她好几次话到嘴边又咽了下去。走出办公室后，阿紫心情十分郁闷。

然而，通过几天的合作，阿紫发现"原来没有想象的那么糟"。男同事一直非常努力，他为了完成工作，每天早出晚归加班加点，有时见到阿紫比较劳累，还会主动去做一些较为复杂的工作，这让阿紫对他有了很大改观。

"起初，我对他讨厌至极，觉得他太主动了，什么事都想争先。但现在我发现，这是个优点，如果不是他那么主动，我们的工作也不会这么快完成。"表彰大会上，老板尤其表扬了阿紫，称赞她能够协助同事出色地完成工作。突然之间，阿紫发现自己十分厌恶的同事竟然也有可爱的一面。

阿紫从此以后对这个男同事不但不讨厌了，还十分尊重他，认真地向他学习经验。这就回到了我们起初所说的话题，我们究竟该怎样面对自己不喜欢的同事呢？很显然，公私分明是最好的办法！

根据心理学研究，认知偏差对人际交往活动往往有很大影响。 人生活在社会中，会产生对自我、对他人及对种种意义关系的感知。 在人际交往中，如果缺乏正确的认知，那么就会影响人与人之间的正常关系。 在同事交往中，如果对他人发生了认知的偏差，就会出现类似于阿紫的情况，只看到别人的"缺点"让自己生厌，却没有看到其优秀的一面。

在交际中，对方的某一特征或某一行为往往会给自己留下"突出印象"，这一印象掩盖了对此人其他特征和行为的理解，于是往往做出这个人整体只具有这些特征的片面判断。见木不见林，一好百好，一坏百坏，会引起认知的偏差，从而影响到人际往来。 这就要求我们不能以偏概全，不要因为一处缺点而否认他的全部优点，对于一个即使很不喜欢的人，也要尊重他的人格！

保持非评判性态度，在和同事相处的时候十分必要，也就是说，与人相处，一旦遇到自己不太喜欢的行为举止，不要很快地做出是非好坏的判断，要学会发掘和积极欣赏对方的长处，想要和同事团结合作、结成攻守同盟就必须做到这一点。

在一些原因的影响下，你常常不得不与一些你讨厌的同事共同完成某一项工作，那怎样与自己讨厌的同事合作呢？假设上司现在要求你和一个你平时极讨厌的同事合作共事，你应做到以下几点：

1. 要注意尽量公正地与对方交流，不要将个人情绪夹带在里面，懂得公私分明。

2. 不要将自己的个人情感在公众场合表现得太强烈。 不要过分地厚此薄彼，突显你们的不合。

3. 不要在背后诋毁对方，那只会损坏自己的形象，也会引起对方的怨恨。

4. 不管在什么场合都不要忽略对方，那只会使矛盾更加激化，关系更加紧张，雪上加霜。

5. 虽然不能表示出自己的讨厌，但也不必假装喜欢对方。假装的行为会让人觉得你虚伪狡诈，笑里藏刀。

丰富的人际资源是职场打拼必需的后盾，互相扶持才能取得成功。学会充分利用公司的资源，尤其是最宝贵的人力资源，我们才能发展得更好。

控制情绪，不和同事正面冲突

作为一家大型广告公司的策划人，米克对公司的项目策划工作全权负责。一次，由于一个项目很紧急，他的策划跟公司的规章制度相冲突，在和人事部的一个经理商谈的时候，两个人越谈越火，就在办公大厅内发生了激烈的对峙，闹得不可开交，两人不欢而散。

后来，两个人被老板找来谈话，由于给公司形象带来了恶劣影响，老板决定给他们一个惩戒，不仅取消了他们当月的奖金，还让他们在员工大会上做检讨，以警示大家。米克很后悔，那位人事部的经理也是沮丧至极，但双方依然冷脸相对。

相信这种情况很多职场人在工作中都会遇到：和同事发生一些或大或小的正面摩擦，当时可能失去了理智，导致了让彼此都尴尬的"不愉快事件"。然而，事后抬头不见低头见，还是要共事，如何相处下去的确是个难题。所以，最好的方法就是平息自己的情绪，尽量避免冲突的发生！

由于分工细化的要求，很多工作都需要不同部门、不同人员之间相互合作。 在这个配合的过程中，少不了要有一定的接触。 接触越频繁，就越容易发生矛盾。 比如部门之间、职务权利上的利益冲突，或者解决问题的方式不一样，或者信息不符合，或者仅仅是由于某个职员心绪不佳。

既然矛盾在同事之间是不可避免的，这就要求我们注意阻止矛盾变成激烈的正面冲突。 人都是情绪性动物，都会不由自主地被自己的情绪所支配，一旦你发觉情绪难以控制，就必须在理智的监督下回避正面冲突。

很多时候，情绪的失控往往会使一件小事最终变成一场"悲剧"，甚至还会引发流血冲突，影响到以后的工作，甚至是自己的前途。 那么怎样缓和与同事发生矛盾时产生的不良情绪呢？ 心理学给我们一些启示：

提前做好预防。 职场中人应该经常告诉自己：你认为十分正确的事情，不论有多充分的理由，都有可能遇到大多数人的反对。 要有这样的心理准备，打好预防针，不被理解的"愤怒"也就不会产生了。

要反复地对意识加以控制。 这要求我们平时就注重自己的道德修养、提高认知水平，控制自己的消极情绪。 遇到了矛盾，可以在心中反复默念"不生气""不发火"。 如同林则徐在自己大堂内高挂的"制怒"牌匾一样，内心不断加强自控意识，自然就会减少不良情绪了。

换位思考。 正所谓一个巴掌拍不响，发生了摩擦，双方发生对峙，一般两个人都存在问题。 这就需要我们从对方的角度重新反思自己，换位思考，从中找出自己的不足。这样矛盾就比较容易缓和了。

能忍则忍，主动回避。如果你与同事发生了矛盾，导致了一定的争执，最好先暂时冷静一下，眼不见，心不烦，矛盾才不至于升级。

分散注意力。很多时候，所谓的消极情绪都是自己臆想出来的，你越想就会越生气。这时，可以有意识地把注意力集中在其他事情上，可以看一看窗外的景物，关注一下当前的工作等等，转移大脑关注点，不良情绪就会逐渐得以缓解。

积极沟通，别怕放下身段。一定要采取正面沟通的方式。发生了冲突，不能沉默，更不能当作没事。唯一适当的态度是真诚地、认真地、积极地去沟通。而且沟通要及时，因为沟通越早越好，时间拖得越久，双方心理上的隔阂就越深，化解起来就越不容易。交流的时候主动一点，多反省一下自己，这样对方就会认为你很有诚意，合作也能够得以继续下去。

对沟通的时间和场合也应加以注意：不要太隆重，可以找一个机会，比如利用中午休息的时间主动说明一下自己的"赔罪"愿望。如果觉得工作时间不合适，可以直接约个时间一起吃顿饭，在轻松平和的环境下交流更容易取得对方的原谅。在办公场所发生冲突，也可以在公众场合化解矛盾，这也是一种态度的"展示"，要表露给其他同事看，让人们看到你们已经和好了，做出这种姿态十分必要。

沟通内容要就事论事，针对具体情况展开，"对事不对人，对人有感情"。 应该让对方知道，双方出现分歧冲突是由于各司其职，总的方向还是为了整个公司的利益。 有了这个共同的前提，几乎没有什么事情是不可以商议的。 只要双方都持有真诚的希望，就可以很好地解决每件事情。

此外要防患于未然，避免冲突再次发生。 通过沟通，打开了不愉快的心结之后，我们还要考虑一下如何在今后的工作中避免同样的问题发生。 找到问题的根源，解决了问题，才利于工作的长久开展。

竞争不是生死之战

与同事的竞争，在职场中是难以避免的，这就要求我们必须正确看待竞争，处理好与同事的关系，因为合作才是最重要的。在竞争中，我们不能为了达到某种目标而不择手段，依靠暴力手段更不可取。

N和M两人同时参加公司某个职位的竞选，因为N在领导面前说了M的不是，M心生恨意，决定报复一下。一天晚上，M找了两名朋友去报复N，把N暴打一顿，目的是让他无法按时参加竞选活动。结果在斗殴中，三人失手将N打死了，M因此被判了20年的有期徒刑。没想到晋升不成，反而一个死亡，一个入狱，岂不是很惋惜？这就是不正当竞争的后果。同事之间的竞争毕竟不是生死之战，这样惨痛的结局发人深省！

晋升、加薪是我们每个人都渴望的，这也是每个职场人士应该追寻的。 但是，我们要和同事站在同一起跑线上去争取，耍心机、玩手段是不应有的想法。

在工作中，不要将个人情绪表现得过于明显，即使是关乎前途命运的竞争，或者是你很讨厌的同事。 如果太激进的话，肯定会影响整个办公室的气氛，不仅会让其他同事厌恶，也会损害你的形象，对你的竞争也不利。

厚积薄发才是真正明智的竞争，用实力说话，这样才不会损伤对方的面子。 如果任关系恶化，就算你成功了，也会被对手所怨。 真正的胜利，是你赢了，你的对手还去祝福你。 耿耿于怀、怀恨在心说明你未能真正征服对手！

李哥为某公司工作多年，他最近和一个新来的大学生拉开了竞争。李哥已经在这家公司工作了3年多，眼看就要晋升了。这天，老板突然把一个年轻人委派到李哥所在的部门，据说，这个年轻人是名牌大学学历，虽然工作时间不长，但看起来一副信心满满的样子。老板很喜欢这个年轻人，很可能要重用他，年轻人无疑对李哥造成了威胁。

虽然老板对这个大学生很重视，可毕竟老板不和员工在一起，对很多情况都不知道。李哥却清楚地知道，这个年轻人喜欢说大话，做事前习惯拍胸脯，但很多事都不能坚持到底，无法把事情完整地做好。还有，他工作从来没有规划，很多时候都是"临时抱佛脚"。更让李哥难以容忍的是，他的许多工作都需要李哥来收场。

老板总是对结果比较重视，以为这个年轻人工作完成得很好，事情做得很到位。其实，这其中有李哥很大的努力。为了让老板知道真相，更深刻地认识自己的能力，让老板重用自己，李哥决定凭借实力去争取自己的前途。

一次，整个部门由于要对新产品进行外地推广，需要在广州停留半个多月，李哥心想，这是个展示自己才能的好机会。于是，他就对老板说，自己的儿子患病了，自己不放心，想留下来。老板同意了。由于整个部门只剩下李哥一个人，在这半个多月里，他需要代替整个部门和老板一起处理所有的问题。恰好，老板接手了一个新任务，李哥使出浑身解数，写了一份漂亮的产品策划书。老板看后非常满意，加之这段时间的频繁交流，李哥的才能被老板重新认识。

这半个月的工作对李哥而言，比过去的 3 年都有意义，它是李哥的职场转折点。李哥用自己过硬的工作能力和认真的工作态度赢得了老板的认可。渐渐地，李哥在部门里有了声望，而那个新来的年轻人也在李哥手下工作。

凭借自己出色的能力，李哥在这场没有硝烟的战争中证明了自己的才能，而没有采取任何如同牺牲同事、突出自己等不正当的手段。以伤害别人来换取自己利益的人最终都会露出马脚，也会被大家所不齿。我们只有依靠自己的成绩来证明自己，才能赢得领导的赏识和竞争对手的尊重。在职场中和同事进行正当的竞争要做到以下几点：

跳出"团结"的误区。竞争就是竞争，不要为"团结"的误区所陷。如果现在公司里有一个升迁的机会，你的同事对你说："算了吧，这个职位肯定早就内定好了，说不定就是老板的亲戚，哪还轮得到我们这些小员工呢？"倘若你也是这么考虑的，那你就错了。也许，第二天你就会看到这个同事带着申请资料比你先一步走进领导的办公室。所以，遇见好的机会就要去争取，即使曾经和你很要好的同事现在不再理会你，你也要先行一步去敲老板办公室的门。团结友善是必需的，但为了自己的前途，必须先发制人。只有勇于执着地朝着目标前进，才能得到自己发展的机会。

学会洞察对手的心思。如果老板把原本属于你职务内的任务分配你的同事去做，你会怎么做呢？你会马上去找这个同事争辩吗？你会大发雷霆吗？愤怒之前要先想清楚，你明白他的想法吗？是他主动和你抢工作，还是老板任命的？或者他只是为了让自己有事做，而不是存心和你竞争？弄清对方的出发点才不至于莽撞坏事。

弄清对手的想法之后，相应的对策就可以制定出来了。如果他存心要和你抢工作，那你就应该主动去跟他理论，向他表明他现在所做的事情都在你负责的范围内，告诉他最好不要插手；如果他不是故意的，那你就请他委婉推辞老板布置的工作，并让他跟老板说清楚，这应该是你做的事。或许，你的老板也是无心之失，也许他在下派任务的时候恰好碰到了你的"对手"。

捍卫自己的功劳。 竞争对手不仅仅包括你的同事，还有可能是你的领导。 假如你现在有一个很有创意的观点，并且马上报告了你的主管，主管也表示了认可。 但是，在开会的时候，主管在会议上提出了你的方案，却对你的功劳避而不谈，就像整个方案都是他自己想出来的一样。 你该采取什么措施呢？

出于对自己成果的捍卫，你必须参与到发言中去，并把这个策划的细节介绍得更为详细。 "我的想法是这样的，希望大家提出宝贵建议。"在发言的时候千万不要带有任何感情色彩，要就事论事，更不要对主管发泄不满。 这样，大家就会明白这是你的功劳，胜利的果实也能得以捍卫。

敢于说"不"。 为了在职场竞争中胜利，我们必须明确自己能力的最佳发挥点。 正所谓贪多嚼不烂，没有人可以同时在所有的领域都取得成功，也就是说，我们要寻找并培养自己的核心竞争力。 倘若你的上司总是把一些难度很高但是浪费自己能力的工作交给你，或者你的同事过多地请你帮忙，你就应该敢于说"不"，拒绝他们。

彰显自己的才能和重要性。 如果老板分派了一个很重要的项目，说："这项工作很难，谁愿意承担？"如果你认为自己可以完成，那就赶在你的竞争对手之前举手吧。 因为，主动积极参与到重大项目中的人，常常比较容易突出其重要性，在公司也能得到重用！

坚定自己的立场。 在你的身边，你发现那些整天围绕在老板周围的乌合之众了吗？ 这些小人主动结成了一个小圈子，巴结老板是他们唯一的主题，那你是否也要参与进去呢？千万不要！ 我们必须坚定自己的立场，这样才能赢得更多同事的尊重，上司也会因此而赏识你。

第二章　善待朋友，让友情永伴左右

划分层次，对朋友要区别对待

朋友的来源、友情产生的基础各不同，有的是自然天成，有的是主动结交而成。在长期的交往中，与朋友情谊的深浅也不同，有的是知心朋友，有的是泛泛之交，有的只是一个特定时期的朋友。因此，对不同层次的朋友，交往的方式也各有侧重，投入程度也有轻重之分。

1. 朋友的层次划分

根据亲疏远近的不同，我们可以把朋友划分为以下几个层次：

（1）"命里注定"的。这是你生活、工作经历中自然产生的，如亲友、乡友、学友等，这是以血缘、地缘、机缘为基础的，不是你想摆脱就摆脱得了的，也不是你想求就求得到的。促成这种友谊的有利条件较多。

（2）"战友式"的。这是在共同的工作中互相支持、鼓励、携手共进中出现的，如工作上配合默契的搭档，这也是在一定的条件下通过双方的共同努力得以形成的，基础比较牢固。

（3）"患难之交"的。这是在共患难、同甘苦中结下的友情。如在对方处于极为低落的地位时，在精神和物质上给过无私帮助；或是因为沦落之时互勉互助，齐心协力渡过难关。这是经得起世事沧桑变化考验的友情。

（4）"临时性"的。它是出于某一种利益上的需要共同携手、精诚合作的人，但双方在人格、性情上差别过大，利益一结束，双方的友情也就随之消散。

（5）"特定式"的。只是在某一方面有特定的吸引力而走到一起的，如棋友、牌友、玩友等等，除此之外，不会在其他方面有过深、过多的交往，甚至毫无交往。这只是满足某一方面需要的朋友，"目的"性明确，不会有利益上的损害，相互交往比较轻松，而且带有很强的临时性特点。

（6）普普通通的。来往较为密切，但不深入，谈不上彼此互相帮助、互相支持，也不会互相拆台、互相攻击，有需要时可请求支援，被请求时也会尽力而为，但不会无所不谈，也不会舍己为友，朋友之名较浓，朋友之实较弱。

2. 分清轻重，区别态度
对各种类型的朋友，要学会分清轻重，区别对待。

（1）亲友：礼数周到。 这是一种人情味比较浓的人际关系，只有建立在亲切、亲近的常联系的基础上，才能加深彼此的情谊。 联系的方式可以比较亲切、自然，注意周到细致的礼数。 比如，多日不见，走动又无时间，最简单的方法是通过电话互相问候，询问有无需要帮忙的事情。 记住亲友的生日，并及时祝贺，更能体现亲戚间的亲近和关切，还可以搞家族式的聚会，互相邀请，以庆祝工作中的突出成绩、给老人祝寿等等。 这种聚会既可以使大家感到亲切愉悦、其乐融融，又可交流思想、交换信息。 对于长辈亲友（如叔叔、伯伯、舅舅、姨姨等），最适宜于在节日和他们的生日去探望、问候和祝贺，在礼节上要做到无可挑剔。

（2）乡友：能帮则帮。 每个人都有或轻或重的乡土观念，特别是在现在人员流动性强的情况下，同在外地工作或打工的老乡容易因地域特点而结成朋友。 乡友之间的特点是：容易接近，共同的话题较多。 特别是在外地，在人生地不熟，其他圈子的朋友还比较少时，同乡便成了最有力的靠山。 因此，对乡友请求帮助的要求，一般能帮则帮，尽力而为。 你帮助了他，他也会寻机报答你的。

（3）学友：时时相聚。 作为学友，友情缔结在纯真、无利害冲突的阶段，基础比较牢固，用不着特别地表现加深友谊的行动。 学友之间的友情的突出特点：彼此都认为双方是纯洁的友谊，需要帮助时，直言相告即可，不要因有事相求而先以讨好作为铺垫，这样会被对方认为是亵渎了同学之情。但对待学友，也不能只是有事相求时才想起他，没事时就忘得一干二净。 因此，对待学友，特别是要注意平时时常相聚，并无要事相商，只是在一起轻松地坐一坐，聊聊天，彼此交流一下近况。对外地的学友，相聚机会较少，但也要不时通通电话，问候一声。

（4）挚友：视若亲人。挚友可能产生于亲友、学友、乡友、战友等不同层次之中，不管来自于哪个层次，既然他已经成为你朋友群中的"核心"人物，则说明你们之间友情的程度是最深的，因而也是最值得投入的。对这类朋友的态度是：无所不谈。你的喜怒哀乐都可以得到他的反应，你的困难可以及时得到他的鼎力帮助，他是你的第一倾诉对象，也是最值得信赖、最可依靠的人。因此，对这类朋友，你不能斤斤计较，在对方需要支持时，即使牺牲一些自己的利益也要舍得，所谓两肋插刀、赴汤蹈火，在所不惜。若对方有做得不如意的地方，也要宽宏大量一些。世上能成为挚友的没有几人，因而要倍加珍惜，视如亲人，不可轻易失去。

（5）泛交：若即若离。这只是普通朋友，不用特别投入，只要能维持双方的既有关系即可。可偶尔邀约聚会，以免中断来往，有需要帮忙时也可婉言相求，但别有过高指望。被邀请时尽量赴约，被请求支持时尽量帮助，但不要勉强。

3. 怎样拥有知心朋友

知心朋友是朋友中较为特别的一个层次，其主要特点是"知心"，你知他心，他知你心，相互的交往更重在精神交往上。知心朋友弥足珍贵，但维系这份关系也很难，因为稍有懈怠，可能就会破坏这层关系。

（1）无所不谈。知心朋友的友谊不是一颗心的奉献，而是两颗心的相互奉献。因此，敞开你的心扉，毫无保留地向对方坦诚一切，包括隐私。

（2）互相平等。知心朋友之间没有主宾之分，在友谊的水平线上，朋友间都是平等的。不要为使朋友满意，而去干你不愿干、也不应该干的事，不然，他会认为你把他视作势利之人。不要在他面前炫耀权势、财富，说话不要居高临下。

（3）尊重对方。不懂得尊重朋友的人肯定不会拥有知心朋友。不要无故去伤害你的朋友，不要批评他的生活方式、兴趣爱好甚至古怪的行径。

（4）耐心忠实。当朋友不顺心的时候，他就会找你诉说，这时，你要做一名忠实的听众，不加评论地耐心倾听。当他要求听听你的意见时，就忠实地把自己的观点告诉他，而不要违心地随声附和。

（5）不掺杂利益。你有困难时，可让知心朋友为你出谋划策，提出解决办法，但千万不要让他帮你具体做什么。让双方的交往保持在纯洁的精神交往上，避免因利益问题造成侵害。

谨慎处事，避免伤害朋友

谁都希望有几个志趣相投、感情深厚的朋友。但有时好不容易建立起来了友谊，而朋友却又莫名地和你日渐疏远。若你与朋友之间没有多大隔阂和矛盾，友情怎么会淡化了呢？其原因比较复杂，但如果你注意到以下几个方面，就能够不断巩固友谊，避免因不必要的理由而伤害朋友的感情。

1. 照顾朋友的自尊

也许你与朋友过往甚密，无话不谈，也许你的才学、相貌、家庭、工作等等都高出朋友一头，这些有利的条件可能会使你不分场合，尤其是与朋友在一起时，更是无所顾忌，毫无节制地表现自己。言谈中也往往会流露出一种明显的优越感，令人感到你是在居高临下地对人讲话，有意炫耀、抬高自己，使别人的自尊心受到伤害，从而产生敬而远之的想法。所以，在与朋友交往时，要控制情绪、保持理智、态度谦逊，把自己放在与人平等的地位上，并时时想到对方的存在，照顾对方的心理承受力。

有时在大庭广众面前，乱用尖刻语言，尽情挖苦、讽刺别人，大出洋相以博人一笑，获取一时之快意……这些做法往往会使朋友感到人格受到侮辱，认为你太可恶了，而不愿再与你深交。朋友相处，尤其是在众人面前，应该和气相待、互敬互让，切勿乱开玩笑，恶语伤人。

2. 把朋友的物品看作友情的一部分加以珍视

朋友之间不分彼此是好事，但是，如果对朋友的东西，不经许可，便擅自拿用，有时迟迟不还或者干脆不还，便会使朋友认为你过于随便，由此产生防范心理，并有可能导致你们之间关系的疏远。实际上，朋友之间除了友情，还有一种微妙的契约关系。你对朋友的东西应该有一个清醒的认识：朋友的东西更应该加倍爱护。要把朋友的物品看作友情的一部分加以珍视，要知道礼尚往来的规矩，这样才会使朋友永远信任你。

3. 注重小节，把握分寸

朋友之间，谈吐行为应直率、大方、亲切而不矫揉造作，唯有如此，方显出自然本色。但如果过于散漫、不加自制、不拘小节，则使人感到你粗鲁庸俗。也许你和一般人相处会理性自制，但与朋友相聚就忘乎所以，或指手画脚，或信口雌黄、海阔天空，或肆意打断朋友的话、讥讽嘲弄，或听朋友说话时左顾右盼，心不在焉。你的这种自然流露，朋友会觉得你有失体面，没有修养，进而对你产生一种厌恶、轻蔑之感，

因而就会改变对你原来的印象。 所以，在朋友面前应自然而
不失自重，保持热情而不失礼仪，做到有分寸、有节制，才能
赢得朋友永远的友谊。

4. 认真对待朋友所托之事

你也许不那么看重朋友间的某些约定，对于朋友之求爽
快应承后又中途变卦。 也许你真有事情耽误了约好的聚会而
没完成朋友相托之事，也许你事后会轻描淡写地解释一二，
认为朋友间应能够互相谅解，区区小事无足挂齿。 殊不知，
朋友会因你失约而心急火燎，扫兴而去。 虽然他们当面不会
指责，但必定会认为你在玩弄他的感情，是在逢场作戏，是缺
乏信赖感的人。 所以，对朋友之约或所托，一定要慎重对
待、遵时守约，要一诺千金，切不可言而无信。 即使是经过
自己的努力难以完成的事，也要及时认真解释，给朋友一个
交代。

5. 求友相助不可过急

当你有事需要求朋友帮助时，你如事先不通知，而临时
登门索求，或不顾朋友是否情愿，强行拉他与你同去参加某
项活动，这都会使朋友感到左右为难。 他如果已有活动安
排，不便改变哪就更难堪。 对你所求，若答应则会打乱自己
的计划；若拒绝，又在情面上过不去。 或许他表面上乐意而
为，但心中却有几分不快，认为你太霸道、不讲理。 所以，
对朋友有所求时，最好事先告知，采取商量的口吻说话，尽量
在朋友无事或情愿的前提下提出要求。

设身处地，多从对方的角度看问题

《论语·述而》中曾说："子食于有丧者之侧，未尝饱也。"意思是，孔子在家有丧事的人旁边吃饭，从来没有吃饱过。

孔圣人竟然在别人的丧事中从没吃饱过，这是不是太迂腐了呢？

不是。这是圣人性情纯正，设身处地为他人着想：人家在丧事的哀痛中，你在这里大吃大喝，像话吗？另一方面，这也是圣人尊崇礼节规范的表现：遇到人家的丧事，自己要表示哀悼。真心哀悼，难道还能大吃大喝吗？

这就是说，我们要学会换位思考，要善于站在别人的立场上考虑问题，这是一个人在人际交往中获取成功的关键。

三国时期，曹操和袁绍在官渡打仗。当时，曹军远不如袁军强大，但袁绍刚愎自用，不纳忠言，一再坐失战机；曹操则富有谋略，善于用兵。结果，战事以曹操的胜利而告终。打败袁绍后，曹军将士在袁军的帐篷里搜到了一些信件，是曹操手下的一些文臣武将与袁绍暗相勾结、示好献媚的信。于是，有人建议曹操把这些写信的人全都抓起来杀掉。

曹操不同意这样做。他说："当初袁绍的力量十分强大，连我都感到难以自保，又怎么能责怪这些人呢？假如我站在他们的位置，当时也会这么做的。"

于是，曹操下令把信件全部烧掉，对写信的人一概不予追究。那些原本惶恐不安的人一下子安心了，从此对曹操更加忠心耿耿了。

曹操的这种为人处世的态度使他更多地赢得了人心，使愿意投奔他并甘心为他效力的人越来越多。这样，曹操的力量便越来越强大，手下谋臣将士如云，他借此很快打败了那些割据一方的诸侯，统一了中国北方。

学会换位思考，善于站在别人的立场上为他人着想，这样，你的身边就会集聚更多的人，人们也会更加愿意同你结交，你的交际圈会越来越广，你的事业和人生也会越来越顺利。

但是，现实生活中，我们都很少设身处地地为别人想一想，很少能把自己当作对方，站在对方的角度来考虑问题。

比如：员工，他站在老板的角度，为老板想一想；反之，当老板的，他们站在员工的角度，替员工想一想："假如我是员工，我……"家长以孩子的眼光来为自己的孩子想过吗？反之，孩子想没有想过："假如我是家长，我将会如何处理？……"

　　商业上有种"角色扮演"的方法，让公司所有的成员都设身处地地体会一下别人的处境，理解别人的心理和行为，从而协调公司成员之间的关系。这种方法就是在短时间内，让职员和经理换个位置，让职员来履行经理的职责，而经理来完成职员的工作。三天之后，不论是经理或职员，都深有感触地说："原来当经理（职员）也不容易。""原来，当对方这么做时，我也会觉得不高兴。"以后，在工作中，双方便能互相体谅，能更愉快且更和谐地工作。例如：上司请他的秘书打印一份资料时，说："请你帮个忙""辛苦你了，谢谢！"让秘书感受到自己的工作很得上司的重视和赏识，虽明知自己是受命于人，也会爽快地答应，这样，工作的质量、效率都得到了提高。偶尔，上司说了什么不得体的话，办了一件令人费解的事，职员也能很宽容地表示理解。这样一来，公司上下的关系融洽了，工作起来总有股使不完的劲。

　　站在对方的立场，使他认为你把他的事当成自己的事一样，这就是设身处地为他人着想的魅力所在。

　　如果你与家长闹僵了，与朋友吵架了，你不妨也运用这种"角色扮演"的办法，设身处地地想一想：如果我是对方，在当时的环境下我说不定也会这么做。设身处地地体谅、尊重对方，就可以建立一个温馨、和谐的生活与工作环境。

犯了错误，正确面对批评

一个人为了维护自己的自尊，或是担心缺点被别人看穿，从而影响自己的成功和发展，常常就会有意无意地以种种方式来拒绝、逃避批评。事实上，也很少有人会真正地把朋友的批评看作是针对自己的行为而不是人格。因此，即使是"忠言"，听起来也会颇觉"逆耳"。

从理智上说，无人不懂"人无完人"的道理，也都明白对待批评应本着"有则改之，无则加勉"的态度。平时，我们不难听到或看到人家使用"欢迎批评"一类的词语，甚至自己也不止一次地用过。

但实际上，一旦有人果真提出批评时，受批评者往往就会像遇到电击一样立即缩回，采取拒绝、逃避的方式为自己辩护。如果批评者是你的上司，你即使不便当面顶撞几句，也可能因此耿耿于怀，而在工作中消极抵抗；如果批评者是你的同事，你或许不会马上大发雷霆，但很可能会报以讽刺挖苦，或伺机找茬；如果批评者是你的同学或朋友，你即使不和他争吵一番，也可能会责怪对方背叛了你，并在你们之间的情谊上打上句号。

但不幸是的，拒绝批评并不意味着可以免受批评，而且还会失去许多忠言善意的劝告，并且极有可能因此而断送他人对自己的信任和友谊。一个人如果老是拒绝批评，那就无异于在将自己以"完人"自居，这显然害多益少。为了避免这种不利后果的发生，在别人批评自己的时候，不妨参考如下建议：

1. 耐心倾听批评

当别人对自己提出批评时，你既不要急于反驳、辩解，或拂袖而去；也不要满不在乎，或漫不经心、假装糊涂。而应该保持自然大方的表情和姿势，不卑不亢，认真而耐心地听完对方的批评，然后用自己的话简明地概括出他批评的大意，并问他是不是这个意思，是否还有什么要补充的。

在倾听批评的过程中，如果你觉得自己快忍不住了，可立即这样提醒自己："耐心些，别逃避，别发火，别害怕，听完再说。"

一般说来，批评者并不能从批评中获得什么好处。相反，可能还会有所失。如果他提出的批评是诚恳、善意的，则利于受批评者改正缺点或错误，

相反，如果他出于恶意、敌意、动机不良，那他便过早暴露了自己，便于受批评者早做准备并寻找对策。怕就怕别人对你早有意见，心怀不满，而表面上又对你一副笑脸，明着赞扬，却在背后搞鬼，或在关键时刻突然对你发难。

2. 学会接受批评

如果别人发现了你的缺点、错误，批评得有道理，则你不应拒绝人家的好意，更不必担心接受批评便会低人一等。拿出勇气改正自己的缺点和错误，也许你下次就不会出现类似的差错了。

要是别人批评得有道理，但方式、方法不当，你完全可以把它换成自己可以接受的方式、方法来理解。

如果别人批评错了，你也应先表示谢意，然后再作必要的解释。而对于那些为了发泄个人的嫉妒、怨恨，纠缠于早已结束的往事，或怀有其他恶意的批评，你可以提出警告，对此不必多加理会。

避免冲突，尽力调和矛盾

　　一个人即使为协调人际关系做出了很多努力，也难免会跟别人发生冲突。人与人之间交往，或多或少会产生矛盾，这是由人的天性所决定的。

　　发生矛盾的原因不外乎有这么几点：

　　1. 观点不同

　　这是人们之间发生冲突的最主要的原因。所谓道不同不相为谋，由于对同一个问题产生了不同的看法，人们之间便会产生矛盾和隔阂，进而导致双方互存偏见，相互攻击，以致发展到势不两立的地步。

　　2. 趣味相异

　　这类冲突多发生在同事与邻里之间。不同的人有不同的趣味和爱好，有不同的优点和缺点。世界上没有两片相同的树叶，也没有两个志趣完全相同的人。而志趣不同的人是很难建立亲密联系的。

3. 感情不和

这类冲突主要发生在亲属之间。家庭是一个人生活的主要场所，如果一个人后院经常起火，他就很难把精力和注意力全部投入到事业上。一个在事业上建立了辉煌成就的人，也离不开家庭的支持。

4. 个性抵触

性格、气质不同以至相反的人，相互之间也会产生冲突。比如，一个急性子会很看不惯一个做什么事都磨磨蹭蹭的人；一个慢性子又会抱怨一个急性子干什么都风风火火。当这两种人在一起共事时，便常常互不理解而产生一些矛盾。

5. 产生误会

人和人相处，即使主观上不想发生摩擦，仍然难以避免产生一些误会，有些误会甚至还是根深蒂固、难以消除的。

6. 发生纠纷

生活中，有些冲突是隐性的，比如，志趣不同的两个人之间的冲突未必就会公开，但是也有不少矛盾是会激化的。例如，同事之间、邻里之间，甚至两个陌生人之间，也会因一点小矛盾而发生冲突，轻则产生口角，重则拳脚相加。

产生矛盾的原因有很多，但归根结底都是由于狭隘自私、敏感多疑、刚愎自私等人性的弱点造成的。因为，大多数人思考和处理问题往往习惯于从自我出发,平时疏于同别人沟通,因而出现矛盾后,总认为真理在自己手中,别人都是错的。

发生这样、那样的冲突,应该说对双方都是不利的,必然会对各自的事业产生消极的影响。一个想要成就一番大事业的人,就必须想方设法避免不必要的冲突,千方百计地消除各种矛盾,使自己有一个宽松、和谐的工作与生活环境。

那么,该怎样防止同别人产生冲突呢?

(1)要胸怀宽广,凡事顾大局,讲团结,调动一切积极因素,为一个共同的目标而努力。

(2)要注意调查研究,及时掌握员工的思想动态,努力化解各种矛盾,未雨绸缪,尽量减少或消除人们之间的隔阂。

(3)用理解的眼光看别人。物有多种,人有不同。别人不可能完全同我们有一样的志趣,我们不能像要求自己那样要求别人。

(4)宽容别人的过错。世上没有十全十美的人,谁都有缺点,谁都有可能犯错误,要给别人改正错误的机会,就像希望别人也原谅自己的过失一样。

(5)对别人不要求全责备。水至清则无鱼,对别人要求过高就会曲高和寡;对别人太苛刻就会拒人于千里之外;对别人总是横眉怒目,就没有人愿同我们共事。

(6)除非是涉及原则性的问题要搞清楚是非曲直之外,对一些无关紧要的事,不要抓住不放。不要把简单问题复杂化,本来没有多大的事,却非要弄个水落石出,论出个孰是孰非,那只能是庸人自扰。

（7）冤家宜解不宜结，即使有了矛盾，也应开诚布公，想方设法寻求理解和沟通，就事论事。 不要把矛盾扩大，要勇于做自我批评，用自己的真诚换取别人的理解。

总之，化解矛盾首先要从自己做起，记住：你如何对待别人，别人也会如何对待你。 要想走进别人的心灵，自己首先要敞开胸怀。

第三章　完美家庭，家和才能万事兴

拒绝沉默，婚姻更需要沟通

当恋爱时的冲动在岁月的磨砺下使婚后生活逐渐降温、趋于平和，当一日不见如隔三秋的依恋之情落入朝夕相处的现实枝蔓，当卿卿我我、缠绵悱恻的热恋回归平淡生活，当海誓山盟成为按揭买房、孩子入托之类的具体事务，婚前情话多多的恋人，婚后变成了沉默寡言的夫妻，婚前的浪漫似乎早逝，蜜月的温情似乎不再。是爱情质量过期？还是婚姻之痒作祟？在社交艺术中，有一条经验为：沉默是金。而家庭内，特别是夫妻间，如果也"不苟言笑"，或感到"无话可说"，那你就得警惕了：两个人的关系是不是出现了危机。

小美和云峰相恋3年，恋爱时亲密无比，经常看电影、逛公园。但蜜月过后，云峰好像变成了另外一个人，恋爱时那种情意绵绵、只羡鸳鸯不羡仙的感觉从此不再。云峰是一家IT公司的业务总监，工作特别忙，公司离家又远，每天下班回家都是一副筋疲力尽的模样，有时小美问他几句，他只会回答"是"与"不是"，好像不太愿意跟小美多说一句似的。小美问云峰："你每次跟我说话怎么总是一点表情也没有？你是不是嫌我、烦我了？"云峰说："你这人真的有点烦，你知不知道我工作有多累呀？都为人妻了，也不知道体谅一下别人。一些家务小事，你安排一下就行了，一天到晚唠唠叨叨的，像个老太婆。"小美听了，气得七窍生烟，于是两人就吵了起来，之后一段时间，他们便陷入了"冷战"。

　　小美对丈夫婚后的"寡言少语"很不理解，以前恋爱时，云峰什么事都爱跟小美说，大到他升了职，小到中午吃什么，可现在……小美怀疑云峰是不是另有所爱了，云峰解释说："婚都结了，该安安静静过日子了，不爱你我会娶你吗？还要像哄孩子那样天天哄着你，这样的生活累不累？"小美觉得云峰说得也有些道理，于是尽量不再打扰他，两人各做各的事，互不干涉。云峰每天下班回家，第一件事就是打开电脑上网，小美则沉浸在冗长的电视剧故事情节里。家里的两部电器，垄断了小美和云峰之间的所有时空，小美和云峰之间安静得就像客厅里的两张沙发。好几次，小美从电视剧里回过神来，发现他已经伏在电脑桌上睡着了，此情此景，小美时常问自己："这难道就是我想要的婚姻生活？"

很明显，这样的生活不是小美和云峰想要的生活，但是他们却无从下手去改变。其实，在当今社会，刚刚步入婚姻的男女往往表现得相差太远，男人专注于事业的拼搏，而女人仍然沉湎于爱情的甜言蜜语之中。婚后的角色转换，男女之间对夫妻角色有了不同的期望与认同，夫妻双方的矛盾与冲突也就在所难免。其实，有矛盾、有冲突不是最糟的，最糟的是两个人住进了玻璃房子，相互害怕玻璃破碎，一切都小心翼翼。看上去客客气气，其实，并没有心灵的沟通。

也许我们太喜欢含蓄地去表达内心情感，并奢望对方能理解出其中的微妙情愫，但是这样的感情表达方式往往忽略了人格潜在的多面性。猜测与假想是人性最致命的弱点，它一旦产生，便会成为婚姻中最无形的危情隐患。如果任由它肆意长时间地发展下去，那么，感情的天平将会极度失衡，最终生活在婚姻围城内的两人将开始背道而驰的旅行，直至走到感情决裂的边缘，这绝不是我们想要得到的结果。

不久前，日本一家人寿保险公司做了一次调查。调查发现日本夫妇每天一般可交谈 1 小时 50 分钟，对此，他们觉得奇怪，日本夫妻每天竟有这么长时间在交谈。后来，经过进一步核实，才发现不是"交谈"，大多数情况下，是妻子在嘀咕，丈夫只是偶然点头或"哦"一声而已。同时，调查还发现，日本丈夫和太太的谈话主题有三大项，就是"吃饭""洗澡"和"睡觉"。对此，日本有位婚姻专家分析指出，日本离婚人数越来越多的一个原因，就是日本夫妻的"交谈"次数越来越少的缘故。

而据心理学教授哈卫克观察，一般夫妇平均结婚4年之后（甚至更早），男方对女方的注意力开始降低，再加上孩子、家务、生活和工作压力，很难维持恋爱或新婚时的心境，热情逐渐被冷漠取代，夫妻关系日复一日、年复一年地受日常生活中的例行公事、平淡无聊侵蚀而失去光彩。

夫妻间缺乏感情交流是滋长"爱情厌倦"心理的重要因素。夫妻间的和谐关系是靠思想信息的交流来维护的，包括互相的尊重与欣赏。缺乏情感交流的夫妻，他们之间的隔阂会浸渗到生活的各个方面，使双方渐渐疏远，由相互看不惯到相互厌倦，"爱情厌倦"心理便由此而生。当然，夫妻之间的沟通，要的是一种温馨的聊天氛围，而不是非要争个长短曲直不可。如果总是为一点小事争执不休，又怎不令人有精疲力竭的感觉呢？经常用冷言恶语攻击对方，是造成夫妻隔阂的罪魁祸首。因此，不要总想着自己的尊严，夫妻间主动热情的沟通，本身就是对爱人的一种尊重与依赖。不能因为熟悉了，所以不再交流。家庭生活如果总是在同样的时间以同样的方式进行，就会失去乐趣、新鲜感和刺激性，这是外遇给婚姻提供的反面经验。

真正的爱需要两个人一起成长，这就需要交流。幸福的夫妻生活需要共创，多在家庭生活中安排一些娱乐活动和交流感情的机会，这不仅仅是巩固和发展夫妻关系的需要，同时也是对繁忙、紧张的工作的调剂，以便从沉默的婚姻中解脱出来，以旺盛的精力和充沛的体力，继续工作与学习。

其实，婚后感情的维系并没有大家想象的那么烦琐复杂，有了恋爱时的感情基础，婚后我们所需要交流付出的其实很简单：一个眼神，一个拥抱，一个亲吻以及一些充满真挚感情的话语，试想，这会消耗你多少的时间与精力？而当你毫不掩饰地倾诉后，你将会明白，你所得到的将是几十倍甚至上百倍的回报，有什么比婚姻幸福更让人惬意而幸福的呢！

　　因此，不要再让我们的爱琢磨不透，给彼此一些时间与空间将爱释放，那时，我们将会真切地感受到，曾经以为遥不可及的幸福原来一直就在手边，不曾远离！

关注琐事，婚姻细节不容忽视

不拘小节的英雄俊杰，被人们赞其豪爽，然而，对于由一连串琐事组成的婚姻生活，无论是丈夫或是妻子的不拘小节，往往会造成致命伤害。

每个人在婚前都会对婚姻生活怀有美好、浪漫的憧憬，可当人们真正步入婚姻的门槛之后才发现婚姻生活还有让人烦恼之处：琐事太多。柴米油盐酱醋茶，样样得人操心；孩子、工作更是不容人稍有疏忽、懈怠。于是，很多人就逐渐在这日复一日的操劳中疲了、乏了，忽视、忘记了关注和检点自己对小事，尤其是对婚姻中小事的态度与做法。

提起恋爱时候发生的事，张娜至今对许多细节还记忆犹新。她记得最清楚的是大三那年的圣诞节，男朋友用打工挣来的钱买了一束花给她，"圣诞节的玫瑰多贵啊，天又冷，他站在女生宿舍楼下面等我，好多进进出出的女孩都看见了。我那时就觉得，自己跟了他，真幸福。"2002年，张娜和男朋友大学毕业了。为了能留在同一个城市，两人没少费周折，张娜的男友甚至放弃了南方一个年薪10万的工作，"毕业聚餐时，几乎全系同学都祝福我们，说我们是模范情侣，结婚也就成了顺理成章的事。"张娜现在感到困惑的是，恋爱时两个人都没什么钱，可也过得有滋有味，可为什么结婚以后，生活就变得那么平淡，甚至还矛盾重重？老公也像变了一个人似的，跟以前截然不同。他们婚后的生活常常因为一些小事而陷入争吵，这使得张娜万分苦恼，对老公的失望也越来越多。

婚后，他们租住的房子比较老，墙皮都掉漆了，地板还是水泥地。搬进来一个月后，张娜准备好好收拾一下，买点新家具，把墙面粉刷一下。跟老公一商量，可他却说："花那些钱干吗？这样住着不也挺好吗？""我就不明白了，那么简陋的房，算作我们新婚后的第一个小家，他怎么就可以将就？"张娜回忆道。紧接着，以后各种各样的琐事充斥了整个生活，比如买电，因为两个人上班的时间都比较固定，到银行买电就成了麻烦事。有一次，电表已经亮红字警告了，张娜让老公第二天上班的时候顺便到单位附近的银行买。谁知晚上回到家，红字还是亮着。累了一天的张娜一气之下，声音就提高了，跟老公说："你再不买就停电了，咱俩晚上都得摸黑。"谁知老公两眼一瞪，回了她一句："嚷嚷什么啊，真啰唆。"张娜说，那是他们第一次吵架，现在回想起来，她仍特别气愤。而以后的日子里，这种小吵小闹时不时地发生，婚后的生活完全不是她当初所想象的充满激情。婚前和婚后的差别更是让张娜受不了，虽然这些事情只是一些小的事情，可是，生活难道不就是由这些小事串接起来的吗？以前做学生的时候，他们哪怕省下钱，也会到学校附近的大华电影院看一场电影，当年上映《泰坦尼克》的时候，两人还感动得哭了一场，红着眼睛出了影院；可是，结婚以后，她如果再想出去看电影，老公就说没意思，顶多买一些影碟来回家看。以前，两人在学校的时候，他们常常避开班级的集体活动，找个图书馆也能去约会；可现在，老公居然在周末经常把她扔在家里，自己出去找以前的同学玩。张娜一提意见，老公就说："两个人成天腻在一起，烦不烦？"

"我也不知道怎么搞的，结婚以后，生活变得没意思透了。整天上班、下班，回来后吃饭、睡觉，以前有那么多好玩的东西，现在什么都懒得做了。老公也变了，以前挺浪漫、挺体贴的一个人，现在怎么就那么不讲理，那么小家子气。早知道这样，当初还不如不结婚呢。"张娜说。

类似张娜的情况在生活中并不少见，一些小夫妻甚至为此闹离婚。根据调查，恋爱的激情期大概也就是 18 至 30 个月，所以才出现了在恋爱时期两人感情如胶似漆，结婚以后就慢慢淡下来的情况，但是，毕竟婚姻不能只靠激情来维持，过完这个激情期后，就要学会去适应对方，适应婚后的生活，这样才不会产生"审美疲劳"。其实，要保持婚姻就要守住平淡，准备结婚的男女应该做好充分的心理准备，要明白婚后的生活肯定会跟恋爱的时候不同。

一位处理过众多离婚案的资深律师意味深长地说："婚姻的悲剧很少是由真正的大灾难引发的，平时生活中的那些看似不起眼的小事，往往是导致离异的根源。"

一位丈夫得知妻子与他离婚的原因是他从不送她礼物后，非常想不通，他说："钱就在抽屉里搁着呢，她缺什么东西不会自个儿买吗？ 在我看来，家里什么都齐全，什么都不缺。"

在生活中，与这位丈夫有同样想法的人还不在少数。 他们总是认为这类小事不足挂齿，根本无须费神去记。 殊不知，正是这类看起来微不足道的小事，使他们的配偶认为他们的爱情太过粗糙，缺乏温情与细腻，久而久之，自然会心生积怨。

所以，在婚姻生活里，千万别忽视生活细节。 一杯清茶，一个眼神，也许就能起到一个钻戒也无法起到的作用，同样，也许一个小的细节，就可以让婚姻产生难以弥补的伤痕。

平衡关系，学会爱对方的父母

　　曾有一个哲人说过："爱对方，也要爱对方的父母。"如果没有对方的父母，又怎么会有你的另一半呢？ 对方的父母也许只是普通人，但是，他们最大的贡献就是生了这么好的一个孩子做你的另一半，可以和你相伴终生！ 既然爱他（她），为什么不能去爱对方的父母呢？ 可是生活中，往往事与愿违：

　　儿子刚进家门，正好听到媳妇说："煮淡一点你就嫌没有味道，现在煮咸一点你却说咽不下，你究竟想怎么样？"母亲一见儿子回来，二话不说便把饭菜往嘴里送。她怒瞪他一眼。他走过来，拿筷子试了一口，马上吐了出来。

　　儿子说："我不是说过了吗？妈有病不能吃太咸！""那好！妈是你的，以后由你来煮！"媳妇怒气冲冲地回房。儿子无奈地轻叹一声，然后对母亲说："妈，别吃了，我去煮面给你吃。""仔，你是不是有话想跟妈说，是就说好了，别憋在心里！"

"妈，公司下个月升我职，我会很忙。至于老婆，她说很想出来工作，所以……"母亲马上意识到儿子的意思："仔，不要送妈去老人院。"母亲的声音似乎在哀求。儿子沉默片刻，他是在寻找更好的理由。

"妈，其实老人院并没有什么不好，您知道我老婆一旦工作，一定没有时间好好服侍你。老人院有吃、有住、有人服侍照顾，不是比在家里好得多吗？""可是，阿财叔他……"

洗了澡，草草吃了一碗速食面，儿子便到书房去了。他茫然地伫立于窗前，有些犹豫不决。母亲年轻便守寡，含辛茹苦将他抚养成人，供他出国读书。但她从不用年轻时的牺牲当作要挟他孝顺的筹码，反而是妻子以婚姻要挟他！真的要让母亲住老人院吗？他问自己，他有些不忍。

"可以陪你下半世的人是你老婆，难道是你妈吗？"阿财叔的儿子总是这样提醒他。

"你妈都这么老了，好命的话可以活多几年，为何不趁这几年好好孝顺她呢？树欲静而风不息，子欲养而亲不在啊！"亲戚总是这样劝他。

儿子不敢再想下去，生怕自己真的会改变初衷。晚上，太阳收敛起灼热的金光，躲在山后憩息。他们来到一间建在郊外山冈的一座贵族老人院。

是的，钱用得越多，儿子才心安理得。当儿子领着母亲步入大厅时，崭新的电视机，宽大的荧幕正播放着一部喜剧，但观众一点笑声也没有。

几个衣着一样、发型一样的老妪歪歪斜斜地坐在沙发上，神情呆滞而落寞。有个老人在自言自语，有个正缓缓弯下腰，想去捡掉在地上的一块饼干吃。

儿子知道母亲喜欢光亮，所以为她选了一间阳光充足的房间。从窗口望出去，树荫下，一片芳草如茵。几名护士推着坐在轮椅的老者在夕阳下散步，四周悄然寂静得令人心酸。纵是夕阳无限好，毕竟已到了黄昏，他心中低低叹息。

"妈，我……我要走了！"母亲只能点头。他走时，母亲频频挥手，她张着没有牙的嘴，苍白干燥的嘴唇在嗫嚅着，一副欲语还休的样子。儿子这才注意到母亲银灰色的头发，深陷的眼窝以及布满细褶的皱脸。母亲，真的老了！

他霍然记起一则儿时旧事。那年，他才6岁，母亲有事回乡，不便携他同行，于是把他寄住在阿财叔家几天。母亲临走时，他惊恐地抱着母亲的腿不肯放，伤心大声号哭道："妈妈不要丢下我！妈妈不要走！"

最后，母亲没有丢下他。想到这些，他连忙离开房间，顺手把门关上，不敢回头，深恐那记忆像鬼魅似的追缠而来。

他回到家，妻子与岳母正疯狂的把母亲房里的一切扔个不亦乐乎。已经有了锈迹的奖杯——那是他小学作文比赛"我的母亲"第1名的胜利品！汉英字典——那是母亲整个月省吃省用所买给他的第1份生日礼物！还有母亲临睡前要擦的风湿油，没有他为她擦，带去老人院又有什么意义呢？

"够了，别再扔了！"儿子怒吼道。

"这么多垃圾，不把它扔掉，怎么放得下我的东西。"岳母没好气地说。

"就是嘛！你赶快把你妈那张烂床给抬出去，我明天要为我妈添张新的！"

一堆童年的照片展现在儿子眼前，那是母亲带他到动物园和游乐园拍的照片。

"它们是我妈的财产，一样也不能丢！"

"你这算什么态度？对我妈这么大声，我要你向我妈道歉！"

"我娶你就要爱你的母亲，为什么你嫁给我就不能爱我的母亲？"

雨后的黑夜分外冷寂，街道萧瑟，行人车辆格外稀少。一辆宝马在路上飞驰，直奔往山冈上的那间老人院，他停车直奔上楼，推开母亲卧房的门。他幽灵似的站着，母亲正抚摸着风湿痛的双腿低泣。

她见到儿子手中正拿着那瓶风湿油，说："妈忘了带，幸好你拿来了！"他走到母亲身边，跪了下来。

"很晚了，妈自己擦可以了，你明天还要上班，回去吧！"

他嗫嚅片刻，终于忍不住啜泣道："妈，对不起，请原谅我！我们回家去吧！"

看了这篇让人掉泪的故事，不知大家有何感想。 而对故事中的媳妇，想必大都非常深恶痛绝吧。 那么，大家可以回想一下，我们又是如何对待自己的父母和爱人的父母的呢？我们是否做到了至情至孝？

人有双层父母，为什么不能一视同仁，相同对待呢？ 一句"我娶你就要爱你的母亲，为什么你嫁给我就不能爱我的母亲？"道出了千千万万个人的心声。 既然夫妻俩组成了一个家庭，那么，对方的父母就是自己的父母，爱对方就爱对方的父母，也就成了很自然的事。

赡养父母是夫妻俩应尽的义务，怎能分丈夫的父母，妻子的父母呢？ 如果夫妻之间不是以对方的爱为爱，不爱对方的父母，那么，这种爱也是有缺陷的、不完整的。 儿媳孝敬公婆，女婿孝敬岳父母，是天经地义的事，是每个人都应该做到的。

关爱父母，记得常回家看看

"找点空闲，找点时间，领着孩子，常回家看看……老人不图儿女为家作多大贡献呀，一辈子不容易就图个团团圆圆……"一首"常回家看看"常常唱得人们感慨万千。回家看看，本是很平常的事，却引起了那么多人的共鸣，也道出了一个应该关注的话题。

现在有许多年轻人提倡与老人分开居住，让七老八十的老人家自己生活，虽说是每月给了充足的生活费用，也少了许多争吵。但大部分父母亲要的不是这些，做父母的不就想子女孝顺和睦，一家人团团圆圆吗？儿女对父母关爱，就是对他们最好的回报，多抽点时间陪他们，已经胜过物质的享受。

有这样一个真实的故事：

故事中的老人是一位很富有的儿子的母亲，她状告自己的儿子"不孝"，并在诉状中这样请求判令儿子：

（1）每月至少要五天到老人的房子里居住。

（2）每个周末带孙子到老人身边来，一起吃饭、说话。

（3）平时多打电话问候……

当总经理的儿子实在太忙，调解时没能达到老人的预期目的，老人竟用生命向儿子抗议。在老人生前住的屋子里清理老人临死前焚烧的灰烬时，人们惊奇地发现了几十张未燃尽的人民币百元大钞残片和几十件面料考究的衣服碎块。另外，在老人的遗物中，还有成箱成箱没喝完的补品，以及成色极佳的金戒指，金耳环若干……而这些都是她那个所谓"不孝"的儿子给她买的。

儿子其实很"孝顺"，不仅找来《老年膳食科学配方》《老年营养大全》等书籍认真揣摩，给母亲买来了有利于老人健康的保健床垫，定期带老人到医院进行全面的健康状况检查等。他给母亲安排了钟点工，每天定时来照顾母亲的生活起居，甚至为了帮助母亲排遣寂寞与孤独，不惜重金请来"陪聊"，结果这一切都不能使老人快乐起来。每天除了在钟点工的照料下进补、喝茶、吃饭以外，老人剩下的时间就是独自坐在沙发上，边看电视边打盹。闲极了，就捡起孙子丢弃多年的积木一块一块地摞起……

长期独守空巢的孤寂，老人患上了"空巢综合征"。在与儿子多次"较量"无果后，老人终于采取了极端的手段——吃安眠药了却了余生。

母亲去世后，看着客厅里被母亲坐过的沙发，儿子的眼泪无声地滑落。小时候，母亲对自己的呵护像过电影一样，一幕幕在他脑海里重现。他不停地问自己："我一直让妈妈过好日子，她老人家为什么还不满足？"

也许，我们都很"孝顺"，因为我们每次回家的时候都不忘带上大包小包的礼物，想着让父母吃好、穿好，也会抽出时间去陪陪父母。可是，我们都不曾想过独守在"空巢"中的父母的感受。其实，父母的要求并不高，他们只想过那种儿孙满堂、忙碌而充实的生活，渴望能与孩子们说说话。就像老人在诉状中要求的那样：一个月有五天的时间陪陪老人，周末带孙子和老人说说话，多打电话问候……可是，就是这样的要求，她都没有得到……

父母到了要子女孝敬的时候，已经步入老龄。此时，他们在生活上、精神上越来越需要子女孝敬，而且这种孝敬主要在亲情，而非全都可用金钱或雇个保姆来替代的。随着年龄的增长，子女孝敬父母的机会也就逐渐减少。商机之类错过了还会再来，而失去父母健在的孝敬机会，那就时不再来，会遗憾终身。

常回家看看的要求不高，但对老年人意义很大。他们需要交谈，听一听外面的信息，聊一聊工作、生活、学习方面的情况。回家，使他们有机会和外界建立起一种特殊的联系。他们需要得到子女的体贴，屋子暖不暖，柴米油盐缺不缺。年轻人举手之劳的事情，对老年人来说可能是很困难的。他们有焦虑和苦闷，尤其是当疾病缠身时，更需要得到精神支持和思想开导。生命的含义对孩子和老人来说，在感受上是很不相同的。 这既是一个自然规律问题，又是一个心理和感情问题。 正如灿烂的阳光可以使人心境豁然开朗一样，温馨的亲情，愉快的团聚，悉心的照料，敞开心扉的开导，都可以为老人的生活营造出一片生机盎然的春色。 而这，是用金钱换不来的。

孝敬父母，不但要很好地承担对父母应尽的赡养义务，而且要尽心尽力满足父母在精神生活、情感方面的需求。 特别对年迈的父母，更要精心照顾，耐心安慰。 就说现在城市里的大多数老人，虽然儿孙满堂，在生活上不愁吃穿，不缺钱花，但是孩子因为工作的缘故几乎都不在身边，平时恐怕很少见面。 所以，他们在感情上最渴望的是能与所有的亲人团聚。 这种需要，是任何物质所代替不了的。 作为子女，应该尽可能抽出时间去陪陪父母。 要记住，父母正在盼着你回家。

学会沟通，与孩子在平等的基础上对话

在澳大利亚，家长们都愿意"蹲着和孩子说话"。澳大利亚悉尼市的玛蒂有一双非常可爱的儿女，一次去超级市场时，4岁的儿子因为姐姐先坐进汽车而不高兴了。玛蒂在车门口蹲下，两只手握住儿子的双手与儿子脸对脸，目光看着孩子的眼睛，极为诚恳地说："罗艾姆，谁先坐进汽车并不重要，对吗？"罗艾姆看着妈妈会意地点点头，钻进了汽车，并挨着姐姐坐下了。

澳大利亚母亲的言语和行为使人想到：家长蹲下来同孩子在同一个高度上谈话，同孩子脸对脸、目光对视着谈话，体现了家长对孩子的尊重，体现了成人对小孩子的事情或问题认真的态度。同时，家长可以轻声细语地耐心说服、教育，而不是自上而下的，更用不着大声呵斥。

可是，我们有些家长，却常常站在那里，大声呵斥孩子："过来！别摸！""去！去！去！别烦我！"等等，居高临下，惯用命令式的语言语调。从说话的态度来看，中国父

134

母比外国父母威风得多，可孩子心目中的父母，却并不可敬。

其实，是否蹲下来与孩子说话，只是一种方式问题，重要的是在父母心中，是否把孩子真正当作和自己一样，是具有独立人格的个体，这才是问题的本质。这会影响到家长能否以正确态度对待与教育孩子的一系列问题。

一位著名的教育家曾说："父母教育孩子的最基本的形式就是与孩子谈话。我深信，这是世界上最好的教育。"但是，令大多数父母深感头痛的是：父母苦口婆心地教育孩子，孩子却总不以为然，还常常会视父母的谆谆教导为没有意义的唠叨，甚至拒绝与父母交谈。这到底是怎么回事呢？是孩子出了问题，还是父母的谈话方式有问题呢？

父母与孩子谈话的失败，不是因为缺少对孩子的爱，而是因为缺乏对孩子的尊重。一方面，大多数父母认为，孩子甚至比自己更重要；另一方面，在与孩子交谈时，他们又习惯于要求孩子完全放弃自己的想法和感受，这种做法包含了多么巨大的矛盾！它只会导致孩子对与父母交谈的害怕。因此，要成功地与孩子进行有教育意义的交谈，父母应注意维护孩子幼小、脆弱的自尊。

人与人之间经常需要思想上、感情上的平等交流，每一个成长中的孩子，即使是刚刚学步的孩子，也都有这种渴求。要做到平等地对待孩子，父母首先就要抛弃那种居高临下与孩子谈话的姿态，而要蹲下身子，以平等的态度对待孩子。

沟通最真实的内容是真诚，那么，要做到与孩子平起平坐，与孩子有效沟通，我们认为以下几点措施是很重要的：

1. 营造一个"聆听的氛围"

有了这种氛围，孩子有什么重要的事情要与我们商量，或向我们征求解决办法时，才会变得平常而又自然。

2. 营造一个"对话的氛围"

与孩子讨论问题的最佳时机，最好选择在全家人共同做一些事情的时候。把更多的精力放在活动中而不是所讨论的话题上，这样，双方才能感觉到轻松自在。

3. 与孩子交流时，要以礼相待

只有真正尊重孩子，才会平等地对孩子以礼相待，如此，孩子才会在父母的言行中学会如何说话、如何做事，自然也会愿意与父母交流。

下篇

———

求人办事要有人脉

第一章　人脉是金，办事求人要靠关系

人脉有多大，你的舞台就有多大

俗话说："心有多大，舞台就有多大。"而在今天，我们不得不承认，"人脉有多大，你的舞台就有多大"。 也许你有能力的支持、魅力的展现，可就算有上天的本领，你也难以凭借你自己一个人的力量去好好地实现目标。 而如果你广结善缘，说不定会给你创造发展的机遇，给你成功的捷径。

很多年轻的女孩子刚刚走出大学准备进入职场的时候，朱艳艳已经是某大酒店的公关部经理了。她可谓是中国改革开放以后第一批在本土成长起来的公关人才，但当时的她并不理解自己的真正职责。那时，她每天都是在忙碌中度过的，"比如说，我们要把中国文化介绍给外国客人；圣诞节的时候要举办餐会，举办各种新闻发布会。"她回忆道。工作的跨度很大，从举办各类宴会到媒体联络，从企业关系维护到政府关系。但是，几年风风雨雨的历练使朱艳艳对当初自己的角色、对今后的目标不再懵懂。她变得成熟了，她变得自信了，她变得善于交际了，她拥有一张无所不包的关系网。

朱艳艳拥有一大帮记者和编辑朋友，娱乐、经济、体育记者面面俱到，办宴会、展会，她的人脉资源可以一直从主持人、明星延伸到诸如食物安排之类的所有流程，还有政府部门上上下下的工作人员，朱艳艳也都混了个脸熟。人生中的第一份工作，为朱艳艳打开了一扇通向成功的大门，也为她积累了第一桶"金"——人脉的无形资产。

不过，真正体会到人脉资源的价值，还是由于一件小事。"当时，有一个朋友在策划一个记者招待会发布新闻，但是他自己和媒体不熟悉，就找我帮忙联系相关的记者。"朱艳艳说，这是她第一次强烈地感受到市场对于公关服务的需求，有需求就有市场，这令她萌发了创业的念头。

公司逐渐步入正轨之后，被朱艳艳称为"转折点"的客户是美国的家用电器巨头惠而浦。"外国公司对公共关系是非常重视的，而且也有请公关公司服务的习惯。当时，惠而浦进入中国市场没几年，几乎是一年换一家公关公司，但一直没有找到一家满意的。"1997年底，眼看着上一家公关公司的合约即将到期，朱艳艳的一位在惠而浦工作的朋友向老板引荐了她。

对这次早已期待的见面，朱艳艳做了充分的准备。短短的十几分钟内，她妙语连珠般的讲述，恰到好处地解释了公司能为惠而浦提供的服务。老板随即拍板："OK，就用你们吧！"

这之后，联合利华旗下的诸多品牌，比如力士、多芬、奥妙，还有其他世界500强公司像三菱电机、通用等，都成为朱艳艳的客户，而且最令她骄傲的是，这些客户的"忠诚度"极高，至少到现在还没有放弃和她的合作。随着经验的丰富，他们的业务也从原来简单的媒体联系，发展到策划活动、政府关系和公共事务、社区关系、危机公关、全球新闻发言人，等等。

卡耐基训练大中华负责人黑幼龙时曾经说："完整的人际关系包含三个阶段，发掘人脉、经营交情、出现贵人。"其实说起来，等待"出现贵人"的阶段，除了人缘关系处理的艺术外，更重要的还是内涵。如果朱艳艳不是一个值得帮助的人，想来那些曾经帮助她的人也不会提供这样的机会。

无论做什么，都是向别人传递信息的机会，一个懂得把握机会，同时又能善于经营人际关系的人，最后才能依靠人脉开创事业的舞台。

人与人的能力总有高低之分，而能力的大小不是一个有限值。如果利用得好，它可以无限发挥，所以，关于"能力"的"利用"也就成了一个大家永远都关心的话题。如果你够细心，你会发现，其实人脉也是延伸你能力的一大法宝。

有的人可能觉得自己天生就没什么能耐，所以只能天天劳碌奔波，挤公车上班，坐地铁回家，然后到菜市场买菜，有时为了分分角角和摊主斤斤计较。其实，他也想住豪宅、开洋车，但他觉得自己没有能力去赚取这么多的钱。天下真有笨得赚不到钱的人吗？如果有，你甘愿那个笨蛋是你吗？相信每个人都会回答"不"！

大家都看过《射雕英雄传》吧，郭靖看似呆头呆脑的，比起会耍心计、耍阴谋的杨康差远了。但是，他却成了人人佩服的大英雄。因为郭靖的师傅既有以侠义自称的江南七怪、擅长内功心法的马钰道长，又有武功盖世的洪老帮主、童心未泯的周伯通，而且身边还有聪明过人的黄蓉。这简直是天时、地利、人和都具备，不想成就一番事业都不行了。郭靖虽然脑子反应比较慢，但他深深懂得，独腿走不了千里路，要真正在江湖上闯出一条路来，立稳脚步，必须兼收并蓄，集众家之长。因此，他用心地、真诚地"学"出了自己的人际网络，并最终成为一代大侠。

其实，郭靖一点都不笨，他比谁都聪明，因为他懂得人脉的重要性，深知众人拾柴火焰高。既然能集聚众人的智慧提升自己的能力，何乐而不为？

可是，为什么人脉能延伸你的能力呢？

首先，你可以透过人脉了解你的竞争对手，从而促进自己。

所谓知己知彼，方能百战不殆。你必须掌握竞争对手的特点、动向，了解了这些，你才会跟上别人的步伐，甚至越过他们；了解了这些，你的智谋才能得到真正的印证，你的策略才能真正地实施。

你的人脉网是了解这些信息的最佳渠道，而且大部分真实可靠。你的朋友只会帮你，而不会去帮你的竞争对手。

了解竞争对手的情况很重要，但更重要的是取长补短、保持优势，而且，一旦存在差距就应该追赶。

其次，人脉可以让你了解这个世界，进而提高你的能力。

也许你有许多次走出国门的机会，当你"身在异乡为异客"时，你会深切地感到，没有什么比身在国外一个人也不认识的感觉更空虚、更无聊了。

你独自一个人走在国外的土地上，却没有一个人可以帮助你体验这个国家真正的文化，没有一个外国朋友邀你到他们家了解一下他们的实际生活，这是非常糟糕的事。

如果你身边有许多不同肤色的朋友，那你对这个世界的存在就会充满希望。有了希望，你自然会想方设法提升自己。

我们应以安东尼的名言作为座右铭：人生中最大的财富便是人际关系，因为它能为你开启所需能力的每一道门，让你不断地成长、不断地贡献社会。

创造机会，主动结交贵人

李莲英出身贫苦，个子瘦小，若以当时清朝宫廷太监的标准来衡量，他根本不够资格。一次偶然的机会，李莲英听说在宫廷中有一个太监是他老乡，且是同一村的。于是，李莲英便大胆地去找了这个老乡。

李莲英很穷，没有钱买东西去送礼。他知道这位老乡很重乡情，但怎样做才能引起老乡的注意一直困扰着他。

终于，他想出了一个办法。一天，他瞅准了这位老乡当值时去报名，然后用一口地道的家乡话说出了自己的姓名与籍贯。李莲英的这位老乡听了这口音，身体不由得抖了一下，于是抬头看了看眼前的这位小老乡，心里暗暗记了下来。

后来，在这位老乡的帮助下，李莲英做了慈禧太后梳头屋里的太监，并深得慈禧宠爱，最后成了慈禧太后面前的大红人。

结交贵人确实需要机会，并且这机会中也并不排除机缘的存在性。 也就是说，在你自身能力一定的情况下，有可能通过一种完全偶然的机缘遇到一个贵人，从此人生发生了变化，但是这种情况是很少的。

　　事实上，机会从来都只偏爱那些有准备头脑的人。 如果机会的"馅饼"确实不曾砸在你的头上，那么，就自己创造一个吧。 为了成功，为了实现自己的梦想，这又有什么不可以呢？

　　上文中的李莲英，就是通过自己创造机会，达到了自己的目的。 也许你会对此不屑，但是，不可否认的是，单纯地从他寻找和结交贵人的方式这一点来看，他确实是很聪明的。 本来，他与那个太监不认识，人家根本就没有理由帮他，他偏偏就想到了办法，还创造了机会：在老乡当值时露出乡音。 一切都天衣无缝、顺理成章，他就这样为自己铺了一条平坦的大路。

　　如果你也只是个普通人，如果你与要结识的贵人在生活中没有任何交集，你也可以试试这一方法。

　　　温州有名的印刷设备经销商李方源决定移师南京，但是，怎样在这个人生地不熟的地方开展业务呢？

　　　李方源自然有他的办法。这是大多浙江商人经商的经验。

　　　首先，他摸清了一大批在南京经商的温州人的下落，然后挨门逐户地拜托他们为其承揽一点业务，拉开了一张有几百户的"老乡网"。

其次，他利用全国个私企业工作会议在温州召开的机会，在会场上结识了不少南京商客，尤其是与本行业有关的客户。

最后，他开始在南京招兵买马。

在推销产品的过程中，李方源又遇到了麻烦——由于以前产品质量低劣的负面影响在南京人心目中烙印很深，他的产品无法一下子让南京人接受。但是，李方源并不担心，他只是耐心地等待机会。

机会终于被李方源等到了。

在全国印刷材料展销会上，他请许多专家介绍他的产品，并给企业免费使用。通过这一招，国内的企业都知道了他的产品质量。在产品质优的声誉下，产品的推销就容易多了。现在，李方源的公司已经不再上门推销了，他们的产品在南京已经有了良好的声誉，客户都会直接找上门来，公司也开始赢利了。

想要创造机会，结交贵人，可以参考以下做法：

1. 主动搜集和整理与贵人有关的信息，并从中找到一个对自己有利的突破口

贵人可能与你并不相识，但他可能与你有某种间接的关联，或者某种相似之处，找到这些关键的点，下一步的工作就容易了。

2. 根据你找到的点采取相应的行动

比如，如果贵人是一个书法爱好者，是某书法协会的理

事，那么，不妨参加一个该协会举办的大型活动，并想办法请贵人题字；如果贵人喜欢读书，那么，不妨在读书会上接近他，与他交流心得。 当然，这一切都要有备而来，争取博得贵人对你的好感。

3. 不断寻找机会，创造"偶遇"，加强联系

当然，这要以不影响贵人的工作和生活为原则，注意保持应有的礼貌。 如果急于求成，那也许会适得其反。

融入环境，扩大自己的"圈子"

　　有一位女孩叫阿莲，读高中一年级。 随着青春期的到来，她慢慢地产生了摆脱父母的心理，有了自己的书房和小书桌后，每天偷偷地写日记，写完后将日记本藏在抽屉中，不让妈妈看。 她希望用自己的内心去感受世界，可是，面对形形色色的现实世界、繁杂的人际关系以及沉重的学习压力，阿莲又感到一种内心的不安全。 于是，她开始变得孤僻，害怕人际交往，心中产生一种莫名其妙的封闭心理。 有时，她一个人跑到小河边望着静静的河水流泪。 她渴望与同学进行交往，羡慕其他同学快快乐乐、轻轻松松地参加集体活动，可她却又害怕主动与别人交往，还抱怨别人对她不理解、不接纳。

　　这种心理特征就是心理自我封闭，与外界隔绝，生活在个人的小圈子里，难以与人交往。 这种情况发展到一定程度，就会形成一种疾病。

　　因为阿莲给自己营造了"舒适圈"，把自己锁在了安逸的窝里，因而把外界想象得过于深不可测。 其实，外面的世界很精彩，若能尝试从你的"舒适圈"走出去，呼吸一下外面的新鲜空气，说不定会有意外的收获。

在一个小村庄里，由于过去发生过几件不愉快的事，村民之间相处得很不融洽，家家户户自扫门前雪，别说互相帮助了，就是见了面也熟视无睹，还时不时为一些芝麻绿豆大的小事争得面红耳赤，闹得整个村落鸡犬不宁。

村主任很想改善目前的窘境，不希望这股相敬如"冰"的风气继续蔓延下去，于是，他请来了一个外地人帮忙。

这个外地人自称是技艺精湛的魔术师，并通告乡里说："我有一个神奇的魔法铲，用这个铲子炒出来的菜，会是天底下最美味的一道菜。口说无凭，我可以当场试验给你们看！"

村里的人听说了这件神奇的事，开始议论纷纷，有人搬来了家里的大锅，有人搬来了家里的大炉子，有人自愿提供木材，有人点火，全村的人围着村子中央的空地，静心等待魔术师的精彩表演。

魔术师煞有介事地在锅里放了油，把青菜放入锅中，用魔法铲翻炒几下，然后带着遗憾的神情对大家说："这么一点点哪里够这么多人吃？如果可以再多一点菜，那么，大家就都可以吃得到了。"

于是，有人飞快地从家里拿了青菜出来。魔术师把青菜放入锅中翻炒，试了一口，然后兴奋地说："味道真是太好了！如果可以再加一点盐，或是一点肉丝，那就更可口了。"

大伙儿听了口水直流，盐、肉和其他的调味料很快地送到了魔术师的手上。

没多久，魔术师炒好了菜。

这盘菜刚端上桌，就被大家你一口、我一口，吃得盘底朝天，村民们发现，这果真是天底下最好吃的一道菜！

虽然是一则小小的故事，但寓意很深奥，各家自扫门前雪，各家吃各家的饭，天天都一样的菜，一样的调料，当然吃不出新鲜来。但如果和大家一起吃，那肯定有滋有味。

人际交往也是一个道理，一个人整天蒙在自己狭小的圈子里，如井底之蛙，当然不知道井口之外的天是多么的奇妙，但是，和大家一起分享，把你知道的和他知道的会合，那就不只是井口大的天了。

那么，如何走出你的舒适圈，扩大自己的交际圈呢？

1. 初步建立"圈子"

有米才成炊，"圈子"要靠自己一点点聚拢才能成型。有"纸上风云第一人"的高信疆先生，在创办《人间副刊》之际，没人愿意为其投稿，只能自己"造米下锅"。他坚持不懈，每天写20封信，不管认识不认识，不管能否接到回信。坚持的结果是，"米多锅少"，一再扩版，成就了以副刊带动整个报纸的辉煌。而他自己的"圈子"也同时扩大了规模。另外，你可以推而广之，每天发20封电子邮件，不怕陌生、不怕不熟。联系多了，顺其自然就成了你"圈"中之人了。

成功建立关系网的关键是和适当的人建立稳固的关系。

很好的人际关系能提高你生活的情趣，让你了解周围所发生的一切，并提高交流的能力。

2. 扩大"圈子"

"圈子"不能一成不变，就像盖好的楼盘，要想着开发二期。 在打造关系网的过程中，已经认识的人很重要，你目前的联络网是奠定你未来关系网的原料。 他们都有自己的熟人，而他们所熟识的人又有自己的熟人。 总是几张熟得不能再熟的脸相对，哪里还有新鲜？ 现在，高先生虽说已无暇每天写 20 封信，但他依然约束自己每天至少给新朋老友打 5 个电话，所以，他的"圈子"还在扩大。 你的"圈中人"不可能只认识你一个，那么，不妨互相交换，带好各自的朋友，扩大联盟。 这样交叉着，你的"圈子"就很容易扩张，你的获得就永远新鲜。

3. 拥有不同的"圈子"

物以类聚，人以群分，这个"分"当然有其特定的标准和规则。 但当这个标准或规则太具有功利性时，"圈子"有时就会从圈住共同东西的领域变成了阻碍人迈出脚步的套子。这时，"圈子"便不知不觉变成了圈套。 别让圈套套住你的最好办法，就是拥有几个不同的"圈子"。 涉猎广泛一些，展现自己不同的侧面，就很容易拥有不同的"圈子"。

成功在很大程度上取决于你拥有多大的权力和影响力，此外，与恰当的人建立稳固关系最为关键。

维护关系，危难之时有人帮

你有没有这样的体会：当你遇到某种困难，想找朋友帮忙时，却突然想起来，过去有许多时候本来应该去看他的，结果你没有去，现在有求于人家就去找，会不会太唐突了？ 会不会遭到他的拒绝？ 在这种情形之下，你免不了要后悔"平时不多联系"了。

有这样一个寓言：黄蜂与鹧鸪因为口渴得很，就找农夫要水喝，并答应付给农夫丰厚的回报。 鹧鸪向农夫许诺，它可以替葡萄树松土，让葡萄长得更好，结出更多的果实；黄蜂则表示它能替农夫看守葡萄园，一旦有人来偷，它就用毒针去刺。 农夫并不感兴趣，对黄蜂和鹧鸪说："你们没有口渴时，怎么没想到要替我做事呢？"

这个寓言告诉我们这样一个道理：平时不注意与人方便，等到有求于人时，再提出替人出力，未免太迟了。 再铁的关系，也难抵挡长时间的冷落和疏远。

中国人讽刺临事用人的做法有一句最简练的话，就是

"平时不烧香，临时抱佛脚"。俗话说得好，"平时多烧香，急时有人帮"。真正善于与人交往的人都有长远的眼光，早做准备，未雨绸缪。这样，在着急时就会得到意想不到的帮助。

如果平时不烧香，只等到需要时才"临时抱佛脚"，尽管你追得很紧，下的功夫很大，人家也可能会一口回绝你的请求。因此，只有平时的关系维护好了，到需要时才会有求必应。

1. 维护关系靠平时

法国有一本《小政治家必备》的书，书中教导那些有心在仕途上有所作为的人，必须起码收集20个将来最有可能做总理的人的资料，并把它背得烂熟，然后有规律地去拜访这些人，和他们保持较好的朋友关系。这样，当这些人之中的任何一个人当上总理后，自然会为你的仕途铺开一条坦途。

现代人的生活忙忙碌碌，没有时间进行过多的应酬，日子一长，许多原本牢靠的关系就会变得松懈，朋友之间逐渐互相淡漠，这是很可惜的。所以，一定要珍惜与朋友之间的友谊，即使再忙，也别忘了沟通感情，维护人脉关系网。

很多人都有忽视"感情投资"的毛病，一旦交上某个朋友，就不再去培育和发展双方之间的感情，长此以往，两个人的关系自然就淡薄了，最后甚至变成了陌路人了。

可见，"感情投资"应该是经常性的，不可似有似无，要做到常联系、常沟通，到时才能用得着、靠得上。

朋友之间互相联系的方法有很多，如"礼尚往来""交流"等，其中最普遍、最有人情味的一种是"有空去坐坐"。

事实上，我们所做的并不多，只是有时间、有心地去朋友家走一走，也许只是随意地寒暄几句，也许进行一次长谈，总之，我们在努力加深对方对自己的印象，让彼此之间越来越熟悉，关系越来越融洽。

我们中国有许多礼节，碰上婚丧嫁娶等大事，亲戚朋友都要参加，有许多场合还得送礼，也是几千年来的传统，这是很有必要的，因为这是亲朋好友经常保持联系的一种方式。如果你常年关闭门户，既不"出去"，也不欢迎别人"进来"，那就等于孤立了自己。

遇到朋友的人生大事，如果有空，最好尽量参加，如果实在脱不开身，也要写信或托人带点什么，以表达自己的心意。

对方有困难的时候，更应加强联系。如果朋友发生了什么事，比如，生病或遇上不幸的事，应马上想办法去看看。尽管平时因工作忙，没有很多时间来往，但朋友遇到困难时要鼎力相助或打声招呼，才能显出你们之间的深厚情谊来。"患难朋友才是朋友"，关键时刻拉人一把，别人会铭记在心。

常常与朋友保持联系对你自己会有许多好处，一旦你碰上什么事情，他就直接或间接地帮助你。如果朋友之间平时没有什么联系，需要时则很难找上门去；即使找上门去，别人也不愿意帮忙。

2. 广交朋友，主动去联络

要维护、拓展一张人际关系网，就要积极主动去联络。

光有想法是不够的，必须将它付诸行动。

结交朋友不仅要把握机遇，同时还要创造机遇。

如果你想和刚认识的朋友进一步发展关系，你可以请他们到你家做客，你可以花费心思寻找机会跟他多接触。人与人之间接触得越多，彼此间的距离就可能越近。这跟我们平时看东西一样，看的次数越多，越容易记住，就像我们在广播或电视中反复听、反复看到的广告，久而久之也会在我们心目中留下印象一样。所以，关系维护的一条重要规则就是：找机会多和别人接触。

一旦和别人建立初步联系之后，要设法进一步巩固和发展。交际中往往会有两种目的：直接目的无非就是想达到某项交易或有利于事情的解决，或想得到别人某些方面的指导。如果并不是为了解决某个问题，或者不是为了某种利益关系，只是为了和对方加深关系，增进了解，以使你们的朋友关系长期保存下来，这可以被看作是间接目的。这种间接目的可以使你的人生更丰富。

如果能保持在无事相求时也能轻松地相互联络的关系，才是最理想的状态。真正可以亲密往来的朋友，越是无事相求时越能尽情地交往。反之，遇上有事相托时，即便三言两语，彼此也能明白对方想说的话。此时，对方必会尽己所能来帮助你。

第二章　妙言巧语，办事求人要会说话

为对方着想，先满足对方的需求

与对方沟通交流时，最重要的就是能够以真情感动对方。说话的时候先为对方着想，无疑是很好的办法。

因为一般情况下，自己对某一件事所认为的"对"或"好"并不能代表别人的看法。在沟通时，最好先得知对方的看法，看别人怎么理解情势，你就能以对方了解的方式讲话和行事。若你径自表现出"好"或"对"，而不去弄清楚对方是否有相同的看法，你可能会惊讶于对方的反应。

所以，在谈话之前，你所要做的就是尽你所能了解别人的背景、观点和热诚程度，你因而可以知道：

什么使他们兴奋，什么使他们厌烦，什么使他们害怕。

他们上班时是什么样的人，他们下班时是什么样的人。

他们生活中真正需要什么，他们怎么获得。

知道这些问题的答案，不仅可以避免你犯难堪的错误，而且，它能帮助你设计你的表达方式，因而你的意见可以跟他的需要和要求结合，这样就会使你们的沟通更加融洽。

但平时，我们最常听见的人们对他人的 3 项抱怨却是：

(1)他们认为别人不听他们的话。

(2)他们觉得受不到尊重。

(3)他们认为别人要想办法控制或操纵他们。

在与别人谈话的过程中，如果你先提自己需要的，这 3 种情况是最可能发生的。你先提别人的需要，它们就最不可能发生。

大部分人对自己的兴趣大过对别人的兴趣，对自己的需要的热衷程度远强于对别的需要。但是，如果你先提对方最有兴趣的、他们需要的事情，就能掌握他们的注意力，建立联结，且赢得他们的信任和尊敬。

当你提对方所需，为对方着想时，你会发现许多可喜的变化，而这些变化对你也是有利的。

首先，当你先提对方的需要时，对方会有以下表现：

(1)较快开始聆听。

(2)比较注意。

(3)听得较久。

(4)对你说的记得较多。

(5)比较尊重你。

(6)认为你是比较聪明的人，甚至是好人，因此，你会得到较大的活动空间和自由。

(7)等你在说你自己的需要时，他会听得较专心。

相比较而言，这些对先提对方需要的小投资，是相当好的回收。

另一方面，若你先提自己的需要，人们常不愿聆听、保护自己或使冲突升级。 他们可能以愤怒的眼神和僵硬的表情回敬你，怀疑你不考虑他们的需要，对你的话一句也不会听。这种恐惧和不信任，很容易就会引发公开的敌对。

此外，人通常在冲突开始时会焦虑。 任何能缓和他们恐惧的方法，都会使情形变得较轻松和对每个人较有利。 在这种时候，如果你先为对方着想，提出他人的需要就是一种很好的解决途径。 另外，在一些重大事情中，先提对方的需要也会使你们成为合作伙伴。 你们合作是为了联合对抗问题，而不是互相对抗。

所以，在与对方交往沟通时，如果想取得较为满意的结果，你就必须先为对方着想，满足对方所需。

投其所好，给他最想要的赞美

在一个人所走过的人生道路中，有无数让他们引以为自豪的事情，而这些都是一个人人生的闪光点。 这些东西又会不经意地在他们的言谈中流露出来，例如，"想当年……""我年轻的时候……"，等等。 对于这些引以为荣的事情，他们不仅常挂在嘴边，而且深深地渴望能够得到别人由衷的肯定与赞美。 对一位老师而言，引以为荣的往往是由他教过的学生在社会上很有出息，你为了表达对他的赞美，不妨说："你的学生×××真不愧是你的得意门生啊！ 现在已经自己出书了。"对于一位一生都默默无闻的母亲，引以为荣的往往是她那几个有出息的孩子，你如果对她说："你有福气啊，两个儿子都那么有出息。"她一定会高兴不已。 对于老年人来说，他们引以为荣的往往是他们年轻时的那些血与火的经历。

真诚地赞美一个人引以为荣的事情，可以使你更好地与之相处。

乾隆皇帝喜欢在处理政事之时品茶、论诗，对茶道颇有见地，并引以为荣。有一天，宰相张廷玉精疲力竭地回到家，刚想休息，乾隆忽然来造访，张廷玉感到莫大的荣幸，称赞乾隆道："臣在先帝手里办了15年差，从没有这个例外，哪有皇上来看下臣的！真是折杀老臣了！"张廷玉深知乾隆好茶，便命令把家里的陈年雪水挖出来煎茶给乾隆品尝。乾隆很高兴地招呼随从坐下："今儿个我们都是客，不要拘君臣之礼。生而论道品茗，不亦乐乎？"水开时，乾隆亲自给各位泡茶，还讲了一番茶经，张廷玉听后由衷地赞美道："我哪里晓得这些，只知道吃茶可以解渴提神。一样的水和茶，却从没闻过这样的香味。"另一位大臣李卫也乘机称赞道："皇上圣学深厚，真叫人由衷的佩服，吃一口茶竟然有这么多的学问！"乾隆听后心花怒放，谈兴大发，从"茶乃水中君子、酒乃水中小人"开始，论起"宽猛之道"来，真是妙语连珠、滔滔不绝，众臣洗耳恭听。乾隆的话刚结束，张廷玉赞道："下臣在上书房办差几十年，两次丁忧都是夺情。只要不病，与圣祖、先帝算是朝夕相伴。午夜扪心，凭天良说话，私心里常也有圣祖宽，世宗严，一朝天子一朝臣这个想头。我为臣子的，尽忠尽职而已。对陛下的旨意，尽力往好处办，以为这就是贤能宰相。今儿个皇上这番宏论，从孔孟仁恕之道发端，譬讲三朝政纲，虽然只是3个字'趋中庸'，却发聋振聩，令人心目一开。皇上圣学，真是到了登峰造极的地步。"其他人也都随声附和，乾隆大大满足了一把。张廷玉和李卫作为乾隆的臣下，都深知乾隆对自己的杂经和"宏论"引以为豪。而张李二人便投其所好，对其大加赞美，因而达到了取悦皇帝的目的。

在生活中，没有人不会为真心诚意的赞赏所触动。耶鲁大学著名的教授威廉·莱昂·弗尔帕斯经历过这样一件事：有一年夏天又闷又热，他走进拥挤的列车餐车去吃午饭，在服务员递给他菜单的时候，他说："那些在炉子边烧菜的小伙子一定很难受。"那位服务员听了后吃惊地看着他说："上这儿来的人不是抱怨这里的食物，便是指责这里的服务，要不就是因为车厢里闷热大发牢骚。19年来，你是第一位对我们表示关心的人。"后来，弗尔帕斯得出结论说："人们所想要的，是一点作为人所应享有的被关注。"而人们想要别人来关注的地方往往是自己所能忍受下来的痛苦，就正如夏天里在火炉旁烧菜的煎熬。

一个人到了晚年，人生快要走到尽头了，当他回首往事的时候，更喜欢回味和谈论自己曾经历的那些大风大浪，希望得到晚辈的赞美和崇敬。

一位现在已经80多岁的老人，一生中最大的骄傲便是独自一个人将7个孩子养大成人，现在眼见一个个孩子都成家立业，他经常自豪地对孙子们说："你奶奶死得早，我就靠这两只手把你爸他们几个养大成人，真是不容易啊。"每当这时，如果他的孙子能乘机美言几句，老人就会异常高兴。

抓住他人最引以为豪的东西，并将其放在突出的位置进行赞美，往往能起到出乎意料的效果。在这一点上，有一个很经典的实例。

在镇压太平军的过程中，一次，曾国藩用完晚饭后与几位幕僚闲谈，评论当今英雄。他说："彭玉麟、李鸿章都是人才，为我所不及。我可自许者，只是生平不好诳耳。"一个幕僚说："他们各有所长：彭公威猛，人不敢欺；李公精敏，人不能欺。"说到这里，他说不下去了。曾国藩又问："你们以为我怎样?"众人皆低头沉思。忽然走出一个管抄写的后生过来插话道："曾师是仁德，人不忍欺。"众人听了齐拍手。曾国藩十分得意地说："不敢当，不敢当。"后生告退而去，曾氏问："此是何人?"幕僚告诉他："此人是扬州人。入过学，家贫，办事谨慎。"曾国藩听完后说："此人有大才，不可埋没。"不久，曾国藩升任两江总督后，就派这位后生去扬州任盐运使。

他人最想要的赞美一定是真诚的，不是那种公式般的赞美，千篇一律，最让人反感。

"久仰大名，如雷贯耳，您的生意一定发财兴隆""小弟才疏学浅，一切请阁下多多指教"，这些缺乏感情的、完全是公式化的恭维语，若从谈话的艺术观点看来，非加以改正不可。而言之有物是说一切话所必具的条件，与其泛泛地说"久仰大名，如雷贯耳"，不如说"您上次主持的讨论会成绩之佳，真是出人意料"等话，直接提及对方的工作成绩。若恭维别人生意兴隆，不如赞美他推销产品的努力，或赞美他的商业手腕。 泛泛地请人指教是不行的，你应该择其所长，集中某点请他指教，如此，他一定高兴得多。 恭维赞美的话一定要切合实际，到别人家里，与其乱捧一场，不如赞美房子布置得别出心裁，或欣赏壁上的一幅好画，或惊叹一个盆栽的精巧。 若要讨主人喜欢，你要注意投其所好，主人爱狗，你应该赞美他养的狗；主人养了许多金鱼，你应该谈那些鱼的美丽。 赞美别人最近的工作成绩，最心爱的宠物，最费心血的设计，这比说上许多无谓的虚泛的客套话更有效。

有的时候，并不是非要什么伟大举动才值得让人赞美，相反，一些微乎其微的小事更值得你给予肯定和称许。

如果某天早晨，你的丈夫偶然一次早起为你准备好了早餐，你不妨大大赞美他一番，那他今后起床做早餐的频率将会更高。 如果你的小孩，有一天非常用心地在家做好了晚饭等你回家，当你回到家中，不要吃惊孩子脸上的污渍，也不要惋惜已经摔碎的碗碟，而先要将孩子赞美一番，即使孩子所炒的菜让人难以下咽。 因为你的赞美可以让孩子所做的下顿或者是下下顿饭变成美味。 在公司，如果某位职员记述你口述的信件的速度比你想象的要快，不妨表扬他一下，那么，今后他的工作就一定会更加卖力。

"隐形"夸人，多在背后说人好

世上背后道人闲话的人不少，大家都很清楚，被说之人一旦知道心里会不高兴。因此，人们都引此为戒，唯恐犯背后说他人闲话的忌讳。但是，背后说人优点，却有佳效。

《红楼梦》中有这么一段描写：史湘云、薛宝钗劝贾宝玉做官为宦，贾宝玉大为反感，对着史湘云和袭人赞美林黛玉说："林姑娘从来没有说过这些混账话！要是她说这些混账话，我早和她生分了。"

凑巧，这时黛玉正来到窗外，无意中听见贾宝玉说自己的好话，"不觉又惊又喜"。结果，宝黛两人互诉肺腑，感情大增。

在林黛玉看来，宝玉在湘云、宝钗和自己3人中只赞美自己，而且不知道自己会听到，这种好话不但是难得的，还是无意的。倘若宝玉当着黛玉的面说这番话，好猜疑、爱使小性子的林黛玉可能会认为宝玉是在打趣她或想讨好她。

由此可见，背后说别人的好话，比当面恭维别人或说别人的好话，效果要好得多。不用担心，我们在背后说他人的好话，很容易就会传到对方耳朵里去的。

赞美一个人，当面说和背后说所起到的效果是很不一样的。如果我们当面说人家的好话，对方会以为我们是在奉承他、讨好他。当我们的好话是在背后说时，别人会认为我们是真诚、真心说他的好话，这样，人家才会领情，并感激我们。假如我们当着上司和同事的面说上司的好话，我们的同事们会说我们是在讨好上司，拍上司的马屁，从而容易招致周围同事的轻蔑。另外，这种正面的歌功颂德所产生的效果是很小的，甚至还有可能起到反作用。同时，上司脸上可能也挂不住，会说我们不真诚。与其如此，还不如在上司不在场时，大力地"吹捧一番"。而我们说的这些好话，最终有一天会传到上司耳中的。

有一位员工与同事们闲谈时，随意说了上司几句好话："梁经理这人真不错，处事比较公正，对我的帮助很大，能够为这样的人做事，真是一种幸运。"这几句话很快就传到了梁经理的耳朵里，梁经理心里充满欣慰和感激。而那位员工的形象，也在梁经理心里上升了。就连那些"传播者"在传达时，也忍不住对那位员工夸赞一番。

在日常生活中，背着他人赞美往往比当面赞美更让人觉得可信。因为你对着一个不相干的人赞美他人，一传十，十传百，你的赞美迟早会传到被赞美者的耳朵里。这样，你赞美的目的也就达到了。

众所周知的廉颇与蔺相如的故事就体现了这种赞美方式所产生的重大作用。蔺相如和廉颇是赵国的重臣，渑池会之后，蔺相如被封为上卿，位居廉颇之上，廉颇心中很不服气，愤曰："我身为大将，有攻城野战的大功，蔺相如只不过是靠耍嘴皮子的功劳，而位居我上，我怎甘心位居其下？"并扬言要借机羞辱他。而蔺相如却经常在门下面前赞美廉颇，廉颇得知此事后，非常感动，亲自上门请罪。可见，间接赞美对于化解矛盾、协调人际关系都大有好处。

在日常生活中，如果我们想赞扬一个人，又不便对他当面说出或没有机会向他说出时，可以在他的朋友或同事面前，适时地赞扬一番。

另外，当你面对媒体时，适当地赞美你的同行，是一种风度，也是一种艺术。

足球教练陈亦明为人爽朗、心直口快，极善处理与球员、球迷以及媒体的关系。记者问陈亦明："张宏根和左树声都有执教甲A的资历，如何能成为你的助手？"陈亦明先以简明之言道出了"团结就是力量"这个道理，再道出："国内名气比我们大的人不少。一个人斗不过，3个人组合就强大多了。张导是我的老师，左导是我的师兄弟，我们的组合可谓是强强联手，'梦幻组合'。"这令人不由想到了当年那集NBA所有高手的美国国家篮球队——梦之队的威风。其语既自我褒扬，又夸张、左二人，敷己"粉"而不显白，赞他人又不显媚，显示出了一种极高的"自我标榜"及"恭维他人"的语言艺术。

多在第三者面前去赞美一个人，是使你与那个人关系融洽的最有效的方法。 假如有一位陌生人对你说："某某朋友经常对我说，你是位很了不起的人！"相信你感动的心情会油然而生。 那么，我们要想让对方感到愉悦，就更应该采取这种在背后说人好话、赞扬别人的策略。 因为这种赞美比一个魁梧的男人当面对你说"先生，我是你的崇拜者"更让人舒坦，更容易让人相信它的真实性。

将心比心，让对方体验别人的心理

说服的最佳效果是双方达成共识，而启发对方进行心理位置互换，让对方设身处地体验别人的心理，主动调整自己的态度和行为方式，则是达到这一目的的行之有效的方法之一，这种方法就是将心比心术。

用语言做假设，可达到将心比心的目的。也可用实际的行动，让对方体验别人的心理，进而对自己的言行进行调整，同样可达到将心比心的目的。

某商店有位营业员很会做生意，他的营业额比一般营业员都高，有人问他："是不是因为能说会道，所以生意兴隆？"他回答说："不是，我的秘密武器是当顾客是自己人。"

有一天，某位顾客站在柜台前东瞧瞧、西看看，还不时用手摸摸摆在柜台上的布料，却不肯买货。凭经验，营业员判断这位顾客是想买块面料，于是赶忙迎上前去说："您是想买这块面料吗？这块面料很不错，但是您要看仔细，这块布料染色深浅不一，我要是您，就不买这一块，而买那一块。"

说着，营业员又从柜台里抽出一匹带隐条的布料，在灯光下展开，接着说："您像是机关里的干部，年龄和我差不多，穿这种面料的衣服会更好些，美丽大方。要论价钱，这种面料比您刚才看到的那种每米多5元多钱，做一套衣服才多7元多，您仔细看看，认真盘算盘算，哪个合算？"

顾客见这位营业员如此热情，居然帮自己选布料、挑毛病，于是不再犹豫，买下了营业员推荐的布料。

这位营业员之所以能成功地做成这笔生意，就是因为运用了将心比心术。他站在买者的立场上替顾客精打细算，现身说法，使对方的戒备心理、防范心理大大降低，而且还产生了一致的认同感，故而说服了对手，做成了生意。

将心比心术是站在对方的角度谋划和考虑，理解对方的心理、对方的需求、对方的困难，因此，这种说服方法容易使对方接受，并能达成统一认识。

要说服对方赞同你的观点，你必须与说服对象站在一起，两者的关系越融洽，说服越容易取得成功，这是因为人类有一个共同的天性，即喜欢听"自己人"说的话。美国纽约市立大学的心理学家哈斯也说过："一个酿酒专家也许能给你许多理由来解释为什么某一种牌子的啤酒比另一种牌子的要好。 但如果是你的朋友，不管他对啤酒是否在行，教你选购某种啤酒时，你很可能听取他的意见。"

另一位心理学家莫恩在加利福尼亚州一个海滩上办了一个传播训练公司。 在培训过程中，他发现，最佳商品推销员都能模仿顾客的声调、音量和言辞，表现顾客的姿态和想法，甚至还能下意识地在呼吸动作上与顾客相协调，好像是顾客的一面镜子，把顾客发出的每一个信号反射回去。

毋庸置疑，这种在具体行动上，将微不足道的方面表现出来的在感情上与听众的亲近感与认同感，往往会使你得到巨大的感情回报和共鸣。 而一旦建立了这种感情共鸣，就不需要任何苦口婆心地说服。

抓住关键，攻克对方的心理防线

高尔基的名著《在人间》里有一个两家店铺推销圣像的情节：

一家店铺的小学徒没有什么经验，只是向人们说："……各种都有，请随便看看。圣像价钱贵贱都有，货色地道，颜色多样，要定做也可以，各种圣人圣母都可以画……"尽管这个小学徒喊得声嘶力竭，可仍很少有人问津。

另一家店铺的广告则不同："我们的买卖不比卖羊皮靴子，我们是替上帝当差，这比金银还宝贵，当然是没有任何价钱的……"结果，许多人都情不自禁地被吸引了过来。

相同的意思，为什么会有截然不同的效果呢？原因就在于前者用语冗长，平淡刻板，而后者则针对基督徒的心理，将自己说成是"为上帝当差"的，用心独到，言简意赅。

在求人办事时，要说服别人帮助自己，就要把话说到对方心窝里，攻克对方的心理防线，消除对方由于对你的诚意表示怀疑而产生的戒备。否则，这道防线将像一堵墙，使你的话说不到他的心里去，甚至产生反感。

那么，怎样说话才能突破对方的心理防线呢？ 不妨用用下面的方法：

1. 利用对方的危机感话语

在一定的条件下，每个人都会产生某种危机感，这种意识使他心生恐惧，并由此激发出强烈的要求上进的愿望。 如果你能把握住他的这种危机感，就能有针对性地采用相应的对策。

在与人交流中，如果你能洞悉他的内心，巧妙地刺激对方的隐衷，使他内心的想法完全暴露出来，就能找到他的危机感。 这个危机感就是你说服他的一把利器。

2. 树立共同敌人话语

在说服别人时，要懂得将小的共同点扩大，树立"共同的敌人"，使对方有同仇敌忾的感觉。 《孙子兵法》中有"吴越同舟"这么一句话，原意是讲吴国和越国本是敌对的双方，但因同时面对魏国的威胁，在不得已的情况下，两国只好尽释前嫌，以对付共同的敌人。 "吴越同舟"的故事就是由此产生的。

一旦出现了强大的共同敌人时，即使是敌对的两方，也会摇身一变，而成为合作的对象。

因此，只要善于突破对方的心理防线，就可以争取对方的理解和支持，为自己赢得助力。

第三章　讲究手段，办事求人要有方法

掂量轻重，分清事情的分量

事情有大有小，有轻有重，是放弃西瓜捡芝麻，还是丢掉芝麻捡西瓜，这既可能涉及自身的利益，又可能涉及他人及整体大局的利益。 所以，在这取舍两难的选择之间，就应该掂量一下事情的分量，尽量采用舍小取大、弃轻取重的处理原则。 这样，虽然丢掉了小利，但所换取的可能就是大利或大义。

蔺相如是战国后期赵国人，他本是赵国宦官令缪贤的门客，通过完璧归赵、渑池之会后，一跃成为赵国的上卿。

廉颇是赵国上卿，多有战功，威震诸侯。蔺相如却后来居上，使廉颇很恼火，他想："我乃赵国之大将，身经百战，出生入死，有攻城野战之大功，你蔺相如不过是运用了三寸不烂之舌，竟位居我上，实在令人接受不了。"他气愤地说："我见相如，必辱之。"从此以后，每逢上朝时，蔺相如为了避免与廉颇争先后，总是称病不往。

　　有一次，蔺相如和门客一起出门，老远望见廉颇迎面而来，连忙让手下人回转轿子躲避开。门客见状，对蔺相如说："我们跟随先生，就是敬仰先生的高风亮节。现在，您与廉颇将军地位相同，而您见了他就像老鼠见猫一样，就是一般人这样做，也太丢身份了，何况一个身为将相的人呢！连我们跟着先生也觉得丢人。"蔺相如问："你们嫌我胆小，那你们说，廉将军和秦王相比，哪个厉害？"门客答道："秦王厉害。"蔺相如说："既是秦王厉害，我都敢在朝廷上呵斥他，侮辱他的大臣们，我连秦王都不怕，却单单怕廉将军吗？"蔺相如接着说："我想强秦不敢发兵攻打赵国，是因为我和廉将军在位。如果我们二人争闹起来，势必不能并存。我之所以这样做，是把国家利益放在前头，把个人的事放在后头啊！"门客恍然大悟。廉颇闻之，深感内疚，于是负荆请罪，与蔺相如结为"刎颈之交"，演出了一幕千古流芳的"将相和"。

　　蔺相如之所以能千古流芳，就在于他能忍小辱而顾全国家大义，对事情的分量把握得好。 赵国之所以不被他国欺负，就是因为有将相文武二人的威势。 可见，把握好事情的分量，不仅利于个人关系，对集体、对国家也是幸莫大焉。所以，每个人在办事情之前，都要先把握好事情的分量，然后再去办，这样，方能事半功倍。

事有大小，事有种类，事有难易，有的事关系到自己的切身利益，有的事则可办可不办。 因此，我们不但要知道哪些事应该怎样办，而且要知道哪些事该办，哪些事不该办。

如果你觉得事情能够办成，就应该毫不犹豫地去办。 但是，务必要分轻重。

如果你觉得要办的事情把握不大，就要给自己留下回旋的余地。

如果你觉得要办的事情没有能力办到，就不要勉强去办。

有些事情无论是工作上的还是家庭中的，能办的要及早办，不能办的也要想办法去办。

大方一点，办事要克服羞怯心理

一说话就脸红，一笑就捂嘴，一出门就低头，这是许多天生羞怯的人的共同表现。但是，羞怯却是办事的天敌。在求人办事的过程中，我们第一步就要克服羞怯心理。

人的羞怯情绪似乎是一种与生俱来的品质，从某些领域来看，羞怯并不一定是一个完全贬义的词，有人甚至认为"适当的羞怯是一种美德"。但如果在办事的时候感到害羞，那就并不是一件好事了。

在现实生活中，我们确实能遇到十分害羞的人，他们一方面对自己缺乏信心，不喜欢公开亮相，无意与他人竞争，遇事犹豫不决，表现得很不善于交际；但另一方面又往往勤于思考，凡事多为人着想。羞怯不仅不利于一个人办事成功，甚至有可能造成心理障碍。很多羞怯程度很高的人都希望能使自己有些改变，变得乐观而外向一些，以适应现代社会。

要想改变这一点，我们首先要弄清造成羞怯的原因。一般来讲，羞怯是由先天和后天因素的双重影响所致。有人认为，后天的成长环境以及长期以来形成的行为习惯对羞怯的影响更大些。据观察，有些羞怯的人在自己的孩提时代并不羞怯，只是进入学校以后，由于学习、身体等方面的原因，受到学校和家庭双方的压力，加之自己十分在意别人的看法与评价，久而久之，才形成了羞怯的性格；也有一部分是由于童年时家庭的抚养环境导致的，有些家长不鼓励自己的孩子和同年龄的孩子玩耍，或是周围没有同龄儿童，长期下来，也会形成一种内向而羞怯的性格。针对造成羞怯的原因，要想克服羞怯，应主要从以下几个方面做起：

首先，要提高认识。要明确性格是在生活过程中逐渐形成的，如果你已形成羞怯的性格，不要刻意追求奔放和外向，因为羞怯的人也有很多优点。要避免羞怯，关键是要少考虑自我，多考虑他人，多考虑社会价值，多考虑如何与人交往。此外，还要正确认识自己，承认羞怯是自己的弱项。这样，当别人注意到你时，你才不会紧张或刻意地掩饰自己，才能采取随和的态度。也只有这样，你同别人的关系才能更加密切而友好。

其次，坦诚自我。首先，你必须学会尊重别人，不要给别人一种傲视一切、高高在上的印象，这样，别人才会喜欢你并乐意与你交往。否则，整日孤芳自赏，尽管主观上想克服羞怯，但终因客观上的碰壁而走回羞怯的老路上去。同时，为人要热情、开朗，做出乐于与人交往的表现。否则，终日沉默不语，别人便不愿打扰你了。只有善于并乐于表达，使别人在与你的交谈中获得乐趣，别人才愿意与你交谈，你也才能从羞怯的阴影中摆脱出来。

再次，关注他人。 平时，你要留心他人的行动和爱好，了解对方对什么样的话题、行为最感兴趣。 这样，与人交往时就能投其所好，使人觉得你容易接近、容易成为好朋友。

总之，无论如何，你都要尽力克服自己的羞怯心理，这样一来，就为你的成功办事打开了一扇大门。

抓住弱点，让对方无法推辞

有时候，找准对方的弱点，运用"逼人就范"之计求人，也能收到很好的效果。用这种方法有一个诀窍：对方怕什么，就专门给他来什么。抓住对方的心理弱点，攻其一点，不及其余。

有这样一个例子能很好地说明这一点。

战国时，齐国人张丑被送到燕国做人质。不久，齐、燕两国关系紧张，燕国人想把张丑杀掉。

张丑得了这个消息后，立即寻机逃走，可尚未逃出边境，又被燕国一官吏抓住。

张丑见硬拼不行，便对官吏说："你知道燕王为什么要杀我吗？"

"不知道！"

"因为有人向燕王告了密，说我有许多财宝，但我并没有什么金银财宝，可燕王偏偏不信我。"张丑说到这

178

里，见官吏糊里糊涂，接着又说："我被你捉到了，你会有什么好处呢？"

"燕王悬赏一百两捉你，这就是我的好处。"

"你肯定拿不到银子！如果你把我交给燕王，我肯定会对燕王说，是你独吞了我所有的财宝。燕王听到后一定会暴跳如雷，到时候你就等着陪我死吧！"张丑边说边笑。

官吏听到这里，越发心慌，越想越害怕，最后只好把张丑放了。

张丑得以死里逃生，全靠了他的这番话，他成功的原因在于他抓住了官吏的心理弱点，然后一击中的。

当今社会，你求人办事时，如果对方吞吞吐吐或不答应时，也可以细心地想想对方有什么弱点。如果你能抓住他的弱点，然后再求他时，他就不会推辞不办了。

面对冷遇，具体问题具体分析

求人办事，遭人冷面相对几乎是家常便饭。 面对此种情况，有的人会拂袖而去，有的人会心存怨恨。 这样的反应虽在情理之中，但却不利于办事，有时还会因小失大，耽误办事的进程。 因此，若遇到了冷遇，要研究对策，具体问题具体分析。 了解受到冷遇的具体情况再作不同的反应，是十分必要的。 若按遭冷遇的成因而分，不外乎三种情况：

第一种是由于自我估计错误造成的冷遇。 无论是对自己估计过高还是过低，都容易给对方造成错觉，认为你不诚实，从而遭到冷遇。 在这种情况下，应首先对自己重新分析、判断，摆正自己的位置，及时纠正对方的看法，这样，冷遇就会缓解。

第二种是由于对方考虑欠佳，不经意造成的冷遇。 如果受到这种冷遇，你不应过分计较，因为每个人平时都生活在多重人际关系中，你无权要求别人随时照顾到你的感受。 毕竟，人们难以面面俱到，因而，遭受这种冷遇是难免的，你应充分理解，千万不要因此弄僵与对方的关系。

第三种是对方故意给你冷遇和难堪。 对于这种情况，你应努力克制愤怒，使自己看上去满不在乎。 不论对方如何冷落你，你仍然热情地与之交往，使对方受到感动，从而慢慢对你的态度好起来。

在求人办事遭受冷遇的时候，千万不能灰心气馁，而是要区别对待，弄清原委，再决定对策。 下面就是针对3种不同原因所造成的冷遇而做出的不同策略，希望会对那些求人办事屡遭冷遇的人有所帮助。

1. 由于自我估计错误造成的冷遇

这种冷遇是对彼此关系估计过高、期望太大而形成的。这种冷遇是"假"冷遇，非"真"冷遇。 如遇到这种情况，应自己检点自己，重新审视自己的期望值，使之适应彼此关系的客观水平。 这样，就会使自己的心理恢复平静，除去不必要的烦恼。

2. 由于对方考虑欠佳所造成的无意性冷遇

对于无意性冷遇，则应采取理解和宽容的态度。 在交际场上，有时人多，主人难免照应不周，特别是各类、各层次人员同席时出现顾此失彼的情形是常见的。 这时，照顾不到的人就会产生被冷落的感觉。

当你遇到这种情况时，千万不要责怪对方，更不应拂袖而去。 相反，应设身处地地为对方想一想，并给予充分的理解和体谅。

有位司机开车送人去做客，主人热情地把坐车的迎进去，却把司机忘了。 开始，司机有些生气，继而一想，在这样闹哄哄的场合下，主人疏忽是难免的，并不是有意看低自己或冷落自己。这样一想，气也就消了。于是，他悄悄地把车开到街上吃了饭。

等主人突然想起司机时，他已经吃了饭又把车停在门外了。主人感到过意不去，一再检讨。

见状，司机还说自己不习惯大场合，且胃不好，不能喝酒。这种大度和为主人着想的精神使主人很感动。事后，主人又专门请司机来家做客。从此，两人关系不但没受影响，反而更密切了。

3. 对方故意给你冷遇

遇到故意的冷遇时也要做具体分析，必要时可采取针锋相对的手段，给予适当的回击。

有这样一个例子：一天，纳斯列金穿着旧衣服去参加宴会。他走进门时，没有人理睬他，更没人给他安排座位。于是，他回到家里，把最好的衣服穿起来，又来到宴会上。主人马上走过来迎接他，安排了一个好位子，为他摆了最好的菜。

纳斯列金把他的外套脱下来，放在餐桌上说："外衣，吃吧！"

主人感到奇怪，问："你干什么？"

他答道："我在招待我的外衣吃东西。你们的酒和菜，不是给衣服吃的吗？"

主人的脸唰地红了，纳斯列金巧妙地把窘迫还给了冷落他的主人。

总之，在办事过程中遇到冷遇时，不可主观臆断，而应具体问题具体分析，否则，只会造成不必要的损失。

处世心理学全集

超级掌控术

如何在人际交往中取得主导权

曹君丽 编著

成都地图出版社

图书在版编目（CIP）数据

超级掌控术：如何在人际交往中取得主导权／曹君丽
编著. －－成都：成都地图出版社，2019.3（2019.5 重印）
（处世心理学全集；5）
ISBN 978-7-5557-1109-4

Ⅰ．①超… Ⅱ．①曹… Ⅲ．①心理交往－社会心理
学－通俗读物 Ⅳ．①C912.11－49

中国版本图书馆 CIP 数据核字（2018）第 287755 号

编　　著：曹君丽
责任编辑：游世龙
封面设计：松　雪
出版发行：成都地图出版社
地　　址：成都市龙泉驿区建设路 2 号
邮政编码：610100
电　　话：028－84884827　028－84884826（营销部）
传　　真：028－84884820
印　　刷：永清县晔盛亚胶印有限公司
开　　本：880mm×1270mm　1/32
印　　张：30
字　　数：600 千字
版　　次：2019 年 3 月第 1 版
印　　次：2019 年 5 月第 3 次印刷
定　　价：150.00 元（全五册）
书　　号：ISBN 978-7-5557-1109-4

前　言

在工作、恋爱、人际交往等日常生活中，你是否会有这样一种困惑：无法掌控局面，经常身不由己做着违背自己意愿的事。如，在与人交往时，你常常被别人牵着鼻子走；在工作中，经常成为替罪羊或办公室政治的牺牲品；在沟通时，你说的话常常达不到自己想要的结果；在求人办事时，想尽了办法也一无所获……

在现实中，霸道蛮横、自私自利、难以共处之人无处不在。他们或许就在你的朋友圈里，在你的办公室里，在紧张而激烈的谈判桌上，在觥筹交错的饭局中……

其实，与其焦头烂额地去周旋，不如回归自我，从自己身上找原因，看看到底因为什么让自己失去了掌控权。

因为心志不够坚定，导致自己总是退让？是缺乏说话技巧，让自己每次在沟通中总是处于被动；还是因为不够灵活，呆板的处事方式让自己步履维艰？

同时，你还可以看看身边那些时时处处都能游刃有余地掌控局面的人，看他们是如何做到的。

你会发现，那些你心目中的掌控者，都比较强势、果断，他们具有很强的人格魅力，具有决断、坚韧的特质。 更为关键的是，他们不会使用蛮力去应对人际纠纷，而是以巧妙的策略和技巧来化解矛盾，轻松挽回局面。 当然，这些策略和技巧，在本书中都能找到。

本书以心理学、行为学、口才学等领域的研究成果为基础，并结合大量现实中的案例，深入浅出地为你揭示：只有拥有了超级掌控力，你才能在任何场合中掌控住局面，让事情的发展按照你的思路运行。

只要你掌握并运用本书中提出的思维方式和应对策略，无论面对怎样的困境，你都能够巧妙逆转被动局面，摆脱人际交往中的困局，快速、果断、从容不迫地取得主导权。 即使你的对手比你强势得多，你也能在交锋中处于不败的境地，以四两拨千斤之力化解困境。

2018 年 8 月

目　录
CONTENTS

第三章
不炫耀，不张扬，低调更能受欢迎

第六章

妙言巧语，会说话是一种掌控力

第七章
有胆有识，没有办不成的事

第一章

洞悉人性奥秘，方能掌控人心

互惠原理：没人愿意欠人情债

"怎么搞的，检查组明天就来，你怎么没有提前通知呢？"局长接了部里的电话，生气地质问办公室主任。

"我……我……我把通知……"

"都没有做准备，你说这事怎么办吧？"局长不想听办公室主任的解释。

"对不起，局长，这是我的问题，我马上督促他们准备。"

……

其实，这事不能怪办公室主任。办公室主任一接到上级的检查通知，就马上把通知送往了局长办公室。当时，局长正在打电话，见他手拿通知进去，就让他把通知放在桌子上。

"估计是我走了以后，局长就给忘了。"办公室主任心里暗暗地想，但他没有吭声。

他马上去局长那儿找出那份通知，按照通知要求，赶紧打电话通知各部门准备。最后，终于在检查组到来之前，准备好了所有材料，顺利通过了检查。

大家都把悬着的心放下了，事后局长决定好好培养办公室主任。

局长这么做的原因是什么呢？是因为办公室主任有责任心，敢担当吗？

确实如此，但是，更为重要的原因是因为他对办公室主任产生了一种"互惠心理"。

下属替自己背了黑锅，还当众挨了自己的批评，局长的面子是有了，也维护了一个局长应有的权威，但他的心理失衡了，他觉得自己有必要弥补一下对下属的愧疚之情。

从心理上来讲，一般人都有这种互惠心理，就是说，接受了别人的帮助，就想要回报对方。比如，一个人帮了自己的忙，我们会用自己的方式回报对方。比如：

汽车销售员在帮客户介绍车时，突然拿出一条纯白的手帕，铺在顾客那台本来就想换的破烂车辆前，非常有礼貌地说："我先帮您检查一下您的车。"随即钻到车底下。过了一会儿，他边拍着沾满泥土的手帕边说："一切都好。"顾客看着他满头大汗的样子，心里不禁十分感动，同时也非常感激这位销售员的细心体贴。原本没有买车的打算，但看到这位销售员有这么好的服务精神和态度，便对他产生了信任，于是就决定买一辆新车。这就是那名汽车销售员的销售策略，靠一条因为顾客弄脏了的手帕来感动对方，换取顾客的感激之情来推销，最终使他成功地售出一部汽车。

心理学中有这样一个实验：有一位教授在一群素不相识的人中随机抽样，给挑选出来的人寄去了圣诞卡片。结果，他收到了大部分人的回赠。那些给他回赠卡片的人，根本就没有想到过打听一下这个陌生的教授到底是谁。他们之所以会回赠，是因为不管怎样，都不能欠别人的情，就算是自己的敌人也不行。

在第一次世界大战中，有一小队德国特种兵的任务是去敌军战壕中抓俘虏，回来取得口供。

有一个德军特种兵曾多次成功地完成了这样的任务，这次他像以前一样来到敌军战壕中。

一个落单的士兵正在吃东西，丝毫没有防备地就被控制住了。他手中还举着刚才正在吃的面包，这时，他本能地伸手，将面包递向德国兵。

这一举动让德国兵大吃一惊，结果，他没有俘虏这个敌军士兵，而是自己一个人回去了，即使他知道回去是要受处分的。

那他这样做的原因又是什么呢？

那是因为对方递送面包的这一举动唤起了他的互惠心理，他觉得自己受了对方的恩惠，就要回报对方。而那一刻，不抓他，就是对他最好的报答，于是，他就这么做了。

想想看，在你死我活的战场上，一个小小的举动就能挽救自己的性命。在职场中，我们是不是可以借用类似的举动来打动我们的同事，以获取他们的支持和帮助呢？答案是肯定的。

哪些算是小小的恩惠呢？比如送礼给对方、请对方吃饭、帮助对方做事等。

互惠原理认为，在接受了别人的帮助后，我们会用尽量相同的方式去回报别人。如果有人送生日礼物给我们，在他生日时，我们会回送一件礼物。所以，中国有个传统就是"礼尚往来"。

某机场，一名旅客正在休息，走来一名募捐者，突然将一朵玫瑰塞给了他。旅客本能地接过了玫瑰，但他马上反应过来，要将玫瑰还回去。可是募捐者不要玫瑰，而是提出了募捐的请求。旅客再次拒绝，但募捐者再一次回绝了他，旅客陷入矛盾中。其实，他完全可以把玫瑰拿走，然后不掏一分钱就走开。但是他却没有这样做，而是表现得犹豫不决。几秒钟之后，旅客还是没有走开，最终他捐了两块钱给募捐者。之后，旅客如释重负，但他却将玫瑰扔到了垃圾桶里。

互惠原理的威力在于，即使是一个陌生人，甚至是一个敌人，如果他先给我们一点小小的好处然后再提出他的请求，他就非常有可能达成自己的目的。 因此，某些人不请自来地帮我们一个忙，我们就会自然地产生还他们一个人情的想法。

那么，产生这种心理的根源是什么呢？ 我们需要从互惠原理的社会意义上寻找其根源。 其实，互惠原理的确立，目的是发展互惠关系。 如此一来，不请自来的好处一定会让接受者产生负债感。 人们的心中普遍有这样一种想法：给予和接受是一种责任，与此同时，偿还也是一种责任。

在生活中，偿还的责任不仅使我们没有办法自主选择施恩的人，还把这种权力交到了其他人的手中。 在这个过程中，施恩的人掌握着真正的选择权。 施恩者决定了怎么样给予恩惠，也决定了如何收取回报。 因此，即使是一个不请自来的好处，一旦被接受，我们也会有负债感。

习得性无助：人人都想掌控大局

一对年轻夫妇，由于刚买了新房，经济状况不是很好。接下去，他们还得规划着购买大件家具或电器。

年底了，妻子想在丈夫年终奖发了以后把家里的电脑换了，因为家里的电脑太旧，总死机，影响工作效率。

丈夫想买套沙发，因为他是个球迷，无论是什么球赛，他都从不错过。他希望在看球的时候能有个舒服的沙发。

妻子知道丈夫心中的渴望。她也知道，假如提出自己的要求，丈夫也不会反对。不过，她清楚他会很遗憾，他想要个新沙发也很久了。

丈夫领了年终奖，非常高兴地回到了家里。

夫妻两个人便有了如下的对话：

"老婆，年终奖发了，你想买什么？"

"我没什么需要的。你呢？"

"不如买套沙发？"

"可以啊，这样你看球赛就会舒服多了。"

"那还需要什么呢？"

"要是钱有剩余的话，就买台电脑吧。咱家的太旧了，老死机，影响工作。"

"钱可能不够，"丈夫想了一会儿，"要不，先买电脑吧。"

"那你的沙发怎么办？"

"没事，这个不着急。先买电脑，沙发等有钱了再买呗。"

结果，妻子拥有了一台她早已相中的电脑。

这个妻子非常聪明，表面上放弃决定权，实际上却掌握了决定权。

从表面上看，做主的是丈夫，妻子没反对他买沙发。随后妻子提出如果条件允许再买台电脑，表明决定权还在丈夫那里。最后，妻子也没有反对丈夫买电脑。似乎一直都是丈夫在做主，但实际上，妻子非常巧妙地达到了自己的目的。

妻子的聪明之处就在于她了解丈夫"喜欢做主"的心理，而且对这种心理加以利用。其实，每个人都想"做主"。因为人人都有自尊心，渴望得到别人的认可与尊重。或许，很多时候，决定的内容并不重要，他们只是想通过"做主"的形式来满足自己的自尊心。也就是说，"做主"只是一种形式，关键是能否满足自尊心。只要自尊得到了满足，决定什么内容就不那么重要了。

这也是为什么我们常能看到一个获得别人尊重的人，往往很少提出不同的意见。

记得林肯说过："当一个人心中充满怨恨时，他不可能按照你的意愿行动，那些喋喋不休的妻子、喜欢骂人的父亲、爱挑剔的老板……都该了解这个道理。你不能强迫别人同意你的意见，可是会有一些方法让他们自愿服从你。"

的确，表面上是让对方做主，实际上却能达到自己的目的。对处于劣势的一方来说，这不失为一种好方法。比如，家中的弱势一方、父母眼中未成年的孩子、团队的得力干将、公司经理的副手，你的位置表明了你没有决定权，而掌握决定权的人却又非常希望得到你的认可与尊重。为此，遇到什么事要做决定时，你不用因为没有决定权而黯然神伤，要做的是：尊重对方的决定权，提出自己的意见。可以这样说："我觉得这件事如果能……的话，可能会更好，不过，最终还是要由你来拍板。"这样一来最终获益的还是自己。何乐而不为呢？

心理学研究发现，人们之所以会有控制欲，是由于"习得性无助"现象。"习得性无助"是指人或动物接连不断地受到挫折，对自己丧失信心，陷入一种无助的心理状态。它是一种由于学习而形成的无能为力的心理状态。据研究，动物界中普遍存在"习得性无助"，即使人作为高级动物，也不能例外。

1975年，塞里格曼在大学生群体中进行了"习得性无助"实验。把学生分为三组：让第一组学生听一种噪音，而且他们没有任何办法使噪音停止。第二组学生也听这种噪音，但他们可以通过努力来停止噪音。 第三组学生听不到噪音。 当受试者在各自的条件下进行一段时间的实验之后，接着进行下一项实验：实验装置是一只"手指穿梭箱"，当受试者把手指放在穿梭箱的一侧时，就会听到一种强烈的噪音，而另一侧没有噪音。 实验结果表明，在原来的实验中，有办法停止噪音的，以及未听噪音的学生，他们在"手指穿梭箱"的实验中，能够学会将手指移到箱子的另一边，停止噪音。 而第一组被试者，也就是说在原来的实验中无论如何都没有办法停止噪音的学生，他们的手指仍然停留在原处，任凭刺耳的噪音响下去，没有任何反应。

有很多实验都证实人会产生"习得性无助"。 通常经历"习得性无助"之后，人在情感、认知和行为上会表现出消极的特殊心理状态。 比如，习得性无助让人觉得自己没有能力，最终导致他们走向失败。 他们拖延工作、敷衍了事、放弃挑战；他们沮丧，并以愤怒的形式表现出来。

研究证明，个体的幸福和健康与个人控制力息息相关，剥夺了一个人的控制权和选择权相当于剥夺了他的健康和幸福。

例如，让囚犯拥有控制环境的权力——可以开关电灯、移动椅子、控制电视——他们的故意破坏行为就会大大减少。

给工人一些完成任务的决定权可以使他们士气高昂。

假如我们可以选择早餐吃什么、晚睡还是早起、什么时候去看电影，那我们就可能活得更久、更快乐。

我们在购物时，店员经常会使用这一心理技巧，让顾客拥有主动权，尽量去满足顾客的控制欲求。 比如，微笑地面对进店的顾客，热情招呼"您好，欢迎光临！""您好，请随便看！"等以示尊重，但不要太长或说太多，给他们一个宽松的购物环境，不要让顾客感觉到一种压力；店员在做推荐时，要推荐几种商品，然后让顾客自行选择，把主动权交给顾客，满足顾客的控制欲；在试用时，一定要让顾客自己动手，店员要做个能干的助手或者咨询员。 总之，保证顾客拥有控制权，购物的体验就会变得非常愉快，下次有需要就会再来光顾。

重要效应：人人都想受人瞩目

"小孙，帮我翻译翻译这个稿子吧。这礼拜就要！"一位科长向他隔壁部门的一位职员说道。

"以前都是小王帮我翻译，他效率高，英语也好，可惜他现在出差了。你们部门的小张也不错，但他挺忙的。"科长补充道。

"这礼拜？我恐怕要跟您说声抱歉。我手头也有不少事情要做呢，可能没时间为您翻译，小王马上就回来了，我看根本不用找我嘛！"

"啊，这样啊，那好吧！"

我们再来看下面这个故事。

一位富商要修建一座办公楼，但在资金上还缺300万美元，很多银行都不愿意贷给他这笔款。

在所剩的钱仅够再花一个星期的时候，他与银行的一名主管吃饭，席间，他非常直接地对银行主管说："我还需要贷 300 万美元的款，明天就要。"

"你一定在开玩笑，这样的事我们从来没有办过。"银行主管答道。

"我认识那么多银行负责人，想了想，觉得除了你，谁也办不好这件事。"富商很诚恳地说道。

银行主管听后，一愣，然后微微一笑，说："这个要求真的太高了，不过，我可以试一试。"

结果，第二天，这个富商果真拿到了预期的贷款。

同样是求人办事，一个是不会说话，不知将心比心，事情原本简单又容易，却没办成；一个因为了解他人的心理，进而以心攻心，结果那么难办的事也成功了。

在第一个故事中，事情非常简单，小孙却予以回绝，想想看，他真的挤不出一点时间吗？ 多半不是这个原因，而是科长的话伤了他的自尊心。 因为，那个傻科长要请小孙帮忙，却一口一个小王好、小张不错。 难免小孙会想，既然他们都不错，那就用不着我呗。

在第二个故事中，事情那么难办，银行主管却给办好了。 这是什么原因呢？

道理很简单，因为"除了你，谁也办不好这件事"这句话满足了银行主管的虚荣心。 人人都有自尊心、虚荣心，人人都想要获得别人的认同，都希望自己是"唯一的""特别的"。 诸如此类的"唯有你能"或"除了你，谁也不能"等字眼，常常会让人觉得很受用，让人的虚荣心得到极大的满足。 因为这种错觉，间接地激发了一个人的自尊心，满足其虚荣心。 虽然明知那是拍马屁，却仍然让人身心舒畅。 这也是为什么银行主管会竭尽全力地发挥自己的最大能量，最终办成了原本认为不可能的事。

在日常生活中，假如想要自己的观点被别人接受，并且让别人按照自己的意愿办事，不妨大方地使用这样的字眼。

比如，分派下属一项重大任务，可以特别强调一下任务的艰巨性，说："我想来想去，也只有你可以担此重任。"强调"非他莫属"。

让家人去做一件烦心的家务事，可以强调一下做家务的重要性，说："干这个活，你最拿手！"强调他的不可替代。

请求他人为你解决棘手问题的时候，也可以强调对方有多么重要，说："除了你，谁都干不成这件事！"

请相信，这样的光环没有人能拒绝，他们因此能够特别为你办事，帮你办成"特别"的事。

一旦你把这种认识固化在你的头脑里，时时谨记，你将获得不可思议的洞察力，清楚地了解到人们为什么要做他们正在做的事。

人们不在乎你知道多少，却非常在意你对他们了解多少。 当他们知道你关心他们时，他们对你的感觉也就发生变化了。 因此，要让别人知道，对你而言，他或她是重要人物。 人们如果得到理解和信任，人人都能成为重要人物。如果获得了你的信任，他们真的就能成为重要人物，使你顺利达到自己的目的。 对你而言，人人都有成为重要人物的潜质，而他们需要的只是来自你的信任和鼓舞，从而激发他们的潜力。

永远记住，不要显摆自己的重要性，而要让他人高看他们自己。相信他们，他们就会开始正确地做事。

焦点效应：人人都想以自己为中心

基洛维奇是一名著名的心理学家，他曾经做过这样一项实验——让康奈尔大学的学生穿上某名牌 T 恤，然后走进教室，让这名学生自己估计会有多少人注意到他的 T 恤，他觉得会有大约一半的同学。但是，出乎他的意料，只有23%的人注意到了这一点。这个实验说明，我们经常以为别人在注意自己，但实际上并非如此。由此可见，我们对自我的感觉的确占据了自我世界中的重要位置，将别人对我们的关注程度放大了，其实并没有那么多人注意到我们。

这就是心理学中的焦点效应。人们都会将自己当成中心，而且高估了外界对自己的关注，这是心理学中所公认的一个事实——人都是以自我为中心的。其实，这也是生活中常见的现象。

比如说，同学聚会时拿出集体照片，大家都会先找自己。又比如说，朋友之间聊天，大家会很自然地将话题引到自己身上来，而且，大家都希望被别人所关注，被众人所评论。 这就是焦点效应在生活中的体现。

焦点效应意味着人类往往会把自己看作一切事物的中心，这常常会使我们高估自己的受关注程度。 和初次见面的人一起用餐，你不小心把酒杯打翻，或者不小心将菜撒到了外面，该送到嘴里的菜意外地掉在桌上，此时，你是否会觉得非常尴尬？ 认为大家都在笑话你？ 可能很多人都会有这样的感觉，即使不那么强烈也会觉得不好意思，然后变得非常小心。 这是很正常的表现，大家都希望能给别人留下一个好印象。 有实验表明，其实我们（不是公众人物的情况下）并不是那么受人关注。 没有人会注意到你夹的菜掉到了地上，即使看到了，人们也是不假思索地就过去了，根本不会放在心上。

很多时候，都是我们对自己过分关注，以至于认为别人也这样关注着自己。 这是自我焦点效应在作怪，总觉得自己是人们视线的焦点，大家都在看着自己，这样就会让人产生社交恐惧。

社交恐惧者会高估自己的社交失误和公众心理疏忽的明显度。 假如我们不小心碰倒了杯子，或者自己是宴会上唯一一个没有为主人准备礼物的客人，就会觉得非常尴尬。 但是研究发现，我们所受的折磨，别人不太可能会注意到，即使注意到也可能很快会忘记。 没有人会像我们自己一样关注我们。 因此，正确理解焦点效应有助于消除社交恐惧。

正是因为每个人都有焦点效应，所以销售员常常会利用这一点。

业务员的主要任务是推销产品。 大多数的推销员一进门就对客户说"我们的产品怎么怎么样""我们的产品有什么优点"等。 其实，没有人愿意听他们这样啰唆，谁也不愿意听关于别人的事，特别是对于陌生人，没有人会想这样白白地浪费时间。

但是，恰恰相反，客户更愿意去听关于自己的事。

一个业务员走进了客户王总的办公室。王总正在忙，他静静地坐了下来，观察了一下客户的办公室。客户的后面是一个书柜，桌子上有一张王总穿着博士服的照片，照片一侧竖着写了四个大字"大展宏图"，看起来照片是精心装裱过的。

王总忙完了以后，业务员对他说："王总，您是博士毕业啊？读的哪所大学？您是博士又掌管着这么大的一个公司，可真是事业有成呢，这样的人可不多见呀！"王总一听，立刻哈哈大笑： "你过奖啦，这是我以前在读……"客户兴致勃勃地讲起了自己的事。

客户谈了一会儿，就主动切入正题，谈起了产品。但是，当报价的时候，客户又沉默了。业务员很快反应过来，说："王总，照片上的字是您写的吧，真有气势，您的书法肯定也相当了得呢！"

王总接过话来："过奖了……我以前……"

最后，这笔生意很顺利地谈成了。

一开始，业务员具有针对性的一句话很快拉近了他与王总的距离，在冷场的时候，业务员再次利用心理学中的焦点效应，让王总成为焦点。 客户也喜欢谈自己的事，试想，如果一开始业务员滔滔不绝地谈自己的产品，这笔生意能这么简单达成吗？

焦点效应不仅能够用于销售，我们也可以将它应用在生活中。 例如，追女孩子。

当你看到一个漂亮的女孩子，你想结识她，要一个电话、微信号什么的，利用焦点效应，肯定不会让你空手而归。 你可以上前说"小姐，你这衣服真漂亮，在哪儿买的呀？ 我也想给我妹妹买一件"。 当然，也不局限于衣服、提包、鞋子、钱包、手机、手链等都可以，让她知道你在关注她，这样，她的联系方式马上就可以到手了。 如果你说"我没有听说过这个地方呀，可不可以请你帮忙？"没有人会轻易拒绝你，她的联系方式就到手了。

每个人都希望成为外界关注的焦点，这样你会快速领会对方的目的，打破对方的心理防线，表现出你对他的关注，使对方放松戒备。

控制错觉定律：你真能掌握偶然事件吗

日本有一家公司，在内部向员工发售了一批有 500 万美元头奖的彩票。每张卖 1 美元，一半职工可以自己选择，一半由公司直接发派。

到抽奖的时候，公司专门派出调查人员找到那些持有彩票的人，说明自己有朋友非常想要这些彩票，希望他们能够将彩票卖给自己。结果发现，自己选择的那些彩票售价是 8.16 美元，而公司派发的彩票每张均价是 1.96 美元。

其实，两种彩票中奖的概率是相同的，可是人们就是认为自己挑选的更容易中奖。

另外，在玩"双六"的赌博游戏的那些人，心里会一直念叨着"六"，口中也会小声地说出来，并且拿着骰子的手也会加大力气。其实，这些小动作不会影响最终结果，但是，人在潜意识里觉得这样做可以控制骰子，增加"六"出现的概率。

这一现象在日常生活中很常见。它反映了一种心理定律，叫"控制错觉定律"，即人们对于非常偶然的事情，会认为自己是可以控制的。

人们为什么会这样认为呢？这是因为日常生活中，主要的活动，都能靠我们自己的努力和训练加以控制，我们会把这种控制感扩散到生活中其他的事情上。

心理学家曾做过这样一个实验：他们给了一些人钱，让他们参加掷骰子赌输赢，以比较他们在掷骰子前下的赌注大，还是在掷完骰子还未开宝时下的赌注大。结果发现，很多被试者在掷完骰子后的赌注没有掷骰子前下的赌注大。

这种情况出现的原因是什么呢？大多数被试者都认为在掷骰子前，靠自己的努力，能使骰子赢的可能性更大。这显然是一种错觉，胜负只与最后的一掷有关，而与自己的技术和能力没什么直接的联系，显然它是偶然的。人们之所以这么做，是受控制错觉的影响。

人们的行为很容易受到控制错觉的影响。比如买彩票、赌博等，人们因为放大了自己对未知事物的控制能力，认为结局全在自己的掌控之中，因此而沉迷其中，结果却给自己造成了巨大的损失。我们不提倡这种不理智的行为，因为偶然性的事情本身与我们的能力的好坏和技术的高低并没有直接的关系，这是我们没有办法控制的事情。因此，在对待中奖和赌博等偶然性的事情时，要理性地认识到这一点，偶尔参与也只是碰碰运气，不能过分执拗，不然最终遭受损失的还是自己。

日常生活中，在一些必然的事情上，我们的努力往往可以改变事情最后的结局，可以取得一些成绩。 比如，多花点力气，多扛一些货物，所赚的钱就会多一点；多花点时间，多记一个知识点，考试成绩就会好一点。 这些是可以控制的，可以通过自己的能力和技术的提高有所改变。

　　然而一些偶然事件是我们无论如何也控制不了的，这样只能被控制错觉所迷惑，不能理智地看待事情，使自己陷入无限的迷惑之中。 偶然性事件受概率的支配，而我们的潜意识里认为能够对它有所控制和支配是一种错误的想法。 我们要认识到并且摒弃这种错误的想法。

第二章

破译交际密码，掌握交往主动

懂幽默，快乐多

当人面临困境时，减轻精神和心理压力的方法之一就是幽默，它可以淡化人的消极情绪，消除沮丧与痛苦。此外，如果恰当地运用幽默，还可以带给他人欢悦，留下好印象，并且在处于困境时还可以化险为夷。与人交往时出现消极情绪是我们不可避免的，或者会出现各种各样的矛盾、纠纷和冲突，如果你能将幽默运用其中，这些问题就能被巧妙地化解，打通你们进一步合作的关节。

每个人都喜欢幽默，如果你的言谈举止中富含幽默与机智，在交际中就能把别人征服，把对方的兴致吸引过来，显出你的聪明之处。在有些困境中，重重乌云甚至会因你的一句笑话而驱散，使双方之间存在的一切怀疑、郁闷、恐惧都烟消云散。下面的故事，就是妙用幽默的最好例子。

在一次商业谈判中，谈判双方的意见"撞车"了，僵持不下，难以下台。这时，一方竟满脸含笑，讲起一个"撞车"的幽默故事：有一天起了大雾，浓浓的大雾使人看不到对面的东西，公路上的汽车只好一辆咬着一辆的尾巴行驶。突然，有一辆车急刹车停住了，后面的那辆与前面那辆的车尾撞在了一起。后面那辆车的驾驶员跳下车来吼："喂，不想活了吗？雾这么大，还急刹车。"前面那辆车的驾驶员不紧不慢地回道："喂，老弟，你的车都开到我车库里了，难道还不想倒车呀！"双方哈哈大笑，一下缓和了紧张的气氛。

最后，双方经过一番冷静的商讨之后，取得了各自满意的结果。

我们来看一下下面的例子，更能体会到幽默的魔力：

原一平是日本著名的保险推销大师，他很擅长运用幽默的方式来赢得对方对他的兴趣，以此来实现其推销保险、结交关系的目的。他的身材很矮小，仅1.45米。又小又瘦的他实在缺乏吸引力，但是他以自己独特的矮身材，加上幽默语言和苦练而成的各种幽默表情，经常逗得客户哈哈大笑，给人可亲可爱的感觉，从而都心甘情愿地在他这里购买保险。比如，他和客户的对话经常是这样的：

"您好！我叫原一平，是明治保险公司的。"

"啊！明治保险公司，昨天你们公司的推销员来过了。我最讨厌保险了，所以昨天他被我拒绝了。"

"是吗？不过，昨天的同事没有我帅气吧？"原一平一脸正经地说。

"什么？你那个同事又高又瘦，哈哈，比你好看多了。"

"矮个子没坏人，不是说越小的辣椒越辣嘛！俗话不也说'人越矮，俏姑娘越爱'嘛！我可发明不出来这句话啊！"

"哈哈，你挺有意思的。"

就这样，原一平在与顾客的谈话中巧妙地使用了其幽默感，双方的隔阂就消失了，并且给人留下了深刻的印象，很快就做成了生意。这就是幽默产生的魔力。

有一位成功的企业家说："我喜欢幽默，在严肃的时候我常喜欢插入一点轻松的东西，人们一会儿就习惯了；但它并不是每次使用都有效，但在大多数情况下效果不错。"本来生活中就不可缺少幽默，作为生动有趣而意味深长的交际艺术，它更是创造和谐气氛的润滑剂。 将幽默恰当地运用到各种交际活动或者生意场合中，往往可以收到优化气氛、赢得人心的独特功效。

学会发现并唤起对方的需求

世界上没有两片完全相同的树叶，同样，完全相同的两个人也不存在。

马克·吐温小时候，有一次逃学，他被妈妈罚去刷围墙，围墙长达30米。马克·吐温刷了一会儿就发现这是一个漫长的苦役，怎么办呢？他开始寻找对策。此时从远处走来了邻居家的孩子托米，他手里拿着一个大苹果。马克·吐温一见他，立即打起精神，让手中的刷子在墙上飞舞，不时还停下来，后退几步看看效果，好像是正在欣赏一件杰出的艺术品。

托米好奇地走了过来。

"嗨！托米，"马克·吐温招呼托米道，"你要去哪儿？"

托米说："我要去游泳。你要干活，你不能去的我知道，不是吗？"

"什么，这也叫干活？"故作惊讶的马克·吐温说道，"如果这也叫干活，那我真希望天天有活干。你要知道，刷墙的机会可不是每个小孩都有的，这可是大人才能干的事！"

这句话顿时使托米动心了，他央求马克·吐温让他刷一会儿。刚开始马克·吐温不同意，最后托米提出用苹果交换，马克·吐温才允许他刷墙。马克·吐温躺在草地上吃着苹果，托米则奋力挥舞着刷子，干得津津有味。别的孩子看到以后也围了过来，全都跃跃欲试。

这个下午，孩子们得到了机会去刷墙。作为回报，他们送给马克·吐温若干礼物，包括一条干瘪的蜥蜴、两颗玻璃珠、四块橘子皮和一根印第安羽毛。

马克·吐温小小的年纪，就能了解别人的需要，并且知道用什么方法唤起这种需要，真不愧是一位高情商的人，他后来能取得那么大的成功也就不言而喻了。

也许有一天你也会想要让别人为你干点什么，或者想要别人按照你的意愿去做点什么；那么，在这之前，你就需要对对方的需要进行认真的思考，然后根据对方的需求来采取行动，让对方在做你想让他做的事时反而心甘情愿。如果你不去考虑别人的需要，一心只想达到自己的目的，只考虑自己的需要，那么最终你会适得其反。请看下面的例子：

有一位富翁的车在路上坏了，他想叫一家修车的公司来帮他修车。他来到修车行，发现这里有很多家修车公司。他走进一家看上去规模还比较大的修车公司，修车的小伙子看到一身名牌的富翁，知道他派头不小，就想和他拉近关系，甚至幻想帮他修车能得到多少小费。于是他不问车坏在哪里，而问富翁是做什么的，收入有多少。有人帮富翁把车修好才是他真正需要的，而不是被问一些不着边际的问题，很显然小伙子忽略了这一点。于是，富翁走出这家修车公司，走进了另一家。那家修车公司的员工看到走进来的富翁马上就说："您的车坏在哪里？我们马上派人帮您拖过来修理，很快就能修好。"

结果可想而知，富翁对后面的修车公司产生了好感，成功地做了一个送上门的客户。

那些事业有所成就的人，秘诀之一就是了解别人的需要，以别人的需求为出发点，投其所好。虽然，世界上有很多自私、贪婪的人，对别人的需求和感受从不考虑；但是，仍有一些人是无私的，能够从别人的利益出发考虑问题，大家都更喜欢这样的人，别人也更愿意接受他们的观点。

知道对方的需要，并且唤起对方的需求，并不意味着我们对别人要加以操纵和利用，而是尽可能地使双方都有利可图，能愉快地达到双赢。以这样的方式交往，何乐而不为呢？

练就火眼金睛，洞察对方内心

《西游记》中的孙悟空，拥有一双火眼金睛，不管是什么妖怪，只看一眼，就能看出对方的真面目，所以不管妖怪有多厉害，他都能将其制伏。

号称"外交人员的楷模"的周恩来，之所以能在外交活动中挥洒自如，就源于他有一双"火眼金睛"，能洞察对方的内心。

1971年，为中美外交僵局中断20年进行谈判，基辛格率代表团秘密访华。在他们来华前，尼克松总统一行对这次会谈的情景曾多次设想，他认为中方一定会拍桌子大声叫喊着"打倒美国帝国主义"，让他们滚出东南亚，退出台湾。因此，基辛格一行人等心里都很忐忑。

约好在钓鱼台国宾馆会见，在等待周恩来的时候，基辛格他们表现得有点儿手足无措；每个人的心里都在打鼓，不知道周恩来见到他们以后的态度会是怎么样的：

周恩来是否会耻笑他们，或者对他们不理不睬。他们的这种设想其实是有道理的：作为一个曾经把中国人民踩在脚下的国家的代表，如今又到这个国家来访问，只为了能重新与这个国家建交，他们受到中国人民怎样的对待都是应该的。

周恩来一走进会见室，只看了一眼他们的表情，就清楚地知道了他们心里在想什么，也知道他们为什么紧张。为了化解他们的紧张，周恩来决定先不谈政治。于是他微笑着握住基辛格的手，友好地说："这是二十几年来中美两国高级官员的第一次握手。"当基辛格把自己的随行人员一一介绍给周恩来时，周恩来更是出人意料地给予赞美。他握住霍尔德里奇的手说："我知道，你会讲北京话，广东话也会讲。我都不会讲广东话，你在香港学的吧！"他握着斯迈泽的手说："你在《外交季刊》上发表的关于日本的论文我读过，希望你也写一篇关于中国的。"他摇晃着洛德的手说："小伙子，好年轻，我们该是半个亲戚；你的妻子是中国人我知道，她还在写小说。她的书我喜欢读，欢迎她回来访问。"

几句问候语就这么简单，让基辛格他们把心放进了肚子里。周恩来为了消除基辛格一行的紧张心理，可谓是用心良苦，在这之前，这种情况的出现也许周恩来早已料到，因此他首先充分地了解了这些来访人员，也对基辛格的几位随员进行赞美，不是赞美他们政治舞台上的出色表演，而是赞美其生活、工作中的一些细节，既亲切自然，又大方得体。

周恩来慷慨地赞美这些表面看来与彼此外交使命无关的细节、琐碎之事，大大缩短了双方的心理距离。周恩来平易近人的温和态度，一方面让客人觉得他们会见的不是一个国家的高级官员，双方不是进行严肃的政治谈判，而是像和一个多年不见的老朋友会面，与他们亲切地话家常，对他们的独到之处大加赞赏；另一方面，"言者有意，听者有心"，周恩来通过这些与主题毫无联系的赞美将中国人民对美国人的友好态度巧妙地传达了出去。这些看似微妙，甚至不易为人觉察的信息却使美国来访的一行人发生了很大的心理转变，气氛由紧张、拘束一下子变得活跃了，这为会谈消除了心理屏障。因此，会谈顺理成章地成功了。周恩来以他的机智敏捷，在外交史上留下了一段传奇佳话。

　　在与人交往中，是不需要夸夸其谈的，每句话都要说在点上。要想说到点上，就在于你能否洞悉对方的内心，是否能抓住对方的心理，对症下药。要想洞察对方的内心，看人时就要拥有一双火眼金睛，要从细节处着手，比如对方的穿着打扮、说话的语气、口头禅等，观察对方身边的人也可以得到你想要的线索。所谓"物以类聚，人以群分"，看他身边的人品格如何、性格怎样，看他交的是哪一类的朋友、他怎么对待自己的朋友，甚至还可以看他朋友喜欢什么、讨厌什么，从而来推断出他喜欢什么、讨厌什么，进而大概知道他这个人是什么样的，这样在与其交往中，才能把话说到点上，把事做到点上，才会事半功倍。

　　孙悟空并不是天生的火眼金睛，而是经过烈火的锤炼才练就的。我们要想拥有一双火眼金睛去洞察他人的心灵，就要靠平时的积累。 在与人交往中集中精力，把注意力放在对方身上，把全身所有的细胞调动起来，眼观六路，耳听八方，对你有用的信息一定要抓住，久而久之，你也就成了一位善于观察人的人，对方的心思你就能轻易看穿，对症下药，从而能非常容易地达到自己的目的。

投其所好，迅速收获好感

销售人员在进行业务培训时，都要学习这样一种技巧——投其所好。 这是和客户打交道时一定要注意的，谈论对方感兴趣的话题，对方对你的印象就会很好，从而促使这笔交易谈成。 这个道理也同样适用于同陌生人发展关系。

每个人的兴趣和爱好可能都不同，并且都希望自己的兴趣和爱好被他人认可。 如果有人能和他们一起谈论这个话题，对其兴趣和爱好能够理解，他们就会对对方产生一种信任和好感，与对方的合作和交流就能顺利进行。 正是因为这个道理，所以很多人都会先想方设法了解对方的兴趣和爱好，从而促成生意或发展自己的关系。

因此在和陌生人交往时，要以对方的需要、兴趣、爱好、志向为根据，有意识地迎合对方，并努力使双方达成共识。 与对方的良好关系建立之后，再提出双方的生意合作，对方便会乐于接受和认可。 这一点受到很多人际高手的重视。

有一个成功的广告业务员，每次在面对糟糕的业务局面时，他都擅长用提问的方式将对方感兴趣的内容引入话题中，这样就算对方真的很忙，他们也总是乐于挤出时间来和他聊天，而聊到最后的结果，往往是建立关系、谈妥业务。比如，在他刚开始开展业务时，遇见了一个装修公司的老板。这个老板工作繁忙，在他面前无功而返的业务员很多，而这名业务员却成功地把业务推销给了这个大忙人。他是这样表现的：

业务员："您好！我叫×××，是广告公司的业务员。"

老板："又是一个业务员。今天业务员已经来了五个了，我还有很多事要做，没时间听你说。别烦我了，这种广告我们已经很多了。"

业务员："请给我一个做自我介绍的机会，十分钟就够了。"

老板说："我的时间真的不多。"

这时，业务员用了整整一分钟的时间把公司挂在墙上的宣传图片看了一遍，然后，他问老板："您在这一行做多久了？"

老板回答："22年了。"

业务员又问："您是怎么开始干这一行的呢？"这个老板立刻被这句有魔力的话吸引住了，他开始滔滔不绝地谈论起来，从自己早年的不幸一直到自己的创业，一口气谈了一个多小时。这个业务员那次的生意并没有谈成，但是却和老板成了朋友。接下来的三年里，老板跟他签了四份大单。而这些生意的成功，都开始于这名业务员巧妙的提问。

要想赢得陌生人对你的好感，就要首先去了解对方的兴趣和爱好，对对方有一个基本的了解，而达到这一目的的最好办法，就是提问。有效的提问能使你对对方有一个透彻的了解，而且提问本身就是一种获取对方好感的方式。就像上述案例一样，一个简单的、诱使对方说话的提问就能让双方的关系得到质的飞跃。关于如何提问，也有很多技巧，一种有效的办法就是"FORM"，其内容包括四个方面：

"F"是关于家庭的，即对对方的父母、孩子和兄弟姐妹的情况进行询问。

"O"是关于职业的，即对方的工作是什么，他们想做什么工作，他们正在学习什么，工作中的什么内容是他们的最爱。

"R"是关于消遣娱乐的，即对对方的业余爱好进行了解，由此可以延伸到运动、读书、旅行和音乐等多方面。

"M"是关于动机的，即了解是什么因素在生活中激励着对方，这样的谈话常常可以延伸到众多方面，包括生活中的和工作中的，并达到交浅言深的目的。

通过"FORM"进行提问，其实质就是投其所好，对对方的心理需求的满足。从对方的回答中你对他们也可以进一步了解，为下一步如何发展关系做好准备。

必要的眼泪能唤起对方的悲悯心

都说人的眼泪如同金子般宝贵，所以不要轻易掉眼泪，但是眼泪在有些时候作为武器却是最厉害的。如果有人求你办事，可是你又不想帮对方办，这个时候，对方如果突然流出了眼泪，面对此情此景，拒绝对方，你能做到吗？

这样的经验我们都有，小时候，如果想从父母那里得到什么，起初父母也许会拒绝，这个时候只要你一哭，也许父母就会说："算了，算了，别哭了，要什么就给你啊。"恋爱中的女孩，如果想要男朋友去做什么事，男朋友不肯去做，女孩子这时只要有几滴眼泪流下，哪怕是假的，男朋友也会妥协。

有一家公司为了解雇一位女组长曾经花了近一年的时间。通常，要解雇一位有点级别的职员并不是说一句"你被解雇了"就可以完事了，一般的程序是这位职员被人事部门的经理找去谈话，然后说一些比较客套的话，并给他介绍一些工作让他选择，不用明说，职员也会知道是什么意思，会自动辞职的。可是，这位女组长被人事部经理叫去五次了，每次都是要切入正题时，女组长就哗哗地流下了眼泪，也许她是故意的，但是人事经理就是无法辞退一个满脸泪水的人，他最后不得不无奈地对公司的总经理说："如果必须辞退她的话，随便你们谁去告诉她吧，我真的狠不下心。"于是，一年之后这位女组长才被公司辞退。

女人的眼泪是可怕的，但是男人流泪会更加可怕。虽然"男儿有泪不轻弹"，但是，必要的时候发挥眼泪的功效也是不错的。

　　一位老妇人来到一家律师事务所，律师乔正在事务所办公，老妇人由他接待。老妇人坐下后，哭着把自己的不幸遭遇诉说给乔正听。原来，她是位孤寡老人，在独立战争中其丈夫为国捐躯，她靠抚恤金维持生活。可是前不久，抚恤金出纳员勒索她，说她要想领抚恤金就必须交一笔手续费，手续费占去了一半的抚恤金。乔正听了老人的哭诉，气愤得眼睛都红了，他当即答应老妇人，这场官司免费帮她打而且一定帮她打赢。

　　不久之后，法庭开庭。由于出纳员只是口头勒索，并无凭据，原告被指责没事找事，形势对乔正非常不利，但他十分沉着、坚定。他眼中含着泪花，把英帝国主义对殖民地人民的压迫声情并茂地回顾了一次，爱国志士如何奋起反抗，如何忍饥挨饿地在冰雪中战斗，为了美国的独立而抛头颅、洒热血的历史。他在最后流着泪哽咽着说："现在，一切都已成为过去。1776 年的英雄，早已长眠于地下，但是他们的亲人衰老又可怜，就在我们面前，要求申诉。从前这位老妇人也很美丽，曾与丈夫过着幸福的生活。不过，现在她已失去了一切，变得贫困无靠。然而，某些人在享受着烈士们争取来的自由幸福时，对她那微不足道的抚恤金还要勒索，请问这种人有良心吗？她无依无靠，不得不向我们请求保护，试问，我们能视若无睹吗？"说到最后，乔正已经泣不成声。乔正的表现感染了法庭里的人，法官的眼圈也发红了，被告的良心被唤醒，承认了事实。最后，法庭判决保护烈士遗孀不受勒索。

那位老妇人在律师面前哭诉，律师因为她的眼泪而同情她，愿意免费为她打官司，而律师的眼泪则让他们赢了官司。严肃客观原本是律师给人们的印象，但是人心都是肉长的，每个人都有感情外露的时候，一个律师的眼泪打动了法官的心，也打动了陪审团的心，同时也打动了被告的心，就这样，乔正靠"眼泪"赢了这场官司。

当然，并不是所有的律师想打赢官司都可以靠眼泪。这只是个特例，但不可否认，眼泪确实有其独有的效果。有些政治家为收买人心、博取同情也会使用眼泪，从而达到自己的政治目的。

宋太宗年间，曹翰因罪被贬到汝州，曹翰苦思冥想回京的策略。一天，有个使者被宫里派到汝州办事儿，这个机会曹翰哪肯放过。他想办法见到了使者，流着泪对他说："由于皇上的不杀之恩，我现在只有在这里认真悔过，他日对朝廷一定誓死效忠。只是我在这里服罪，家里因人口太多，食物不足无法生活，我这里有几件衣服，请你帮我抵押一万文钱。送到我家去让他们买点食物，也好使家人能生活下去。"说到伤心之处，曹翰越发泪流不止。

使者回宫后把这件事如实汇报给了宋太宗。太宗拿过包袱打开一看，里面原来是一幅画，画题为《下江南图》，画中是宋太宗当年下旨给曹翰，任先锋攻打南唐的情景。

太宗看到此图想起曹翰当年功勋，很是伤心，顿生怜悯之情，决定把曹翰召回京城。曹翰的做法打动了宋太宗的心。

所以，当你想让别人帮你办事时，在对方强硬拒绝的时候，不要把你最后的杀手锏忘了，亮出它，用你的眼泪来博取对方的同情，在人际关系中这也是一个绝招，运用得当，对方肯定会举手投降，答应你的要求。 不过，如果你遇到的是铁石心肠的人，那就只能另找目标了。

第三章

不炫耀，不张扬，低调更能受欢迎

沉静内敛，方可一鸣惊人

"沉静内敛"是有张力的，"积聚力量"的过程是真实的。沉淀岁月，以超凡脱俗的非凡之力脱颖而出，赢取最后的胜利。

当身处不利时，沉静内敛地应对可化险为夷；当身处困境时，积聚力量能转危为安。很多时候，沉静内敛、积聚力量地应对，不仅仅能脱离危险境界，减少损失，还可以把事情做得更好。

在现代生活中，许多年轻人急于表现，想得到快速的"成功"。因而，以为抢到别人前头就是胜利了，即使他的行为对社会造成消极影响也在所不惜。这种急功近利的"争先"观念，使得社会上人人感到自己在孤军作战，周围都是敌人。大家一波又一波地盲目争抢，而"沉静内敛，积聚力量"是应对这种急功近利式的"争先"的最好办法之一。

王婷在大学毕业后，只身去了南方，顺利地在一家跨国公司找到了一个职位。上班的第一天，王婷就发誓要让自己成为公司里不可或缺的人才，所以，她总是暗暗地努力工作和学习。

王婷负责的工作是档案管理，资源管理专业出身的她很快就发现了公司在这方面存在的弊端。于是，她开始连夜加班，大量查阅资料，运用所学的理论知识写出了一份系统的解决方案，并将公司内部工作运行流程、市场营销方式以及后勤事务的规范，也整理出了一套完整的方案，然后一并发到行政经理的电子信箱中。

没过几天，行政经理就请王婷到公司的餐厅喝咖啡，离开时语重心长地拍了拍她的肩头，说："公司对你这样能默默做事的人，向来是给予足够的空间施展才华的，好好努力。"

此后，王婷更加勤奋地努力工作。公司想竞标一个大商厦周围的霓虹灯项目，同事们整天翻案例找朋友，忙得焦头烂额。王婷白天做自己分内的工作，晚上却通宵不眠，熬红了眼做方案文书。竞标前一天交方案时，王婷去得最晚，行政经理不解："你们部门的已经交来了。"王婷却充满信心地看着他说："这是不一样的！"竞标的当天，各种方案一下子被否决掉好几份，公司高层开始紧张，决定试试王婷的方案，但这一试，就让王婷为公司立下了汗马功劳。

第二天，消息就传遍了整个公司，大家都知道了人事资料管理科有个叫王婷的人，不但工作很出色，而且能够默默地为公司谋利益。

　　一个月之后，公司人事大调整，原来的部门经理调去别的部门，新来的行政任命文件上赫然印着王婷的名字。在同事们复杂的眼神里，王婷收拾好自己的东西，迈着悠闲的脚步走进了18层那间豪华的办公室。

这样的结局恐怕没几个人能想到，一个沉静内敛、默默做事的小女孩是怎样征服了公司的高层领导呢？可见，"沉静内敛，积聚力量"是一种可喜的内省性格，是一种优美的气质。"沉静内敛，积聚力量"是形成高雅风度的一种内在的力量，它对于减少人与人之间尖锐的对立，发挥了神奇的作用，起到了意想不到的效果。

在我们年年看的青歌赛上，从内行者的眼光来看，一些歌手基本功扎实，嗓音甜美，气质高雅，但缺乏渐入佳境的意识，主要是少了"内敛"的调和。一首曲子，"内敛"有时比"高亢"更能震撼人心，于无声处听惊雷，此时无声胜有声。然而，对于他们来说，"沉静内敛"只是一个参照，更多的时候是为了衬托"高亢"，如果自始至终以"高亢"贯穿，就像绷紧的弦，让听的人大气不敢出，唯恐弦绷断了，这样一来，势必过犹不及，更谈不上美的享受。

　　一首曲子的处理，大部分的时候用三分嗓子，少部分用七分，极少部分才用十分甚至十二分，这样整首曲子才会富丽堂皇，才会有层次，令人回味无穷。所以说，"沉静内敛，积聚力量"的人往往有一种更深层次的思考与认知能力，那是对自己内在生命的一种省察和对外界人与事物的一种敏锐的感应，以及"一目了然""旁观者清"的洞察力。许多"不鸣则已，一鸣惊人"的人，都是由于他们虽不擅长立即表现，却因此而有机会深思明辨，待时机成熟才公布于世，从而一鸣惊人。

绝不卖弄，收起你的小聪明

《菜根谭》中说："君子要聪明不露，才华不逞，才有肩鸿任钜的力量。"在我们的生活中，不少人总认为别人是"傻子"，经常卖弄自己的小聪明去戏弄对方。其实，这不仅会招致旁人忌恨，并且也会使自己轻浮自傲。所以，一个人无论身处官场还是商场，都最忌一味地耍小聪明，不管必要或不必要，不管合适不合适，时时处处显露自己的小聪明。那样，不仅不会对你未来的发展有所帮助，反而会成为招灾引祸的根源。有这样一则寓言：

一天，老狮子病了，躺在洞里。森林里很多动物都去探望它，但谁也帮不了它什么忙。有一天，狼对狮子说："狮王，您发现了吗？在您生病的这段时间里，狐狸一直没来看望您。可以看出，它对您一点儿也不关心，而在您身体健壮的时候，它是多么频繁地奉承您呀。"这时，狐狸碰巧走过来，听到了狼的话。狐狸把那长长的赤褐色的鼻子伸得很近："陛下，恐怕狼不大了解情况，我比任何人都关心您。狼在您身边喋喋不休的时候，我一直在四处奔走，为您寻找良药。""找到了吗?"老狮子急切地问。"对，确实找到了。我找到一位医术高明的医生，他说，您必须在身上披一张热的狼皮，这是使您病情好转的唯一办法。"狼还没明白是怎么回事，狮子就跳起来把狼咬死了，好得到它那热着的狼皮。"哈哈!"狐狸笑着说，"狼先生，你再也不能挑拨是非了。"

上面的寓言深刻地折射出了生活中的道理：喜欢把别人当傻子、喜欢自作小聪明的人往往会自食其果。 小聪明就是盲目自傲、自以为是、好大喜功的代名词。 伟大的戏剧家莎士比亚说："我宁愿让傻子逗我开心，也不要让精明人令我伤悲。"这句话实在值得我们去深思啊!

东汉末年，曹操的主簿杨修，是一个恃才放旷、卖弄小聪明的人。最终，他因此惹来了杀身之祸。有一次，曹操造了一座后花园。落成时，曹操去观看，在园中转了一圈，临走时什么话也没有说，只在园门上写了一个"活"字。工匠们不了解其意，就去请教杨修。杨修对工匠们说："门内添活字，乃阔字也，丞相嫌你们把园门造得太宽大了。"工匠们恍然大悟，于是重新建造园门。完工后再请曹操验收，曹操大喜，问道："谁领会了我的意思?"左右回答："多亏杨主簿赐教!"曹操虽表面上称好，而心底却很忌讳。

有一天，塞北有人给曹操送了一盒精美的酥（奶酪），想巴结他。曹操尝了一口，突然灵机一动，想考考周围文臣武将的才智，就在酥盒上竖写了"一合酥"三个字，让使臣送给文武大臣。大臣们面对这盒酥，百思不得其解，就向杨修求教。杨修看到盒子上的字，就拿取餐具给大家分吃了。有人问他："我们怎么能吃丞相的东西？"杨修说："是丞相让我们一人一口酥嘛！"在场的文臣武将都为杨修的聪敏而拍案叫绝。而后，曹操问其故，杨修从容回答说："盒上明明写着'一人一口酥'，岂敢违丞相之命乎？"曹操虽然喜笑，而心头却很妒忌杨修。

曹操多猜疑，生怕有人暗中谋害自己，常吩咐左右说："我梦中好杀人，凡我睡着的时候，你们切勿近前！"有一天，曹操在帐中睡觉，故意落被于地，一近侍慌取被为他覆盖。曹操即刻跳起来拔剑把他杀了，又上床接着睡。睡了半天起来的时候，假装做梦，佯惊问："何人杀我近侍？"大家都以实情相告。曹操痛哭，命厚葬近侍。人们都以为曹操果真是梦中杀人，唯有杨修又识破了他的意图，临葬时指着近侍尸体而叹惜说："丞相非在梦中，君乃在梦中耳！"曹操听到后更加厌恶杨修。

曹操出兵汉中进攻刘备，困于斜谷界口，欲要进兵，又怕被马超拒守，欲收兵回朝，又恐被蜀兵耻笑，心中犹豫不决，正碰上厨师进鸡汤。曹操见碗中有鸡肋，因而有感于怀。正沉吟间，夏侯惇入帐，禀请夜间口号。曹操随口答道："鸡肋！鸡肋！"夏侯惇传令众官，都称

"鸡肋！"行军主簿杨修见传"鸡肋"二字，便教随行军士收拾行装，准备归程。有人报知夏侯淳，夏侯淳大惊，遂请杨修至帐中问道："公何收拾行装？"杨修说："以今夜号令，便知丞相不日将退兵归也，鸡肋者，食之无味，弃之可惜。今进不能胜，退恐人笑，在此无益，不如早归，来日丞相必班师矣。故先收拾行装，免得临行慌乱。"夏侯淳说："公真知丞相肺腑也！"遂亦收拾行装。于是寨中诸将，无不准备归计。曹操得知此情后，唤杨修问之，杨修以鸡肋之意对。曹操大怒说："你怎敢造谣言，乱我军心！"于是命刀斧手推出斩之，将首级吊于辕门外。

我们要从"杨修之死"中吸取深刻的教训：要小聪明虽然可以使人得意于一时，获得心理上的满足，但永远不会取得真正的、伟大的成就。在人际关系复杂的现代社会里，不要一味耍小聪明，炫耀自己的才能，必须懂得低调处世的大智慧，才不至于遭妒、吃亏。

拒绝傲慢，拥有谦虚的态度

　　谦虚不是故意贬低自己，也不是虚伪应付。 谦虚的态度是基于对自己深刻的认识，是发自内心的真诚。 无论在什么场合下，只要你谦虚、不傲慢，低调行事，都会赢得别人的尊重和信任。

　　中国人自古以来就把谦虚作为最为可贵与美好的品德之一。 所谓的谦虚，即虚心而不自满。 不自满，便能经常保持一种似乎不足的状态，因而能获得更大的、更多的益处。 "满招损，谦受益"，自满将招来祸患，而谦卑则能得到长远的好处。

　　谦卑是一种低姿态，不仅对一般的人有用，对处于高位的人更为有用。 《易经·谦卦》中说："谦尊而光。"即尊者有谦卑的美德，更能使人光明正大。 但凡有作为的人，常用谦卑来培养自己的道德品格与指导人生的方向。

　　　沙皇亚历山大常常到俄国四处巡访。一天，他来到一家乡镇小客栈，为进一步了解民情，他决定徒步旅行。当他穿着没有任何军衔标志的平纹布衣走到了一个三岔路口时，他发现自己记不清哪条是回客栈的路了。

这时，亚历山大看见有个军人站在一家旅馆门口，于是，他走上去问道："朋友，你能告诉我去客栈的路吗？"

那军人叼着一支大烟斗，高傲地把这身着平纹布衣的旅行者上下打量了一番，傲慢地答道："朝右走！"

"谢谢！"亚历山大又问道，"请问离客栈还有多远！"

"一英里（1 英里≈1.6 千米）。"那军人傲慢地说，并瞥了他一眼。

亚历山大走出几步又停住了，回来微笑着说："请原谅，我可以再问你一个问题吗？如果你允许的话，能告诉我你的军衔是什么吗？"

军人猛吸了一口烟说："你猜。"

亚历山大风趣地说："中尉？"

那军人轻蔑地瞥了亚历山大一眼，意思是说不止中尉。

"上尉？"

军人摆出一副很了不起的样子说："还要高些。"

"那么，你是少校？"

"是的！"他高傲地回答。于是，亚历山大敬佩地向他敬了礼。

军人摆出对下级说话的高贵神气，问道："假如你不介意，请问你是什么军衔？"

亚历山大乐呵呵地回答说："你猜！"

"中尉！"

亚历山大摇头说："不是。"

"上尉！"

"也不是！"

军人走近仔细看了看说："没想到你也是少校！"

亚历山大镇静地说："继续猜！"

军人取下烟斗，那副高贵的神气一下子消失了。他用十分尊敬的语气低声说："那么，你是部长或将军！"

"快猜着了。"亚历山大说。

"殿……殿下是陆军元帅吗？"对方结结巴巴地说。

亚历山大说："我的少校，再猜一次吧！"

"皇帝陛下！"那军人猛地跪在亚历山大面前，忙不迭地喊道，"陛下，饶恕我！陛下，饶恕我！"

"饶恕你什么？朋友。"亚历山大笑着说，"你没伤害我，我向你问路，你告诉了我，我还应该感谢你呢！"

亚历山大的谦虚态度，赢得了下级更深的敬佩。低调的人，即使身份显赫也能谦虚地对待周围的朋友，他们平易近人，把自己融入民众当中，也因此得到了大家发自内心的尊敬。

一般来说，在事业尚未取得胜利和取得较小胜利的时候，一个人保持谦虚的态度还是比较容易的，而在取得较大胜利或较大成就的时候，继续保持谦虚的态度就困难得多了。 胜利和成就，本来是好事，是值得欢欣和庆祝的事，但我们应当清醒地看到，在胜利的激流中，许多时候都暗藏着一堆骄傲的暗礁，如果不警惕，它们往往就会把前进的船只撞碎。 胜利者在取得伟大成就后仍然保持谦虚，这是最大的英明，也是我们从一个胜利走向另一个胜利和立于不败之地的重要保证。 一个真正懂得低调的人，必然是一个谦虚的人，这样的人终将大有作为。

平易近人，才能赢得尊敬与爱戴

平易近人，心系普通之人，这是身居高位之人的可贵之处，也是他们做人做事的大智慧。这种低调的行为，表现了他们高尚的品质，也使他们赢得了人们的尊敬和爱戴。

低调者即使身居高官显位，手握大权，却能以"大丈夫见义勇为，祸福不足以动摇"自戒，较少考虑个人的进退荣辱。周总理就是这样高尚的人，他一生清贫廉洁，几十年如一日，忠于职守，深察民间疾苦，为百姓做了很多好事，一直为后人所称颂和赞扬。

1954 年的一天，周总理收到了来自基层的反映说："北京的公共汽车很拥挤，我们普通老百姓坐车很困难。"总理准备亲自去体验一下，这天下午五点多钟，正是人们下班的时候，周总理对秘书和卫士说："群众反映现在坐公共汽车很拥挤，等车要一两个小时，现在咱们去了解一下情况，你们不要通告保卫部门。"

周总理和秘书、卫士一行三人来到北京图书馆附近的汽车站。周总理发现，人确实很多，等大家都上了车，总理才最后上去。车里人很多，已经没有座位，周总理往车里走了走，抓住吊环，汽车开动了。一开始，人们都没有注意。过了几分钟，一位乘客发现了总理："哎呀！这不是周总理吗？"顿时，车里沸腾起来，许多人站起来给总理让座，不少人往他身边挤，有的人还把手伸过来要和总理握手。秘书和卫士都非常着急，怕总理被挤倒。周总理却挥着手，大声说："请坐，请坐！"这时，一位乘客挤过来，握着总理的手激动地说："总理，您那么忙，怎么还来坐公共汽车？"周总理笑着说："我也来体验一下你们的生活嘛！"有的乘客非要让总理坐下，但总理却坚决不肯，一直站着和大家亲切地说着话。总理问他们在哪儿工作，住在哪里，生活怎样，每天上下班坐车要多少时间。车走了几站以后，周总理的秘书和卫士都劝总理下车，他们说："情况就是这样的，总理，我们回去吧！"但总理还要坚持坐下去，下了车以后，总理又上了无轨电车，在寒冷的夜晚走了大半个北京城。

　　在所有的情况都搞清楚以后，总理很快召集有关部门的同志，让他们研究解决交通拥挤的办法，保证普通百姓的顺利出行。

周总理身居高位，却心系百姓。他关心每个普通人，所以，他才得到了千万人民的爱戴。每个受人民爱戴的伟人，同时又都是"人民的一员"。

帕尔梅是国际上颇负盛名的政治家，他在年仅 42 岁时就出任了瑞典的首相，成为当时欧洲最年轻的首相。此后，他连选连任，一直领导了三届社会民主工人党组阁的政府。在帕尔梅前后长达 11 年的执政期内，他为发展瑞典经济，加强瑞典国防和提高瑞典在国际上的地位做出了杰出的贡献。

帕尔梅位居一国首相之尊，但他生活十分简朴，平易近人。他曾骄傲地对法国记者说："我真可怜密特朗总统，他没有一点儿个人自由，他每走一步路，都由 25 名警卫人员跟随保护。而我，只有当身边没有一个警卫人员时，才感到最自由自在。"除了正式出访国外或特别重要的国外活动，帕尔梅首相去国内参加任何会议、访问、视察和私人活动时，一向很少带随行人员和保卫人员。

有一次，他去参加在美国举行的一个重要国际会议，他没有带任何随行保安人员，竟独自一人乘坐出租汽车去机场。当他走进会场时，人们甚至没有发现他，直到他安静地在插有瑞典国旗的座位上就座时，人们这才恍然大悟，发现了他的光临，并起立鼓掌、热烈欢迎。此外，他还时常独自微服私访，去学校、商店、厂矿、林区视察，找学生、店员、工人谈话，了解情况，听取意见。无论是在竞选的群众集会上、记者招待会上，还是接待国宾的活动中，他给人的印象总是那么谦和、朴实无华。

由于他谈吐文雅，态度诚恳，又没有前呼后拥的威势，因此，普通瑞典老百姓都喜欢同他接触。在一次竞选的群众集会上，他刚讲演完毕，一位退休的老人就拉着他的手，讲述自己对养老金问题的看法，他耐心地听着，一直等到老人讲完，他才点头作答。

另外，帕尔梅还以通信的方式，同国内外许多普通人建立了密切的联系。他在位时，每年平均收到的信件有1.5万封之多，其中1/3来自国外。他专门雇请了四名工作人员及时拆阅、处理和答复这些信件，对于助手们经过仔细斟酌起草的回信，帕尔梅通常要从头至尾亲自过目，然后签发。通过大量的信函，他进一步了解了公众的情绪和要求，并同许多经常给他写信的"笔友"建立了友谊。他甚至还经常提醒工作人员在这些人过生日时给他们寄贺信。有时，在结束各地的演讲回来之后，他会因见到某一位专门给他写信的"笔友"而显得特别高兴。

帕尔梅经常带家人到法罗岛去度假，他同那里的居民也建立了亲密的关系。小岛上的许多人都认识他。他在那里常常一人骑自行车去小镇上买东西，去海滨游泳或散步，有时还帮助他的房东铡草、喂羊、劈柴。他的房东阿克塞尔说："自从他1963年租借了我的一幢两层小楼作为度假别墅以来，我们就成了好朋友。他每次到岛上来，都同我无话不谈，有时还帮我干些杂活，我们就像是一家人一样呀。"

帕尔梅虽然位高权重，但他平易近人，心系百姓，凡事亲力亲为，这不仅不能表明他的卑微，反而证明了他的高尚。 常怀一颗平凡人的心是一种心性，是从卑微处见精神，可谓是"先天下之忧而忧，后天下之乐而乐"。 用低调者这面"怀凡人之心"的镜子一照，多少人的人生不再金碧辉煌，而是黯然失色！

稳重低调，不要自以为是

卢梭说："人是生而自由的，却无处不在枷锁之中。自以为是其他一切的主人的人，反而比其他一切更是奴隶。"所以，我们必须低调处世，抛弃自以为是，避免成为人生的"奴隶"。

自以为是的人往往都是虚荣心很强的人，虚荣心是人类灵魂深处的魔鬼，让人变得沾沾自喜，误以为自己很了不起，无所不能。可事实上并非如此，"天外有天，人外有人"，太高调地宣传自己、炫耀自己，会把自己变成一个只会自吹自擂，却无真才实学的人。低调者不会自以为是，他们有信心而不自傲，有能力而不自大。如果你也想成为一个成功的人，那么，就要有一种低调的心态，抛弃自以为是、盲目自大的毛病。

柯金斯曾经是福特汽车公司的总经理。有一天晚上，公司有个十分紧急的事情，柯金斯要求下属写通告信给所有的营业处。当柯金斯安排一个做书记员的下属去帮助套信封时，那个年轻职员傲慢地说："那有损于我的身份，我可不干！我到公司里来不是做套信封工作的。"柯金斯听后十分愤怒，但是，他平静地对那个年轻职员说："既然做这件事是对你的侮辱，那就请你另谋高就吧！"于是，那个青年一怒之下就离开了福特公司。

在之后的好多年里，那个年轻职员仍然是自以为是，听不进去别人的话。所以，他跑了很多地方，换了好多份工作都觉得很不满意。一次，那个年轻职员静静地思索这些年的经历，他终于知道了自己的过错。于是，他找到柯金斯，诚挚地说："我在外面经历了许多事情，经历得越多，越觉得我那天的行为错了。因此，我想回到这里工作，您还肯任用我吗？""当然可以，"柯金斯说，"因为你现在已经能听取别人的建议，不自以为是了。"

再次进入福特公司后，那个年轻职员变成了一个很谦逊的人，不再因取得了成绩而骄傲自满，并且经常虚心地向别人请教问题。最后，他也成了一个很有名的大富翁。

越是有涵养、稳重的成功人士，越懂得态度低调。只有那些浅薄的、自以为有所成就的人才会骄傲。汽车大王福特曾说："一个人若自以为有许多成就而止步不前，那么，他的失败就在眼前。我见过许多人，他们开始时挣扎奋斗，但在他花费无数血汗、使前途稍露曙光后，便自鸣得意，开始松懈，于是，失败立刻追踪而至。跌倒后，再也爬不起来。"美国石油大王洛克菲勒也说："当我从事的石油事业蒸蒸日上时，我每晚睡觉前，总会拍拍自己的额头说：'如今你的成绩还是微乎其微，以后的路途仍会有险阻，若稍一失足，必导致前功尽弃，因此，切勿让自满的意念搅昏你的脑袋。当心！当心！'"这都是在告诫人们不要自以为是。

其实，要改正自以为是的态度，并不是一件难事，只要记住：即使名人也是普通的人。

英国首相丘吉尔就是一个不自以为是的人。有一天晚上，丘吉尔应邀到英国 BBC 广播电视台，发表一则重要的演说。因为丘吉尔的车子坏了，所以他出门只能搭计程车了。丘吉尔一招手，有一部计程车开了过来。

"司机先生，可不可以麻烦您载我到 BBC 广播电台。"丘吉尔客气地说。

计程车司机摇下车窗，伸出头来说："先生，很抱歉，我不能载您去。请您另外招一部计程车吧！"

"为什么呢？难道您不载客了吗？"丘吉尔疑惑地问。

计程车司机很不好意思地回答："不是啦！因为 BBC 广播电台太远了，如果我载您去，那么，我就来不及回家打开收音机，收听丘吉尔的演讲了。"

丘吉尔听了之后，感动地从口袋里掏出五英镑交给司机。司机看到丘吉尔给他那么多钱，一时兴奋地叫着："先生，上来吧！我载您去 BBC 广播电台吧！"

"那么，您将无法收听到丘吉尔的演讲了！没关系吗？"丘吉尔诧异地问。

计程车司机打开后车门，说了句："去他的丘吉尔，现在您比他的演讲重要多了。"

自那以后，丘吉尔首相每回演讲，他都会讲述这个故事，因为丘吉尔要借机时刻提醒自己：千万不能自以为是，这样是经不起人生考验的，会让自己成为一个空有虚名的名人。

我们要认清这一点：人们都不喜欢那些自以为是的人。自以为是将会使与你接触的人们个个感觉头痛，从而对你有一个不良的印象。如果你也不愿意别人这样看待你，那么，最好的办法就是关注自己的行为，不矫揉造作，不故意炫弄，以此来获得别人的喝彩。德国作家托马斯·肯比斯说："一个真正伟大的人是从不关注他的名誉高度的。"一个人不要因为自己的一点儿成就而自以为是，也不要因为贪恋虚荣而自以为是，而要脚踏实地地去干一番事业，通过自己的奋斗，创造出属于自己的未来。

第四章

***

审时度势，灵活机变才能掌控局势

随机应变，做人做事要机敏灵活

　　古书称"随机应变，则易为克殄"。 意思是说，跟随时机调整策略就容易战胜对方。 天地间没有不变的事情。 万事万物随时而变，随地而变，随社会的发展而变，随人的生理、情感、观点而变。 时时在变，处处在变，人人在变。学会应变、善于应变、精于应变，能够随着时势、事态的变化而从容应变，是一个人做事时须具备的本领。 不能认清客观形势的变化，不能跟着客观形势变化而变通的人，最终将什么事都做不成。 由于人的力量有限，做事时充分利用外在环境、条件所提供的优势，就显得格外重要，唯有如此，才能取得更大的优势、更大的成功。

　　东汉末年，董卓的篡位行为激起了朝臣的普遍愤恨，当时还只是骁骑校尉的曹操决定刺杀董卓。一日，他佩着宝刀来到相府，见董卓在小阁坐于床上，吕布侍立于侧。董卓一见曹操，便问他为何来得晚。曹操回答说："乘马赢弱，行动迟缓。"于是，董卓即让吕布去从新到的西凉好马中选一匹送给曹操。吕布领命而出。曹操觉得机会来了，即想动手，但又怕董卓力大，难以制服。正犹豫间，董卓因身体肥胖，不耐久坐而倒身卧于床上并转面向内。曹操见状急忙抽出宝刀，就要行刺。不料，董卓从衣镜中看到曹操在背后拔刀，急回身问道："曹操干什么？"此时，吕布已牵马来到阁外。曹操心中不免暗暗发慌，他灵机一动，便表情镇静地双手举刀跪下说："今有宝刀一口，献给恩相。"董卓接过一看，果然是一把宝刀：七宝嵌饰，锋利无比。于是，董卓便将宝刀递给吕布收起，曹操也将刀鞘解下交给吕布。然后，董卓带曹操出阁看马，曹操趁机要求试骑一下。董卓不假思索便命备好鞍辔，把马交给曹操。曹操牵马出相府，加鞭往东南而去。

曹操是一个高明的刺客。宝刀既可以作为刺杀董卓的利器，亦可以作为进献的礼物。最关键一点是，曹操的随机应变、在紧急关头的灵活机智，使自己得以保全性命。由此可见，曹操是一个全身成事的英雄，而不是一个舍生取义的莽汉。

事情的成败，都有许多主客观因素，只有把握住最有利的条件和机会，选择最恰当的方式，才能成功。"相机而行""见机行事"这一谋略的实质还在于，事物在不断地变化之中，主客观条件也是不断变换着的，只有能够随着时间、地点和机会的变化而灵活地做出不同选择的人，才能把握住成功的主线。

一家旅馆正在招聘男服务员，前来应聘的人很多。老板想考考他们，于是出了一道怪题："有一天，当你用备用钥匙打开客房的门，走进房间准备打扫时，却突然发现一名女顾客恰好裸浴以后，正光着身子从浴室里走出来。你应该怎么办？"

对此，有的这样回答："对不起，小姐，我不是故意的。"有的干脆表示："小姐，我可什么都没有看见。"老板听后不停地摇头。

最后，终于有位机灵的小伙子说出了让老板最满意的回答："对不起，先生！不知道您在沐浴，我等会儿再来打扫房间。"

其实，人都会有偶尔遇到尴尬的时候，此时往往"装糊涂"最有效果。这个小伙子明知对方为女士，却称其为先生，使双方都从尴尬中解脱了出来，真可谓机变有术。

可见，机敏是应变的一种基本方法。我们总是处于一个具体、复杂、多变的环境中，面临众多的机遇和挑战。如何在激烈的竞争中立于不败之地，机敏是一个必不可少的因素。对于个人而言，机敏是一个人智慧的象征，事变的发生，往往如急雷惊电一般，快得令人措手不及。如果不是平常就修养已久，很少有不茫然失措的，而且一点儿小事就会闹得不可收拾。只有头脑聪明、反应敏锐的人，才能够发挥个人的机智，在顷刻之间镇定自若，处之泰然，所以，在面临瞬息万变的局势时，他们都能履险如夷，处之泰然。

领悟舍得，得中有失，失中有得

人生有得就有失，得就是失，失就是得，所以，人生最高的境界应该是无得无失。 但人们都是患得患失，未得患得，既得患失。 在得失的博弈中，明智的做法是要学会舍弃。 舍得，是一种智慧，大弃大得，小弃小得，不弃不得。

"舍"而后才能"得"，这就是"舍得"之义。 "舍得"二字，在我国语言中有着丰富的内涵。 佛学认为，舍就是得，得就是舍，如同色即是空、空即是色一样；道家认为，舍就是无为，得就是有为，所谓"无为而无不为"；儒家认为，舍恶以得仁，舍欲而得圣；在现代人眼里，"舍"就是付出、是贡献、是投入，"得"是成果、是产出、是认同。 "舍得"，就是一种哲学思想，也是人生必然面对的一项选择。

有这么一句话："一个人的快乐，并不是他所拥有得多，而是他计较得少。 多是负担，是另一种失去。 少非不足，是另一种有余。 舍弃也不一定是失，而是另一种更宽阔的拥有。"可见，掌握舍得的内涵，敢于舍弃，也是一种智慧。

蛇在蜕皮中长大，金从沙砾中淘出，人类更是如此。从古至今，有无以数计的著名人物，取得了流芳千古的丰功伟业。纵观他们的成功，无不得益于对"舍得"二字的把握和领悟。"舍得"之间，参透人生真谛，成就智慧人生。李时珍一生行医济世，救死扶伤，历经27年艰辛，终于成就医学巨著《本草纲目》，可谓之"舍安逸，得安康"；陶渊明不满仕途，隐身山林，尽享"采菊东篱下，悠然见南山"之乐，可谓之"舍名利，得自在"；司马迁博览群书，负重残奇辱，成就"史家之绝唱"，可谓之"舍痛耻，得绝唱"；勾践卧薪尝胆，忍辱负重，才有了"三千越甲可吞吴"的辉煌，可谓之"舍荣辱，得江山"；诸葛亮为了感激刘备的知遇之恩，死而后已，鞠躬尽瘁，可谓之"舍私利，得英名"。如此等等，不一而足。

要得便须舍，有舍才有得，做人应该敢于舍弃，这是为人处世的一种智慧，只知道得而不知道舍，轻则一无所得，重则会引火烧身。古今中外，有太多的人，只因为不舍得放弃眼前的权与财而为此丢掉了更多东西，甚至性命。李斯就是一个例子。李斯身居丞相之职，享受一人之下、万人之上、权倾朝野的荣耀时，也曾想起他恩师的教导，让他在权力地位达到顶峰之时，果断舍弃，退出官场是非，回到家乡过悠闲自得、无忧无虑的生活。可他因为不舍得放弃权力和富贵，一次又一次不能下决心离开官场，所以最终被奸臣陷害，殃及三族全都不能活命。李斯虽然深谙治国之道，满腹经纶，但因为不懂得舍弃，而最终一无所得，还招来了杀身之祸。

作为凡夫俗子的我们，要做到果断舍弃，当然也绝非易事。因为人总是有着太多的欲望，对金钱，对名利，对情感。这没什么不好，欲望本来就是人的本性，也是推动社会进步的一种重要力量。但是，欲望又是一头难以驾驭的猛兽，它常常使我们对人生的舍与得难以把握，不是不及，便是过之，于是便产生了太多的悲剧。因此，我们只要真正把握了舍与得的机理和尺度，便等于把握了人生的钥匙、成功的门环。要知道，百年的人生，也不过就是一舍一得的重复。

人生一世，面对无限的诱惑与磨难，往往不得不在"舍得"面前徘徊、彷徨。诱惑如同美景，如果贪多求全，终将一无所获，不如抽身而出，舍举目之求，存美景于胸，放眼天下，顿觉豁然开朗；洒脱阔步，舍方寸之惑，踏险滩于足下，行走四方，定能感觉海阔天空。如果舍不下原有的岗位，也就不会得到新的工作平台；如果做不到放弃，也许拥有的就是沉重的包袱。

追求美好的生活是人们共同的心愿，因此，所有人都希望得到的越多越好，却不懂得没有失去就不会拥有，没有拥有就不会失去。得中有失，失中有得，大千世界，得与失是形影相随的。生命在一点一滴凝聚的同时，也在一分一秒地逝去。当我们拥有青春时，却失去了无忧无虑的童年；当我们融入社会，学会了左右逢源，却失去了原有的纯真和坦荡；盼望日出之美，却失去了宝贵的晨光；享受大都市的高品位生活，却失去了田园生活的悠闲；贪图财、色、官，却失去了做人的正气、道德和平常心。 如果把人一生的得失全部收集，得为正数，失为负数，那么，相加以后所得结果应该为零，这正可体现得失博弈中世间万物均平衡的道理。

有一个青年乘船去另一个地方，但不幸的是，在船快到达终点时，海上突然刮起了大风。在巨大的风浪中，船沉了下去。但是，幸运的是，这位青年被风浪冲到了一座荒岛上。每天，他都翘首以待，希望有船来将他救出。然而，第一天过去了，船没有来，第二天过去了，船还没有来，到了第三天，还是始终没有船来。为了能活下去，他就弄来了一些柴点起了篝火。很快，他就被人发现并得救了。

"这么长时间了都没有人发现我，你们是怎么知道我在这里的？"他问救他的人员。

"我们看见了你燃放的烟火信号，就顺着烟火把船开过来了。"青年听后，简直不敢相信，竟是那堆篝火救了他。

在得失的博弈中，输赢是很难界定的，有时胜利就在一瞬间。 得失是一对亦此亦彼的矛盾体，它们相互依存，互为条件，有得就有失。 我们得到了某个工作，就意味着失去从事其他工作的机会；我们得到了张三的爱情，就意味着李四将消失于自己的情感世界；我们得到了子女，就意味着少了一份轻松。 这和取舍的遗憾是一样的，而取舍的遗憾归根结底是得失的遗憾，没有利益成分的取舍，又怎么会遗憾与困惑呢？得失不同于取舍的是：取舍是一对此消彼长的矛盾体，得失则是此长彼也长。得到的越多，失去的也越多。以当选总统为例，当上了总统便得到了至高无上的权力，但几乎失去了整个自我：不能随心所欲说话，不能像老百姓那样猜拳喝酒，高兴了便哈哈大笑、痛苦的时候可以号啕大哭，甚至想吃点什么、随便走走都由不得你。

得到一样东西，我们往往会失去一样东西，同样，我们在失去的时候，也会相应地得到一些什么。失去了权力，会多一分轻松；拥有一次失败，会得到教训；丢掉了一次冠军，就卸下了一个包袱。所以说，得和失是相互依存的，得中有失，失中有得。

曾有人说："如果你不懂得悲伤，你就不曾真正懂得快乐。"得失就是这样的关系。一个人不能骑两匹马，骑上这匹，就要丢掉那匹，有得必有失。人的生命旅途中总会面对种种得失，在鱼和熊掌不可兼得时就要权衡轻重，得其所重，失其所轻，只有认清了这一点，才能实现利益的最大化。

全面考虑，进时思退，退时思进

　　西汉时有一位享有盛誉的大侠叫郭解。有一次，洛阳有个人跟另一个很有势力的人结下了怨恨。这人害怕很有势力的人以后会为难自己，就请了地方上的一些有名望的人士出来调停，然而对方就是不肯给面子。这人无奈之下，找到郭解门下，请他来化解这段恩怨。郭解接受了这个请求，亲自上门拜访这个很有势力的人，并做了大量的说服工作，好不容易使这人同意了和解。

　　按照常理，郭解此时不负他人所托，完成了化解恩怨的任务，就可以走人了，可郭解还有高人一着的地方。他对这人说："你们的这个事，听说过去你们当地许多有名望的人都来调解过，但是都没能达成协议。这次我很幸运，你也很给我面子，了结了这件事。我在感谢你的同时，也为你、我担心。因为我毕竟是外乡人，在本地人出面都不能解决问题的情况下，由我来完成和解，未免使本地的人感到丢面子。这样，他们心里就难免会对我们有所怨恨。为了免除你、我以后的麻烦，请你再帮我一次，从表面上要做到让人以为，就是我出面也解决不了问题。等我明天离开此地后，你再把面子给他们，算作是他们完成这个美事的。这样，你、我都不会有后患了。"这就是郭解的高妙之处。

明太祖朱元璋的大儿子比朱元璋死得还早，所以，朱元璋就把大儿子的儿子朱允炆立为皇太孙。朱元璋不立儿子，却立孙子为皇储的做法，让他的另外几个儿子非常不服气。朱元璋死后，朱允炆即位为建文帝。建文帝的十几个皇叔在各地拥兵自重，严重危及他的利益。于是，他开始"削藩"，陆续罢免皇叔们的职务。到最后，就剩下燕王和宁王两个人了。由于他们的力量已经发展得十分强大，建文帝很难对他们下手，所以将他们暂时存留下来。

燕王朱棣是朱元璋的四儿子，曾经立下过赫赫战功。当时，他驻守在燕京（今北京），对于建文帝来说，朱棣是最大的威胁。所以，建文帝一方面派人去燕京，直接掌管军政大权；另一方面收买了燕王身边的人，让他们密切监视着朱棣的行动。朱棣感觉到形势十分危急，于是就装起病来。建文帝当然不相信，就让在燕京的官员前去探听虚实。那个时候，正值盛夏酷暑难耐的时候。朱棣却穿着皮袄，坐在炉子的旁边，浑身一直打哆嗦，还不停说："天气太冷了。"被派去的人看到这种情形，相信朱棣的确是得病了，但是被收买的燕王身边的人却秘密向朝廷报告，说燕王没有病，他是为了蒙蔽朝廷，朝廷应该马上采取行动。于是，建文帝就密令燕京的守城副将张信捉拿朱棣，并把他押到京城金陵去。

不料，张信原是朱棣在金陵时候的好朋友，并且张信还受到过朱棣的许多恩惠。于是他就跑去告密。朱棣仍旧假装病情十分严重，不肯开口讲话，张信非常着急地说："我冒着灭门之罪的风险过来告诉你实情，难道你连我都不肯相信吗？"朱棣这才起身，跟张信商量应对之计。由于当时燕京的军政大权是由两位朝廷大臣来掌握的，所以当下最重要的，就是必须先杀掉他们二人。于是，朱棣便诡称，自己将要赴京去请罪，那两个官员不知道其中有诈，于是，就到燕王府来商量其中的一些具体事情。毫无防备的他们，立即就被朱棣布置好的伏兵逮捕了，与此同时，燕王府的内奸也被朱棣给揪了出来。实际上，深谋远虑的朱棣早已经采用了谋士姚广孝的计谋，在自家的后花园秘密地训练了一支精兵。这时，他便率领着这支精兵发起了反攻，很快便攻下了燕京的各个战略要地，并且把燕京的整个局势都控制住了。紧接着，朱棣以"靖难"的名义，开始进攻京城。经过数年的战争，朱棣最终夺取了皇位，他就是历史上赫赫有名的明成祖。

从进退之道来说，做事情只有事先准备、未雨绸缪，才能有备无患。进时思退是说在决定前进时，首先要对失败有思想准备，对困难有提前认知，这样才能在情况不利时可以有退路。 而退时思进，则是让人不要轻易放弃，所谓坚持就有机会。 无论是郭解的进时思退，还是朱棣的退时思进，都是做事情的通盘考虑。 考虑通透全面了，方能在未来变幻莫测的生存游戏中进退自如。

世事无常，要有失败的心理准备

从表面来看，很多失败都是偶然的，其实却有其必然性。心理学家们曾经做过这样一个实验：在给小小的缝衣针穿线的时候，越是全神贯注地努力，线越不容易穿入。这种目的性越强，反而越不容易成功的现象被称为"目的颤抖"。俗话说："世事无常"，任何一件事情，都不能保证百分之百成功。既然如此，何不给自己一个失败的心理准备呢？而在成功之后，也要有失败的准备，不能得意忘形。

唐朝名将郭子仪戎马一生，为了保卫国家的安宁，他屡建奇功，到 84 岁的高龄才告别沙场。更难得的是，他权倾天下而朝廷里没人妒忌，功高盖世而皇帝不怀疑他，享有崇高的威望和声誉，那么，他又是怎么做到的呢？首先，郭子仪忠勇爱国，但从不居功自傲，并且又能宽厚待人。同时，他还处处做士兵的榜样，领兵打仗时从不侵犯百姓的利益。在手握强兵的时候，无论皇帝何时诏他入朝，他都从未迟延过。他曾经与李光弼的关系不太好，安史之乱爆发后，唐玄宗提升郭子仪任朔方节度使。这时，朝廷要郭子仪挑选一位得力的大将，去平定河北。郭子仪出于公心，推荐了李光弼。李光弼却以为郭子仪是要借刀杀人，让他去战场送死。郭子仪听到李光弼冤枉自己的话后，流着泪对李光弼说："现在国难当头，我器重将军，才点你的将。我现在只想与你共赴疆场讨伐反贼，哪里还记着什么私怨呢？"李光弼听了非常感动，于是两人相对跪拜，前嫌尽释。

其次，郭子仪为汾阳郡王时，他的府第在京城最繁华的地段，来往的行人、车马都很多，而郭府的大门总是大开着的，不论什么人都可以随便出入郭府，没有任何限制。有一次，郭子仪手下有位将军即将出征，特意前来向郭子仪辞行，由于不需要通禀，这位将军就直接来到郭子仪的家中。此时，郭子仪的妻子和女儿正在梳妆打扮准备出门，郭子仪则在一旁伺候，十足是个仆人的形象。来拜见郭子仪的将军看到这些，一时不知道应该怎么办，只好在门前不停地踱步。过了好一会儿，郭子仪才发现了他，这位将军不好意思地说："郭将军，小人特地来向您辞行。"郭子仪看到他难以启齿的样子，明白他是觉得不应该看到自己给夫人和女儿梳洗，认为这有辱大将军的尊严。于是，郭子仪哈哈大笑着说："习惯了，习惯了，平时我都是这么伺候她们的。"

再说这位将军拜别了郭子仪，心里越想越觉得不妥，更让他觉得不妥的是，郭子仪家里还开着大门，来来往往的人都看到了，这是明显有辱大将军威严的事。于是，他在临走之前召集郭子仪的弟子们，和他们说了自己看到的"不该看到的一幕"。大家商量着，要一起去说服大将军不要这样不顾身份。他们说："大将军，您功名显赫、德高望重，但却不知道自重、自爱。不论高低贵贱，什么人都可以在您的寝室里随便走动，我们认为，就是伊尹、霍光那样贤德的大臣也不应该这样啊！"郭子仪笑笑说："我的做法不是一般人所能够理解的，我现在位高权重，所以进退没有什么余地。如果我还围起高墙，紧闭大门，不和外面来往，一旦有人与我结仇，诬陷我不守臣子的法度，再加上那些贪图功利、嫉贤妒能的人借机煽风点火，那么，我们全家就要遭受灭族之灾啊！现在我胸怀坦荡，四门大开，虽然有人想诋毁我，但也找不到什么理由。"弟子们听了，都十分佩服郭子仪的做法，也就不再劝他了。

再次，郭子仪虽官高业大，但并不放纵子女。他不想让自己的后代因为自己功劳太大而被皇族忌恨担心，所以一再嘱咐他们不可出头，凡事都要躲在人家的后边。郭子仪七十大寿时，全家的人全来拜寿，只有他的六儿媳升平公主没到。升平公主的丈夫郭暧气愤之下打了皇帝的金枝玉叶，还斥责道："你依仗皇父就不来拜寿，我父亲还不愿意当皇帝呢！"郭子仪知道以后，带着儿子就去向代宗皇帝请罪。代宗对郭子仪说："儿女闺房琐事，何必计较。"但郭子仪回家之后还是把儿子痛打了一顿。

郭子仪一生历经了四朝皇帝，他以85岁的高龄辞世时，唐德宗沉痛悲悼，并亲自到安福门临哭送行。郭子仪不仅自己既富贵又长寿，而且后代繁衍安泰，他的八个儿子和七个女婿，都是朝廷重要官员，孙子更是有数十人之多。

这就是郭子仪的高明之处，他不与人结私仇，又能在位高权重时，心里有失败的准备，所以才能为自己与家人免除后患。

他的故事与西汉霍光的故事，有相同之处也有不同之处。相同的是，他们有着同样的功劳，他们的家族也曾经都是朝廷的要员。不同的是，霍光本人虽然忠诚，但他的家族大多是不肯奉公守法的人。霍光死后，霍氏一门更加骄奢放纵，甚至密谋发动政变，所以最终被汉宣帝灭族。这就是霍光与家人在得意时没有失败的心理准备的后果呀！

从进退之道来说，在成功之前先做好失败的准备，并非是要人放弃对成功的追求，而是让他放下包袱，轻装上阵，如此一来，反倒容易成功。在成功之后有失败的心理准备，就是让自己在得志时，不要得意忘形，而要给自己留下后退的余地。

以屈求伸，退一步是为了进两步

在现实生活中，放着直路不走走弯路，无疑是个十足的傻瓜。然而，在漫漫人生中，尤其是在官场生活中，两点间的最短距离往往不是直线，而是曲线。什么时候应当强硬，什么时候又需要妥协，都不是一成不变的，暂时的妥协不过是为了将来的强硬。因为面对悬崖峭壁，如果直着走过去，不仅不能到达对面，反而会摔得粉身碎骨。所谓"以屈求伸""以曲为直""以退为进""将欲取之，必先予之"等，都是围绕着"迂"和"直"两个字做的文章。

尤其值得提醒的是：退却是指半途而止，并不是半途而废，它包含着积极的内涵，而不是消极地夹着尾巴逃跑。为了把握好这一点，让我们再重温一下浪里白条张顺"退中求胜"，智胜黑旋风的故事。

《水浒传》第37回有"黑旋风斗浪里白条"的情节，十分精彩。其文描写李逵与戴宗、宋江三人在琵琶亭酒馆饮酒，李逵到江边渔船抢鱼，后趁着酒兴闹起来了。

正热闹时，只见一个人从小路里走出来，众人看见叫道："主人来了，这黑大汉在此抢鱼，都赶散了渔船。"那人道："什么黑大汉，敢如此无礼？"众人把手指道："那厮兀自在岸边寻人厮打。"那人正来卖鱼，见了李逵在那里横七竖八打人，便把秤递与行贩接了，赶上前来大喝道："你这厮要打谁？"李逵不回话，抢过竹篙往那人便打。那人抢过去，早夺了竹篙。李逵一把揪住那人头发，那人便奔他下三面，要跌李逵。可他怎敌得李逵水牛般气力，直被推开去，不能够拢身。那人又往李逵肋下擂得几拳，李逵哪里看在眼里。那人又飞起脚来踢，被李逵直把头按下去，提起铁锤般大小拳头，在那人脊梁上擂鼓似的打。那人怎能不挣扎？

李逵正打得起兴，被一个人在背后劈腰抱住，另一个人也来帮忙，喝道："使不得，使不得！"李逵回头看时，却是宋江、戴宗，便放了手。那人略得脱身，一道烟走了。

戴宗埋怨李逵道："我教你休来讨鱼，又在这里和人厮打。倘或一拳打死了人，你不去偿命坐牢？"李逵应道："你怕我连累你吧？我自打死了一个，我自去承当。"宋江便道："兄弟休要论口，拿了布衫，且去吃酒。"李逵向那柳树根头拾起布衫，搭在胳膊上，跟了宋江、戴宗便走。行不得数十步，只听得背后有人叫骂道："黑杀才，我今番要和你见个输赢。"李逵回头看时，便见那人脱得赤条条的，露出一身雪练似的白肉，在江边独自一个把竹篙撑着一只渔船赶将来，口里大骂道："千刀万剐的黑杀才，老子怕你的，不算好汉！走的，不是好男子！"李逵听了大怒，吼了一声，撇了布衫，抢转身来。那人便把船略拢来，凑在岸边，一手把竹篙点定了船，口里大骂着。李逵也骂道："是好汉便上岸来。"那人把竹篙去李逵腿上便搠，撩拨得李逵火起，突地跳在船上。说时迟，那时快，那人只要诱得李逵上船，便把竹篙往岸边一点，双脚一蹬。李逵当时慌了手脚。那人更不叫骂，撇了竹篙叫声："你来，今番和你定要见个输赢。"便把李逵胳膊拿住，口里说道："且不和你厮打，先教你吃些水。"说着，他用两只脚把船只一晃，顿时船底朝天，英雄落水，两个好汉扑通地都翻筋斗撞下江里去。宋江、戴宗急忙赶至岸边，见那只船已翻在江里，两个便在岸上叫苦。江岸边早拥上三五百人在柳荫底下看，都道："这黑大汉今番却着道儿，即便挣扎得性命，也吃了一肚皮水。"宋江、戴宗在岸边看时，只见江面开处，那人把李逵提将起来，又淹将下去，两个正在江心里面清波碧浪中间，一个显浑身黑肉，一个露遍体霜肤。两个打作一团，绞作一块，看得江岸上那三五百人没一个不喝彩。

浪里白条张顺，将"陆战"变成"水战"，在一退一进之间创造战机，扬长避短，找到了战胜李逵的上策。号称"铁牛"的李逵毕竟不是水牛，他被灌饱江水，吃够了苦头。

退与进是一对矛盾，二者既相互对立，又相互统一。 不能将后退的举动一概视为怯懦和软弱。 在无法前进的情况下，适当地后退往往是一种必要的、理智的行为。

　　刘备、诸葛亮火烧博望坡后，曹操发兵数十万，以曹仁为先锋大举南下，兵锋直指刘备的屯兵之地——新野。根据诸葛亮的提议，刘备退据樊城，同时火烧新野、击败曹仁。鉴于刘表已死，荆州新主刘琮投降曹操，刘备集团失去了后盾，诸葛亮建议再行后退。刘备率军兵和百姓弃樊城，过汉江，退往襄阳。刘琮拒不接纳刘备入城，诸葛亮主张向江陵撤退。由于刘备不肯舍弃跟随的百姓，退却的速度很慢，致使江陵被曹操抢占。刘备与诸葛亮等商定后，全军退往汉江与长江的交汇处——夏口，取得了休养生息、壮大力量的机会。在休整兵马、加强防备的同时，诸葛亮乘孙权派鲁肃来夏口探听虚实之机，随鲁肃到江东，一番游说使孙刘结成联盟，在赤壁大破曹军，实现了刘备、诸葛亮打败曹操的目的。曹军败退后，刘备集团得以长驱大进，夺取了荆州。至此，半生漂泊的刘备终于得到了一块真正属于自己的地盘。

　　可见，在前进受阻时，退后一步再图进取，往往能相对容易地达到目的，这就是以退为进。 如果刘备不从新野、樊城主动后退，不仅无法打败曹操，而且会使刘备政权无法继续生存下去。 因为小小的新野、樊城连同那少得可怜的兵马，根本不在曹操大军的话下。

　　相比之下，南下的曹操却只知进取，不懂后退。 当他进到长江边上时，兵马虽多，但都已疲惫不堪，已是"强弩之末，势不能穿鲁缟"。这时候，他本该停顿下来或稍稍后退，但曹操仍然劳师远征，试图将孙权、刘备一举消灭。结果在赤壁以众败寡，狼狈至极。赤壁一战后，曹操不得不退回中原。终其一生，到底未能消灭孙权和刘备。

这无疑是告诉我们必须处理好退与进的关系：退，向对手让步，是避敌锋芒、摆脱劣势的手段，是赢得进的积极行动。可是，一般人在谋划时喜进而厌退，认为退是怯弱的表现。殊不知退的软弱正可以用来麻痹对手，掩盖自己对进的准备和行动。如此看来，其实在"软弱"中也可能蕴藏着力量。

古代哲学家老子提出"进道若退"，他力主以柔克刚、以退为进，这又岂是只知猛冲猛打的人所能理解的呢？

无论是战场还是商场，也无论是胜利后的退却还是失败后的退却，"退"仅是手段，而不是最后目的，只要有利于整体目标的实现，"退"又何尝不是上策呢？

春秋时候，楚王的三子季札，因为贤能，楚王要传位于他，而他谦让说，上有长兄，应该由长兄继位；长兄去世以后，因其贤能，国中大臣又再举荐他为王，他说还有次兄；次兄去世以后，全国人民又一致推举，希望他能出来领导全国。他说"父死子继"，应该由过世的先王之子继任王位，故而仍然退而不就，所以，后来在历史上留下了贤能之名。可见，退让不是没有未来，退让之后往往会在另一方面更有所得。

三国时代，刘备知道太子刘禅无能，要诸葛亮取而代之，但诸葛亮谦让，从而在历史上留下忠臣之名。 周公辅佐成王，虽是长辈，却一直以臣下自居，所以能成周公的圣名美誉。 此皆证明，退让不是牺牲，所谓"失之东隅，收之桑榆"，有时以退为进，更能成功。

以退为进，是人生处世的最高哲理。 人生追求的是圆满自在，如果人生只知前进不懂后退，那么，他的世界就只有一半。 而懂得"以退为进"的哲理，可以将我们的人生提升到拥有全面的世界。 如此，"以退为进"，何乐而不为呢?

有一首诗形容农夫插秧:

"手把青秧插满田，低头便见水中天;身心清净方为道，退步原来是向前。"

有的人为了功名富贵，总是不顾一切地向前争取。 有的时候前面是险坑，跌下去会粉身碎骨;有的时候前面是一道墙，撞上去会鼻青脸肿。 如果这时候懂得以退为进，转个弯、绕个路，世界还是一样会有其他更宽广的空间，这正是古人所云:"退一步，海阔天空。"

经商的人，希望日进斗金;读书的人，希望每日进步;有的人一遇到利益，总想贪求更多。 其实，做人处事应该要以退为进!

有一种马嘉鱼很漂亮，银肤、燕尾、大眼睛，平时生活于深海中，春夏之前溯流产卵，随着海潮浮到浅水面。 渔人捕捉马嘉鱼的方法很简单:用一张十寸见方、孔目粗疏的竹帘，下端系上铁坠，放入水中，由两只小艇拖着，拦截鱼群。 马嘉鱼的"个性"很强，不爱转弯，即使触入罗网中也不会停止。 所以一只只前赴后继钻入帘孔中，帘孔随之紧缩。 孔愈紧，马嘉鱼愈被激怒，瞪起明眸，张开脊鳍，更加拼命往前冲，最后，终于被牢牢卡死，为渔人所获。

马嘉鱼的悲哀就在于它不懂生存的进退之道。 做人也是如此，面对现实要灵活，千万不要一根筋，认准一条道走到底，有时，退一步也许是你最明智的选择。

因此，一个人在社会上为人处世，必须要懂得以退为进。 引擎利用后退的力量，反而能引发更大的动能；空气越经压缩，反而更具爆破的威力；军人作战，有时候要迂回绕道，转弯前进，才能胜利；很多时候，我们要想成就一件事情，必须低头匍匐前进，才能成功。

第五章

完美性格，好性格能帮你掌控局势

"水"性格是最好的性格

一个人的最大优点就是性格好，因为，这才是赢得人心的法宝，若无这个法宝，要想取得任何成功，都十分困难。那么，怎样的性格才是最好的性格呢？ 最好的性格就是像水一样的性格。

具有这一性格特征之人，表面似乎柔弱，内心其实刚毅坚韧。 特别在待人处世上一定极其和蔼可亲，最重要的是，有水一样性格的人表面看上去总是那样平淡，毫无个性可言，其实灵巧无比，足智善变。 这类性格的人常常因此能够包容万象，变化万端，能够依据他要打交道的人的不同性格而不断变化。 哪怕与再难接触的人共事也会游刃有余，因此，也最容易赢得他人的器重与喜爱，由此拥有丰富的人脉关系网，为自己的成功打下坚实的基础。

刘邦的性格就是这样一种讨人喜欢的性格，他豁达而又不失细密，能容人更能用人，由此，他始终是一个能够趋福避祸的幸运之人，一个熟知人性的高手，也由此建立起广博的人脉关系，吸引了众多优秀的谋士猛将，这是他成功的关键。

刘邦最大的过人之处便是善于用人。但是，大家肯定要问，张良、萧何、韩信这样的人杰为何甘愿被刘邦所驱使呢？到底刘邦有什么样的能耐可以让他们俯首听令呢？

关键在于，刘邦拥有水一样的性格，这般性格使得他在面对不同的人和事之时总能表现出最为恰当的姿态，采取最有利于自己的策略。如：招纳人才之时他胸襟博大似海；当属下相劝之时，他能从善如流，尽显其性格似水的明达聪慧。正因为他有水一样善变的性格特征，因此，张良愿为其运筹帷幄，决胜千里；萧何愿为其镇后方，安抚百姓，供军饷；韩信则愿为其统兵百万，战必胜，攻必取……如此这般，刘邦才得以得天下。

韩信原本投奔项羽，但项羽不重用他，于是投奔刘邦，但开始刘邦也只让他当了个小官。

韩信多次与萧何商讨大事，萧何认为他才能出众。楚汉争霸初期，刘邦到了南郑，拜萧何为丞相，曹参、樊哙、周勃等为将军，养精蓄锐，准备再与项羽争天下。但他手下的兵士们却都想回老家，差不多每天都有人逃走，刘邦急得连饭也吃不下。韩信认为萧何已经多次向刘邦推荐自己，但刘邦仍不重用自己，也跟着逃跑了。萧何听说韩信也逃跑了，来不及把这一消息报告刘邦，就赶去找他。

有人报告刘邦说："丞相萧何逃跑了。"刘邦很着急，真像突然被人斩掉了左右手一样。

到了第三天早晨，萧何才回来。刘邦见到他，又气又高兴，责问萧何说："你怎么也逃走？"

萧何说："我怎么会逃走呢？我是去追逃走之人呢。"

刘邦说："你所追的人是谁？"

萧何说："是韩信。"

刘邦又骂道："我部下众将逃跑的有几十个人，你一个也没有追，现在说去追赶韩信，这是说谎。"

萧何说："像其他将领那样的人才，很容易得到。但像韩信这样的人才，天下没有哪个比得上他。大王如果想永久地在汉中称王，可能用不到韩信；如果想争夺天下，韩信可助您一臂之力，这就看大王的决策了。"

刘邦说："我当然要回东边去。哪能总待在这儿呢？"

萧何说："大王一定要争天下，那就赶快重用韩信；若不重用他，韩信早晚还是要走的。"

刘邦说："好吧，我就顺从你的意思，让他做个将军。"

萧何说："叫他做将军依旧留不住他。"

刘邦说："那就拜他为大将吧！"

萧何十分高兴地说："还是大王英明。"

因此，刘邦就要招来韩信拜他为大将。萧何说："大王既然决定要拜他为大将，就应该选一个好日子，您自己要斋戒，开设坛场，准备好各种礼仪，方可举行仪式。"

众将领听说要拜大将的消息都十分高兴，人人都自以为能被拜为大将。可是，等到拜大将的时候，才发现被拜为大将的是韩信，全军上下都非常吃惊。

韩信拜将后，刘邦并没有就此完全相信他，马上便问韩信有什么定国安邦的良策。

韩信回答说："同您争天下的不是项羽吗？大王自己权衡一下，论兵力的英勇、强悍、精良，您同项羽比谁高谁下？"

刘邦沉默良久，回答说："我还不如项王。"

韩信再拜，赞同地讲道："不仅大王，就连我也觉得您不如项王。但是，我曾经侍奉过项王，就请让我谈谈项王的为人。项王一声怒喝，惊吓千人。可是，他不能放手任用贤将，这只是匹夫之勇。项王待人恭敬慈爱，语言温和，人有疾病之时，同情落泪，会把自己的饮食分给他们。但是，等到部下有功应当封爵时，他却不授予人家，是妇人之仁。项王即使独霸天下而使诸侯称臣，可是却不居关中而都彭城，再次违背与义帝的约定，把自己的亲信和偏爱的人封为王，令诸侯愤愤不平。诸侯见项王驱逐义帝于江南，也都回去驱逐他们原来的君王而自立为王。凡是项羽军队所经之地，无不遭蹂躏残害，因此，天下人怨恨他，百姓只是在他的淫威之下勉强屈服。他名义上虽为天下的领袖，实际上已失去民心，所以，他的强大会很快变得衰弱的！现在大王如能反其道而行之，任用天下武勇之人，不怕敌人不被诛灭！把天下的土地分封给功臣，他们肯定臣服！率领英勇的士兵，何愁敌人不被打散！而且三秦的封王章邯、董翳、司马欣本是秦将，率领秦国弟子已有数年，战死和逃亡的人不计其数，又骗他们的部下和将领投降了项羽。到新安，项羽用欺诈的手段坑杀了秦降卒二十余万人，唯独章邯、董翳、司马欣得以逃脱，秦人对这三人恨之入骨。现在，项羽以武力强封这三人为王，所以，秦国百姓都想拥戴您在关中为王。

依据当初诸侯的约定，大王应当在关中称王，关中的百姓都明白。可大王失掉应有的封爵而被安排在汉中做王，秦地百姓无不怨恨项王。现在，大王起兵向东，攻三秦的属地，只需发号即可。"

刘邦听后，诚恳地对韩信说："寡人对你真是相见恨晚啊！"

韩信被刘邦任命为大将军以后，不久就表现出自己的军事天才，借用刘邦的话来讲，那就是"连百万之军，战必胜，功必取"。

韩信虽然对刘邦和项羽的性格，做了仔细的分析，但因他自己性格的懦弱，最终被刘邦害了他的命。而之后刘邦封韩信为齐王的故事，更能说明刘邦有水一般的性格，灵活善变。

喜欢下象棋的人可能都明白，象棋是由楚汉之争发展而来，但大家可能没有想过，双方的主帅为什么一个叫"帅"一个叫"将"？仔细想来，二者是不一样的，"帅"可以掌控全局，但"将"只是行军用兵。刘邦是帅，善于用人，项羽则是将，善于用兵。刘邦善于攻心，项羽则善于攻城。刘邦既有出众的军事才华与政治智慧，又有很好的性格，所以，他得到了有出众的军事才华和政治智慧的人的支持，最后称霸也在情理之中。

固执狭隘惹人厌

狭隘性格的人偏执并且执拗，主要表现在心胸、气量、见识等方面。 狭隘性格之人，时常心胸狭窄，见识短浅，而且十分固执。 他们在自己性格所能掌控的范围内，会游刃有余，但一旦超越了这一范围，就会心有余而力不足，他们的许多做法都会引起别人的反感，甚至会让别人心生恨意，所以，他们最终的下场是不好的。 这就是"志大量小，后事难料"。

性格狭隘的人往往不会讨人喜欢，他们自命清高、固执己见，不但让人难以亲近，还会或多或少得罪身边的人，从而为自己在人际关系中埋下雷区，历史上的孔融就是这样的人。

说起孔融，大家很熟悉。 《三字经》中道："融四岁，能让梨。"孔融，字文举，是孔子第二十代孙。 孔融与曹操是同一时代的人，曾做过北海相，亦称孔北海。 他好结交名士，和当时的大学士蔡邕交往密切，但是他为人恃才负气，言论常与传统相悖，渐渐地为社会不容。

孔融著述有诗、颂、议、论、策、表等个体文章二十五篇，诗七首。孔融在建安时期的文坛之中，有极高的地位。曹操虽杀死了孔融，但他和他的儿子曹丕对孔融的文学成就十分敬佩，赞不绝口。曹丕在《典论·论文》里将他列为"建安七子"，称赞孔融其人是"扬、班之俦也"，将他与西汉文学家扬雄与东汉史学家班固相提并论；论其文"体气高妙，有过人者"，还曾拿金帛悬赏招募有超过孔融文章之人，并整理过他的遗作。南朝梁文学理论家刘勰赞美孔融"气盛于笔"，"诗文豪气直上"。可是，孔融自恃多读了几本书，再加上有些才气，就喜欢耍小聪明。这样的行为其实是很令人厌烦的。

曹操下了禁酒令，孔融却作文反对说："天上有酒星，地上则有酒泉"，"尧不饮千钟，无以成其圣"；若说酒能乱世，那么，纣王因色失国，现在为何只禁酒，不禁婚姻呢？曹操读后，十分生气。为了表示公开对抗曹操，孔融天天大宴宾客，有人形容曰："座上客常满，杯中酒不空。"

当时正值战乱，灾荒频现，民不聊生，为了战事所需，为了百姓的生机，各地多次下达禁酒令。曹操的禁酒令一下，孔融却公然出来唱反调，这影响是很坏的。可能是考虑到孔融的名声，也可能觉得孔融不过是为了出风头，曹操没去理会。

孔融是名门之后，誉满清流。他平时文质彬彬，一派儒士风范，可是一旦性子急起来，也是不顾三七二十一。早年时候，孔融封谒拜贺外戚何进荣升大将军，因何进未及时接见，孔融十分不满，当场夺回拜谒，重重地摔在地上，因此惹得何进大怒。若不是有人劝阻，他早已没命。后来，孔融又与袁绍结怨，袁绍对他恨之入骨。孔融这人软硬不吃。有个叫左承祖的人前去见他，希望他能够依附袁、曹（当时袁、曹已经结盟）。孔融很生气，还没等人家说完就将他杀死。此外，他还因为下级少交了租赋，"一朝杀五部督邮"。孔融甚至擅自杀戮朝廷命官。

祢衡是孔融的朋友，学富五车，但也狂放不羁，恃才傲物。孔融向曹操推荐了祢衡。

见了面之后，曹操想故意给点颜色让祢衡看看，不让这位大学者落座。

祢衡："唉，天地虽阔，却没有一个人才啊！"

曹操："我手下有几十位优秀人才，都是当世英雄，怎能说没有人才呢？"

祢衡："荀彧可使吊丧问疾，荀攸可使看坟守墓，程昱可使关门闭户，郭嘉可使白词念赋，张辽可使击鼓鸣金，许褚可使牧牛放马！"

曹操："那么，你又有何本领呢？"

祢衡："天文地理，无一不能；三教九流，无所不晓。往大里讲，我可以比得上尧、舜那样的明君；往小里讲，我的道德文章和孔子、颜回可有一比。我怎么能和你手下之人相比？"

曹操很生气，知道祢衡只会一点耍嘴皮子的功夫，当然不会买他的账。部下张辽想杀掉祢衡，他却制止了，任命他做荆州的使臣，说服刘表归降朝廷。 后来祢衡去见刘表，毛病又犯，又激怒了刘表。 刘表听说过祢衡多次辱骂曹操的事，知道曹操想用自己的手杀掉祢衡，担当"害贤"的恶名，便派他去见江夏的将军黄祖。 黄祖是一个小军阀，素质较低。 祢衡见了黄祖，重施故技，把黄祖得罪了。 黄祖勃然大怒，叫人把祢衡拉出去斩掉了。 听说祢衡被黄祖杀掉了，曹操哈哈大笑起来："这个腐儒自己找死。"曹操杀了祢衡，对孔融也十分怨恨，认为他举荐祢衡的目的是与自己过不去。

曹操崇尚实能，唯才是举，认为只要有才能，不论品行如何，都可以录用。 他又是一位实干家，很多大小事情都是自己亲自来做（如亲自和工匠一起打造兵器），他注重实效；而孔融尚虚名，只有所谓的才气和名气，无实际。 在任北海相时，对州内"奸民污吏，猾乱朝市，亦不能治"。 他往往只靠一张嘴，整天空谈清议，谈论那些不切实际的东西，曹操对此最看不惯。

建安十三年，曹操基本上平定北方。 为了恢复生产力，曹操实行改革：一是屯田以积谷；二是改征兵制为士家制；三是改革赋税制度。 政治方面，他采取了打击士族豪强的方针，举贤任能，使一大批出身社会下层、有才干的人进入官吏队伍。 而孔融则充当了反对改革的代表人物。 他联络一批士族上书，反对改革。 张璠在《汉记》中批评说："是时天下草创，曹、袁之权未分，融所建明，不识时务。"对于孔融反对改革的行为，曹操虽嫌之，但不怪罪他，所以，采取不理睬的方针。

后来，东吴孙权派使者来许昌。 孔融自恃曹操顾及影响不能治罪于他，就当着吴使的面讽刺讥笑曹操，令曹操十分难堪。

孔融恃才傲物，不仅被人瞧不起而且还屡屡得罪曹操，最后被杀。 公元208年，曹操在南征前夕，为了稳定内部，安定后方，下令将孔融处死。 曹操处死孔融的事情震惊了朝野，许多人为孔融鸣不平。 但是，他本身的固执狭隘、疏狂、出言无忌又目空一切，这样的下场是迟早的。 可以说，性格上的冲突是导致曹操杀孔融的主要原因。 性格狭隘的人往往难以获得好的人缘，他们思维简单、不全面，不计后果，因此，到最后往往因为这样的性格而与知心的好友、成功的事业无缘，结局十分可悲。

严于律己，宽容他人

孟子说：君子之所以异于常人，是自我反省。即使受到他人不合理的对待，也必定先反省自己本身，自问，我是否做到了仁的境地？是否欠缺礼？否则别人为何这样？做到自我反省的结果合乎仁也合乎礼了，但对方态度不变，那么，君子又必须反省自己：我一定还有不够真诚的地方。再反省的结果是自己无错，而对方强横的态度依然如故，君子感慨道：他不过是狂妄的小人罢了。这种人和禽兽又有何差别呢？对于禽兽是根本不需要斤斤计较的。孟子的话启示我们，一个大气度的人，在与别人发生矛盾、冲突后，不仅不会同非原则性的问题喋喋不休、抓住不放，不但不计前嫌，而且关键是要能有严于律己的精神。只有具备严于律己的态度，才能真正地谦让。

大至国家的君臣，小至个人私交，出现矛盾后，如果双方都有责己的雅量，则任何矛盾都不难解决。如果只把眼睛盯着对方，只知道责备对方，不检讨自己，隔阂、怨恨就会越积越深，最终激化成矛盾。

即使过失的责任在别人身上，或者主要在别人身上，批评时也要有"见不贤而自省"的气度。既责人，又责己；先正己，后正人。古人常言："责人者必先自责，成人者必先自我，专责己者兼可成人之善，专责人者适以长己之恶。"责己指从我做起，以实际行动和活的榜样去教育人、感化人。这样，别人才会心悦诚服，如果只责人，不责己，就会助长自己的错误。这种人自身不正，去批评教育别人，无人听之！

历史上具有人格感召力的人皆严格要求自己。诸葛亮为蜀之相国，"善无微而不赏，恶无纤而不贬"，但"刑政虽峻而无怨者"。这是因为他"用心平而劝戒明"，以身作则。街亭之役，马谡违反诸葛亮的节度，举动失宜，使蜀军大败。诸葛亮既斩了马谡，同时反省自己"授任无方"、用人不当的过失，自贬三级。

在做到律己的同时，还要学会宽容，宽容别人不会失去什么。得到的不只是一个人，得到的会是人的心。要做到宽容，领导者首先要有宽广的心胸，要学会虚心听取各种不同的意见和建议，不要总是对一些细枝末节斤斤计较，因为领导人的一言一行都会成为属下在意的对象。

日本松下公司的创始人松下幸之助以其先进管理方法，被商界奉为神明。

后藤清一原是三洋公司的副董事长，慕名松下幸之助，投奔到松下幸之助的公司，担当厂长一职。他本想大有作为，不料，由于他的失误，一场大火将工厂烧成一片废墟。

他很害怕，因为不仅厂长的职务保不住，还很可能被追究刑事责任。他知道平时松下幸之助是不会姑息部下的过错的，常因小事发火。但这一次让后藤清一感到欣慰的是松下幸之助连问也不问，只在他的报告后批示了四个字："好好干吧。"

松下幸之助的做法看似不可理解，这样大的事故竟然不管。其实，这正是松下幸之助的精明之举。

后藤清一的错误已经铸下，再深究也不能挽回公司的经济损失。另外，做了小错之事，大多数人并不介意，所以需要严加管教，而犯了大错误，都知错处，还用你上司去批评吗？松下幸之助的做法深深地打动了下属的心，由于这次火灾发生后，没有受到惩罚，后藤清一内疚，对松下幸之助更加忠心效命，并以加倍的工作来回报松下幸之助的宽容。

松下幸之助用自己的宽容，换得了后藤清一的拥戴。

"糊涂"上司懂得宽容之心在企业管理中的重要性。宽容犹如春天，成就一片阳春景象。宰相肚里能撑船，不计过失是宽容，得失不久据于心，亦是宽容。宽容之所以必要，一则因为宽容可以赢得下属的忠诚，令其更加进取；二则因为宽容可以使自己不受一时得失的影响保持对事情正确的判断；三则因为宽容可以使企业内部关系融洽。

宽以待人的上司看似糊涂、软弱，实则为自身进步发展创造了良好条件，是其大智之处。以宽容对待狭隘，以礼貌谦恭对待冷嘲热讽。不将心思牵于一事一物，不将一丝哀怨气恼挂在心头，这是作为一位领导者理应具备的品格。

然而，在日常生活中，有人常常是责人则明，责己则昏；责人则严，责己则宽。 对社会上的不良现象，可以评议指责，但不能身体力行，从自己做起。 因为批评指责是针对别人的，不讲事实不讲分寸，甚至捕风捉影，信口开河。 这种批评指责不仅影响真诚和谐的人际关系，还助长了清谈空议、惹是生非的不良风气。

韩愈曾作《原毁》一文，考虑当时士大夫阶层嫉贤妒能的原因。 文章指出："古之君子，其责己也重以周，其待人也轻以约"；"今之君子则不然，其责人也详，其待己也廉"。 这是对人对己的两种不同态度：一种是对自己严格要求，对别人的要求宽厚、简约；另一种对别人的要求很周详，对自己的要求则低而少。

文章认为：为什么会有两种不同的态度，是由于对人对己标准不一样。 "古之君子"以舜和周公这样的圣贤为标准，认为他们能做到的，自己也须做到。 因而对自己的要求就严格而周全；对别人则先看到他的优点和进步，"取其一不究其二，即图其新不究其旧"，害怕破坏为善的积极性。 这样，对别人的要求自然就宽厚而简约了。 "今之君子"则不然，严格要求他人"举其一不计其十，究其旧不图其新"，唯恐别人有好名声。 他们对自己的要求非常低，"外以欺于人，内以欺于心"，不可能取得进步。 这样，他们责人周、责己廉，也就不奇怪了。 文章进一步揭露了"今之君子"对人严、对己宽的原因是"怠"与"忌"两个字，"怠者不能修，而忌者畏人修"。 自己懒惰懈怠，却嫉妒别人进步，因此，"事修而谤兴，德高而毁来"。 谁有高尚品德，就会受到他们的诽谤打击。 韩愈对世态人情的剖析，可谓入木三分。

今天，我们领会韩愈的《原毁》，仍具启迪之意。首先，对人严、对己宽的问题，仍然普遍存在，而问题的实质也是对人对己要求的标准不同。看别人的缺点多，自己全是优点；批评别人往往苛刻求全，攻其一点，不及其余，不看别人的现实表现；批评自己则轻描淡写，强调客观，护短护私。这与"怠"与"忌"不无关系。自己不求进步，不思进取，又害怕别人进步，获得成就和名声。应该消除这种不健康的心理，用高标准要求自己，严格检查自己思想上、工作上的缺点，同时以宽厚的态度对待别人。

为人宽厚，以和为贵

我们常见一些人在生活或学习中，因芝麻丁点儿小事大动肝火。但也有一些人，不斤斤计较个人得失，襟怀坦荡，因为他们怀着以和为贵的处世态度。

战国时期的蔺相如，为了社稷之安，三让廉颇，终使廉颇心悦诚服。纵览古今，有所成就之人，无不襟怀坦荡，度量恢宏，抱着以和为贵的处世态度。反之，不仅于他人没有好处，就是于自己也是没有好处的。像庞涓那样嫉贤妒能的小肚鸡肠者，最终兵败马陵道，令天下人耻笑。

处世以和为贵的人，需有广阔的胸怀。俗话说："量小失众友，度大集群朋。"为人有宽阔的胸襟、恢宏的度量，才能赢得友谊，增进团结。也只有胸怀宽广的人才使人乐于信任亲近。而胸襟狭窄者则会嫉人之才，妒人之能。因而在他周围便会产生一种无形的排挤力，使人对其避而远之。

那么，怎样才能做到以和为贵？怎样才能造就博大的胸怀呢？

法国著名诗人雨果认为："世界上最宽阔的是海洋，比海洋更宽阔的是天空，比天空更宽阔的是人的胸怀。"时代呼唤博大的度量，呼唤宽阔的胸怀！

有多大的心胸，便能做多大事；有多大心胸，便有多大的人格魅力。

人与人之间平等相处，一起生存在世间，本无大的利害冲突。"不饶人"可以把小事变成大事，这样会增添许多不必要的麻烦，对谁都没有好处。

南宋有一个叫沈道虔的人，家有菜园，种有萝卜。这天，沈道虔从外面回来，发现了小偷，他赶紧回避，等那人偷够了走后他才出来。又有一次，有人砍他屋后的竹笋，沈道虔便让人去对砍竹笋的人说："这笋留着，可以长成竹林，你不用砍它，我给你更好的。"他让人砍了大笋送给那人，那人羞惭难当，没有接受。沈道虔家贫，常带着家中小孩去田里拾麦穗。偶尔遇上其他拾麦穗的人争抢，他就把自己拾到的全部给争抢的人。争抢的人非常惭愧，就不再争抢了。

曹操的曾祖父曹节素以仁厚著称乡里。一天，邻居家的猪跑丢了，而此猪与曹节家里的猪长得十分相像。邻居就找到曹家，说那是他家的猪。曹节也不与他争，就将猪给了邻居。后来邻居家的猪找到了，明白错了，就把曹节家的猪送回来了，连连道歉。曹节也只笑笑，并不责怪邻居。

这两则故事里的古人，都把"别人不好处"掩藏了几分。沈道虔和曹节表面看来，不分是非，甚至显得窝囊懦弱。但实际上，却显出了他们宽容厚道的为人。偷萝卜、砍笋、争麦穗是不对的，但也是人穷家贫的无奈，何必深责？ 替对方掩藏几分，令对方自惭。 邻居错认猪，尽管有自私一面，但失猪对一般人家毕竟也是大损失，情急之下错认，能谅解。 古人一心为他人着想，宁可自己吃亏，正是胸襟宽阔、与人为善的体现。

遇事能忍让，便能大事化小，小事化了，出现一些意想不到的好效果，人心都是肉长的，你的不气，你的忍让，不仅免除了纷争，还会换来对方的义举，事情会得到更圆满的解决。 杨玢是宋朝尚书，年纪大了便退休居家，无忧无虑地安度晚年。 他家住宅宽敞、舒适，家族人丁兴旺。 有一天，他在书桌旁，正要拿起《庄子》来读，几个孩子进来，大声说："不好了，我们家的旧宅被邻居侵占了一大半，不能饶他！"

杨玢听后，问："不要急，慢慢说，他们家侵占了我们家的旧宅地……""是的。"孩子们回答。

杨玢又问："他们家的宅子大还是我们家的宅子大？"孩子们回答："当然是我们家宅子大。"

杨玢再问："他们占些旧宅地，有何不妥？"孩子们说："没有什么大影响。 虽无影响，但他们不讲理，就不应该放过他们！"杨玢笑了。

过了一会儿，杨玢指着窗外落叶，问他们："那树叶长在树上时，枝条是大树的，秋天树叶枯黄了落在地上，这时树叶怎么想？"他们不明白含义。 杨玢干脆说："我这么大岁数，总会死去，你们也有老的一天，也有要死的一天，何必争那一点点宅地！"他们现在明白了杨玢讲的道理，说：

"我们原本要告他们，状子都写好了。"

孩子呈上状子，他看后，拿起笔在状子上写了四句话："四邻侵我我从伊，毕竟须思未有时。 试上含元殿基望，秋风秋草正离离。"

写罢，他再次对孩子们说："我的意思是在私利上要看透一些，遇事都要退一步，不必斤斤计较。"

北风吹袭路人，只会使人更紧地裹住衣服，而温暖的阳光，却使人愿意解开厚重的大衣。 当我们要打开人们的心房时，一颗宽容而真挚的心，是最有效的工具。

超越自卑才能完善自己

现代社会竞争激烈，强中还有强中手，相互比较中，难免会产生自卑感。自信者往往能勇敢面对挑战，而有自卑感的人，只能遗憾地把自己放在"观众"的位置上。

如果我们的生命中只剩下了一个柠檬，自卑的人说，我垮了，我连一点机会都没有了。然后，他就开始诅咒这个世界，让自己处在自怜自艾之中。自信的人说，我至少还有一个柠檬，我怎么才能改善我的状况呢？我能否把这个柠檬做成柠檬水呢？我能从这个不幸的事件中学到什么呢？

所以，成功的人拒绝自卑，因为他们知道，自轻自卑会把自己拖垮。一个人若被自卑所控制，其心灵将会受到严重的束缚，创造力也会因此而枯萎。

有这样一则寓言：

上帝想和人类玩捉迷藏的游戏。

上帝想把一种叫作"自卑"的东西藏在人身上，于是他和天使们商量："你们给我出个主意，我该把它放在人的哪个部位最为隐秘。"

有的天使回答说藏在人的眼睛里；有的说藏在人们的牙缝里；有的说藏在人们的腋窝下。

一个聪明的天使笑着说："上面这些地方，人们都很容易找到。他们会马上把自卑还给您。您最好把它藏在人们的心里，那里是他们最后才能想到的地方。"

有自卑感的人总是习惯于拿自己的短处和别人的长处相比，结果越比越觉得不如别人，形成自卑心理。 内心的自卑，对一个人的成长与发展是最要命的，因而，如果你发现自己自卑，就要用理性的态度把它铲除掉。

如果你想完善自我，找寻快乐，就要战胜自卑。 自卑源自于自我评价过低，源自于没能正确地定位自己的人生坐标。 战胜自卑，首先要正确地认识自己和评价自己。 "尺有所短，寸有所长"，每个人都是既有优点又有缺点的。 自卑者要学会正确看待自己的优缺点，努力发现自己的可爱之处，强化自己的长处，弥补自己的短处。

克服自卑，还要学会科学的比较，掌握正确的比较方法，确定合理的比较对象。 如果以己之不足和他人之长相对照，肯定只会长他人志气，灭自己的威风，最终落进自卑的泥潭，失去前进的动力。 当然，也不能从一个极端走向另一个极端，老是用自己的长处去比别人的短处，这样容易唯我独尊，总觉得你比别人高出一筹，产生洋洋自得、不可一世的心理。

此外，战胜自卑，还应着力去弥补自己的不足之处，使自己得到更大的发展。但凡在事业上做出突出成绩的人，在这方面都是做得很好的。日本前首相田中角荣天资聪颖，但中学时患有口吃的毛病，给他带来巨大的苦恼，他因此变得自卑、羞怯和孤僻。有一次上课，他的同桌捣乱，教师误以为是田中角荣干的，当田中角荣站起来辩解时，竟面红耳赤说不清楚。老师更加认定是他做错了又不承认，别的同学也嘲笑起来。这件事对田中角荣刺激很大，他回家后，分析自己口吃的原因主要还是源于个人的自卑。从此，他时时鼓励自己在公共场合发言，主动要求参加话剧演出，并经常练习，终于克服了口吃的毛病，为他走上职业政治家的道路奠定了基础。

　　正确全面认识自己的优点和缺点，充分肯定自己，相信自己的能力，挖掘自己的潜力，提高自己，就能消灭自卑，找回自信，赢得完美人生。

拒绝骄傲的内心

生活中，一个无法回避的事实是，每一个人的能耐总是十分有限的，没有一个人样样精通。所以，人人都可在某些方面成为我们的老师。当自以为拥有一些才艺时，你要记住，你还十分欠缺。正所谓学业有先后，术业有专攻。一定不要自命清高，狂傲自负，不然，成功将与你无缘。

自负的人通常是相当自恃、有野心和难以相处的，而且对自己的成就感到相当的骄傲。一个骄傲自负的人常会认为，世界上如果没有了他，人们就不知该怎么办了。殊不知，天外有天，人外有人，这个世界离了谁地球都照样转。因为骄傲，他们就失去了为人处世的准绳，结果总是在骄傲里毁灭了自己。

傲慢自负的集大成者，似乎当推东汉的祢衡。祢衡很有才华，但性情高傲，总是看不起别人。当时，许都是新建的京城，贤人达士从四面八方在这里汇集。有人对祢衡说："你何不去许都，同名人陈长文、司马伯达结交呀？"祢衡说："我怎么能去同卖肉打酒的小伙计们混在一起呢？"又有人问他："荀文若、越稚长将军又怎么样呢？"祢衡说："荀文若外貌长得还可以，让他替人吊丧还行；越稚长嘛，肚子大，很能吃，可以让他去监厨请客。"

祢衡和鲁国公孔融及杨修比较友好，常常称赞他们，但那称赞却也傲得可以："大儿孔文举，小儿杨祖德，其余的都是庸碌之辈，不值一提。"祢衡称孔融为大儿，其实他比孔融小了将近一半的年龄。

孔融很器重祢衡之才，除了上表向朝廷推荐之外，还多次在曹操面前夸奖他。于是，曹操便很想见见祢衡，但祢衡自称有狂疾，不但不肯去见曹操，反而说了许多难听的话。曹操十分恼怒，但念他颇有才气，又不愿贸然杀他。但后来，祢衡屡次侮辱曹操以及他手下官员，最终被杀。

有一个成语叫"虚怀若谷"，意思是说，胸怀要像山谷一样虚空。这是形容谦虚的一种很恰当的说法。只有空，你才能容得下东西，而自满，除了你自己之外，容不下任何东西。

有一个自以为是的暴发户，去拜访一位大师，请教修身养性的方法。

但是，从一开始，这人就滔滔不绝地说个没完。大师在旁边一句话也插不上，于是只好不断地为他倒茶。只见杯中的水已经注满了，可是大师仍然继续倒水。

这人见状，急忙说："大师，杯子的水已经满了，为什么还要继续呢？"

这时，大师看着他，徐徐说道："你就像这个杯子，被自我完全充满了，若不先倒空自己，怎么能悟道呢？"

　　生活之中，我们常常不自觉地变作一个注满水的杯子，容不下其他的东西。因而，学会把自己的意念先放下，以虚心的态度去倾听和学习，你才会发现，大师就在眼前。

勇敢打破冷漠的心墙

在当今社会里，生活在都市里的人们每天的大部分时间都在钢筋水泥筑成的独立空间中，偶尔与外界的沟通也是通过电话、电子邮件来完成。 虽然身处闹市，人们的心却由一道无形的心墙尘封起来。 因为缺少爱的滋润，心变得越来越冷漠、孤独，以致扭曲变形。

一位建筑大师阅历丰富，一生杰作无数，但他自感最大的遗憾就是把城市空间分割得支离破碎，而楼房之间的绝对独立则加速了都市人情的冷漠。 大师准备过完65岁寿辰就封笔，而在封笔之作中，他想打破传统的设计理念，设计一条让住户交流和交往的通道，使人们之间不再隔离，而充满大家庭般的欢乐与温馨。

一位颇具胆识和超前意识的房地产商很赞同他的观点，出巨资请他设计。 图纸出来后，果然受到业界、媒体和学术界的一致好评。

然而，等大师的杰作变为现实后，市场反应却非常冷漠，乃至创下了楼市新低。

房地产商急了，急忙进行市场调研。 调研结果出来后，让人大跌眼镜：人们不肯掏钱买这种房的原因竟然是嫌这样的设计使邻里之间交往多了，不利于处理相互间的关系；在这样的环境里活动空间大，不好看管孩子；还有，空间一大，人员复杂，对防盗之类人人担心的事十分不利。

大师没想到自己的封笔之作会落得如此下场，心中哀痛万分。 他决定从此隐居乡下，再不出山。 临行前，他感慨地说："我只认识图纸不认识人，是我一生最大的败笔。"其实，这怎么能怪大师呢？ 我们可以拆除隔断空间的砖墙，谁又能拆除人与人之间厚厚的心墙呢？

心墙不除，人心会因为缺少氧气而枯萎，人会变得忧郁、孤寂。 爱是医治心灵创伤的良药，爱是心灵得以健康生长的沃土。 爱，以和谐为轴心，照射出温馨、甜美和幸福。爱把宽容、温暖和幸福带给了亲人、朋友、家庭、社会和人类。 无爱的社会太冰冷、无爱的荒原太寂寞。 爱能打破冷漠，让尘封已久的心重新温暖起来。

在与人交往时，将你的心窗打开，不要吝啬心中的爱，因为只有爱人者才会被爱。 在此过程中，你会获得许多关于爱的美丽传说；当你陷入困境时，你会得到许多充满爱心的关怀和帮助。

人活在世界上，最重要的不是被爱，而是要有爱人的能力。 如果不懂得爱人，又如何能被人所爱呢？ 朋友，丢掉你的冷漠，打开你尘封的心，释放心中的爱吧！ 你的生命会因爱而更精彩。

第六章

妙言巧语，会说话是一种掌控力

关心体贴，让别人感觉到温暖

对人关心和体贴，自然会让人感到温暖。多说这一类话，会赢得真心的感动和感激。体贴，代表了对别人的爱护、关切和照顾。有一首歌这样唱道："只要人人都献出一点爱，世界将变成美好的人间。"对别人体贴就是对别人献出了爱，别人受爱的感化，也会以爱相回报。体贴的话会换来友爱，换来真诚，而"友爱"和"真诚"是每个人都需要的。有些人不是慨叹这世上"友爱"和"真诚"太少了吗？其实，只要问问他："你又给过别人多少体贴呢？"恐怕回答起来就很尴尬了。

此外，你平时对别人表现出的关怀，还会成为你求别人办事的一种途径。想想你平时对别人那么好，谁还能拒绝为你办些事情呢？

试想有一天，你去找你的朋友聊天。

平常你的朋友身体健康、精力充沛，在工作上也颇得心应手，单位内的人都认为他很有前途。可是有一天，他显露出悲伤的脸色，很可能是家中发生了问题。

他虽不说出来，一直在努力地抑制，可总会自然而然地在脸上流露出苦恼的表情。 对这位朋友来说，这实在是件很尴尬的事，平时为了不让下属知道，他不得不极力装得若无其事。 你们共进午餐后，他用呆滞的眼神望着窗外。 此时，他那迷惑惘然的脸色，已失去了朝气。 你对这种微妙的脸色和表情之变化，不能不予以注意。 你应尽你最大的努力，找出他真正苦恼的原因，并对他说："小王，家里都好吗?"以假装随意问安的话，来开启他的心灵。

"不！我正头痛呢，我太太突然病倒了！"

"什么? 你太太生病了！现在怎么样?"

"其实，也不需要住院，医生让她在家中休养。 只是，太太生病后，我才感到诸多不便。"

"难怪呢！我觉得你的脸色不好，我还以为你有什么心事，原来是你太太生病了。"

"想不到你的观察力这么敏锐，我真佩服你。"

他一面说着，脸上一面露着从未有过的笑容，此刻可以知道，你成功了。 在人生最脆弱的时候去安慰他，这才是你应有的体谅和善意。 朋友由于悲伤，故心灵呈现出较脆弱的一面。 此时，更不应再去刺激他，而应当设法让他悲伤的心情逐渐淡化。 朋友的苦恼，在尚不为人知晓前，自己应主动设法了解。

怎样在与别人交往时表达出自己的关怀之情呢? 在说话的时候，你可以参考下面的几种方法。

1. 示之以鼓励

给遇到磨难或陷于某种困境的人指出希望，让他振作精神，乐观地从困境中走出来，对方会对你的善意表示感激。

2. 示之以关心

不拘位卑位尊，贫贱富贵，人人都珍视感情。在必要的时候向别人表示关爱，别人也会把同样的善意之球抛掷给你。

作为上司，只有威严是不够的，还得富有人情味。下面是一个关于美国电话业巨擘——密西根贝尔电话公司总经理福拉多的生活片段：

> 在一个寒冷的深夜，纽约的一条不算繁华的道路上很少有车辆行驶。这时，从街中心的地下管道内钻出一位衣着笔挺的人来。路旁的一个行人十分狐疑，他想上前看个究竟，可一看却怔住了，他认出这个人竟是大名鼎鼎的福拉多！
>
> 原来，地下管道内有两名接线工在紧张施工，福拉多特意去表示慰问。他说："你们辛苦了，我特地来慰问你们，没有你们，就没有我的事业。"
>
> 福拉多被称作"十万人的好友"，他与他的同事、下属、顾客乃至竞争对手都保持着良好的关系。正因如此，这位富有人情味的企业巨人，事业才如日中天。

3. 示之以同情

如果周围的人遇到了什么挫折和不幸，我们真诚地给以同情的表示，就可以让他感受到我们对他的体贴和关心。 这样，就能多少减轻一些他内心的痛苦。

当然，同情不是无原则的附和。 如果对方的情绪产生于错误的判断，就不应当随便表示同情，以免助长其错误情绪。 比如说评定奖金，张三本来劳动态度不好，因而未评上一等奖，于是他发起了牢骚。 你如果在这时表示同情，那就等于助长他的错误思想，而且也不一定会起到安慰的作用。这时需要的，倒是劝导他正确对待，好好工作，下次争取。

不管采用什么办法，如果你的话语中充满了关怀之情，对方就一定会被你所折服，你们的友谊也就更加牢固。

抛出诱饵，先诱导，再说服

相信你一定经历过在说服别人或想拜托别人做事情时，不管怎样进攻或恳求对方，对方总是敷衍应付，漠不关心。这时，你首先要消除与对方心理上的隔阂，然后再说服诱导。拿推销来说，推销员为了唤起顾客的注意，并达到80％的购买率，往往是先诱导，后说服。

在英国工业革命方兴未艾时，以发明发电机而闻名的法拉第，为了能够得到政府的研究资助，去拜访了首相史多芬。

法拉第带着一个发电机的雏形，并滔滔不绝地讲述着这个划时代的发明，但史多芬的反应始终很冷淡，一副漠不关心的样子。

事实上，这也是无可奈何的事情，因为他只是一个政客，要他看着这种周围缠着线圈的磁石模型，心里想着这将会带给后世产业结构的大转变，实在是太困难了。但是，法拉第在说了下面这句话后，原本漠不关心的首相，突然变得非常关心起来，他说道："首相，这个机械将来如果能普及的话，必定能增加税收。"

显而易见，首相听了法拉第所说的话后，态度突然有了巨大的转变。其原因就是这个发动机能为政府带来一笔很大的税收，而首相关心的就在于此。

是的，通常我们行动的目的都是"为自己"，而非"为别人"。如果能够充分理解这一点，那么，想要说服他人就有如探囊取物般容易了。只要了解了对方真正追求的利益，进而满足他的欲望，便可达到目的。但是，将这条最基本的条件抛于脑后的却也大有人在。他们没有满足对方最大的利益，一心一意只是想要满足自己的私欲。例如下面这个故事：

　　某酒厂的负责人成功研发了新水果酒，为求尽快让产品打进市场，于是，他决定说服社长，批准进行大量生产。

　　"社长，又有新的产品研发出来了。这次的产品是前所未有的新发明，绝对能畅销。连我都喜欢的东西，绝对有市场性。我敢拍胸脯保证。"

　　"什么新产品？"

　　"就是这个，用梨汁酿制的白兰地。"

　　"什么？梨汁酿的白兰地?！那种东西谁会喝？况且，喝白兰地的人本来就少，更甭说用梨汁酿的白兰地……就是我也不会去喝。不行！"

　　"请你再评估评估，我认为很可行。用梨汁酿酒本来就不多见，再加上梨子有独特的果香，一定很适合现代人的口味。"

"嗯，我觉得还是不行。"

"我认为绝对会畅销……请您再重新考虑一下。"

"你怎么这样唠叨？不行就是不行。"

这样的劝说不仅充分显露了不顾他人立场的私心，还有打算强迫他人赞同自己意见的倾向。

"好歹也要试试看才知道好坏，这是好不容易才研发出来的呀！"

"够了，滚吧！"

最后，社长终于忍不住发火了。这位负责人不仅没能说服社长，反而砸掉了自己的名声。

碰到这种自私自利、妄自尊大的家伙，别人只会感觉："瞧他的口气，根本就是个主观主义者，只会考虑自己，还想把个人意见强加于别人！"如此一来，怎么可能赢得说服的机会呢？因此，无论如何，你都应该考虑以对方利益为出发点的劝说方式。

引经据典，让事实帮忙做说客

以史为鉴，于人可以知得失，于国可以知兴替，小到立身，大到治国，历史都是一面镜子。因此，在辩说中引用历史的经验和教训作为论据，极富说服力。

1937年10月11日，罗斯福总统的私人顾问亚历山大·萨克斯受爱因斯坦等科学家的委托，在白宫同罗斯福进行了一次会谈。会谈的主要目的是，要求总统重视原子能的研究，抢在德国之前造出原子弹。

萨克斯先向罗斯福面呈了爱因斯坦的长信，接着读了科学家们关于发现核裂变的备忘录，然而，总统对这些枯燥、深奥的科学论述不感兴趣。虽然萨克斯竭尽全力地劝说总统，但罗斯福在最后还是说了一句：

"这些都很有趣，不过，政府若在现阶段干预此事，似乎还为时过早。"这一次的交谈，萨克斯失败了。

第二天，罗斯福邀请萨克斯共进早餐。萨克斯十分珍惜这个机会，决定再尝试一次。

一见面，萨克斯尚未开口，罗斯福便以守为攻地说："今天我们吃饭，不许再谈爱因斯坦的信，一句也不许谈，明白吗？"

萨克斯望着总统含笑的面容说："行，不过我想谈一点历史。"因为他知道，总统虽不懂得物理，但对历史却十分精通。

"英法战争期间，"萨克斯接着说，"在欧洲大陆无往不利的拿破仑，在海战中却不顺利。这时，一位年轻的美国发明家罗伯特·富尔顿来到这位伟人面前，建议把法国战舰上的桅杆砍断，装上蒸汽机，把木板换成钢板，并保证这样便可所向无敌，很快拿下英伦三岛。但是，拿破仑却想，船没有帆就不能航行，木板换成钢板船就会沉没。他认为富尔顿是个疯子，把他赶了出去。历史学家在评价这段历史时认为，如果拿破仑采取了富尔顿的建议，19世纪的历史将会重写。"

萨克斯讲完后，目光深沉地注视着总统。他发现总统已陷入了沉思。

过了一会儿，罗斯福平静地对萨克斯说："你胜利了！"萨克斯激动得热泪盈眶。

萨克斯的借古谏君术大功告成。

杜坦是西晋名将杜预的后代。西晋末年，中原战火四起，民不聊生，杜家为避战乱来到河西，投靠了前凉张轨政权，后来前凉被苻坚攻灭，杜氏又辗转于关中一带。

公元 417 年，宋武帝刘裕灭后秦，杜坦兄弟便随即渡江，来到南方。当时，南方实行士族制度，渡江较早的，地位极高。晚来的士族，尽管其祖辈在北方是名门世家，但朝廷也不给他们优厚的待遇。他们之中的杰出人才，也不可能进入上流社会。

一天，宋武帝与杜坦在一起闲谈，宋武帝说：

"可惜呀，现在再也找不到像金日磾那样的人才了！"杜坦答道："金日磾生于今世，也只不过能养马，怎会被委以重任呢？"

宋武帝闻听此言，马上变了脸色：

"卿为什么把朝廷看得如此之薄？是说我不重视人才吗？"

杜坦说："那就以我为例吧。臣本来是中原的名门，世代相承。只不过因为南渡较晚，便受到冷遇，更何况那金日磾是胡人，在汉朝时只不过是一个养马的人呢？"

宋武帝一时无言以对。

唐朝的尉迟敬德依仗自己是开国重臣，骄狂放纵、盛气凌人，招致了同僚的不满，甚至有人告他谋反。

李世民知道后，问尉迟敬德这些事是否属实，尉迟敬德回答：

"臣跟随陛下讨伐四方，身经百战。如今幸存者，只有那些刀箭底下逃出来的人。天下已经平定，怎么反而

125

怀疑起臣下会谋反呢?"

说着,他把衣服脱下扔在地上,露出身上的累累伤痕。李世民感动至极,只得以好言好语安慰一番。但是,尉迟敬德的骄纵狂妄却并未有所收敛。

一天,尉迟敬德在李世民举行的宴会上与人争论谁是长者,一时火起,居然打了任城王李道宗,弄瞎了李道宗的一只眼睛。皇上见尉迟敬德如此放肆,十分不悦。

事后,李世民单独召见了敬德,语气严厉地告诫他:

"朕的确想和你们同享富贵,然而你却居功自傲,多次冒犯别人。你难道不知道古时韩信为何被杀吗?在朕看来,那并不是高祖的罪过!"

尉迟敬德这才害怕了,以后做事便虚心、本分了许多。

引用史实可以充分发挥历史事实、典故无可辩驳的说服力,生动形象而且引人入胜,有助于人们从中得出结论。

值得注意的是,所用事例要避开那些已被广泛应用的材料,否则会让人觉得平淡无味,丧失兴趣,当然也达不到预期的效果。

巧妙利用逆反心理

"请不要阅读第七章第七节的内容"，这是一个作家在他的著作扉页上的一句饶有趣味的话。后来，这个作家做了一个调查，不由得笑了，因为他发现绝大部分的读者都是从第七章第七节开始读他的著作的，而这就是他写那句话的真正目的。

当别人告诉你"不准看"时，你却偏偏要看，这就是一种"逆反心理"。这种欲望被禁止的程度越强烈，它所产生的抗拒心理也就越大。所以，如果能善于利用这种心理倾向，就可以将顽固的反对者软化，使其固执的态度有180度的大转弯。

某建筑公司的李工程师，有一次折服了一个刚愎自用的工头。这个工头常常坚持反对一切改进的计划。李工程师想换装一个新式的指数表，但他想到那个工头必定要反对，所以，他想了个办法。李工程师去找他，腋下挟着一个新式的指数表，手里拿着一些要征求他的意见的文件。当大家讨论这些文件的时候，李工程师把指数表从左腋下移动了好几次。工头终于先开口了："你拿着什么东西？"李工程师漠然地说："哦！这个吗？这不过是一个指数表。"工头说："让我看一看。"李工程师说："哦！你不能看！"并假装要走的样子，还说："这是给别的部门用的，你们部门用不到这东西。"工头又说："我很想看一看。"当他审视的时候，李工程师就随意但又非常详尽地把这东西的效用讲给他听。他终于喊起来："我们部门用不到这东西吗？它正是我想要的东西呢！"李工故意这样做，果然很巧妙地把工头说动了。

逆反心理并不是执拗的人才有，喜欢跟别人对着干也是大多数人的习惯，因为每个人都不愿乖乖服从他人。

某报曾登载过一篇以父子关系为主题的纪事文章《我家的教育法》，是说某社会名人的孩子在学校挨了顿骂后便非常怨恨他的老师，甚至想"给他一点颜色瞧瞧"，他父亲听了也附和说："既然如此，不妨就给他点颜色看。"但接着又说："纵使你达到报复的目的，但你却因此而触犯了法律，还是得三思才是。"听父亲这样一说，儿子便取消了报复的念头。

另外还有两个例子。

某太太认为她丈夫极不像话，于是便和朋友说她要离婚。她满以为朋友会劝她打消离婚的念头，不料那位朋友却说：

"如此不像话的丈夫还是趁早和他离婚，免得将来受苦。"

这位太太听朋友这么一说，反倒认为：其实，我丈夫也并非坏到这般地步。因而收回了离婚的念头。

据说明朝时，四川的杨升庵才学出众，中过状元。因嘲讽过皇帝，所以皇帝要把他充军到很远的地方去。朝中的那些奸臣更是趁机要公报私仇，于是向皇帝说，可以把杨升庵充军海外或是玉门关外。

杨升庵想：充军还是离家乡近一些好。于是就对皇帝说："皇上要把我充军，我也没话说。不过我有一个要求。"

"什么要求？"

"任去国外三千里，不去云南碧鸡关。"

"为什么？"

"皇上不知，碧鸡关呀，蚊子有四两、跳蚤有半斤！切莫把我充军到碧鸡关呀！"

"唔……"

皇帝不再说话，心想：哼！你怕到碧鸡关，我偏要叫你去碧鸡关！于是，杨升庵刚出皇宫，皇上便马上下旨：杨升庵充军云南！

杨升庵利用"偏要对着干"的心理，粉碎了奸臣的打算，达到了自己去云南的目的。

尤其是那些大人物，你对他们提出要求，他们总是会想：我为什么要听任你的摆布，我可是一个响当当的人物！因此，在说服这类人的时候，从反方向着手更容易成功。

某一有名的教育家，他对于不喜欢练小提琴的孩子有非常好的引导方法。在教孩子们练琴时，经常碰到的难题就是儿童学琴意识差，然而，他却能使这些孩子们个个乐意接受他的指导。用逼迫的方式吗？不！因为这种办法只能收到一时之效，并不能持久。他所使用的"特效药"就是这么一句话："我想这件事你必定做不好，你还是放弃吧。因为你的技能比人家差，所以你才不想练习。"

你让他放弃，他偏要证明给你看。

只要是从事教育工作的，便经常会体会到这一类情形。尤其小学生更是如此，有些学生不思进取，他们常以投机取巧的方式来达到他们偷懒的目的。对于这样的孩子，你若说："难道你是不喜欢它吗？"这会毫无效用的，而要对他们说："这样的事情对你来说是勉强了点，可能你没办法做得好，因为你的能力比别人差。"

只要这一句话，大多数孩子都会自发地行动起来。

多谈论别人，少谈论自己

　　求人办事时，只有让对方感到高兴才能让其爽快答应，把事情办成。 那么，让其高兴的方法之一就是多谈论他，而少谈论自己。

　　人们最感兴趣的就是谈论自己的事情，对于那些与自己毫无相关的事情，多数人会觉得索然无味。 对你来说是最有趣的事情，常常不仅很难引起别人的共鸣，甚至还会让人觉得可笑。

　　年轻的母亲会热情地对人说："我的宝宝会叫'妈妈'了！"她这时的心情是很激动的，可是，旁人听了会和她一样高兴吗？谁家的孩子不会叫妈妈呢？你可不要为此而大惊小怪，这是很正常的事情，如果孩子不会叫妈妈，那才是怪事呢。 所以，在你看来是充满了喜悦的事，别人不一定会有同感。

　　因此，在求人办事时，应竭力忘记你自己，不要老是谈你个人的事情，你的孩子，你的生活，以及你的其他的事情。 人们最喜欢谈论的都是自己最熟知的事情，那么，在交际中你就可以明白别人的弱点，尽量让别人说他自己的事情，这是使对方高兴的最好方法。 你以充满了同情和热诚的心去听他叙述，你一定会给对方留下最佳的印象，并且他会热情欢迎你，热情接待你。

另外，在谈论自己的事情时，和人较真或争辩等，都是不明智的表现，不利于达到求人办事的目的。 但还有一样最不好的，就是在别人面前张扬自己，在一切不利于自己的行为中，再也没有比张扬自己更愚笨的了。

例如，你对别人说："那一次他们的纠纷，如果不是我给他们解决，不知要闹成怎样，你们要知道，他们对任何人都不放在眼里的。 不过，在我面前，他们就不敢妄动了。"即使这次的纠纷的确是因为你的排解而得到解决，可是如果你只说一句"当时我恰巧在场，就替他们排解了"的话，不是更使人敬佩？ 这一件值得称赞的事情被人发觉之后，人们自然会崇敬你，但如果你自己夸张地叙述出来，所得到的效果则恰恰相反。 人们会认为你在自吹自擂，大家听了你的自我夸奖，反而会轻视你。

一句自我夸奖的话，是一粒霉臭的种子，它是由你的口里播种在别人的心里，从而滋长出憎恶的芽。

爱自我夸大的人，是找不到好朋友的，因为他自视甚高，鄙视一切，不大理会别人的意见，只会自己吹牛，他一心只想找那些奉承他和听从他的朋友。 他常自以为自己是最有本领的人，如果他做生意，他觉得没有人比得上他；如果他是艺术家，他就觉得自己是一代大师；要是他在政治舞台上活动，他会觉得只有他自己是救世主。 面子是别人给的，脸是自己丢的。 你自己若是具有真实本领，那些赞美的话应该出自别人的口。 自吹自擂，其结果是自己丢脸面。

凡是有修养的人，必定不会随便说及自己，更不会夸张自己，因为他自己很明白，个人的事业行为在旁人看来是清清楚楚的，没必要自己去说，人们自会清楚。

因此，请你不必自吹自擂。 与其自己夸张，不如表示谦逊，也许你以为自己伟大，但别人不一定会同意你的看法。好夸大自己事业的重要性，间接为自己吹擂，纵使你平日备受崇敬，但别人听了这些话也会觉得不高兴。 世间没有一件足以向人夸耀的事情，自己不吹擂时，别人还会来称颂，自己说了，人家反而瞧不起了。

另外，千万不要故意地与人为难。 可有的人专门喜欢表示自己与别人意见不同。 如果你说这是黑的，他就硬说这是白的；如果下一次你说这是白的，他就反过来说这是黑的。这种处处故意表示自己与别人看法不同的人，和处处随声附和的人，一样都是不老实的，会被人看不起，甚至被人们所憎恶。 试想一下，谁会为这样的人办事呢？

口才是帮助你待人处世的一种方法，口才本身并不是我们的目的，没有人愿意做一个口才很好，而到处不受欢迎的人。 不要为了表现你的口才，而到处逞能，惹人憎恨。 口才一定要正确灵活地表现，而不是为了自吹自擂、张扬自己。

不要抹杀人家的一切意见，无论你的意见和对方的意见距离有多远，冲突得多么厉害，我们也要表现出一种可以商量的胸怀，并且相信，无论怎样艰难，大家都可以得到比较接近的看法，使双方不致造成僵局。

尽管什么都可以谈，但是，在到处都可以航行的谈话题材的海洋里面，也有一些小小的礁石，要留心地避免它。

对于你所不知道的事情，不要冒充内行。你知道多少，就说多少，没有人要求你成为一个百科全书式的专家。即使是一个最有学问的人，也不可能无所不知。所以，坦白承认你对于某些事情的无知，绝不是一种耻辱，相反的，这会使别人认为你说的话有值得参考的价值，没有吹牛，没有浮夸，没有虚伪。

不要向所求之人夸耀自己的私生活，例如你个人的成就，你的富有，或是老向别人说自己的孩子怎么怎么了不起；不要在一般的公共场合把朋友的缺点和失败当作谈资；不要老是重复同样的话题；不要到处诉苦和发牢骚，因为诉苦和发牢骚并不是一种良好的争取同情的手段。做人的基本态度，应该是这样：有着宽容豁达的胸怀，并且愿意使大家相处融洽，尽量不出现僵局。

制造共鸣，让对方一步步地认同你

人与人之间，本来有许多地方是相同的。但是，要使彼此真正共鸣起来，得有相当的说话技巧。

在你对另一个人有所求的时候，这样的论点也同样适用。最好先避开对方的忌讳，从对方感兴趣的话题谈起，不要太早暴露自己的意图，让对方一步步地赞同你的想法，当对方跟着你走完一段路程时，便会不自觉地认同你的观点。

伽利略年轻时就立下雄心壮志，要在科学研究方面有所成就，他希望得到父亲的支持和帮助。

一天，他对父亲说："父亲，我想问您一件事，是什么促成了您同母亲的婚事？"

"我看上她了。"父亲答道。

伽利略又问："那您有没有娶过别的女人？"

"没有，孩子。家里的人要我娶一位富有的女士，可我只钟情于你的母亲，她从前可是一位风姿绰约的姑娘。"

伽利略说："您说得一点儿也没错，她现在依然风韵犹存。您不曾娶过别的女人，因为您爱的是她。您知道，我现在也面临着同样的处境。除了科学以外，我不可能选择别的职业，因为我喜爱的正是科学，别的对我而言毫无用途，也毫无吸引力！难道要我去追求财富、追求荣誉？科学是我唯一的需要，我对它的爱有如对一位美貌女子的倾慕。"

父亲说："像倾慕女子那样？你怎么会这样说呢？"

伽利略说："一点也没错，亲爱的父亲，我已经18岁了。别的学生，哪怕是最穷的学生，都已想到自己的婚事，可是我从没想过那方面的事。我不曾与人相爱，我想今后也不会。别的人都想寻求一位标致的姑娘作为终身伴侣，而我只愿与科学为伴。"

父亲似乎有所感悟，但始终没有说话，而是仔细地听着。

伽利略继续说："亲爱的父亲，您有才干，但没有力量，而我却能兼而有之。为什么您不能帮助我实现自己的愿望呢？我一定会成为一位杰出的学者，获得教授身份。我能够以此为生，而且会比别人生活得更好。"

说到这，父亲为难地说："可我没有钱供你上学。"

"父亲，您听我说，很多穷学生都可以领取奖学金，这钱是公爵宫廷给的。我为什么不能去领一份奖学金呢？

您在佛罗伦萨有那么多朋友，您和他们的交情都不错，他们一定会尽力帮忙的。他们只需去问一问公爵的老师奥斯蒂罗·利希就行了，他了解我，知道我的能力……"

父亲被说动了："嗯，你说得有理，这是个好主意。"

伽利略抓住父亲的手，激动地说："我求求您，父亲，求您想个法子，尽力而为。我向您表示感激之情的唯一方式，就是……就是保证成为一个伟大的科学家……"

伽利略最终说动了父亲，他实现了自己的理想，成为一位闻名遐迩的科学家。

这里，伽利略采用的是"心理共鸣"的说服方法。这种说服法一般可分为以下 4 个阶段：

1. 导入阶段

先顾左右而言他，以对方当时的心情来体会现在的心情。伽利略先请父亲回忆和母亲恋爱时的情形，引起了父亲的兴趣。

2. 转接阶段

逐渐转移话题，引入正题。伽利略巧妙地通过这句话把话题转到自己身上："我现在也面临着同样的处境。"

3. 正题阶段

提出自己的建议和想法。伽利略提出"我只愿与科学为伴"，这正是他要说服父亲的主题。

4. 结束阶段

明确提出要求。 为了使对方容易接受，还可以指出对方这样做的好处。 伽利略正是这样做的。 他说："为什么您不能帮助我实现自己的愿望呢？我一定会成为一位杰出的学者，获得教授身份。 我能够以此为生，而且会比别人生活得更好。"

第七章

有胆有识，没有办不成的事

办大事需要闯劲

乍看过去，生活中似乎有许多不合乎情理的地方，但请不要轻易放弃，也许这看似不合理的地方正是你打开成功大门的钥匙。 也许只要稍微动动脑，带上一股闯劲儿，你的事业就能水到渠成。

毕业前夕，为了找工作，留在这个她寒窗七年的大城市，苏珊四处投递求职信。 几经努力，终于有一个大公司电话通知苏珊次日去面试，地点在一家大宾馆。 第二天，苏珊提前 30 分钟到了这家大宾馆。 此时宾馆前已经聚集了几十个前来面试的求职者。 他们都被告知，保安没有接到公司的通知，不能随便让人进去。 苏珊想：公司没有通知？ 这样大的公司恐怕不会开这样的玩笑吧！ 是不是事出有因？

她思考片刻，果断地做出决定，若无其事地向宾馆的大门走去，两个保安立即上前拦住她不让进。 苏珊说："我是来找你们经理的，我是他的朋友，已经打电话预约过了，不信你就打电话问问。"听她这么说，又见她那样肯定，保安没有再说什么，很客气地让苏珊进了大门。 来到电梯前时，有几个跟苏珊一样的应试者正在那里等着，说是电梯坏了，正在维修。 苏珊想：他们可能也像我一样，是"混"进来的！ 当下，苏珊更坚定了信心，也明白了这到底是怎么回事：一定是招聘单位设的"路障"！ 她没有加入等候的行列，转身就沿着楼梯朝 15 楼跑去。 当苏珊气喘吁吁地走进1509 房间时，该公司的几名主考官早已等在那里了。

进去之后，苏珊调整一下心态，有些紧张地进行了自我介绍，然后静静地等考官提问。

不料考官却说："你已经被录取了。"

苏珊感到有些突然。

负责的考官看出了苏珊的疑惑，接着说："既然你已经来到这里，说明你已经完全合格。"

苏珊也许与其他竞争者的能力没有什么区别，但她却凭借着自己的机灵和一股闯劲儿，击败了众多竞争者，取得了人生道路上的一次重要胜利。

敢于自荐，才有机会

无论是在职场上，还是在处理日常事务中，要想让上司、同事信任你，其他人知道你，了解你的能力，毛遂自荐是最好的方法。

战国时，秦国攻打赵国，平原君奉命到楚国求救，他的门客毛遂主动请缨跟随。到了楚国，平原君跟楚王谈了一上午都没有结果。这时毛遂挺身而出，陈述利害，楚王才答应派春申君带兵去救赵国。这就是"毛遂自荐"，用来比喻自己推荐自己。如果你知道这个成语，并且认真地去实践，那么这个词必会为你带来意想不到的收益。

杰第一次体会到这一种奥妙是在一家出版社任职的时候，那是他的第一份工作。

有一天，编辑部来了一个女孩子，要见社长。后来杰才知道，这女孩子是"毛遂自荐"来的，英文很好，想到出版社当编辑。因为当时社里没有英文书的出版计划，没有用她，但社长认为她是个人才，就把她推荐给一位同行，这个女孩子也不出所料地得到了那份工作。

后来社长提起这件事时说：这个女孩子的英语能力并不像她自己描述的那么好，但她敢毛遂自荐，至少表现了她主动积极和勇于挑战的一面，当领导的当然喜欢用这样的人才。

杰很赞同他的话，企业用人是要为企业赚钱的，而不是请来付工资的。因此，主动积极并具有挑战精神的人，对企业来说就是及时雨。

这件事已过去十几年了，这十几年来，杰不但看到许多勇于毛遂自荐的人取得了成功，也看到很多怯于自荐的人原地踏步，而杰自己也因毛遂自荐而创造了人生的另一份灿烂。

大约是五年前，杰下岗了，苦闷异常，每天困守家中，有一次整理旧东西，翻到出版社的旧作，不由得想起那位社长的话，便拟了一份自荐书，主动与一家出版公司接洽，主管这件事的先生和杰谈得很愉快。虽然合作没有成功，但这次毛遂自荐却带给他另一个工作机会，这个工作对杰的影响甚至延续至今。

之所以把毛遂自荐作为职场推销自己的一个方法，是因为现代社会的竞争太激烈了，"待价而沽""三顾茅庐"的时代已经过去，如果你不主动出击，让别人看到你，知道你的存在，知道你的能力，那就只能坐以待毙。

所以，找工作时不要坐等伯乐，而要毛遂自荐。

有了工作，也不能就此满足，应该发挥毛遂自荐的精神，推荐自己去做某工作或担任某职务。不过热门的职务工作争逐者众多，这种毛遂自荐的效果不会太好（但总比闷声不响好）。 有一种状况特别适合毛遂自荐，那就是困难的工作。

如果你有能力，可以自告奋勇地去挑战那些人人躲避的工作，因为别人不愿意做，毛遂自荐正可凸显你的存在，如果一战告捷，你当然是唯一的英雄。 此外，你的毛遂自荐，也替你的上司解决了难题，他对你的感激当然不在话下。 如果失败，也学到了宝贵的经验，而且也不会有人怪你，因为原本就没人愿意做那件事嘛。 而最重要的是，这个过程将成为你日后面对更艰难工作勇气的来源，而你的作为也将成为人们给你最高评价的依据，光是这一点，就可让你在日后受益无穷。

不过如果毛遂自荐没有如愿，千万别灰心沮丧，毕竟你的勇气已在别人心中留下了深刻的印象，而且失败是为成功积累经验。 不过，毛遂自荐时要注意几点：

（1）不要吹嘘自己的能力，有几分就说几分，太过夸大，别人会认为你在吹牛，反给人不实在的印象。

（2）强调自己的能力时，最好有具体的资料支撑，事实胜于雄辩。

（3）如果你没有资料来说明自己的能力，那么一定要表现得诚恳实在。

毛遂自荐不是王婆卖瓜，而是要根据自身的能力，量力而行，感觉能胜任或者跳一跳能够得着时才可自荐。

胆识与魄力要齐头并进

有胆有识做事果断的人，给人一种干练、决不拖沓的印象。 这种人不但容易让人尊重，而且他们成功的几率也大大高于那些拖沓、优柔寡断的人。

近代著名的金融家陈子铭是一位活跃于金融界和政界的风云人物。 在早年留学法国的时候，就加入了同盟会。 因为对政治有极浓厚的兴趣，所以虽然他进入了法国高等商业学校学习经济，但是把主要的精力放在了政治活动上，积极地参加各种社交活动。

陈子铭尽管把重心放在了政治上，但他天资聪颖且好学，最后以优异的成绩获得了清王朝的商科进士。 回国后担任了大清银行总行财务科副科长和陕西分行总监等职。 辛亥革命结束了清朝统治，这直接导致大清银行的倒闭，使它在各地的分行均告停业。 在这种形势下，陈子铭不得不离开陕西而到了上海。

虽然大的形势改变了，但此时又有一个机会降临了。 在上海的一批大清银行商股持有者发起商股维持会，呈请南京临时政府财政部整理大清银行，并提出了成立中国银行的要求。

由于陈子铭有过经营银行的经历，再加上有同盟会会员这层政治关系，因祸得福，不但躲过了一劫，而且很快便被南京临时政府任命为监督，负责中国银行的筹备工作，接着又开始负责筹备中国银行开办的事宜。

陈子铭做事非常严谨，经过深入地调查，他很快就制定出了一个可行性非常强的计划。很快，中国银行总行在北京正式开办。几个月后，上海分行也正式开业，这一切与陈子铭的工作是分不开的。

但由于在中国银行购股权的问题上陈子铭与新任的财政总长莫齐森产生了矛盾，两人的意见分歧到不可调和的地步，无奈之下，陈子铭只好选择了放弃，开始另谋出路。

但陈子铭绝非轻言失败之人，他有胆有识，经过努力，很快就找到了新的出路，加入了梁启超领导的进步党，同时还是进步党政务部财政科主任。凭着这层关系，陈子铭后来又当上了上海造币厂监督。

1918 年 5 月，陈子铭在加铸 2 分和 6 厘的两种铜辅币时发现，这两种辅币即使成色不是银的或铜的也可以在市面上流通，而且铜价涨落不定，在这涨落间就有了差价，完全可以从中获益。正是这一发现，让他不失时机地利用铸造辅币时的差价，赚取差价，发了一大笔横财，为他后来创办银行积累了必需的资本。

陈子铭不仅城府很深，眼光独到，更是一个善于创造机会的人，为了能够找到一个有用的靠山，为自己以后在金融界的发展打下坚实的基础。 他很快就结识了皖系军阀段祺瑞的智囊"小诸葛"徐树铮。 凭借着这层关系，他的政治地位迅速上升，水涨船高，在金融界的地位也随之提高。 1919年8月，陈子铭作为创办金城银行的发起人之一，投资5万元，成为第6大股东。 因为他有过大清银行、中国银行总监的经历，被董事会选为董事。

陈子铭在金融界发迹的契机来自当时盐业银行的困境。

盐业银行是1915年3月由袁世凯的表弟许德苗创办的，袁世凯失败后，1916年9月初，盐业银行主要股东张勋拥立溥仪复辟，在这种形势下，许德苗出资35万元支持张勋。 但是复辟失败后，作为盐业银行经理的许德苗被逮捕，这样盐业银行群龙无首，一片混乱。 银行的高层紧急商讨，决定由股东推举新的总经理来结束这种混乱的局面。

在这种形势下，陈子铭依靠皖系军阀的政治支持和他当时在金融界的名望，轻松地取得了盐业银行总经理职位，开始了他在金融界的新使命。

陈子铭是一个很有抱负的人，一直以来他都有个梦想，就是要创办一家真正的股份制商业银行。 因此当他担任盐业银行总经理后，就开始着手改组盐业银行。 他利用与商业银行协理薛凤九、金城银行总经理李受民和华南银行总经理屠红礼的私人关系，筹集到了50万元作为股本。

由于经营有方，短短两年，陈子铭就将400万元的股本全部收齐，这在当时是一个令人惊叹的奇迹。 在扩股方式上，陈子铭勇于创新，敢为天下先，做事有魄力的性格特质得到充分展示。

他放弃了过去银行界的习惯做法，制定了自由缴股、十年扩股的办法。他让股东可以年缴1/8，这实际上是一种弹性收费机制，它既可以使那些有实力的股东先缴付，又可使资金少的人缓缴，这样就很好地保障了股东的权利，同时又不会增加银行的付息。这种扩股办法最大的优势在于它能使股东和银行均能够获得收益，是一种双赢策略，这一策略的实施为他以后在金融界的发展奠定了扎实的基础。

陈子铭以其过人的胆识和魄力，成为北方金融界的一颗明星。

在历史上，能够在政治与金融之间游刃有余的人并不多，陈子铭却是其中的一位佼佼者。他用自己卓越的胆识和魄力在两者之间找到了一个极佳的平衡点，既利用政治为金融服务，又凭借着强大的经济实力参与政治，双方彼此相辅相成，相互促进。

陈子铭的成功是必然的，能实现事业上的成功正是因为他善于在政治的庇护下，充分发挥自己的胆识和魄力，为自己的事业创造一个又一个良机，成为一名人人称羡的金融家。

不敢下水的人，永远也不会游泳

做事求稳是大部分人的心态，这本无可厚非，但过于求稳却难成大事，因为不敢冒险和尝试，永远跟在别人后面，到头来也只能跟着别人捡口饭吃。 只有那种不畏风险，敢于在机遇前出手的人，才能真正地成大事。

风险和机遇从来都是焦不离孟，风险越大，大部分人越不敢向前迈进，也就是说这其中的机会也就越大。 最有希望的成功者并不一定是才华出众，但一定是善于利用每一次机会去开拓进取的人，美国摩根王朝的缔造者J. P. 摩根，便是这样一位敢于冒险的"冒险之王"。

J. P. 摩根生于美国康乃狄格州哈特福的一个富商家庭，摩根家族17世纪初从英格兰迁到美洲大陆。 最初，摩根的祖父约瑟夫·摩根开了一家小小的咖啡馆，积累了一定资金后，又开了一家大旅馆，既炒股票，又参与保险业。 可以说，约瑟夫·摩根是靠胆识发家的。 一次，纽约发生大火，损失惨重，保险投资者惊慌失措，纷纷放弃自己的股份以求不负担火灾保险费。约瑟夫横下心买下了全部股份，然后，大大提高投保手续费。他还清了纽约大火赔偿金，使得信誉倍增，尽管增加了投保手续费，投保者还是纷至沓来。这次火灾，约瑟夫不但没有损失，反而净赚15万美金。就是这些钱，奠定了摩根家族的基业。摩根的父亲吉诺斯·S.摩根则以开菜店起家，后来他与银行家皮鲍狄合伙，专门经营债券和股票。

生活在传统的商人家族，经受着特殊的家庭氛围与商业熏陶，J. P.摩根年轻时便敢想敢做，颇富商业冒险投机精神。1857年，摩根从德国哥廷根大学毕业后进入邓肯商行工作。一次，他去古巴哈瓦那为商行采购海鲜回来，途径新奥尔良码头时，在码头一带兜风，突然有一位陌生人拍了拍他的肩膀问："先生，想买咖啡吗？我可以出半价。"

"半价？什么咖啡？"摩根疑惑地看着陌生人。

看摩根有兴趣，陌生人马上自我介绍说："我是一艘巴西货船的船长，为一位美国商人运来一船咖啡，可是货到了，那位美国商人却已经破产了。这船咖啡只好在此抛锚……先生！您如果买下这船咖啡，就等于帮了我一个大忙，我情愿半价出售。但有一条，必须得现金交易。先生，我是看您像个生意人，才找您谈的。"

摩根跟着巴西船长看了看咖啡，发现成色还不错。一想到价钱如此便宜，摩根便毫不犹豫地决定以邓肯商行的名义买下这船咖啡。可是当他兴致勃勃地给邓肯发电报时，却接到"不准擅用公司名义！立即撤销交易！"的回复。

摩根对此非常生气，不过他也觉得自己太冒险了，邓肯商行毕竟不是他的。 自此摩根便产生了一个强烈的愿望，那就是开自己的公司，做自己想做的生意。

摩根无奈之下，只好向在伦敦的父亲吉诺斯求助。 吉诺斯回电同意他用自己伦敦公司的户头偿还挪用邓肯商行的欠款。 摩根大为振奋，索性放手大干，在巴西船长的引荐之下，他又买下了其他几艘船上的咖啡。

摩根初出茅庐，做下如此一桩大买卖，不能说不是冒险。 但上帝偏偏对他特别照顾，就在他买下这批咖啡不久，巴西便遭遇了极严重的严寒天气，咖啡大为减产。 这样，咖啡价格暴涨，摩根便顺风顺水地大赚了一笔。

从咖啡交易中，吉诺斯认识到自己的儿子是个人才，便出了很大一笔资金为儿子办起摩根商行，供他施展经商的才能。 摩根商行设在华尔街纽约证券交易所对面的一幢建筑物里，就是这个商行对摩根后来叱咤华尔街乃至左右世界起了相当大的作用。

到了1862年，美国的南北战争已经打得不可开交。 林肯总统颁布了"第一号命令"，实行全军总动员，并下令对南方展开全面进攻。

一天，克查姆——一位华尔街投资经纪人的儿子、摩根的新朋友，来与摩根闲聊。

"我父亲最近在华盛顿得知，北军伤亡十分惨重！"克查姆神秘地告诉他的新朋友，"如果有人大量买进黄金，汇到伦敦，肯定能大赚一笔。"

对商机极其敏感的摩根立即下定决心，提出要与克查姆合伙做这笔生意。 克查姆自然也是跃跃欲试同意与他合作，他把自己的计划告诉摩根："我们先同皮鲍狄先生打个招呼，通过他的公司和你的商行共同付款，购买四五百万美元的黄金——当然要秘密进行；然后，将买到的黄金的一半汇到伦敦，交给皮鲍狄，剩下的一半归我们。 一旦皮鲍狄黄金汇款之事泄露，而政府军又战败，到那时黄金价格肯定会暴涨；我们就堂而皇之地抛售，肯定会大赚一笔！"

摩根迅速地估算了这笔生意的风险程度，爽快地答应了。 正如他们所料，秘密收购黄金的事因汇兑大宗款项而走漏了风声，社会上流传着大亨皮鲍狄购置大笔黄金的消息，"黄金非涨价不可"的论调四溢。 很快形成了争购黄金的风潮，金价飞涨，摩根知道时机成熟，迅速抛售了手中的黄金，趁乱又狠赚了一笔。

此后的一百多年间，摩根家族的后代秉承了先祖的优良传统，冒险、投机、暴敛财富，终于打造了一个实力强大的摩根帝国。

摩根金融王朝的建立影响了美国经济长达一个多世纪，直到今天，摩根财团依然是美国八大财团之一。 这一奇迹的缔造者，便是财团的主要奠基人 J. P. 摩根先生，正是他勇于冒险、敢于开拓的精神，才使摩根家族成为举世闻名的超级大财团，也成为美国经济史上的一个奇迹。

人要"出头"就不要怕"碰头"

没有人会一辈子不犯错，喜欢冒险的人比常人犯的错更大、更多，但也正是在这一次次的错误当中，人的平庸和怯懦会渐渐消减，随之而来的便是绚烂多彩的不平凡人生。

生命从本质上也可以说是一次探险，这种探险不但要接受风险的主动挑战，更要主动挑战风险。只有这样，才能有更多出人头地的机会。

任何事情的圆满结局不是等来的，必须用行动来促成其实现。行动意味着创新，意味着敢冒一定的风险，虽然免不了会失败，但这种失败同样具有不可替代的价值，其价值就体现在后来的成功之中。

约翰·吉姆森升任公司新产品部经理后的第一件事，就是开发研制一种儿童使用的按摩器。然而这种新产品却失败了，吉姆森心想这下非得被炒鱿鱼不可。

吉姆森忐忑不安地来见公司的总裁，但他却得到了意想不到的接待。"你就是那位让我的公司赔了一大笔钱的人吗？"总裁问道，"好，我倒要向你表示祝贺。 你能犯这样的错误，说明你勇于冒险。 如果缺乏这种冒险精神，公司就不会有所发展了。"数年之后，吉姆森成了公司的总经理，他依旧牢牢记着总裁的这句话。

美国钢铁大王安德鲁·卡内基未发迹前，曾担任过铁路公司的电报员。

有一次节假日，轮到卡内基值班，电报机传来的一通紧急电报让卡内基几乎跳起来。

电报显示在附近铁路上，有一列货车车头出轨，要求上司紧急命令替班列车改换轨道，以免发生追撞的惨剧。

当天是假日，卡内基不可能找到可以下达命令的上司，眼看时间一分一秒地过去，而一班载满乘客的列车正急速驶向出事地点。

卡内基只好敲下发报键，以上司的名义命令班车的司机改换轨道，从而避免了一场可能造成多人伤亡的意外事件。

按照当时铁路公司的规定，电报员冒用上司名义发报，处分是立即革职。 卡内基十分清楚这项规定，于是隔日上班时，写好辞呈放在上司的桌上。

上司将卡内基叫到办公室，当着卡内基的面将辞呈撕毁，然后拍拍卡内基的肩头说：

"你做得很好，我不但要你留下来，还要给你升职。 记住，这世上有两种人永远踏步不前：一种是不听命行事的人，另一种则是只听命行事的人。 幸好你不是这两种人中的一种。"

清楚地知道自己该做什么，不该做什么。 这是所有成功者都需要具备的条件。

卓越者之所以卓越，是因为他愿意去做一些平庸者所不愿意做的事。平庸者之所以平庸，是因为他一直在做成功者所不愿意做的事。

要能够清楚明白什么该做什么不该做，首要条件就是要拥有明确的目标，其次在目标基础上清晰地定位，最后再加上智慧，这样，就可以拥有正确的判断，把握住自己该做的事情。

一个人的才华和能力，只有通过冒险，克服一道道困难，才能展现出来，那种安于现状不思进取、没有危机感、不愿参与竞争和拼搏的人，他们得到的肯定不是成功，而只能是彻彻底底的平庸和失败。

初生牛犊不怕虎，人生就要赌一赌

青年是最富朝气、最有活力的阶段，那些敢想敢做的年轻人，一般都会有或大或小的成就，正如一首歌里面唱的："要用青春赌明天。"敢于冒险，敢于追求自己理想的人，会比别人活得更加有意义、更加有价值、更加潇洒，更有成就感。

以创造微软帝国而享誉世界的比尔·盖茨，便是这样一个例子。 在自己的青年时代果断投笔从商，以非凡的才智和勇气，开创了一个属于自己的辉煌时代。

比尔·盖茨中学毕业的时候，他父母对他说："哈佛大学是美国历史最悠久的大学之一，是一个充满魅力的地方，是成功、权力、影响、伟大的象征。 你必须得读一所大学，既然要读，就读最好的。 而哈佛就是最好的，它对你的一生都会有帮助的。"比尔·盖茨听从了父母亲的劝告，去了哈佛大学。 他当时填的专业是法律，但他其实并不想像父亲一样去当一名律师。

比尔·盖茨在哈佛不但修了本科课程，还修了研究生课程（这是哈佛学生的特权），但他真正感兴趣的却是电脑。他曾同朋友一起认真地讨论创办自己的软件公司。他预言"电脑很快就会像电视机一样进而成为家庭必需品，而这些成千上万的电脑都会需要软件"。

大二的时候，比尔·盖茨终于向父母说了他一直想说的话："我想退学。"

他的父母听了非常震惊，也非常伤心。他们认为比尔·盖茨现在的一切都是让人羡慕的，如果放弃前途无量的律师专业，而去从事毫无发展前途的电脑行业，无疑是一个极不正确、没有收益可言的冒险，因为他是在拿自己的终身事业作赌注。但他们无法说服比尔·盖茨。最后，他们不得不去请一位著名的商业界领袖去说服比尔·盖茨。

比尔·盖茨见到这位商业巨头时像个布道者一样口若悬河地向他讲述自己的梦想、希望和正在着手做的一切。这位商业巨头不知不觉地被感染了，仿佛又回到了自己当年白手起家的创业时代。他忘记了自己的初衷，反而鼓励比尔·盖茨："你已经看到了一个新纪元，并且正在开创这伟大的时刻。加油干吧，小伙子。"

父母亲最后也只得同意了比尔·盖茨的要求。

自此，比尔·盖茨全身心地投身于电脑软件领域中，最终他真的实现了自己的梦想，开创了举世瞩目的新纪元。他为了使自己的梦想得以实现，慎重分析，勇于放弃读完哈佛大学的机会，而搞自己有兴趣的软件。机不可失，失不再来。如果当时他听取了父母的意见，读完大学再来创业，他现在又如何能誉满全球，如何能成为赫赫有名的"软件大王"比尔·盖茨呢？

事实证明，比尔·盖茨是对的，在短短的十几年间，一个空前的微软帝国出现了，比尔·盖茨也一跃成为世界首富，并成为第一个财富超过千亿美元的人。他的巨大成功，正源于那次看似冒险，实则英明至极的退学选择。但比尔·盖茨选择退学是经过深思熟虑的，如果没有慎重的分析，比尔·盖茨或许会成为万千叛逆者中的无名小辈！

第八章

掌控全局，把握住自己的人脉网

人脉有多大，你的舞台就有多大

俗话说："心有多大，舞台就有多大。"而在今天，我们不得不承认，"人脉有多大，你的舞台就有多大"。 也许你有能力的支持、魅力的展现，可就算有上天的本领，你也难以凭借你自己一个人的力量去好好地实现目标。 而如果你广结善缘，说不定到处都会给你创造发展的机遇，给你成功的捷径。

当很多年轻的女孩子刚刚走出大学准备进入职场的时候，朱艳艳已经是兰生大酒店的公关部经理了。她可谓是中国改革开放以后第一批在本土成长起来的公关人才，但当时的她并不理解自己的真正职责。那时，她每天都是在忙碌中度过的，"比如说，我们要把中国文化介绍给外国客人；圣诞节的时候要举办餐会，举办各种新闻发布会。"她回忆道。工作的跨度很大，从举办各类宴会到媒体联络，从企业关系维护到政府关系。但是，几年风风雨雨的历练使朱艳艳对当初自己的角色、对今后的目标不再懵懂。她变得成熟了,她变得自信了,她变得善于交际了,她拥有一张无所不包的关系网。

朱艳艳拥有一大帮记者和编辑朋友,娱乐、经济、体育记者面面俱到,办宴会、展会,她的人脉资源可以一直从主持人、明星延伸到诸如食物安排之类的所有流程,还有政府部门上上下下的工作人员,朱艳艳也都混了个脸熟。人生中的第一份工作,为朱艳艳打开了一扇通向成功的大门,也为她积累了第一桶"金"——人脉的无形资产。

不过,真正体会到人脉资源的价值,还是由一件小事。"当时,有一个朋友在策划一个记者招待会,发布新闻,但是他自己和媒体不熟悉,就找我帮忙联系相关的记者。"朱艳艳说,这是她第一次强烈地感受到市场对于公关服务的需求,有需求就有市场,这令她萌发了创业的念头。

公司逐渐步入正轨之后,被朱艳艳称为"转折点"的客户是美国的家用电器巨头惠而浦。"外国公司对公共关系是非常重视的,而且也有请公关公司服务的习惯。当时,惠而浦进入中国市场没几年,几乎是一年换一家公关公司,但一直没有找到一家满意的。"1997年底,眼看着上一家公关公司的合约即将到期,朱艳艳的一位在惠而浦工作的朋友向老板引荐了她。

对这次早已期待的见面,朱艳艳做了充分的准备。短短的十几分钟内,她妙语连珠般的讲述恰到好处地介绍了公司能为惠而浦提供的服务。老板随即拍板："OK，就用你们吧！"

这之后就一发不可收拾了。联合利华旗下的诸多品牌，比如力士、多芬、奥妙，还有其他世界500强公司像三菱电机、通用等，都成为朱艳艳的客户，而且最令她骄傲的是，这些客户的"忠诚度"极高，至少到现在还没有放弃和她的合作。而随着经验的丰富，他们的业务也从原来简单的媒体联系，发展到策划活动、政府关系和公共事务、社区关系、危机公关、全球新闻发言人，等等。

卡耐基训练大中华地区负责人黑幼龙时曾经说："完整的人际关系包含三个阶段，发掘人脉、经营交情、出现贵人。"其实说起来，等待"出现贵人"的阶段，除了人缘关系处理的艺术外，更重要的还是内涵。如果朱艳艳不是一个值得帮助的人，想来那些曾经帮助她的人也不会提供这样的机会。

无论做什么，都是向别人传递信息的机会，一个懂得把握机会，同时又能善于经营人际关系的人，最后才能依靠人脉开创事业的舞台。

人与人的能力总有高低之分，而能力的大小不是一个有限值。如果利用得好，它可以无限发挥，所以，关于"能力"的"利用"也就成了一个大家永远都关心的话题。如果你够细心，你会发现，其实人脉也是延伸你能力的一大法宝。

有的人可能觉得自己天生就没什么能耐，所以只能天天劳碌奔波，挤公车上班，坐地铁回家，然后到菜市场买菜，有时为了分分角角和摊主斤斤计较。其实，他也想住豪宅、开好车，但他觉得自己没有能力去赚取这么多的钱。天下真有笨得赚不到钱的人吗？如果有，你甘愿那个笨蛋是你吗？相信每个人都会回答"不"！

大家都看过《射雕英雄传》吧，郭靖看似呆头呆脑的，比起会耍心计、耍阴谋的杨康差远了。但是，他却成了人人佩服的大英雄。因为郭靖的师父既有以侠义自称的江南七怪、擅长内功心法的马钰道长，又有武功盖世的洪老帮主、童心未泯的周伯通，而且身边还有聪明过人的黄蓉。这简直是天时、地利、人和都具备，不想成就一番事业都不行了。郭靖虽然脑子反应比较慢，但他深深懂得，独腿走不了千里路，要真正在江湖上闯出一条路来，立稳脚跟，必须兼收并蓄，集众家之长。因此，他用心地、真诚地"学"出了自己的人际网络，并最终成为一代大侠。

其实，郭靖一点都不笨，他比谁都聪明，因为他懂得人脉的重要性，深知众人拾柴火焰高。既然能集聚众人的智慧延伸自己的能力，何乐而不为？

可是，为什么人脉能延伸你的能力呢？

首先，你可以透过人脉了解你的竞争对手，从而促进自己。

所谓知己知彼，方能百战不殆。你必须掌握竞争对手的特点、动向，了解了这些，你才能跟上别人的步伐，甚至越过他们；了解了这些，你的智谋才能得到真正的印证，你的策略才能真正地实施。

你的人脉网是了解这些信息的最佳渠道，而且大部分真实可靠。你的朋友只会帮你，而不会去帮你的竞争对手。

了解竞争对手的情况很重要，但更重要的是取长补短、保持优势，而且，一旦存在差距就应该追赶。

其次，人脉可以让你了解这个世界，进而提高你的能力。

也许你有许多次走出国门的机会，当你"身在异乡为异客"时，你会深切地感到，没有什么比身在国外一个人也不认识的感觉更空虚、更无聊了。

你独自一个人走在国外的土地上，却没有一个人可以帮助你体验这个国家真正的文化，没有一个外国朋友邀你到他们家了解一下他们的实际生活，这是非常糟糕的事。

如果你身边有许多不同肤色的朋友，那你对这个世界的存在就会充满希望。有了希望，你自然会想方设法提升自己。

我们应以安东尼·罗宾的名言作为座右铭：人生中最大的财富便是人际关系，因为它能为你开启所需能力的每一道门，让你不断地成长、不断地贡献社会。

融入环境，扩大自己的"圈子"

有一位女孩叫阿莲，读高中一年级。随着青春期的到来，她慢慢地产生了摆脱父母的心理，有了自己的书房和小书桌后，每天偷偷地写日记，写完后将日记本藏在抽屉中，不让妈妈看。她希望用自己的内心去感受世界，可是，面对形形色色的现实世界、繁杂的人际关系以及沉重的学习压力，阿莲又感到一种内心的不安全。于是，她开始变得孤僻，害怕人际交往，心中产生一种莫名其妙的封闭心理。有时，她一个人跑到小河边望着静静的河水流泪，顾影自怜。她渴望与同学进行交往，羡慕其他同学快快乐乐、轻轻松松地参加集体活动，可她却又害怕主动与别人交往，还抱怨别人对她不理解、不接纳。

这种心理特征就是心理自我封闭，与外界隔绝，生活在个人的小圈子里，难以与人交往。这种情况发展到一定程度，就会形成一种疾病。

因为阿莲给自己营造了"舒适圈"，把自己锁在了安逸的窝里，因而把外界想象得过于深不可测。其实，外面的世界很精彩，若能尝试从你的"舒适圈"走出去，呼吸一下外面的新鲜空气，说不定会有意外的收获。

在一个小村庄里，由于过去曾发生过几件不愉快的事，导致村民之间相处得很不融洽，家家户户自扫门前雪，别说互相帮助了，就是见了面也熟视无睹，而且还时不时为一些芝麻绿豆大的小事争得面红耳赤，闹得整个村落鸡犬不宁。

村主任很想改善目前的窘境，不希望这股相敬如"冰"的风气继续蔓延下去，于是，他请来了一个外地人帮忙。

这个外地人自称是技艺精湛的魔术师，并通告乡里说："我有一个神奇的魔法铲，用这个铲子炒出来的菜，会是天底下最美味的一道菜。口说无凭，我可以当场试验给你们看！"

村里的人听说了这件神奇的事，开始议论纷纷，有人搬来了家里的大锅，有人搬来了家里的大炉子，有人自愿提供木材，有人点火，全村的人围着村子中央的空地，静心等待魔术师的精彩表演。

魔术师煞有介事地在锅里放了油，把青菜放入锅中，用魔法铲翻炒几下，然后带着遗憾的神情对大家说："这么一点点哪里够这么多人吃？如果可以再多一点菜，那么，大家就都可以吃得到了。"

于是，有人飞快地从家里拿了青菜出来。魔术师把青菜放入锅中翻炒，试了一口，然后兴奋地说："味道真是太好了！如果可以再加一点盐，或是一点肉丝，那就更可口了。"

大伙儿听了口水直流，盐、肉和其他的调味料很快地送到了魔术师的手上。

没多久，魔术师的锅里已经装满了佳肴。

这盘菜刚端上桌，就被大家你一口、我一口，吃得盘底朝天，村民们发现，这果真是天底下最好吃的一道菜！

虽然是一则小小的故事，但它的寓意却很深奥，各家自扫门前雪，各家吃各家的饭，天天都一样的菜，一样的调料，当然吃不出新鲜来。但如果和大家一起吃，那肯定有滋有味。

人际交往也是一个道理，一个人整天蒙在自己狭小的圈子里，如井底之蛙，当然不知道井口之外的天是多么的奇妙，但是，和大家一起分享，把你知道的和他知道的汇合，那就不只是井口大的天了。

那么，如何走出你的舒适圈，扩大自己的交际圈呢？

1. 初步建立"圈子"

有米才成炊，"圈子"要靠自己一点点聚拢才能成型。号称"台湾第一报人"的高信疆先生，在创办《人间副刊》

之际，没人愿意为其投稿，只能自己"造米下锅"。 但他坚持不懈，每天会写20封信，不管认识不认识，不管能否接到回信。 坚持的结果是，"米多锅少"，一再扩版，成就了以副刊带动整个报纸的辉煌。 而他自己的"圈子"也同时扩大了规模。 另外，你可以推而广之，每天发20封电子邮件，不怕陌生、不怕不熟。 联系多了，顺其自然就成了你"圈"中之人了。

成功建立关系网的关键是和适当的人建立稳固的关系。很好的人际关系能提高你生活的情趣，让你了解周围所发生的一切，并提高交流的能力。

2. 扩大"圈子"

"圈子"不能一成不变，就像盖好的楼盘，要想着开发二期。 在打造关系网的过程中，已经认识的人很重要，你目前的联络网是奠定你未来关系网的基础。 他们都有自己的熟人，而他们所熟识的人又有自己的熟人。 总是几张熟得不能再熟的脸相对，哪里还有新鲜感？现在，高先生虽说已无暇每天写20封信，但他依然约束自己每天至少给新朋老友打5个电话，所以，他的"圈子"还在扩大。 你的"圈中人"不可能只认识你一个，那么，不妨互相交换，带好各自的朋友，扩大联盟。 这样交叉着，你的"圈子"就很容易扩张。

3. 拥有不同的"圈子"

物以类聚，人以群分，这个"分"当然有其特定的标准和规则。 但当这个标准或规则太具有功利性时，"圈子"有时就会从圈住共同东西的领域变成了阻碍人迈出脚步的套子。 这时，"圈子"便不知不觉变成了圈套。 别让圈套套住你的最好办法，就是拥有几个不同的"圈子"。 涉猎广泛一些，发挥自己不同的侧面，就很容易拥有不同的"圈子"。

成功在很大程度上取决于你拥有多大的权力和影响力，此外，与恰当的人建立稳固关系最为关键。

若不想做个平庸的人，那就走出来吧！

维护关系，危难之时有人帮

你有没有这样的体会：当你遇到某种困难，想找个朋友帮你解决时，却突然想起来，过去有许多时候本来应该去看他的，结果你没有去，现在有求于人家就去找，会不会太唐突了？会不会遭到他的拒绝？在这种情形之下，你免不了要后悔"平时不多联系"了。

有这样一个寓言：黄蜂与鹧鸪因为口渴得很，就找农夫要水喝，并答应付给农夫丰厚的回报。鹧鸪向农夫许诺，它可以替葡萄树松土，让葡萄长得更好，结出更多的果实；黄蜂则表示它能替农夫看守葡萄园，一旦有人来偷，它就用毒针去刺。农夫并不感兴趣，对黄蜂和鹧鸪说："你们没有口渴时，怎么没想到要替我做事呢？"

这个寓言告诉我们这样一个道理：平时不注意与人方便，等到有求于人时，再提出替人出力，未免太迟了。再铁的关系，也难抵挡长时间的冷落和疏远。

中国人讽刺临事用人的做法有一句最简练的话，就是

"平时不烧香，临时抱佛脚"。 俗话说得好， "平时多烧香，急时有人帮"。 真正善于与人交往的人都有长远的眼光，早做准备，未雨绸缪。 这样，在着急时就会得到意想不到的帮助。

如果平时不烧香，只等到需要时才"临时抱佛脚"，尽管你追得很紧，下的功夫很大，人家也可能会一口回绝你的请求。 因此，只有平时的关系维护好了，到需要时才会有求必应。

1. 维护关系靠平时

法国有一本名叫《小政治家必备》的书，书中教导那些有心在仕途上有所作为的人，必须起码收集 20 个将来最有可能做总理的人的资料，并把它背得烂熟，然后有规律地去拜访这些人，和他们保持较好的朋友关系。 这样，当这些人之中的任何一个人当上总理后，自然会为你的仕途铺开一条坦途。

现代人的生活忙忙碌碌，没有时间进行过多的应酬，日子一长，许多原本牢靠的关系就会变得松懈，朋友之间逐渐互相淡漠，这是很可惜的。 所以，一定要珍惜与朋友之间的友谊，即使再忙，也别忘了沟通感情，维护人脉关系网。

很多人都有忽视"感情投资"的毛病，一旦交上某个朋友，就不再去培养和发展双方之间的感情，长此以往，两个人的关系自然就淡薄了，最后甚至变成了陌路人。

可见，"感情投资"应该是经常性的，不可似有似无，要做到常联系、常沟通，到时才能用得着、靠得上。

朋友之间互相联系的方法有很多，如"礼尚往来""交流"等，其中最普遍、最有人情味的一种是"有空去坐坐"。

事实上，我们所做的并不多，只是有时间、有心地去朋友家走一走，也许只是随意地寒暄几句，也许进行一次长谈，总之，我们在努力加深对方对自己的印象，让彼此之间越来越熟悉，关系越来越融洽。

我们中国有许多礼节，碰上婚丧嫁娶等大事，亲戚朋友都要参加，有许多场合还得送礼，也是几千年来的传统，这是很有必要的，因为这是亲朋好友经常保持联系的一种方式。如果你常年关闭门户，既不"出去"，也不欢迎别人"进来"，那就等于孤立了自己。

遇到朋友的人生大事，如果有空，最好尽量参加，如果实在脱不开身，也要写信或托人带点什么，以表达自己的心意。

对方有困难的时候，更应加强联系。如果朋友发生了什么事，比如，生病或遇上不幸的事，应马上想办法去看看。尽管平时因工作忙，没有很多时间来往，但朋友遇到困难时要鼎力相助或打声招呼，才能显出你们之间的深厚情谊来。"患难朋友才是朋友"，关键时刻拉人一把，别人会铭记在心。

常常与朋友保持联系对你自己会有许多好处，一旦你碰上什么事情，他就直接或间接地帮助你。如果朋友之间平时没有什么联系，则需要时很难找上门去；即使找上门去，别人也不会乐意帮忙。

2. 广交朋友，主动去联络

要维护、拓展一张人际关系网，就要积极主动去联络。

光有想法是不够的，必须将它化为行动。

结交朋友不仅要把握机遇，同时还要创造机遇。

如果你想和刚认识的朋友进一步发展关系，你可以请他们到你家做客，你可以花费心思寻找机会跟他多接触。人与人之间接触得越多，彼此间的距离就可能越近。这跟我们平时看东西一样，看的次数越多，越容易产生好感，就像我们在广播或电视中反复听、反复看到的广告，久而久之也会在我们心目中留下印象一样。所以，关系维护的一条重要规则就是：找机会多和别人接触。

一旦和别人建立初步联系之后，要设法进一步巩固和发展。交际中往往会有两种目的：直接目的无非就是想达到某项交易或有利于事情的解决，或想得到别人某些方面的指导。如果并不是为了解决某个问题，或者不是为了某种利益关系，只是为了和对方加深关系，增进了解，以使你们的朋友关系长期保存下来，这可以被看作是间接目的。这种间接目的可以使你的人生更丰富，更有价值。

如果能保持在无事相求时也能轻松地相互联络的关系，才是最理想的状态。真正可以亲密往来的朋友，越是无事相求时越能尽情地交往。反之，遇上有事相托时，即便三言两语，彼此也能明白对方想说的话。此时，对方必会尽己所能来帮助你。

鸿雁传情，运用书信交流感情

"千山阻隔，鸿雁传情"，千百年来，信函就一直是人类交流信息和感情的一种工具。通信，是人际交往中迄今为止最古老、最实用的一种沟通方式，在日常生活里，个人与个人、个人与组织、组织与组织之间都可以利用书信来传递信息，互通情报，交流思想，表达情感。

在现代社会中，随着科技的进步，已涌现出了多种多样的新型通联方式，除了电话之外，还有图文电视、可视电话、语音信箱、电子邮件等。与它们相比，书信可谓既没有速度，又原始。尽管如此，但万万不能认为在当前的人际交往中，信函已经可有可无，甚至即将退出历史的舞台。

就目前而言，在传递信息、互通情报、交流思想、表达情感等诸方面，书信所发挥的某些特殊作用，仍是其他新兴的通联方式所难以代替的。

举例来讲，与电话、语音信箱相比，书信尽管时效性较差，但却具有可读性与珍藏性，既可以反复阅读，细心体会，又便于收藏纪念。 通过书信，还可以委婉地表达一些口头上不能言语的意思，进行提醒、暗示。

与电子邮件相比，书信虽然通信速度太慢，然而费用也因此很低。 更重要的是，由于它是发信人亲笔书写，所以，可使收信人"见字如面"，顿生亲切之感。

对现代人来说，在人际交往中适当地巧用书信，并不意味着自己落伍、守旧。 与此恰恰相反，掌握必要的通信技巧，并且在人际交往中尽可能地利用书信与他人保持联络，依旧是人人要做的必行之事。

有的人埋怨自己身边知己太少，其实，普通人只要有心，也能知友满天下。 寄信问候旅途中所邂逅之人，或者写信联络远调他方的同事以及学生时代的同窗好友等，这么一来，就可不受时空限制拓展个人人际关系。 总而言之，要和萍水相逢的人结缘的话，须以某种形式主动发出信息才行，这点很重要，而通信是较好的方式，比通几次电话更具有亲近感。

卡耐基建议：除了公司研究会和关键人物的介绍之外，另一种培养人际关系的方法就是书写慕名信函，当然，其间多少需要一些勇气。

包括所谓"关键人物"在内，社会上存在着许许多多成功人士、风趣之人。 因此，平日无妨就从报章杂志、电视广播当中选取理想之人，伺机主动发出慕名信函。

一般而言，默默无闻的平民百姓即使写信给活跃于媒体的大众明星，那也仅是单纯的慕名信函，而非对等的互通信息。 此人收到的类似信函想必为数众多，而您所寄发的也不过是其中之一。 再者，对于事业忙碌的当事人来说，书写慕名信函或许是一种难以消受的思想困扰吧！

既然如此，为何还要建议各位寄发慕名信函呢？ 那是因为万一你的书信感动了其人之心，或万一他有来信必回的习惯。

不管怎么说，如果不肯主动发出任何信函，就无法创造双方互通信息的契机。

因此，姑且一试有必要，尤其当对方是位名人时更需试试。 在这种情形之下，如果你没什么特殊之处的话，想要期待对方回信或许希望渺茫，但也不能放过任何一丝希望。

写信就要做文章，也有一定的文法可循，譬如言简意赅、意思清楚、礼貌待人等。

1. 礼貌待人

写信人在写信时，要像真正面对收信人一样，以必要的礼貌，去向对方表达自己的恭敬之意。 其中的一个重要做法，就是要尽量多使用谦辞与敬语。

例如，在信文前段称呼收信人时，可使用诸如"尊敬的""敬爱的"一类的称谓。 对对方的问候必不可少，对对方亲友亦应以礼致意。 在信文后段，还应使用规范的祝福语，等等。

2. 言简意赅

写信如同作文一样，同样讲究言语简洁明快，适可而止。 在一般情况下，写信应当"有事言事，言罢即止"，切勿洋洋洒洒、无休无止、空耗笔墨。

当然，应当避免为使书信简洁而矫枉过正，走另一个极端，过分地惜墨如金，而使书信通篇枯燥无味。比方说，像"爸：没钱，快寄!"这样一封某大学生写给其父的电报式家书，连起码的人情味都没有，便是简洁过头了。

3. 意思清楚

书写信函时，必须使之清晰可辨。要做到这一点，需注意以下四条：

(1)字迹应当清清楚楚，切勿潦潦草草，信手涂鸦。

(2)要选择耐折、耐磨、吸墨、不残、不破的信笺、信封，切勿不加选择，随意滥用。

(3)要选用字迹清楚的笔具与墨水。在任何时候，都不要用铅笔、圆珠笔、水彩笔写信，红色、紫色、绿色、纯蓝等有色彩的墨水也最好别用。

(4)这是至关重要的一条。在书信里叙事表意时，要层次清、条理明、有条有理，切勿天马行空、云山雾罩，令人疑惑丛生、雾里看花。

我们前面提到的都是写信，但是当你收到信的时候，也要回信，这是对人起码的尊重。

信函有来有往。我们重视写信给人，也应重视回别人的信。

回信必须及时，晚回信也就没多大意义了。对方寄信给你，希望你有所回应，但你却迟迟不回，那封信有如石沉大海。即使你后来回信了，但为时已晚。

特别需要注意的是，对于他人来信之中提及的问题，如有可能，应当热心在复信中给予答复。对于确需延后回答或不能解答的问题，在复信时要说明具体理由，或者是将延后回答所需的大致时间及时通知对方。不要避而不谈，或是含糊作答。

对于他人在来信之中求助于自己的问题，若能够出手相助，最好竭尽所能。由于种种原因，难于相助于人的话，亦应及时复信，并在信中声明具体处境，向对方致歉，或请求对方予以体谅。

运用电话，及时沟通感情

在日常生活里，被誉为"顺风耳"的电话早已成了现代人重要的、不可或缺的交际工具之一。 即便在所有的现代联络手段中，它也不容置疑地位居排行榜之首。 对于电话的好处，人们通常都心中有数。 运用电话，不但可以及时、准确地向外界传递信息，而且还能够借以与交往对象沟通感情、维持友谊。 在"信息就是资本""联络创造效益"的今天，人们的生活之中要是没有了电话会成为什么样子，简直难以设想。 有一位科学家曾经说："一个不会正确地利用电话的人，很难说他是一个符合现代社会需要的人。 至少，他算不上是一个具有现代意识的人。"就电话的重要作用而言，他的上述观点绝非恐吓我们。

正确地利用电话，并不是每一个会打电话的人都能做得到的。 要正确地利用电话，不只是要熟练地掌握使用电话的技巧，更重要的，是要自觉塑造并维护自己的"电话形象"。

电话形象的含意是：人们在使用电话时的种种表现。 因为它是内在的反映，所以会使通话对象"如见其人"，能够给对方以及其他在场的人留下良好的、深刻的印象。 一般认为，一个人的电话形象如何，主要由他使用电话时的语言、内容、态度、举止以及时间感等诸多方面构成，人们一般把它看作个人形象的重要组成部分。

在人际交往中，我们应利用电话主动与人联系。

建立"关系"最基本的原则就是：不要与人失去联络，不要等到有事情时才想到别人。 "关系"就像一把刀，只有常常磨才不会生锈。 若是半年以上不联系，你就可能已经失去这位朋友了。

因此，主动联系就显得十分重要。 试着每天打5到10个电话，不但能扩大自己的交际范围，还能维系旧情谊。 如果一天打通10个电话，一个星期就有50个，一个月下来，就可达到200个。 平均一下，你的人际网络每个月大概都可多十几个。

与君一席话，胜读十年书。 一次有益的聊天，有时会产生相见恨晚的感觉。 但是，聊天要聊出名堂、确有收获，还得费点心思。 而且，必须注意下面几点：

1. 有的放矢

一般来说，聊天没有什么明确的目的。 但从微观角度来讲，闲聊未必就是聊"闲"，而是有信息和情感交流。 带有一定的目的，你就能及时而又恰到好处地发问，调节聊天的内容。

2. 选好对象

聊天要做到格调高雅，聊得有水平，善于选择聊天对象是重要的一环。 一般来说，聊天对象的素质决定了聊天的质量。 德国伟大作家歌德，几十年如一日，与其秘书爱克曼每天都要聊会儿天，那些天才的机智许多都是从闲聊话语中诞生的。 他嘲弄世俗，讥讽丑恶，以喷珠吐玉般的格言缀串成了令后世惊叹不已的《歌德谈话录》。

3. 接听电话

电话铃一响，应尽快接听电话，而不要置若罔闻，或有意延误时间，让对方久等。 拖延时间不仅失礼，有时还会误事。

电话铃响之际，如果自己正与同事或客人交谈，可先与同事或客人打个招呼，再去接电话。 拿起听筒后，先说"您好"，接着自报家门。 不要在听电话时与身边的熟人打招呼，或小声谈论别的事情。

如果在会晤重要客人或举行会议期间有人打来电话，而且此刻的确不宜与其深谈，可向其略微说明原因，表示歉意，并再约一个具体时间，到时由自己主动打电话过去。 若对方是长途的话，尤须注意别让对方再打过来。 约好了时间，即须牢记并信守。 在下次通话时，还要再次向对方致以歉意。

4. 倾听很重要

倾听是理解对方的起点，善于倾听正是判断的基础。 尤其是在电话交谈中，双方靠声音传递信息，倘若不认真听，就无法准确地交流信息、沟通感情。 当然，静静地倾听、不随便打断对方讲话，并不意味着完全沉默。 在听的时候，应时而辅助简单的"嗯""是""好的"等短语作为呼应，让对方感觉你确实在认真听着，以示尊重。

5. 文明不可丢

发话人的表现如何，直接决定你的电话礼仪怎样。 可以说，它是电话礼仪的最基本内容之一，万不可掉以轻心。 所以，这要求发话人在通话过程中，自始至终都要待人以礼，表现得文明大度，要做个谦谦君子、翩翩绅士，这样才算是尊重自己的通话对象。

发话人在通话时，除举止要"达标"外，在态度方面也要好自为之，不可草率。

对于受话人，即使是对下级，也不要厉声呵斥、态度粗蛮无理；即使是对领导，也不要低声下气、阿谀奉承。

电话若需要总机接转，勿忘对接线员问候一声，并且还要加上"谢谢"。 另外，"请""麻烦""劳驾"之类的词，该用的也一定要用。